經義考新校

一

目次 索引

[清]朱彝尊 撰

林慶彰 蔣秋華 楊晋龍 馮曉庭 主編

圖書在版編目(CIP)數據

經義考新校 / (清) 朱彝尊撰; 林慶彰等主編. —上海: 上海古籍出版社, 2023. 10
ISBN 978-7-5732-0876-7

Ⅰ. ①經… Ⅱ. ①朱… ②林… Ⅲ. ①經學—研究—中國—清代 Ⅳ. ①Z126. 274. 9

中國國家版本館 CIP 數據核字(2023)第 186804 號

經義考新校
(全十册)
[清] 朱彝尊 撰
林慶彰等 主編
上海古籍出版社出版發行
(上海市閔行區號景路 159 弄 1-5 號 A 座 5F 郵政編碼 201101)
(1) 網址: www. guji. com. cn
(2) E-mail: guji1@guji. com. cn
(3) 易文網網址: www. ewen. co
安徽新華印刷有限公司印刷
開本 890×1240 1/32 印張 185. 625 插頁 30 字數 4,200,000
2023 年 10 月第 1 版 2023 年 10 月第 1 次印刷
ISBN 978-7-5732-0876-7
B · 1345 定價: 898. 00 元
如有質量問題,請與承印公司聯繫

朱彝尊像一 採自清代學者象傳合集

朱彝尊像二　採自清代學者象傳合集

朱氏震漢上易集傳

宋志十一卷　存

宋史朱震字子發荆門軍人登政和進士第趙鼎入參知政事上諭以當世人才鼎曰臣所知朱震學術深博廉正守道士之冠冕使侍講讀必有益於陛下乃召為祠部員外郎遷秘書少監兼侍經筵轉起居郎遷中書舍

經義考卷一

日講官　起居注翰林院檢討臣朱彝尊恭錄
廣西等處承宣布政使司布政使臣李　濤恭校

御注

御注孝經

一卷

順治十三年二月十五日

世祖章皇帝御製序曰朕惟孝者首百行而爲五倫之本天地所以成化聖人所以立教通之乎萬世而無斁放之於四海而皆準至矣哉誠無以加矣然其廣大雖包乎無外而其淵源實本於因心溯厥初生咸知孺慕雖在顓蒙即備天良故位無尊卑人無賢愚皆可以與知而與能是知孝者乃生

欽定四庫全書薈要卷九千七百三十 史部

經義考卷一

翰林院檢討朱彝尊撰

御注

御注孝經

一卷

順治十三年二月十五日

世祖章皇帝御製序曰朕惟孝者首百行而為五倫之

經義考卷一

翰林院檢討朱彞尊撰

御注

御注孝經

一卷

順治十三年二月十五日

世祖章皇帝御製序曰朕惟孝者首百行而為五倫之本

朱竹垞先生歸隱小長蘆以紺學著書自娛遠屏聲迹獨千里寓書於余曰彝尊所輯經義考三百卷今已就九經之外旁及緯候唐宋以來碑版傳說搜采頗多公其惠踐前諾畀以序言廷敬發書喟然曰久矣夫經義之存佚有可指而言者也凡經之存佚不於其書於其人於其時有佚而若存者有存而若佚者秦燒書坑儒經佚矣漢興於殘煙斷燼之餘掇拾其什一二其時專門名家引經制事雖守殘抱闕彬彬乎有近古之風焉其後以經選士設科射策乃有通義之目經義之存莫盛於此夫其初所謂經者易書詩禮春秋而已是以石渠之論稱制臨決者曰五經同異孝章修甘露故事亦曰論五經於白虎觀唐正觀中乃分列九經而唐之經義不勝於漢若是乎佚者若存而存者若佚也夫經以致用致

清光緒二十三年浙江書局刊本經義考

經義考卷一

日講官　起居注翰林院檢討臣朱彝尊恭錄
廣西等處承宣布政使司布政使臣李　濤恭校

御注

御注孝經

一卷

順治十三年二月十五日

世祖章皇帝御製序曰朕惟孝者首百行而爲五倫之本天地所以成化聖人所以立教通之乎萬世而無斁放之於四海而皆準至矣哉誠無以加矣然其廣大雖包乎無外而其淵源實本於因心邇厥初生咸知孺慕雖在顓蒙卽備天良故位無尊卑人無賢愚皆可以與知而與能是知孝者乃生人之庸德無甚玄奇抑固有之秉彝非由外鑠誠貴乎篤行而非語言之間所得而盡也雖然降衷之理固根於凡民之心而覺世之功必賴夫聖人之訓苟非著書立說以迪天性自然之善抒人子難已之情使天下之人曉然於日用之恆行卽爲大經大法之所存而敦行不怠以全其本始夫亦孰由知孝之要盡孝之詳以無忝所生也哉此孔子孝經之書所由作也朕萬幾

總目次

經義考新校序……林慶彰　一
點校凡例……一
盧見曾序……一
盧見曾奏狀……三
陳廷敬序……四
毛奇齡序……六
朱稻孫識語……八
盧見曾識語……九
御製題朱彝尊經義考……一〇
乾隆上諭……一一
三寶紀文……一二
卷一　御注、敕撰……一
卷二　易一……一二
卷三　易二……二三
卷四　易三……三三
卷五　易四……五九
卷六　易五……七六
卷七　易六……八六
卷八　易七……九九
卷九　易八……一一一
卷十　易九……一二九
卷十一　易十……一五七
卷十二　易十一……一八一
卷十三　易十二……二〇一
卷十四　易十三……二三二

卷十五　易十四……………………二四五
卷十六　易十五……………………二六八
卷十七　易十六……………………二八八
卷十八　易十七……………………三一二
卷十九　易十八……………………三二八
卷二十　易十九……………………三五一
卷二十一　易二十……………………三六七
卷二十二　易二十一……………………三八八
卷二十三　易二十二……………………四一〇
卷二十四　易二十三……………………四二八
卷二十五　易二十四……………………四四八
卷二十六　易二十五……………………四六五
卷二十七　易二十六……………………四七九
卷二十八　易二十七……………………四九四
卷二十九　易二十八……………………五〇七
卷三十　易二十九……………………五二一
卷三十一　易三十……………………五三四
卷三十二　易三十一……………………五五八
卷三十三　易三十二……………………五七七
卷三十四　易三十三……………………五九五
卷三十五　易三十四……………………六一一
卷三十六　易三十五……………………六三一
卷三十七　易三十六……………………六四七
卷三十八　易三十七……………………六六七
卷三十九　易三十八……………………六八五
卷四十　易三十九……………………七〇〇
卷四十一　易四十……………………七二四
卷四十二　易四十一……………………七五四
卷四十三　易四十二……………………七六九
卷四十四　易四十三……………………七八五
卷四十五　易四十四……………………八〇四
卷四十六　易四十五……………………八二三
卷四十七　易四十六……………………八四二
卷四十八　易四十七……………………八五五

卷四十九　易四十八……八七〇
卷五十　易四十九……八九三
卷五十一　易五十……九一一
卷五十二　易五十一……九二八
卷五十三　易五十二……九五一
卷五十四　易五十三……九七七
卷五十五　易五十四……一〇〇〇
卷五十六　易五十五……一〇二四
卷五十七　易五十六……一〇四六
卷五十八　易五十七……一〇六二
卷五十九　易五十八……一〇八〇
卷六十　易五十九……一〇九七
卷六十一　易六十……一一一八
卷六十二　易六十一……一一四三
卷六十三　易六十二……一一六四
卷六十四　易六十三……一一八二
卷六十五　易六十四……一二〇六
卷六十六　易六十五……一二二二
卷六十七　易六十六……一二四八
卷六十八　易六十七……一二六二
卷六十九　易六十八……一二七六
卷七十　易六十九……一三〇九
卷七十一　易七十……一三二六
卷七十二　書一……一三六五
卷七十三　書二……一三七五
卷七十四　書三……一三八七
卷七十五　書四……一四〇五
卷七十六　書五……一四一六
卷七十七　書六……一四三六
卷七十八　書七……一四五六
卷七十九　書八……一四七八
卷八十　書九……一四九九
卷八十一　書十……一五二〇
卷八十二　書十一……一五四一

卷八十三　書十二……一五五四
卷八十四　書十三……一五七五
卷八十五　書十四……一五八九
卷八十六　書十五……一六〇四
卷八十七　書十六……一六二五
卷八十八　書十七……一六四〇
卷八十九　書十八……一六五八
卷九十　書十九……一六七五
卷九十一　書二十……一六九四
卷九十二　書二十一……一七〇九
卷九十三　書二十二……一七二四
卷九十四　書二十三……一七四四
卷九十五　書二十四……一七七一
卷九十六　書二十五……一七八八
卷九十七　書二十六……一八〇四
卷九十八　詩一……一八二九
卷九十九　詩二……一八四二
卷一百　詩三……一八七三
卷一百一　詩四……一八九三
卷一百二　詩五……一九一〇
卷一百三　詩六……一九二六
卷一百四　詩七……一九四一
卷一百五　詩八……一九五八
卷一百六　詩九……一九七二
卷一百七　詩十……一九九〇
卷一百八　詩十一……二〇〇四
卷一百九　詩十二……二〇二三
卷一百十　詩十三……二〇三八
卷一百十一　詩十四……二〇五六
卷一百十二　詩十五……二〇七七
卷一百十三　詩十六……二〇九六
卷一百十四　詩十七……二一一三
卷一百十五　詩十八……二一三三
卷一百十六　詩十九……二一四七

卷一百十七　詩二十……二二五七
卷一百十八　詩二十一……二二七三
卷一百十九　詩二十二……二二九〇
卷一百二十　周禮一……二三一三
卷一百二十一　周禮二……二三四五
卷一百二十二　周禮三……二三六六
卷一百二十三　周禮四……二三七九
卷一百二十四　周禮五……二三九六
卷一百二十五　周禮六……二三〇八
卷一百二十六　周禮七……二三三〇
卷一百二十七　周禮八……二三四七
卷一百二十八　周禮九……二三六七
卷一百二十九　周禮十……二三八三
卷一百三十　儀禮一……二四一〇
卷一百三十一　儀禮二……二四二四
卷一百三十二　儀禮三……二四三五
卷一百三十三　儀禮四……二四五九
卷一百三十四　儀禮五……二四七〇
卷一百三十五　儀禮六……二四八五
卷一百三十六　儀禮七……二五〇四
卷一百三十七　儀禮八……二五二六
卷一百三十八　禮記一……二五五〇
卷一百三十九　禮記二……二五六五
卷一百四十　禮記三……二五七九
卷一百四十一　禮記四……二六〇六
卷一百四十二　禮記五……二六一九
卷一百四十三　禮記六……二六三七
卷一百四十四　禮記七……二六五〇
卷一百四十五　禮記八……二六六四
卷一百四十六　禮記九……二六八三
卷一百四十七　禮記十……二七〇〇
卷一百四十八　禮記十一……二七二九
卷一百四十九　禮記十二……二七四二
卷一百五十　禮記十三……二七六一

卷一百五十一　禮記十四……二七八〇
卷一百五十二　禮記十五……二七九四
卷一百五十三　禮記十六……二八〇九
卷一百五十四　禮記十七……二八二六
卷一百五十五　禮記十八……二八四一
卷一百五十六　禮記十九……二八五四
卷一百五十七　禮記二十……二八六九
卷一百五十八　禮記二十一……二八九一
卷一百五十九　禮記二十二……二九〇五
卷一百六十　禮記二十三……二九二〇
卷一百六十一　禮記二十四……二九三七
卷一百六十二　禮記二十五……二九五九
卷一百六十三　通禮一……二九八三
卷一百六十四　通禮二……三〇〇二
卷一百六十五　通禮三……三〇〇九
卷一百六十六　通禮四……三〇二六
卷一百六十七　樂……三〇五四
卷一百六十八　春秋一……三〇六七
卷一百六十九　春秋二……三〇八六
卷一百七十　春秋三……三一〇〇
卷一百七十一　春秋四……三一一三
卷一百七十二　春秋五……三一二七
卷一百七十三　春秋六……三一五四
卷一百七十四　春秋七……三一七六
卷一百七十五　春秋八……三一九七
卷一百七十六　春秋九……三二二〇
卷一百七十七　春秋十……三二四〇
卷一百七十八　春秋十一……三二五七
卷一百七十九　春秋十二……三二八三
卷一百八十　春秋十三……三三〇二
卷一百八十一　春秋十四……三三一九
卷一百八十二　春秋十五……三三三八
卷一百八十三　春秋十六……三三五二
卷一百八十四　春秋十七……三三七〇

卷一百八十五　春秋十八……………………三三八八
卷一百八十六　春秋十九……………………三四〇〇
卷一百八十七　春秋二十……………………三四二二
卷一百八十八　春秋二十一…………………三四三四
卷一百八十九　春秋二十二…………………三四五三
卷一百九十　春秋二十三……………………三四七〇
卷一百九十一　春秋二十四…………………三四八六
卷一百九十二　春秋二十五…………………三五〇七
卷一百九十三　春秋二十六…………………三五二七
卷一百九十四　春秋二十七…………………三五四〇
卷一百九十五　春秋二十八…………………三五六三
卷一百九十六　春秋二十九…………………三五七九
卷一百九十七　春秋三十……………………三五九一
卷一百九十八　春秋三十一…………………三六〇五
卷一百九十九　春秋三十二…………………三六二一
卷二百　春秋三十三…………………………三六四〇
卷二百一　春秋三十四………………………三六六一
卷二百二　春秋三十五………………………三六七七
卷二百三　春秋三十六………………………三六九四
卷二百四　春秋三十七………………………三七〇八
卷二百五　春秋三十八………………………三七二〇
卷二百六　春秋三十九………………………三七三九
卷二百七　春秋四十…………………………三七五八
卷二百八　春秋四十一………………………三七七二
卷二百九　春秋四十二………………………三七九九
卷二百十　春秋四十三………………………三八二〇
卷二百十一　論語一…………………………三八四八
卷二百十二　論語二…………………………三八七〇
卷二百十三　論語三…………………………三八九五
卷二百十四　論語四…………………………三九一四
卷二百十五　論語五…………………………三九二四
卷二百十六　論語六…………………………三九三五
卷二百十七　論語七…………………………三九四八
卷二百十八　論語八…………………………三九五七

卷二百十九　論語九……三九七四
卷二百二十　論語十……三九九一
卷二百二十一　論語十一……四〇〇四
卷二百二十二　孝經一……四〇二一
卷二百二十三　孝經二……四〇四二
卷二百二十四　孝經三……四〇六二
卷二百二十五　孝經四……四〇七三
卷二百二十六　孝經五……四〇八九
卷二百二十七　孝經六……四一〇五
卷二百二十八　孝經七……四一二一
卷二百二十九　孝經八……四一三四
卷二百三十　孝經九……四一四九
卷二百三十一　孟子一……四一六三
卷二百三十二　孟子二……四一七三
卷二百三十三　孟子三……四一八六
卷二百三十四　孟子四……四一九九
卷二百三十五　孟子五……四二二二
卷二百三十六　孟子六……四二四六
卷二百三十七　爾雅一……四二六二
卷二百三十八　爾雅二……四二八一
卷二百三十九　群經一……四二九八
卷二百四十　群經二……四三二〇
卷二百四十一　群經三……四三三七
卷二百四十二　群經四……四三五三
卷二百四十三　群經五……四三七一
卷二百四十四　群經六……四三八九
卷二百四十五　群經七……四四〇六
卷二百四十六　群經八……四四二一
卷二百四十七　群經九……四四三六
卷二百四十八　群經十……四四五四
卷二百四十九　群經十一……四四七二
卷二百五十　群經十二……四四八五
卷二百五十一　群經十三……四四九九
卷二百五十二　四書一……四五一二

卷二百五十三　四書二……四五二八
卷二百五十四　四書三……四五四〇
卷二百五十五　四書四……四五五六
卷二百五十六　四書五……四五七六
卷二百五十七　四書六……四五九五
卷二百五十八　四書七……四六一一
卷二百五十九　四書八……四六三一
卷二百六十　逸經上……四六五二
卷二百六十一　逸經中……四六七九
卷二百六十二　逸經下……四六九五
卷二百六十三　毖緯一……四七一四
卷二百六十四　毖緯二……四七二九
卷二百六十五　毖緯三……四七四八
卷二百六十六　毖緯四……四七七〇
卷二百六十七　毖緯五……四七八七
卷二百六十八　擬經一……四八〇四
卷二百六十九　擬經二……四八二七
卷二百七十　擬經三……四八六〇
卷二百七十一　擬經四……四八七七
卷二百七十二　擬經五……四九〇六
卷二百七十三　擬經六……四九一九
卷二百七十四　擬經七……四九四三
卷二百七十五　擬經八……四九六三
卷二百七十六　擬經九……四九八二
卷二百七十七　擬經十……四九九八
卷二百七十八　擬經十一……五〇一五
卷二百七十九　擬經十二……五〇三五
卷二百八十　擬經十三……五〇五四
卷二百八十一　承師一……五〇七二
卷二百八十二　承師二……五〇九五
卷二百八十三　承師三……五一一二
卷二百八十四　承師四……五一三六
卷二百八十五　承師五　廣譽附……五一六七
卷二百八十六　宣講（闕）、立學（闕）

卷二百八十七　刊石一……五二〇二
卷二百八十八　刊石二……五二三一
卷二百八十九　刊石三……五二五三
卷二百九十　刊石四……五二六六
卷二百九十一　刊石五……五二七八
卷二百九十二　書壁……五二九四
卷二百九十三　鏤板……五三〇一
卷二百九十四　著録……五三一六
卷二百九十五　通説一……五三二九
卷二百九十六　通説二……五三四六
卷二百九十七　通説三……五三八六
卷二百九十八　通説四……五三九四
卷二百九十九　家學（闕）
卷　三　百　自敍（闕）
本書工作人員簡介……五四一一

經義考新校序

朱彝尊(一六二九—一七〇九),字錫鬯,號竹垞,浙江秀水人。康熙十八年(一六七九),薦舉博學鴻詞; 翌年,召試授檢討; 二十二年(一六八三),入直南書房供職; 三十一年(一六九二),辭官歸田,著述以終。經義考即爲朱氏晚年經學專科目録之巨著。

朱氏所以要編輯諸儒説經書目,通録歷代經傳、序跋爲一編,其原因有二: 一是見當日説經者局守一家之言,朱氏認爲「守一家之説,足以自信,不足以析疑」,而「今則士守繩尺,無事博稽,至問以箋疏,芒然自失」①。欲經學通明,惟博學詳考能矯理學末流空疏之弊,而得反約之功。二是先儒遺編,失傳者十九。尤以宋、元諸儒經解,因無人表章,日就煙没。爲挽救經學的危機,遂仿馬端臨文獻通考經籍考,朱睦㮮授經圖、經序録,孫承澤五經翼,並以各書所説增補之,上起兩漢,下迄清初,收録歷朝經義書目八千四百多種,著者四千三百多家,名曰經義考,凡三百卷。其中,卷首爲康熙之御注、敕撰,卷二八六宣講、立學,卷二九九家學,卷三〇〇自敘等三卷,未完成朱氏即過世,以致有目無書,實際編録計二百九十七卷。著録各書,先列撰者姓氏、書名、卷數,卷數有異同,則注某書作幾卷,次標明存、佚、

① 朱彝尊: 五經翼序,曝書亭集(臺北: 世界書局,一九六四年二月),卷三十四,頁四二七—四二八。

闕、未見，再列原書序跋、諸儒論説及撰者之爵里，朱氏有辨正者，則附列按語於末。

朱氏是書，於歷代書目、史傳、方志、文集等，凡涉及經義文獻之著作（包括承師、擬經、毖緯等），無論篇章或碑板，無不一一加以收録，彙爲一編。惟因其網羅宏富，囊括千古，故其書亦頗有闕失。大要言之，有注闕、佚、未見，而以四庫所録校之，往往其書具存者；有考證未審者；有篇卷、撰者名氏仕履之誤者。故清儒繼起續補者有之，校正者有之。如沈廷芳續經義考四十卷，胡爾榮經義考校勘記二卷，陸茂增續經義考補遺，錢東垣補經義考四十卷、續經義考二十卷，翁方綱經義考補正十二卷，羅振玉經義考目録八卷、校記一卷，然多未見傳本，僅翁、羅二家之書見存。

目前可見之經義考版本，有：（一）初稿本：封籤題曰「朱竹垞太史編經義存亡考　青來館主人自述」，殘存十册。爲朱彝尊編輯經義考之初稿本。原國立北平圖書館藏書，今暫存臺北故宮博物院。（二）盧見曾補刻本①：康熙四十八年（一七〇九），朱彝尊逝世，經義考僅刻成易、書、詩、禮、樂五類，乾隆二十年（一七五五）始由盧見曾補刻完成。現有「中研院」歷史語言研究所傅斯年圖書館藏初印四十八册本一部，臺北故宮博物院藏六十四册本一部，臺灣大學圖書館藏六十四册本二部②。（三）摛藻堂四庫全書薈要本：清乾隆三十七年（一七七二）有修四庫全書之議，次年開館，四十三年（一七七

---

① 吴政上作「馬曰琯等補刻本」。見吴氏編：經義考索引（臺北：漢學研究中心，一九九二年三月），附録一，經義考提要及版本介紹。

② 這兩部書皆爲神田喜一郎先生烏石文庫藏本。一部臺灣大學普通本線裝書目並未著録。一部著録作「清光緒乙酉（十一）年盧氏刊本」，實爲誤題。該書原藏文學院聯合圖書館（文聯），今已移至總圖書館。

八）先完成四庫全書薈要，貯於摛藻堂。經義考收入史部。現藏臺北故宮博物院。一九八八年臺北世界書局有影印本，經義考在史部第二三七—二四二册。（四）文淵閣四庫全書本：清乾隆四十七年（一七八二），完成四庫全書第一部，貯於文淵閣，經義考收入史部。現藏臺北故宮博物院。一九八六年臺灣商務印書館有影印本，經義考在史部第六七七—六八〇册。（五）文津閣四庫全書本：現藏中國國家圖書館。經義考收入史部。二〇〇五年北京商務印書館有影印本。經義考在史部第二二五、二二六册。（六）汪汝瑮補刻本：乾隆四十二年（一七七七）刻印完成。日本神户大學圖書館有藏本①。（七）浙江書局本：浙江書局於清光緒二十三年（一八九七）刊行經義考。現有臺灣大學圖書館藏兩部，臺灣師範大學圖書館藏一部。（八）四部備要本，上海中華書局於一九二〇年至一九三四年印行四部備要，經義考收入經部。此本卷前牌記題「據揚州馬氏刻本校刊」，然根據吴政上先生之研究②，其所據底本是浙江書局本。

以上諸本，如摛藻堂四庫全書薈要本、文淵閣四庫全書本、文津閣四庫全書本、四部備要本，皆有影印本流傳。然各本皆未加新式標點，闕誤處也未經校勘；且書名和内文字體並無分别，檢索爲難。「中研院」中國文哲研究所經學文獻組林慶彰、蔣秋華、楊晉龍三人，乃向「國家科學委員會」提出專題研究計劃「點校補正經義考」（NSC－88－0301－H－001－065），進行經義考之整理工作。該計劃於一

① 參杉山寬行撰：朱彝尊經義考について，日本中國學會報第三十一輯（一九七九年十月），頁二一一—二二四。

② 見吴政上編：經義考索引（臺北：漢學研究中心，一九九二年三月），附録一，經義考提要及版本介紹。

九九四年三月開始執行，次年六月完成。整理之方法是以盧見曾補刻本爲底本，加以新式標點，再以文淵閣四庫全書本、四部備要本爲輔本，詳加校勘，作成校記。再將前賢之補正資料，如翁方綱經義考補正，羅振玉經義考校記、四庫全書總目（涉及經義考失誤，而四庫館臣加以辨正者）等，附於相關條目之下。

點校補正經義考由「中研院」中國文哲研究所自一九九七年六月起，至一九九九年八月出版完畢，全書精裝八大册，合計六千餘頁。

全書各册起迄卷數，及參與點校之工作人員如下：

第一册（卷一—三四），由許維萍、馮曉庭、江永川點校。

第二册（卷三五—六七），由馮曉庭、許維萍點校。

第三册（卷六八—一〇四），由馮曉庭、陳恒嵩、侯美珍點校。

第四册（卷一〇五—一四四），由侯美珍、汪嘉玲、黄智信、張惠淑點校。

第五册（卷一四五—一八四），由汪嘉玲、張廣慶、黄智信點校。

第六册（卷一八五—二二四），由張廣慶、馮曉庭、許維萍、游均晶點校。

第七册（卷二二五—二六四），由游均晶、許維萍、黄智明點校。

第八册（卷二六五—二九八），由侯美珍、黄智明、陳恒嵩點校。

除上述負責點校之工作人員外，張廣慶先生負責全部點校工作之推動，審稿工作由林慶彰、蔣秋華、楊晉龍、張廣慶等先生負責。

點校補正經義考出版後的十年間，學界有不少評價意見，清華大學歷史系彭林教授説：「林慶彰先生主持點校之經義考，卷帙繁冗，工程浩大，經百般艱辛，終得行世，是爲學界之盛舉。」①南京大學文學院張宗友教授在所作點校補正經義考平議第一節點校補正經義考之成就裏説：「其成就，一言以蔽之，可稱爲目前經義考最爲精善的版本。」何以精善？張教授又説：

首先，底本與參校本選擇精審。……點校者選取盧氏續刊本作爲底本，參校以文淵閣四庫全書本、四部備要本。……盧氏續刊本是在初刻本的基礎上，續刻成爲完帙的，是經義考的第一個全本，其後各種刊本，均溯源於此本。因此，以盧氏續刊本爲底本，最能保持經義考全本原貌，是進行點校工作的最佳選擇。

其次，點校本吸收了主要校正著作的成果，具有集成性質，從而提高了經義考文本的準確性，極大地方便了對經義考的取資利用。

其三，點校本出校頗精，不僅能據經義考補正、經義考校記、四庫全書總目以正經義考之誤。也能自斷其誤，並校正補正、校記、總目之誤。②

這些批評對所有參與整理經義考的工作人員都是莫大的鼓勵。

上海古籍出版社得知我們有點校補正經義考，很想跟我們合作，在大陸出版新版本。二〇〇七

---

① 見彭林：點校補正經義考第六、七册孝經部分標點疑誤，經學研究論叢，第九輯（二〇〇一年一月），頁二八七—二九三。

② 見張宗友：點校補正經義考平議，古典文獻研究，第十三輯（二〇一〇年六月），頁三五六—三七六。

年和蔣秋華、蔡長林到上海考察，順道拜訪上海古籍出版社，和社長及編輯人員商談出版的事，個人以爲當時校點時，由於工作人員没有太多的經驗，有許多誤點，學術界人士對校點提出訂正者，有：（一）彭林教授作點校補正經義考第六、七册孝經部分標點疑誤，刊於經學研究論叢第九輯（二〇〇一年一月）；（二）張宗友教授作點校補正經義考易類標點商榷舉隅，刊於古典文獻研究第十二輯（二〇〇九年七月）；（三）張宗友教授作點校補正經義考平議，刊於古典文獻研究第十三輯（二〇一〇年六月）；（四）上海師範大學哲學學院石立善教授作點校補正經義考孝經類、孟子類標點指瑕，刊於經學研究論叢第十八輯（二〇一〇年十月）。這些文章糾正了點校補正經義考部分標點的錯誤，對正確理解經義考的内容，有相當的助益。

我向上海古籍出版社建議，爲了讓這個版本更完備，有需要再重新校訂一次。上海古籍同意我們的作法，二〇〇七年九月開始校訂，仍以盧見曾補刻本爲底本，以其他版本爲輔本，將各種版本和相關資料一一核對，並記録在文稿中。這次因爲文津閣四庫全書影印出版，更可以從比較中得知文津閣四庫全書篡改經義考的方法與其他四庫全書本有何異同。此次參與核對的工作人員有馮曉庭、葉純芳、簡逸光、黄智明、鄭于香、陳亦伶、倪瑋均、洪楷萱、陳洛嘉、曾怡慧等十人。校訂工作於二〇〇八年十二月完成，計耗時一年。二〇〇九年一月開始，由馮曉庭、葉純芳兩學弟負責寫校記，並陸續將完稿交由上海古籍出版社排版，約經過一年，於二〇〇九年十二月全部完成。

爲方便請專家審閲，二〇一〇年一月起，先把經義考初校樣放大。五月起邀請專研經學的學者十位，重新審閲，訂正點校的錯誤，至二〇一〇年八月全部完成，並陸續交稿給上海古籍出版社。這十位經學專家的名單和負責的部分如下：

馮曉庭：卷一至三四。

蔣秋華：卷三五至六七。

陳恒嵩：卷六八至九七。

范麗梅：卷九八至一一九。

張曉生：卷一二〇至一四四。

丁亞傑：卷一四五至一八四。

蔡長林：卷一八五至二三〇。

黃智明：卷二三一至二六二。

黃復山：卷二六三至二六七。

林慶彰：卷二六八至二九八。

這部書爲了與點校補正經義考有所區隔，上海古籍出版社提議，改名爲經義考新校。此時此地，在大陸出版新校正本經義考，有數點意義。其一，近數十年來，經學不太受大陸學界的重視，自改革開放以來，經學研究的風氣已逐漸復甦。這本經義考新校的出版，即是最好的證明。其二，對經學研究來説，海外不論古籍整理、目録編纂和專門論著，都有許多研究成果，這次與上海古籍出版社的合作，給將來與海外學術交流樹立了良好的典範。

我從一九七五年開始研究經學，迄今三十五年。這中間，從事經學相關工作有下列數種：（一）編輯經學工具書：已完成的有經學研究論著目録、日本研究經學論著目録、乾嘉學術論著目録、晚清經學研究文獻目録、日本儒學研究書目等十種。（二）編輯經學家著作集：已完成的有姚際恒著作集、李源澄著作集、張壽林著作集三種。（三）重新詮釋經學史：提出魏晉時代是古學大爲興盛的時代，以取代思想史家所説「經學的玄學化」的不正確説法；又提出經學史上每隔數百年，就會産生一次「回歸原典」運動的説法。研究經學史相關論文近百篇。（四）翻譯國外經學著作：已完成的有近代日本漢學家、經學史（合譯）、論語思想史（合譯），另譯有單篇論文二十餘篇。可説時時刻刻都在讀經書，發揚經學。

現在，看到大陸的高校開了經學的課程，研經同道國内外忙着參加經學會，以前被視爲封建餘毒的經學著作也點校出版了，内心無限的喜悦。上海古籍出版社不計盈虧，爲經學的復興盡心盡力，令人感動。再度感謝前後兩次參與整理的三十多位工作人員，没有他們的辛勞，這部書不可能完成；也感謝彭林、張宗友、石立善三位教授，對部分内容，句斟字酌，訂正許多疏失，也提高了這部書的品質。在經義考新校出版之際，爰贅一二言，權充一篇序。

二〇一〇年十一月　林慶彰

誌於臺灣「中研院」中國文哲研究所501研究室

點校凡例

一、本書點校部分，以「中研院」歷史語言研究所傅斯年圖書館藏盧見曾補刻本爲底本，加上新式標點；以文淵閣四庫全書本（簡稱「文淵閣四庫本」）、文津閣四庫全書本（簡稱「文津閣四庫本」）、四部備要本（簡稱「備要本」）詳加校勘。補正部分，則據廣文書局影印之翁方綱經義考補正（簡稱「補正」）、臺灣商務印書館景印文淵閣四庫全書總目（簡稱「四庫總目」）、廣文書局影印之羅振玉經義考目録校記（簡稱「校記」）。

二、若補正、四庫總目、校記有辨正經義考著録書名、撰者、篇卷、存佚、敘録之疏誤時，則將辨正、補充之文字列於該目之後，並加上「補正」、「四庫總目」、「校記」字樣，以與經義考正文區別，其排列亦較經義考本文低一格。

三、若補正、四庫總目、校記對經義考著録之某書皆有辨正文字時，則依以上諸書成書先後，依序排列。

四、補正、四庫總目、校記謹正經義考者，僅摘録其謹正部分之文字，並詳録其卷數、頁數於該段文字之下；然四庫總目著録之書名與經義考所著録者，有名異實同之現象，如經義考著録魏了翁春秋要義，四庫總目作春秋左傳要義，故引總目文字之後，注明：「卷二十七，頁二十一—二十二，春秋左傳要義三十一卷提要。」另外，四庫總目辨正經義考所著録之經書，如辨正陳傅良之左氏章指，卻在春秋後傳提要論及之，如此類者，則以春秋後傳提要注明之。

五、校記列經義考著録亡佚之書若干後，則提「馬國翰均有輯本」或「黄奭均有輯本」。凡校記提示有輯本者，本書皆分别陳敘其文於經義考著録該書亡佚部分之後。

六、標點方式，以新式標點符號爲準，書名、篇名用書名號，人名、地名、朝代、年號等用專名號。

七、經義考所録諸家文字，若爲全引，則以引號識之，如爲約引，則僅加以標點，不加引號。

八、盧氏補刻本有不少俗字，除部分引文爲保留原書字樣外，皆改爲現行通行字，如「葢」改爲「蓋」、「脩」改爲「備」、「据」改作「據」、「槩」改作「概」等。

九、盧氏補刻本原有盧氏所編總目二卷，因僅列卷目，不列書名、作者，兹删去。另重編有書名、作者之目次，列爲首册。

十、爲方便讀者檢索，本書編有著録書目之書名和作者索引，附於首册目次之後。

盧見曾序

明制以經義取士，五經頒列學宮，易宗本義及程傳，書主蔡氏，詩主朱子傳，春秋本胡氏康侯，而禮記則宗陳澔集說。我朝因之，然聖祖仁皇帝著周易折中，詩、書、春秋彙纂皆博采記傳及漢、晉、唐、明諸書，而不專於一說，誠以經學非一家之言所能盡也。舉業家約略擬題，游衍活套，往往用徑寸之帙以媒進而梯榮，問以十三經之名目，懵焉莫識。閒有博雅之士窺尋註疏，至魏、晉不逮兩漢，王易顯而荀、虞隱，孔傳出而馬、鄭微，杜註興而賈、服廢，自老儒且不能舉其姓氏，又況能晰其源流，考其得失乎哉？吁！可歎也！秀水朱竹垞先生，經學大儒，著經義考三百卷，刊行於世者甫及其半，自春秋以下闕焉未覩。乾隆癸酉，余以轉運再至淮南，始得其未刻之本於先生之孫稻孫，乃與同志授之梓而爲之序曰：「六經至孔子而論定，孔子殁，西河七十子之徒轉相授受，延及兩漢，具有家法。逮有宋理學勃興，諸儒各以己意説經，義理勝而家法轉亡矣。故二經十翼之分合，朱子謂鄭風爲淫奔，蔡氏謂商、周不改月時，胡氏康侯謂聖人以天自處。好古之士不能無疑，顧所見古書絶少，無徵不信，往往恨焉。今觀經義考所載，雖其闕佚者過半，猶必爲之稽其爵里，條其同異，其存者在學士大夫之家，如得購而讀之，詎不爲厚幸歟？竊嘗謂通經當以近古者爲信，譬如秦人談幽、冀事，比吳、越閒宜稍稍得真。必先從記傳始，記傳之所不及，則衷諸兩漢，兩漢之所未備，則取諸義疏，義疏之所不可通，然後廣以宋、元、明之説。勿信今而疑古，致有兔園册子，師心自用之誚，以仰副聖天子尊經勸學之至意，是則余區區刊是書之志也夫。甲戌長至德州盧見曾撰。」

盧見曾奏狀

兩淮鹽運使臣盧見曾謹奏：爲恭進事，欽惟我皇上，道貫天人，學綜今古。契心傳於東魯泮林，焕俎豆之光；敷文教於中天石室，啓圖書之秘。微言大義，經睿解而逾明；細目宏綱，惟聖裁之悉當。猶念草澤有窮經之彦，著述多自得之言，其人既顯擢以清班，其書亦取登於册府。示天下以去華崇實之學，根柢惟在六經；導多士於明體達用之途，淵源必衷先聖。臣因竊見聖祖仁皇帝時，翰林院檢討臣朱彝尊所纂經義考三百卷，博徵傳世之書，誌其存佚；提衡衆家之論，判厥醇疵。幸際昌期，首冠以聖明之鉅製；備陳列代，不遺夫師友之緒言。挈領提綱，開卷瞭如指掌；升堂入奥，披函燦若列眉。實禆益於稽古之儒，宜刊布於右文之世。但其已經授梓，雖有易、書、詩、禮四經，而未能訖工，尚有春秋、緯候各類。臣訪存稿於其後嗣，乃捐餘俸以成完書。見淺見深，咸綱羅而不失；識大識小，悉櫽括以靡遺。惟舊臣纂輯之勤，即古人精神之寄。況今者續一代文獻之書，補群儒經籍之志，論說有資於考鏡，見聞可藉爲參稽，較陳振孫之解題，更加繁富，比晁公武之書志，尤覺精詳。昔當聖祖巡幸浙江，已曾進呈於行幄，今遇皇上載臨闕里，似可取備於書林。臣謹將先後所刻經義考全書，裝潢二部，每部六函，計四十八本，恭呈御覽。彝訓常明，萬禩衍傳經之緒，疇圖若揭，千秋揚載道之文。臣不勝戰慄悚惶之至，謹奏。乾隆二十一年二月十五日奏。欽奉硃批，書留覽。

陳廷敬序

朱竹垞先生歸隱小長蘆，以緝學著書自娱。遠屏聲迹，獨千里寓書於余，曰：「彝尊所輯經義考三百卷，今已就，九經之外，旁及緯候。唐、宋以來碑版傳説，搜采頗多。公其惠踐前諾，畀以序言。」廷敬發書，喟然曰：「久矣夫！經義之存佚有可指而言者也。凡經之存佚，不於其書、於其人、於其時，有佚而若存者，有存而若佚者。秦燒書坑儒，經佚矣。漢興，於殘煙斷燼之餘，掇拾其什一二，其時專門名家，引經制事，雖守殘抱闕，彬彬乎有近古之風焉。其後以經選士，設科射策，乃有通義之目，經義之存，莫盛於此。大其初所謂經者，易、書、詩、禮、春秋而已。是以石渠之論，稱制臨決者，曰『五經同異』；孝章修甘露故事，亦曰『論五經於白虎觀』。唐正觀中，乃分列九經，而唐之經義不勝於漢，若是乎佚者若存，而存者若佚也。夫經以致用，致用之實，莫大乎教人取士之法則。由唐、宋以來，其間得失之故，有可得而略言者。唐初沿隋舊，置六科，其後科目雖繁，大要以明經、進士爲重。明經試經義，進士試策、詩、賦、雜文，亦貼經，故尤以是科爲重。後雖稍浮濫，終唐之世，卒未有以易之也。宋初制，先策、次論、次賦及詩、次帖經墨義，後所重者，詩、賦、論三題。熙寧、元祐之間，詩、賦、經義罷復錯互，而王安石、吕惠卿創始之經義，迄於今流毒無窮焉。詩、賦雖詞章之學，而精其業非通經學古者則不克以爲，今之經義，名雖正而實則乖，蓋王氏之經學行而經亡滋甚矣。安石曰：『本欲變學究爲秀才，不謂變秀才爲學究也。』嗚呼！豈知併學究而失之乎？今古經具在，而學術如此，經之其存其佚，皆不可得而知矣。兹先生所著經義考，至於三百卷之多，雖其或存或佚者，悉載簡編。余以爲經先生之考定，存者固森然其畢具，而佚者亦絶其穿鑿附會之端，則經義之存，又莫有盛於此時者矣。微竹垞博學深思，其孰克爲之。聖天子典學右文，石渠、白虎集議方殷，諸儒必將以竹垞爲大師，而正經學以淑人才，有厚望焉。余序竹垞經義之書而及唐、宋以來所以教人取士之法，意固在此而不在彼也。康熙己卯日南至午涯陳廷敬書。」

毛奇齡序

經義考者，諸儒説經之書目也。古經六：易、書、詩、禮、樂、春秋，見于經解。其時夫子傳易，子夏序詩，虞卿論春秋，各有經説行乎其閒。即至燔書以後，尚有古五子十八篇、周官傳四篇列漢志中，嗣此諸儒之説經者遂紛紛焉。自宋人倡爲論，曰：「秦人焚經而經存，漢人窮經而經亡。」而後之僞爲文中子者，直伸其語，曰：「九師興而易道微，三傳作而春秋散。」于是譚經之徒各掃先儒之説，而經學不可問矣。漢儒信經，凡所立説，惟恐其説之稍違于經。而宋人不然，有疑文言非十翼文者，有疑顧命非周公所制禮者，有疑春秋非夫子作者，有疑春秋傳非左邱氏書者，有疑孝經爲六代後增改，非七十子所舊傳者。而至于士禮則廢之，周官經則明斥之，王制、月令、明堂位諸篇則直祛之詘之。然且有誤讀隋書經籍志，而謂尚書爲僞書，誤讀劉歆讓博士書，而謂今所傳國風爲僞詩者；是無經也。朱子竹垞爲此懼，從前人所增七經、九經、十經、十三經外，更廣一大戴禮，曰此皆經也。于是窮搜討之力，出家所藏書八萬餘卷，輯其説之可據者，署其經名而分繫其下，有存佚而無是非，使窮經之士一覽而知所考焉，洋洋乎大觀哉！嘗按周禮春官以外史掌三皇五帝之書而志其書名，此列代史志所自昉也。乃漢武藏書，名之曰策，而成帝求書天下，命總其群籍而合爲縱略，其在經義則所云六藝略者是也。至後漢以四部立名，而以經部爲甲部。歷魏、晉、六朝，或稱新簿，或稱舊簿，而要之皆部記之名，此趙宋三館所以直稱爲書目而無有他也。然而在官輯者，如劉歆奏經略，班固著經部，王儉撰經典志，唐鄭覃等之修經書四庫；而自爲輯者，則如謝康樂之編經目，阮孝緒之分經典録；各有機軸。竹垞曾官内庭，爲天子典祕書，會其時方用兵，滇、黔再鬧，固未暇檢校而籤裒之也。其後下徵書之詔，凡天下經義之在學官外者，皆得盡入祕府，而説經之書于斯爲盛，然而未經甲乙也。今竹垞于歸田之餘，乃始據疇昔所見聞，合古今部記而著爲斯編，曰經義考，此真所謂古文舊書，外内相應者。乃其所部分，則御注、敕撰一卷，尊王也。十四經爲經義者共二百五十八卷，廣經學也。逸經三卷，惟恐經之稍有遺，而一字一句必收之也。毖緯五卷，緯雖毖，説經者也，夫緯尚不廢，而何況于經？擬經十三卷，此則不惟自爲義並自爲經者，然而見似可瞿也，其與經合邪？則象人而用之也，否則罔也。又有承師五卷，則録其經義之各有自者，而廣譽附焉。宣講、立學合一卷，刊石五卷，書壁、鏤板、著録各一卷，通説四卷，此皆與經學有繫者，然而非博極群籍，不能有此。家學一卷，自敘一卷，共三百卷。書成示予，予受而歎，曰：「嗟乎！少研經學，老未能就，不及見諸書，而年已七十九矣。孟子曰：『觀于海者難爲水，游于聖人之門者難爲言。』荀子有云：『不登高山，不知天之高；不聞聖人之言，將不知學問之大。』今經學大著，聖人之言畢見于斯世，而生其後者復得從此而有所考鑒。」則既寶其書爲盛朝慶，而又喜天下後世之知有經，並知有義也。因卒讀而爲之序。康熙四十年蕭山毛奇齡初晴氏。

朱稻孫識語

昔先大父嘗以近日譚經者局守一家之言，致先儒遺編失傳者什九，因倣鄱陽馬氏經籍考之例而推廣之，著經義考三百卷，分存、佚、闕、未見四門，自御注、敕撰以迄自序爲類，凡三十種，又欲爲補遺二卷。草稾麤定，即以次付梓。其宣講、立學、家學、自序四種以及補遺屬草未具，不幸遘疾，校刻迨半，鴻業未終，嗚呼惜哉！先是歲乙酉聖祖仁皇帝南巡，先大父以易、書二種進呈乙覽，天子嘉之。奉旨留在南書房，諭令速速刻完，特賜「研經博物」四大字扁額，儒臣隆遇，於時罕儷。自先大父賫志以殁，稻孫餬口四方，矢懷莫遂，惟謹笥遺稾，未之敢離。雍正甲寅，得交嶰谷馬君於維揚，君好古博雅，篤於友誼，欣然約同志，欲爲我先人成此未竟之業，中有所格，不果。越二十年，歲甲戌，德州盧公重掌江南鹺政，稻孫謁公邗上，公一見即詢及經義考，因具陳顛末，公爲歎息者久之，遂首捐清俸爲同志倡，還以其事屬諸馬君。君由是與令弟半查盡發二酉之藏，偕錢塘陳君授衣、儀徵江君賓谷、元和惠君定宇、華亭沈君學子相爲參校，而稻孫仍率次子昌涼、長孫休承暨從孫壻同里金蓉共襄厥事。既踰年而剞劂乃竣，計一百三十卷，合前所刻一百六十七卷成完書。信乎！書之顯晦與夫行世之遲速固有天焉。繼自今窮經稽古之士，其得所津逮，而拜使君與嶰谷先生之嘉惠者良匪淺矣。寧特稻孫等戴君子之德於無窮也哉！乾隆二十年歲次乙亥六月朔孫稻孫謹識。

盧見曾識語①

經義考全書告成，余既爲之序，又編總目二卷。此書初撰原名經義存亡考，嘗以二十餘卷質吾鄉漁洋先生，於居易録載其大凡。後先生以菉竹、聚樂、淡生、一齋諸目所藏，及同人所見世有其本者，列「未見」一門，又有雜見於諸書，或一卷，或數條，列「闕書」一門，於是分存、佚、闕、未見四門，删舊名之存亡字，而名之曰經義考。已刻一百六十七卷，其宣講、立學、家學、自序三卷本闕，今補刻一百三十卷，卷帙浩繁，校對不易。從事諸君子各題名於每卷之後，而博徵載籍以正字畫之訛者，錢塘陳授衣章、儀徵江賓谷昱也。刻既成而覆校之者，元和惠定宇棟、華亭沈學子大成也。其商略考訂，兼綜其事，則祁門馬嶰谷曰琯、半查曰璐云。乾隆乙亥七月望後三日德州盧見曾載識。

① 本文原爲盧見曾爲經義考所編總目之識語，本書將總目删去，識語則附於此。

御製題朱彝尊經義考①

秦燔弗絶殆如繩，未喪斯文聖語曾；疑信雖滋後人議，述傳終賴漢儒承。天經地緯道由託，一貫六同教以興；蔾閣炎劉校誠韙，竹垞昭代撰堪稱。存亡若彼均詳注，彝尊，號竹垞，秀水人。康熙己未以博學鴻詞授檢討，入直内廷，博聞淹貫。是書通考歷代諸儒説經書目，每書先列撰人姓氏、書名、卷數，次列題注，曰存、曰闕②、曰佚、曰未見，次列原書序跋、諸儒論斷及其人爵里。彝尊考正按語載於末，而附以逸經、毖緯、擬經諸目，凡三百卷，自漢迄今説經諸書存亡可考，文獻足徵，編輯之勤、考据之審、網羅之富，實有裨於經學。惟所注闕佚未見者，今四庫所録，往往其書尚存，蓋册府儲藏，外閒難覯，不足爲彝尊病。至卷首冠以我朝世祖御注孝經、聖祖日講解義，自屬體制應爾。若臣工著述，則當按時代先後，彝尊於編次時，亦未及詳訂，即如本朝成德所著之大易集義粹言合訂列於前，而朱子元亨利貞説列於後，殊爲參錯。第已刊布成書，難以改刻，惟令於四庫全書提要内聲明，以正體例。至其義在尊經，不惟汲古之助，並將昭示來兹矣。文獻于兹率可徵；遠紹旁搜今古會，焚膏繼晷歲年增。考因晰理求其是，義在尊經靡不勝；枕葄寧惟資汲鑒，闡崇將以示孫曾。乾隆四十二年四月二十日大理寺寺丞職銜臣汪汝瑮恭録敬鐫。

① 「御製題朱彝尊經義考」，備要本脱漏作「御題朱彝尊經義考」。
② 「曰闕」二字，備要本脱漏。

乾隆上諭

乾隆四十二年四月二十日承准、大學士舒、大學士于，字寄浙江巡撫三。乾隆四十二年四月初六日奉上諭：「朕閱四庫全書館所進鈔本朱彝尊經義考，于歷代説經諸書廣搜博考，存佚可徵，實有裨于經學。朕因親製詩篇，題識卷首。此書現已刊行于世，聞書板尚在浙江，著將御製詩録寄三寶，就便詢問藏板之家，如願將朕此詩添冠卷端，聽其刊刻，亦使士林咸知朕闡崇經學之意，將此傳諭知之。欽此。」遵旨寄信前來。

三寶紀文

臣三寶謹按：秀水翰林院檢討臣朱彝尊勵志研經，學問淹雅，所著經義考一書，尤爲詳覈。今值右文曠典，祕閣宏開，適由四庫全書館鈔録進呈御覽。仰蒙聖主睿藻親題，臣於乾隆四十二年四月二十日接奉廷寄，命訪藏板之家，令其刊刻卷首，昭示來茲。臣隨查是書刊板，係由朱彝尊後裔歸於杭城捐職大理寺寺丞臣汪汝瑮家。汝瑮於甲午歲恭進遺書，曾蒙聖恩賞給佩文韻府一部，並邀御題曲洧舊聞、書苑菁華二種，先行發還，敬謹藏貯。今藏板經義考，又叨睿製遥頒，冠諸篇首，不惟學古之士遵繩尺於後來，並使傳述之家慰勤勞於在昔，垂諸藝林，實爲千載一時之盛。臣三寶恭紀。

目次

卷一　御注、敕撰
御注孝經（清順治皇帝）……一
日講四書解義（清康熙皇帝）……三
日講書經解義（清康熙皇帝）……五
日講易經解義（清康熙皇帝）……七
孝經衍義（清康熙皇帝）……九
卷二　易一
連山……一二
卷三　易二
歸藏……二三
卷四　易三
周易……三三
卷五　易四
竹書易經……五九
竹書論易（公孫段、邵陟）……六〇
易傳僞本（卜商）……六〇
周易子夏十八章僞本……六五
道訓（劉安）……六五
易傳（田何）……六六
易傳（王同）……六七
易傳（周王孫）……六八

易傳（丁寬）……六八
易傳（服光）……六九
易傳（蔡公）……六九
易傳（楊何）……七〇
易傳（韓嬰）……七〇
周易章句（施讎）……七一
周易章句（孟喜）……七一
周易災異（孟喜）……七二
周易章句（梁丘賀）……七四
周易略說（五鹿充宗）……七五

卷六　易五

易林（焦延壽）……七六
易林變占（焦延壽）……七六

卷七　易六

易傳（京房）……八六
周易章句（京房）……八六
周易錯卦（京房）……八七
周易妖占（京房）……八七
周易占事（京房）……八七
周易守林（京房）……八八
周易飛候（京房）……八八
周易飛候六日七分（京房）……八八
周易四時候（京房）……八九
周易混沌（京房）……八九
周易委化（京房）……八九
周易逆刺占災異（京房）……八九
易傳積算法雜占條例（京房）……九〇
易傳（段嘉）……九七
易旗（任良）……九八

卷八　易七

周易注（費直）……九九

易林（費直）……一〇〇
周易筮占林（費直）……一〇〇
易内神筮（費直）……一〇〇
易説（高相）……一〇二
易論（趙賓）……一〇三
易吉凶（於陵欽）……一〇三
周易集林（伏萬壽）……一〇四
周易骨髓決（嚴遵）……一〇四
易林（崔篆）……一〇五
易通論（洼丹）……一〇六
易説（景鸞）……一〇六
易章句（袁太伯）……一〇七
易難記（袁京）……一〇七
易傳（彭宣）……一〇七
易傳（戴崇）……一〇八
易章句（樊英）……一〇八
易新林（許峻）……一〇八
易決（許峻）……一〇八
易雜占（許峻）……一〇九
易災條（許峻）……一〇九
周易注（馬融）……一一〇

卷九　易八

周易注（鄭玄）……一一一
周易注（荀爽）……一一六
九家易解（荀爽）……一一七
周易章句（劉表）……一一九
周易注（宋衷）……一二〇
古文易（李譔）……一二〇
周易林（張滿）……一二一
周易參同契（魏伯陽）……一二一
古五子傳（亡名氏）……一二四
古雜傳（亡名氏）……一二五
神輸（亡名氏）……一二五

雜災異（亡名氏）……一二六
周易（亡名氏）……一二六
蓍書（亡名氏）……一二六
周易明堂（亡名氏）……一二六
周易隨曲射匿（亡名氏）……一二七
大筮衍易（亡名氏）……一二七
大次雜易（亡名氏）……一二七
易卦八具（亡名氏）……一二七
鼠序卜黄（亡名氏）……一二七
周易版詞（亡名氏）……一二八

卷十　易九

易傳（王朗）……一二九
周易註（董遇）……一二九
易注（劉邠）……一三一
周易通靈決（管輅）……一三一
周易通靈要決（管輅）……一三一
周易林（管輅）……一三二
周易无互體論（鍾會）……一三二
周易盡神論（鍾會）……一三三
周易注（王肅）……一三三
周易音（王肅）……一三三
周易注（王弼）……一三六
周易略例（王弼）……一四三
周易窮微論（王弼）……一四四
易辨（王弼）……一四四
周易私記（何晏）……一四五
周易講説（何晏）……一四五
周易例（孫炎）……一四五
周易注（荀煇）……一四六
通易論（阮籍）……一四六
周易言不盡意論（嵇康）……一四七
周易注（虞翻）……一四七
易律曆（虞翻）……一四九

周易集林（虞翻）……一四九
周易日月變例（虞翻、陸績）……一四九
周易注（陸績）……一五一
注京氏易（陸績）……一五一
周易摘（程秉）……一五三
周易注（姚信）……一五三
周易雜占（尚廣）……一五四
易義（翟玄）……一五四
易義（張氏）……一五五
易義（朱氏）……一五五
周易集二王注（楊氏）……一五六
周易馬鄭二王四家集解（亡名氏）……一五六

卷十一　易十

易論（裴秀）……一五七
易義（衛瓘）……一五七
易義（王宏）……一五八
周易統略（鄒湛）……一五八
周易訓注（劉兆）……一五八
周易義（向秀）……一五九
周易難答論（阮咸）……一五九
明易論（應貞）……一五九
周易義（王濟）……一六〇
易解（皇甫謐）……一六〇
周易論（阮渾）……一六〇
周易傳（袁準）……一六一
易義（庾運）……一六一
注京氏易（郭琦）……一六一
周易筮占（徐苗）……一六一
周易象論（欒肇）……一六二
周易音（李充）……一六二
周易注（王廙）……一六二
周易卦序論（楊乂）……一六三
周易洞林（郭璞）……一六三

周易新林（郭璞）……一六四
周易林（郭璞）……一六四
易立成林（郭璞）……一六四
周易玄義經（郭璞）……一六四
易斗圖（郭璞）……一六五
易八卦命録斗内圖（郭璞）……一六五
周易雜占（葛洪）……一六六
易象妙于見形論（孫盛）……一六七
周易略譜（袁宏）……一六七
通易象論（宣舒）……一六八
易義（張輝）……一六八
易義（杜育）……一六八
易義（楊瓚）……一六九
易義（邢融）……一六九
易義（裴藻）……一六九
易義（許適）……一六九
易義（楊藻）……一六九
易義（張軌）……一七〇
周易集解（張璠）……一七〇
略論（張璠）……一七〇
周易注（干寶）……一七一
周易宗塗（干寶）……一七一
周易爻義（干寶）……一七二
周易問難（干寶）……一七二
周易玄品（干寶）……一七二
象不盡意論（殷融）……一七四
周易注（黄穎）……一七四
周易論（宋岱）……一七五
周易音（徐邈）……一七五
周易論難（范宣）……一七六
周易卦象數旨（李顒）……一七六
周易難王輔嗣義（顧夷等）……一七七
周易音（李軌）……一七七
通易論（宋處宗）……一七八

易音（李悦之）……一七八
周易譜（沈熊）……一七八
周易雜音（沈熊）……一七八
周易注（范長生）……一七九

卷十二 易十一

集群臣講易義疏（宋明帝）……一八一
國子講易議（宋明帝）……一八一
群臣講易疏（張該等）……一八二
易音（荀柔之）……一八二
周易注（雷次宗）……一八二
周易疑通（何諲之）……一八三
周易占（張浩）……一八三
易音（徐爰）……一八三
周易義（范歆）……一八四
齊國學周易講疏……一八四
易義（祖沖之）……一八四
注王弼易（顧歡）……一八五
易經要略（沈驎士）……一八五
周易問答（徐伯珍）……一八六
周易論（周顒）……一八六
周易大義（梁武帝）……一八六
大義疑問（梁武帝）……一八七
周易講疏（梁武帝）……一八七
易林（梁簡文帝）……一八八
周易講疏（梁元帝）……一八八
連山（梁元帝）……一八九
洞林（梁元帝）……一八九
筮經（梁元帝）……一九〇
周易幾義（蕭偉）……一九〇
周易發義（蕭偉）……一九〇
周易義記（蕭巋）……一九一
周易義疏（蕭子政）……一九一
周易注（伏曼容）……一九一

周易集林(伏曼容) …… 一九二
易髓(陶弘景) …… 一九二
周易講疏(褚仲都) …… 一九三
周易注(何胤) …… 一九三
周易講疏(賀瑒) …… 一九四
集注周易(朱异) …… 一九四
續朱异集註周易(孔子袪) …… 一九五
易林(庾詵) …… 一九五
周易注(費元珪) …… 一九六
周易注(尹濤) …… 一九六
周易注(姚規) …… 一九六
周易注(崔覲) …… 一九七
周易統例(崔覲) …… 一九七
周易爻(馬楷) …… 一九七
周易義(沈林) …… 一九七
周易雜占(武靖) …… 一九八
周易開題義(梁蕃) …… 一九八
周易文句義疏(梁蕃) …… 一九八
周易釋序義(梁蕃) …… 一九八
周易義疏(周弘正) …… 一九九
周易義(張譏) …… 一九九
易林(魯弘度) …… 二〇〇

卷十三　易十二

周易注(崔浩) …… 二〇一
集王朗易傳(闞駰) …… 二〇二
周易注(劉昞) …… 二〇二
周易注(盧景裕) …… 二〇三
易傳(關朗) …… 二〇四
周易義例(李鉉) …… 二〇六
周易注(權會) …… 二〇七
周易講疏(何妥) …… 二〇七
讚易(王通) …… 二〇八
周易注(王又玄) …… 二一〇

周易注（王凱沖）……二一〇
易説（侯果）……二一一
周易音注（虔薛）……二一一
孔子馬頭易卜書（臨孝恭）……二一一
六象論（何氏）……二一二
周易注（謝氏）……二一二
易義（莊氏）……二一二
周易注（傅氏）……二一三
周易注（盧氏）……二一四
周易音（范氏）……二一四
周易立成占（顔氏）……二一四
周易孔子通覆決（顔氏）……二一五
易腦經（鄭氏）……二一五
易髓（晉人）……二一五
周易雜論（亡名氏）……二一五
周易問（亡名氏）……二一六
擬周易義疏（亡名氏）……二一六
周易文句義（亡名氏）……二一六
周易新圖（亡名氏）……二一六
周易譜（亡名氏）……二一七
周易雜占（亡名氏）……二一七
易要決（亡名氏）……二一七
周易新林（亡名氏）……二一七
周易林（亡名氏）……二一七
易讚林（亡名氏）……二一八
易立成（亡名氏）……二一八
神農重卦經（亡名氏）……二一八
文王幡音（亡名氏）……二一八
易三備（亡名氏）……二一八
易占（亡名氏）……二一九
易附覆（亡名氏）……二一九
易林要決（亡名氏）……二一九
周易曆（亡名氏）……二一九
周易初學筮要法（亡名氏）……二一九

易曆決疑（亡名氏）……二三〇
周易卦林（亡名氏）……二三〇
易新圖序（亡名氏）……二三〇
易通統圖（亡名氏）……二三〇
易統卦驗玄圖（亡名氏）……二三〇
易八卦斗内圖（亡名氏）……二三一
周易八卦五行圖（亡名氏）……二三一
周易斗中八卦絶命圖（亡名氏）……二三一
周易斗中八卦推游年圖（亡名氏）……二三一
周易髓腦（亡名氏）……二三一
周易分野星圖（亡名氏）……二三一

卷十四　易十三

周易義（魏徵）……二三二
周易正義（孔穎達等）……二三三
周易玄談（孔穎達）……二三七
周易文句義疏（陸德明）……二三七
周易大義（陸德明）……二三七
周易釋文（陸德明）……二三八
周易注（王玄度）……二三八
周易注（任希古）……二三九
周易新注本義（薛仁貴）……二三九
周易玄義（李淳風）……二三九
周易薪冥軌（李淳風）……二四〇
易鏡玄要（袁天綱）……二四〇
周易新論傳疏（陰弘道）……二四一
周易發揮（王勃）……二四一
周易探玄（崔憬）……二四二
注關子明易傳（趙蕤）……二四二
周易王道小疏（張弧）……二四三
周易要削（王隱）……二四四
周易集解（李鼎祚）……二四四
易髓（李鼎祚）……二四一
易舉正（郭京）……二四一

卷十五　易十四

周易物象釋疑（東鄉助）……二四五
易忘象（崔良佐）……二四七
集注周易（元載）……二四七
易象異義（李吉甫）……二四七
辨易九六論（劉禹錫）……二四八
揲蓍法（畢中和）……二四八
易詮（李翱）……二四九
周易啓源（蔡廣成）……二五〇
周易外義（蔡廣成）……二五〇
易蘊解（韋顗）……二五〇
周易新義（徐鄖）……二五一
易書（裴通）……二五一
周易傳（陸希聲）……二五二
周易微旨（陸希聲）……二五四
周易外傳（高定）……二五四
易義（盧行超）……二五五
周易正義補闕（邢璹）……二五五
周易略例疏（邢璹）……二五五
周易啓玄（張轅）……二五六
周易發題（任奉古）……二五七
周易開玄關（蘇鶚）……二五七
周易雜占筮訣文（梁運）……二五八
周易口訣義（史證）……二五八
周易義略（李含光）……二五九
易總（王遠知）……二六〇
周易窮寂圖（成玄英）……二六〇
易流演（成玄英）……二六〇
易傳（釋一行）……二六一
新易林占（杜氏）……二六二
周易甘棠正義（任正一）……二六二
易軌（蒲乾貫）……二六二
周易指迷（蒲乾貫）……二六三

周易會釋記（釋希覺）……二六三
正易心法（麻衣道者）……二六四
周易服藥法（亡名氏）……二六七
周易雜圖序（亡名氏）……二六七
周易内卦神筮法（亡名氏）……二六七

卷十六　易十五

易龍圖（陳摶）……二六八
易論（王昭素）……二七一
周易異議論（劉遵）……二七三
周易演聖通論（胡旦）……二七三
卦氣圖（李溉）……二七四
周易注（龍昌期）……二七五
周易絶筆書（龍昌期）……二七五
周易化源圖（高志寧）……二七六
新注周易（劉牧）……二七七
卦德通論（劉牧）……二七七
周易先儒遺論九事（劉牧）……二七七
易數鈎隱圖（劉牧）……二七七
易訓（宋咸）……二八〇
易補注（宋咸）……二八〇
王劉易辨（宋咸）……二八〇
易樞（李見）……二八二
周易解（邵古）……二八三
周易會通正義（縱康乂）……二八三
易範（林巽）……二八三
周易析藴（孫坦）……二八四
周易旨要（代淵）……二八五
周易意學（陸秉）……二八五
周易通神（吴秘）……二八六
續鈎隱圖（黄黎獻）……二八六
略例義（黄黎獻）……二八六
室中記師隱訣（黄黎獻）……二八七

卷十七　易十六

易論（李覯）……二八八
刪定易圖序論（李覯）……二八八
周易意藴凡例總論（徐庸）……二九一
卦變解（徐庸）……二九一
變卦反對圖（李之才）……二九二
六十四卦相生圖（李之才）……二九二
大易源流圖（范諤昌）……二九三
易證墜簡（范諤昌）……二九三
周易會元紀（徐復、林瑀）……二九六
易傳（胡瑗）……二九八
易筌（阮逸）……三〇〇
周易言象外傳（王洙）……三〇〇
古易（王洙）……三〇一
易義（范仲淹）……三〇二
周易注解（張公裕）……三〇三
易學釋疑（鄭昇）……三〇三
周易略例（桂詢）……三〇四
易傳（于房）……三〇四
易索蕴（楊繪）……三〇四
鈎易圖辨（陳希亮）……三〇五
制器尚象論（陳希亮）……三〇五
易義（周孟陽）……三〇六
易補注（龔鼎臣）……三〇六
易講義（陳襄）……三〇七
易義（周希孟）……三〇七
易義（黄晞）……三〇七
周易集解（掌禹錫）……三〇八
周易流演遁甲圖（掌禹錫）……三〇八
易義（黄通）……三〇九
周易注（劉彝）……三〇九
易解（皇甫泌）……三〇九
易疏精義（令狐揆）……三一〇

乾生歸一圖（石汝礪）……三一〇

卷十八　易十七

周易解（石介）……三一二
易童子問（歐陽修）……三一三
易解（張巨）……三一五
周易注（趙承慶）……三一五
周易重注（鮑極）……三一六
易釋解（孫載）……三一六
周易圖義（葉昌齡）……三一七
周易衍注（王晳）……三一七
周易綱旨（王晳）……三一七
易解（石牧之）……三一八
易義（李畋）……三一八
易解（羅適）……三一八
易解（王存）……三一九
易意（朱長文）……三一九
揲蓍新譜（莊綽）……三二〇
易論（陳皐）……三二一
周易廣疏（勾微）……三二二
易義（薛温其）……三二二
易義（金君卿）……三二三
周易義略（冀震）……三二三
周易發隱（陳良獻）……三二四
易源（常豫）……三二四
周易義略（張簡）……三二四
易問難（張簡）……三二五
周易口訣（王錡）……三二五
易義（何維翰）……三二五
易義（劉緯）……三二五
易義（陳文佐）……三二六
易義（袁建）……三二六
易義（盧穆）……三二六
易義（白勳）……三二六

易義（薄洙）……三二六
易義（汪沿）……三二七
易義（于奔）……三二七
易義（鄧至）……三二七
易解（彭宗茂）……三二七

卷十九　易十八

易通（周惇頤）……三二八
古周易（邵雍）……三三一
周易傳（鄭夬）……三三五
横渠易説（張載）……三三七
易解（王安石）……三三八
周易義類（顧棠）……三三九
周易新義（沈季長）……三四〇
易傳（王逢）……三四〇
易説（司馬光）……三四一
周易古經（吕大防）……三四三
易傳（王巖叟）……三四五
周易聖斷（鮮于侁）……三四五
易傳（孫覺）……三四六
易解（鄒浩）……三四七
易傳（蘇軾）……三四八
易説（蘇轍）……三四九

卷二十　易十九

易傳（程頤）……三五一
易傳（龔原）……三五六
續解易義（龔原）……三五六
周易辨惑（邵伯温）……三五九
了翁易説（陳瓘）……三六〇
易義（李賁）……三六〇
西河圖傳（李平）……三六一
録古周易（晁説之）……三六一
易規（晁説之）……三六四

京氏易式（晁説之）……三六四

卷二十一　易二十

易學（王湜）……三六七
易説（喬執中）……三六八
易論（李清臣）……三六八
易蓍（史通）……三六九
易傳（黄賁）……三六九
易解（王端禮）……三七〇
易義（彭汝礪）……三七〇
伏羲俯仰畫卦圖（彭汝礪）……三七〇
周易義海（房審權）……三七〇
易義（米芾）……三七一
易索（張汝明）……三七二
易要義（潘鯁）……三七三
周易澶州講義（黄裳）……三七三
周易解（何執中）……三七四
周易解義（蘇伯材）……三七五
易解（沈括）……三七五
易傳（朱玠）……三七五
易章句（吕大臨）……三七六
易説（游酢）……三七六
易説（楊時）……三七七
易義（謝湜）……三七八
周易傳（王蘋）……三七八
兼山易解（郭忠孝）……三七八
四學淵源論（郭忠孝）……三七九
易傳（譙定）……三七九
易解、先天圖説（陳易）……三八〇
易解（羅志沖）……三八一
易圖（黄庶先）……三八一
易説（周秩）……三八二
易談（徐鐸）……三八二
易説（林虙）……三八二

周易開奥圖（趙克顔）……三八三
易發微（趙令湑）……三八三
葆光易解（張弼）……三八三
卜子夏易傳解（張弼）……三八六
易論（范浚）……三八六

卷二十二　易二十一

易傳（陳禾）……三八八
八卦數圖（陳高）……三八九
周易集解（凌唐佐）……三八九
易説（林師説）……三九〇
易説（杜紘）……三九〇
吴園易解（張根）……三九〇
周易解（曾元忠）……三九二
易論要纂（尹天民）……三九二
易説拾遺（尹天民）……三九二
易問（林震）……三九三
易傳（林震）……三九三
周易解（饒子儀）……三九三
廣川易學（董逌）……三九四
先天易鈐（牛師德）……三九四
易傳（譚世勣）……三九四
易解義（耿南仲）……三九五
易説（汪天任）……三九七
易索隱（鄭廷芬）……三九七
周易拾遺（馬永卿）……三九七
易解（程逵）……三九八
逍遥公易解（李椿年）……三九八
周易疑問（李椿年）……三九八
易説（王昇）……四〇〇
易説（王俊乂）……四〇一
周易全解（李彦章等）……四〇一
太學十先生易解（林疑獨等）……四〇二
河圖解（康平）……四〇二

周易口義（雷度）……四〇三
易解（李開）……四〇三
周易宗經（喻唐）……四〇三
周易正例（李勃）……四〇四
周易卦象賦（陳正中）……四〇四
易卦象賦（黃宗旦）……四〇四
周易歌（杜令賁）……四〇四
易論（劉不疑）……四〇五
周易卦斷（丘鑄）……四〇五
周易明文（郭思永）……四〇五
周易精微（周鎮）……四〇五
周易略例疏（莊道名）……四〇五
周易析微通説（楚泰）……四〇六
周易質疑卜傳（楚泰）……四〇六
易訣（許季山）……四〇六
周易太清易經訣（王曉）……四〇六
周易探玄（王守一）……四〇七
周易卦頌（黃景元）……四〇七
周易玉鑑頌（阮兆）……四〇七
周易八仙經疏（邢朝宗）……四〇七
易鏡（王鄯）……四〇七
周易通神歌（王鄯）……四〇八
周易繚繞詞（張胥）……四〇八
周易述解（郝氏）……四〇八

卷二十三　易二十二

梁谿易傳内外篇（李綱）……四一〇
紫巖易傳（張浚）……四一四
讀易老人解説（李光）……四一五
易傳（許翰）……四一六
周易小傳（沈該）……四一七
周易釋象（曾幾）……四二〇
易解（王庭珪）……四二〇
龜津易傳（何兑）……四二一

易說（王師心）……四二一
漢上易集傳（朱震）……四二一
周易卦圖（朱震）……四二二
周易叢説（朱震）……四二二
易解（尹躬）……四二四
易說（黃祖舜）……四二六
易解（曹粹中）……四二六
周易解（金安節）……四二七
易通解（程克俊）……四二七

卷二十四　易二十三

易傳拾遺（胡銓）……四二八
周易古今考異釋疑（洪興祖）……四二九
周易通義（洪興祖）……四二九
古易攷義（洪興祖）……四二九
古今易總志（洪興祖）……四三〇
易斷（钱述）……四三〇
易說（林億）……四三〇
變卦天道大備書（林億）……四三〇
變卦纂集（林億）……四三一
易解通義（李授之）……四三一
易解（劉翔）……四三二
易璇璣（吴沆）……四三二
易解（郭伸）……四三四
易說（王義朝）……四三四
易論（王義朝）……四三五
易卦補遺（張掄）……四三五
易議（丘礪）……四三五
周易證義（王大寶）……四三六
周易詳解（吴瀫）……四三六
易說（周聿）……四三六
易傳（徐霖）……四三七
易解（章服）……四三七
揲蓍古法（鄭克）……四三七

易解(劉藻)……四三八
易傳(關注)……四三八
傳家易説(郭雍)……四三八
卦辭旨要(郭雍)……四四一
蓍卦辨疑(郭雍)……四四一
易變體(都潔)……四四一
周易説義(都潔)……四四三
易義(喻樗)……四四三
易傳(李郁)……四四四
周易窺餘(鄭剛中)……四四四
大易賦(鄭剛中)……四四七

卷二十五　易二十四

易卦疑難圖(鄭東卿)……四四八
易説(鄭東卿)……四五〇
先天圖注(鄭東卿)……四五〇
易論(馮當可)……四五一
易詁訓傳(晁公武)……四五一
周易講義(夏休)……四五二
易解(徐珦)……四五二
存古易(鄭厚)……四五三
易説(徐良能)……四五三
易傳(陳天麟)……四五三
艮園易説(諸葛説)……四五三
易本旨(陳知柔)……四五四
易大傳(陳知柔)……四五四
易圖(陳知柔)……四五四
易範(鄭畊老)……四五五
易説(王剛中)……四五五
周易解頤(劉季裴)……四五五
易説(錢俣)……四五六
周易義解(彭與)……四五六
神授易圖(彭與)……四五六
易證詩(彭與)……四五六

易義文圖（彭與）…………四五七
周易解（宋大明）…………四五八
周易圖說（黄開）…………四五八
易說（魯旹）…………四五八
易傳（芮燁）…………四五九
易索隱（柴翼）…………四五九
二五君臣論（閭丘昕、胡寅）…………四六〇
易外傳（胡宏）…………四六〇
易占、圖書注（劉朔）…………四六一
周易解（蔣夔）…………四六一
周易集註（韓大寧）…………四六一
周易解微（徐畸）…………四六二
易傳（徐人傑）…………四六二
周易先天流衍圖（孫份）…………四六二
周易卦氣圖（樂洪）…………四六三
東溪易傳（劉熊）…………四六三
周易集傳（劉庭直）…………四六三
易說（施師點）…………四六四
周易解說（何逢原）…………四六四

卷二十六　易二十五

周易通變（張行成）…………四六五
虛谷子解卦周易（劉烈）…………四六七
周易義海撮要（李衡）…………四六八
周易宏綱（劉文郁）…………四六九
龍舒易解（王日休）…………四七〇
準繫易象（王日休）…………四七一
榕臺易論（林維屏）…………四七一
易辨說（郭彦逢）…………四七二
易集解（趙彦真）…………四七二
易說（黄顔榮）…………四七二
漁樵易解（蘭廷瑞）…………四七三
周易觀畫（李椿）…………四七三
古文周易（薛季宣）…………四七四

易春秋（郭縝）……四七六
易説（羅泌）……四七六
易原（程大昌）……四七六
周易啓蒙（余端禮）……四七七
易説（高曇）……四七八

卷二十七　易二十六

慈湖易解（楊簡）……四七九
己易（楊簡）……四八〇
易學啓蔽（楊簡）……四八〇
讀易筆記（王炎）……四八二
易數稽疑（王炎）……四八二
周易經傳集解（林栗）……四八七
易學索隱（袁樞）……四九二
易傳解義（袁樞）……四九二
周易辨異（袁樞）……四九三
易童子問（袁樞）……四九三

卷二十八　易二十七

易説（張栻）……四九四
易章句（程迥）……四九五
周易外編（程迥）……四九五
占易考（程迥）……四九六
古易古法（程迥）……四九六
復齋易説（趙彦肅）……四九八
周易玩辭（項安世）……四九九
易説（趙善譽）……五〇四
周易義説（李呂）……五〇五
周易解（石憝）……五〇六
易説（丘義）……五〇六
讀易管見（邵囦）……五〇六

卷二十九　易二十八

誠齋易傳（楊萬里）……五〇七

大易粹言（曾穜）……五一三
周易古經（李燾）……五一七
易學（李燾）……五一七
九江易傳（周燔）……五一八
卷三十　易二十九
古周易（吴仁傑）……五二一
周易圖説（吴仁傑）……五二一
集古易（吴仁傑）……五二二
古易（吕祖謙）……五二八
東萊易説（吕祖謙）……五三〇
古易音訓（吕祖謙）……五三一
讀易紀聞（吕祖謙）……五三三
卷三十一　易三十
易傳（朱熹）……五三四
周易本義（朱熹）……五三四
易學啓蒙（朱熹）……五三五
古易音訓（朱熹）……五三五
蓍卦考誤（朱熹）……五三五
朱文公易説（朱熹）……五四四
周易講義（陳淳）……五四四
易裨傳（林至）……五四五
易疑問答（趙善佐）……五四六
周易集義（潘柄）……五四七
易集義（何鎬）……五四七
易解（許升）……五四七
周易師訓（董銖）……五四八
周易象數總義（詹體仁）……五四八
讀易記（徐僑）……五四八
易經説（劉爚）……五四九
周易訓解（江默）……五四九
易解（孫調）……五五〇
易學啓蒙或問（鄭文遹）……五五〇

厚齋易學（馮椅）……五五〇
周易經傳訓解（蔡淵）……五五二
易象意言、卦爻辭旨、大傳易說、象數餘論、古易叶韻（蔡淵）……五五五
周易會通（葉味道）……五五五
易說（戴蒙）……五五六
易論（吴昶）……五五六
易解（林學蒙）……五五七
易傳（陳文蔚）……五五七

卷三十二　易三十一

易辨（何萬）……五五八
淵源録（何萬）……五五八
易本傳（李舜臣）……五五九
易訓（倪思）……五六〇
易説（倪思）……五六〇
易解（蔡戡）……五六一
易講義（陳炳）……五六一
易英（馮誠之）……五六一
周易訓傳（王時會）……五六二
續東溪易傳（劉光祖）……五六二
易學指要（史彌大）……五六二
易辨（范飛卿）……五六三
易原（丘巽之）……五六三
易説（陳造）……五六三
易説（楊大法）……五六四
周易講義（商飛卿）……五六四
周易解義（胡有開）……五六四
易説（楊炳）……五六五
周易集注（義太初）……五六五
周易述釋（葉適）……五六五
易説（林應辰）……五六六
周易總説（戴溪）……五六六
易書（吕凝之）……五六七

童溪易傳（王宗傳）……五六七
易鑑（陳舜申）……五七〇
易解發題（鄒安道）……五七〇
易則（薛紱）……五七一
周易説（趙汝談）……五七一
周易總義（易祓）……五七二
易學舉隅（易祓）……五七二
周易注（鄭鑑）……五七四
易通釋（丁錟）……五七四
易説舉要（朱質）……五七五
易傳發微（陳德一）……五七五
述釋葉氏易説（袁聘儒）……五七五

卷三十三　易三十二

易説（葉秀發）……五七七
易解（葉皆）……五七七
易説（李起渭）……五七八
易解（蘇竦）……五七八
西溪易説（李過）……五七八
周易集義（魏了翁）……五七九
易傳（毛璞）……五八三
周易解（黄龜朋）……五八三
易解（宋聞禮）……五八四
易解（徐雄）……五八四
易學理窟（艾謙）……五八四
易説指圖（王宗道）……五八五
易爻變義（王太沖）……五八五
易原（楊忱中）……五八六
周易解（吴淵）……五八六
周易述解（蔡齊基）……五八六
丙子學易編（李心傳）……五八七
四尚易編（牟子才）……五九〇
易説（王萬）……五九〇
周易提綱（陸持之）……五九一

易傳（羅之紀）……五九一
大易約解（潘夢旂）……五九一
易通（趙以夫）……五九二
學易蹊徑（田疇）……五九四

卷三十四　易三十三

易解（高元之）……五九五
易解（錢佃）……五九五
易説、易林（胡謙）……五九六
先後天圖（司馬子巳）……五九七
三易圖説（柳申錫）……五九九
大易要言（楊泰之）……五九九
易類（楊泰之）……五九九
易心學（任直翁）……六〇〇
古易（林叔清）……六〇〇
易説（虞剛簡）……六〇一
周易直説（徐相）……六〇一
古易補音（趙共父）……六〇二
易翼傳（鄭汝諧）……六〇二
易傳（傅子雲）……六〇五
周易筮傳（湯建）……六〇六
易解（林萬頃）……六〇六
周易口義（張孝直）……六〇七
易説（申孝友）……六〇七
易稿（劉彌邵）……六〇七
周易説約（趙善湘）……六〇八
周易或問（趙善湘）……六〇八
周易續問（趙善湘）……六〇九
周易指問（趙善湘）……六〇九
學易補過（趙善湘）……六〇九
警心易贊（孟珙）……六一〇

卷三十五　易三十四

易説（林子雲）……六一一

易解（羅大經）……六一一
易講義（林希逸）……六一二
易原（陳沖飛）……六一二
易解（卓得慶）……六一二
易通（謝升賢）……六一三
讀易管見（蕭山）……六一三
讀易（尤彬）……六一三
準齋易説（吴如愚）……六一四
易注解義（方濯）……六一四
周易釋傳（錢時）……六一五
易傳（張志道）……六一六
古易考（王應麟）……六一六
輯周易鄭注（王應麟）……六一六
易象通義（馮去非）……六一八
易故（歐陽守道）……六一九
易傳集解（蔡模）……六一九
易傳（戴仔）……六一九
周易家説（戴侗）……六二〇
易外傳（方逢辰）……六二〇
周易見一（胡仲雲）……六二一
水村易鏡（林光世）……六二二
存齋易説（陽枋）……六二三
字溪易説（陽岊）……六二四
周易大義（時少章）……六二四
周易卦贊（時少章）……六二四
大易體卦（季可）……六二五
學易説（周方）……六二五
讀易日抄（黄震）……六二五
五十家易解（楊文焕）……六二八
易注（鄭起）……六二八
易圖（吕中）……六二九
易釋（舒滸）……六二九
周易附説卦變圖（齊夢龍）……六三〇

卷三十六　易三十五

周易輯聞（趙汝楳）……六三一
易雅（趙汝楳）……六三二
筮宗（趙汝楳）……六三三
校正周易古經（税與權）……六三五
易學啓蒙小傳（税與權）……六三六
淙山讀周易記（方實孫）……六三八

卷三十七　易三十六

大易集傳精義（陳友文）……六四七
周易傳義附録（董楷）……六四八
易發揮（徐端方）……六五一
易圖（程新恩）……六五一
讀易記（陳沂）……六五三
易説（黄以翼）……六五三
易説（饒魯）……六五三
易輯（徐幾）……六五四
玩易手抄（毛友誠）……六五四
周易釋傳（章元崇）……六五四
周易會粹（楊明復）……六五四
易筌蹄（胡維寧）……六五五
易論（方汝一）……六五五
易象寶鑑（王鎡）……六五五
易抄（薛舜俞）……六五六
大易内解（詹天錫）……六五六
謙齋周易詳解（李杞）……六五六
易義指歸（陳廷言）……六五七
易心（王愷）……六五八
易統論（李象）……六五八
復古蓍法（孫義伯）……六五八
周易闡微詩（冀珍）……六五九
周易罔象成名圖（張杲）……六五九
周易説（李贊）……六五九

大易觀象（鄭子厚）……六五九
易摭卦總論（朱承祖）……六六〇
易解（劉禹偁）……六六〇
周易講義（湯羲）……六六〇
易解（鄒巽）……六六〇
周易解義（安泳）……六六一
周易口訣（陸太易）……六六一
易義（趙仲鋭）……六六一
易統（劉贊）……六六二
易述古言（林起鰲）……六六二
羲易正元（劉半千）……六六二
易解（江泳）……六六二
周易管見（田君右）……六六三
易說（潘植）……六六三
易說（劉澤）……六六三
易說（馮大受）……六六四
易說（儲泳）……六六四
易說（吴綺）……六六四
易解（陳義宏）……六六四
易口義（方泳之）……六六五
易說（譚大經）……六六五
周易思齋口義（翁泳）……六六五
周易講義（湯煥）……六六五
易說（徐君平）……六六六
易索隱（鄭廷芬）……六六六
易解（郭長孺）……六六六

卷三十八　易三十七

易經集解（吕大圭）……六六七
學易管見（吕大圭）……六六七
讀易管見（孫嶸叟）……六六八
易通（王幼孫）……六六九
讀易析疑（方回）……六六九
易中正考（方回）……六六九

易吟（方回）……六七〇
周易說約（黎立武）……六七〇
易膚說（高斯得）……六七一
易解（徐直方）……六七一
餘學齋易說（胡次焱）……六七二
易衍（何夢桂）……六七二
古易口義（方公權）……六七二
易解大全（孟文龍）……六七三
周易輯說（曾子良）……六七三
樸山易說（嚴肅）……六七四
易管見（吴霞舉）……六七四
筮易（吴霞舉）……六七四
易究（史蒙卿）……六七五
周易輯解（邱富國）……六七五
學易說約（邱富國）……六七六
易注（包天麟）……六七六
易圖說（鄭儀孫）……六七六
易學蠡測（魏新之）……六七七
周易占例（汪深）……六七七
大易發微（練耒）……六八〇
易解義（邱葵）……六八〇
周易互言總論（石一鰲）……六八一
易傳庸言（饒宗魯）……六八二
周易講義（熊采）……六八二
易經集說（衛富益）……六八二
易經解注（陳普）……六八三
易講義（陳普）……六八三
易傳宗（陳煥）……六八四
易說（謝枋得）……六八四

卷三十九　易三十八

易學啓蒙發揮（何基）……六八五
讀易記（王柏）……六八八
涵古易說（王柏）……六八八

大象衍義（王柏）……六八八
三易備遺（朱元昇）……六八九
見易篇（王埜翁）……六九六
周易分注（王埜翁）……六九七
周易集疏（熊禾）……六九九

卷四十　易三十九

易學啓蒙通釋（胡方平）……七〇〇
外易（胡方平）……七〇〇
易餘閒記（胡方平）……七〇一
周易集説（俞琰）……七〇四
讀易舉要（俞琰）……七〇五
易圖纂要（俞琰）……七〇五
易古占法（俞琰）……七〇五
易外别傳（俞琰）……七〇六
易經考證（俞琰）……七〇六
易傳考證（俞琰）……七〇六
讀易須知（俞琰）……七〇六
六十四卦圖（俞琰）……七〇六
卦爻象占分類（俞琰）……七〇六
易圖合璧連珠（俞琰）……七〇六
大易會要（俞琰）……七〇七
清全齋讀易編（陳深）……七一四
易説（龔焕）……七一五
易纂圖（劉整）……七一五
易童子問（陳宏）……七一五
易象發揮（陳宏）……七一六
易象占（周敬孫）……七一六
周易通義（黄超然）……七一六
周易或問（黄超然）……七一七
周易釋蒙（黄超然）……七一七
周易發例（黄超然）……七一七
經進易解（朱知常）……七二〇
易解（齋博士）……七二一

易傳覺（董氏）……七二一
易辨證（李氏）……七二一
三宫易（朱氏）……七二一
周易講疏（何氏）……七二二
周易六十四卦賦（陳氏）……七二二
愚庵易注（沈氏）……七二二
易解（尹彦頤）……七二三

卷四十一　易四十

揲蓍法（青城山人）……七二四
易互體例（方舟先生）……七二四
周易元統（白雲子）……七二五
揲蓍法（不爲子）……七二六
周易河圖術（靈隱子）……七二六
周易卜法（天門子）……七二六
羲文易論微（樂只道人）……七二六
易辨疑（金華先生）……七二六
玉泉易解（亡名氏）……七二七
太學新講義（亡名氏）……七二七
劉鄭注周易（亡名氏）……七二七
周易十二論（亡名氏）……七二七
周易外義（亡名氏）……七二八
易正誤（亡名氏）……七二八
周易傳（亡名氏）……七二九
周易口義（亡名氏）……七二九
周易樞（亡名氏）……七二九
周易解微（亡名氏）……七二九
周易卦類（亡名氏）……七三〇
周易明疑録（亡名氏）……七三〇
易説精義（亡名氏）……七三〇
周易節略正義（亡名氏）……七三〇
易旨歸義（亡名氏）……七三〇
周易經類（亡名氏）……七三一
周易括囊大義（亡名氏）……七三一

周易竅書（亡名氏）……七四六
周易火竅（亡名氏）……七四六
周易旁通曆（亡名氏）……七四六
周易八龍山水論（亡名氏）……七四六
易玄圖（亡名氏）……七四七
周易圖（亡名氏）……七四七
周易卜筮斷（幹道沖）……七四八
周易蘗説（趙秉文）……七四九
易解（雷思）……七四九
學易記（馮延登）……七五〇
易説（吕豫）……七五〇
三十家易解（單渢）……七五〇
易學集説（王天鐸）……七五〇
周易集説（張特立）……七五二
周易釋略（袁從義）……七五二
易解（張氏）……七五二

卷四十二　易四十一

周易外傳（郝經）……七五四
讀易備忘（劉肅）……七五八
易直解（胡祗遹）……七五九
學易記（李簡）……七六〇
易解（薛玄）……七六一
讀易私言（許衡）……七六一
易纂言（吴澂）……七六二
易敘録（吴澂）……七六二
周易本説（齊履謙）……七六五
周易述解（潘迪）……七六七
易傳集疏（熊凱）……七六七
周易集傳（龍仁夫）……七六八

卷四十三　易四十二

大易法象通贊（鄭滁孫）……七六九

周易記玩（鄭滁孫）……七六九
中天述考（鄭滁孫）……七六九
周易附録纂疏（胡一桂）……七七四
易學啓蒙翼傳（胡一桂）……七七四
周易啓蒙輯録（程時登）……七七六
周易本義通釋（胡炳文）……七七七
易圖補（程龍）……七七九
筮法（程龍）……七七九
易經精藴（繆主一）……七八〇
周易象義（丁易東）……七八〇

卷四十四　易四十三

周易折衷（趙采）……七八五
易說（黄定子）……七八七
周易經傳通解（汪標）……七八八
啓蒙翼傳（程直方）……七八八
四聖一心（程直方）……七八八
學易堂隨筆（程直方）……七八八
易類象（何中）……七八九
周易衍義（胡震）……七九〇
易傳義大意（唐元）……七九二
易學須知（劉淵）……七九二
讀易記（劉淵）……七九二
周易旁注（李恕）……七九二
易音訓（李恕）……七九三
大易輯略（范大性）……七九三
周易集說（倪淵）……七九四
易圖說（倪淵）……七九四
易卦說（倪淵）……七九四
序例（倪淵）……七九四
易說（熊棟）……七九五
東皐老人百一易略（陳櫟）……七九五
周易注（吴鄹）……七九六
庖易（彭絲）……七九七

大易緝説（王申子）……七九七
周易本義附録集注（張清子）……七九九
讀易蠡測（徐之祥）……八〇〇
先天圖義（嚴養晦）……八〇一
易學啓蒙（吴迂）……八〇三
周易管闚（倪公晦）……八〇三

卷四十五　易四十四

易學纂言（傅立）……八〇四
易説（王結）……八〇四
學易記（何榮祖）……八〇五
讀易類編（鄧文原）……八〇五
易説綱要（楊□龍）……八〇六
易通解（王希旦）……八〇六
周易備忘（張延）……八〇七
易説（曹説）……八〇七
易説（劉傳）……八〇七
周易釋疑（葉瑞）……八〇八
四道發明（胡允）……八〇八
筮草研幾（鮑雲龍）……八〇八
讀易偶記（余芑舒）……八〇九
易説（程珙）……八〇九
易志（劉莊孫）……八〇九
易通微説（楊剛中）……八一〇
大易精解（李學遜）……八一〇
易學源流（彭復初）……八一〇
易學直指本源（盛象翁）……八一〇
易學啓蒙類編（程璹）……八一一
大易通義（俟克中）……八一二
易三圖（謝仲直）……八一二
易象圖説（張理）……八一四
易源奥義（保八）……八一七
周易原旨（保八）……八一八
周易尚占（保八）……八一八

周易集傳（紇石烈希元）……八二〇
奇偶陰陽消息圖（贍思）……八二二

卷四十六　易四十五

易說（袁桷）……八二三
中易（任士林）……八二三
周易略例補釋（陳禧）……八二五
周易本義集成（熊良輔）……八二五
讀易攷原（蕭漢中）……八二八
周易會通（董真卿）……八二九
易傳因革（董真卿）……八三二
讀易雜記（吴師道）……八三三
讀易管見（潘弼）……八三四
易主意（涂溍生）……八三四
蓬廬學易衍義（史公珽）……八三五
象數發揮（史公珽）……八三五
易象圖說（許天麓）……八三五
易注（陶元幹）……八三五
重正卦氣（吾丘衍）……八三六
易象鉤玄（惠希孟）……八三六
大易演義（祝堯）……八三六
周易注（魯真）……八三七
周易集義（蔣宗簡）……八三七
易說發揮（嚴用父）……八三八
易經精藴（解蒙）……八三八
易義（解季通）……八三九
易經旁注（韓信同）……八三九
周易句解（李公凱）……八三九
讀易管窺（衛謙）……八四〇
周易傳義折衷（吴存）……八四〇
周易句解（朱祖義）……八四〇
易集圖（盧觀）……八四〇
補周易集義（吴夢炎）……八四一
周易直解（胡持）……八四一

易說（郭鏜）……八四一
卷四十七　易四十六
周易通義（黃鎮成）……八四二
周易爻變易蘊（陳應潤）……八四三
周易演說（石伯元）……八四六
易經通旨（趙良震）……八四八
周易圖說（錢義方）……八四八
易學濫觴（黃澤）……八五一
易圖說（吕洙）……八五二
易辨（盛德瑞）……八五三
周易記（葉登龍）……八五三
易學啓蒙注（黃瑞節）……八五三
易說（朱隱老）……八五四
卷四十八　易四十七
周易解詁（陳謙）……八五五
河圖記（陳謙）……八五五
周易變通（曾貫）……八五六
周易注解（雷杭）……八五六
周易大傳附注（鄭玉）……八五七
程朱易契（鄭玉）……八五七
易說（余闕）……八五九
大易圖說（鄧錡）……八六〇
周易衍義（許復）……八六〇
東山易解（郭昺）……八六一
河圖易象本義（陳訥）……八六一
易說（陳子肩）……八六一
易圖通變（雷思齊）……八六二
易筮通變（雷思齊）……八六四
讀易十字樞（夏氏）……八六四
玉井易說（楊氏）……八六五
易學圖（常氏）……八六五
竹溪易說（范氏）……八六六

春臺易圖（黃氏）……八六六
讀易記（趙氏）……八六七
大易忘筌（無名氏）……八六九
易學變通（亡名氏）……八六九
易疑擬題（亡名氏）……八六九

卷四十九　易四十八

周易旁注前圖（朱升）……八七〇
周易旁注（朱升）……八七〇
周易參義（梁寅）……八七三
周易程朱傳義音考（汪克寬）……八七四
大易文詮（趙汸）……八七五
大易舉隅（鮑恂）……八七五
易說（郭樌）……八七七
周易集解（葉儀）……八七七
易傳雜說（周南老）……八七七
周易參疑（王廉）……八七八
易學提綱（趙撝謙）……八七八
易學會通（胡璉）……八七八
易經發明（何英）……八七九
易經奧義（林大同）……八七九
周易問辨（歐陽貞）……八七九
易學啓蒙述解（朱謚）……八八〇
周易本義通釋增纂（鄭觀）……八八一
周易句解（汪有訓）……八八二
周易圖解（王潤孫）……八八二
周易傳義會通（張洪）……八八二
周易集傳（程汝器）……八八三
周易集解（鄭以仁）……八八三
大易枝辭（方孝孺）……八八三
周易傳義大全（胡廣等）……八八四
周易直指（楊士奇）……八八五
易經選注（王達）……八八六
易義（趙友士）……八八六

讀易日録（高暐）……八八七
易經講義（張文選）……八八七
石潭易傳撮要（劉髦）……八八七
周易集説（林誌）……八八八
京氏易考（張敔）……八八八
讀易記（李賢）……八八八
讀易指南（徐良）……八八九
周易圖釋（劉定之）……八八九
周易圖解（金潤）……八八九
玩易意見（王恕）……八九〇
周易衍義（包瑜）……八九一
讀易私抄（楊守陳）……八九一
卷五十　易四十九
周易衍辭（劉誠）……八九三
易經比類（沈瑶）……八九三
周易傳義會同（吾㝷）……八九四
周易要語（張元禎）……八九四
周易程朱異同（羅璟）……八九四
河圖衍義（盧璣）……八九四
大易天人合旨（姚綬）……八九五
易意（金旅）……八九五
易抄（桑悦）……八九五
周易説旨（羅倫）……八九六
易爻用九六説（張昇）……八九六
讀易愚慮（談綱）……八九七
易攷圖義（談綱）……八九七
卜筮節要（談綱）……八九七
易義雜言（談綱）……八九八
易指攷辨（談綱）……八九八
周易解（謝理）……八九九
周易解疑（洪貫）……八九九
易卦方位次序圖（葉應）……八九九
周易訂疑（吴璉）……九〇〇

易大義（李承恩）……九〇〇
周易蒙引（蔡清）……九〇〇
訂正復古易（王雲鳳）……九〇三
先天後天圖學考正（楊廉）……九〇五
周易傳疏（王啓）……九〇六
易經精藴（朱綬）……九〇七

卷五十一　易五十

周易正訓（劉績）……九一一
易經淵源（胡易）……九一二
易學辯疑（王緒）……九一二
易經集説（諸葛駿）……九一三
易疑初筮告蒙約（何孟春）……九一三
讀易私記（胡世寧）……九一六
易經解（何垕）……九一六
集定古易（陳鳳梧）……九一六
周易翼義（童品）……九一七
執齋易圖説（劉玉）……九一七
周易本義附説（左輔）……九一八
周易圖説（左輔）……九一八
易通（錢貴）……九一八
圖書管見（許誥）……九一八
周易考異（都穆）……九一九
易經講意（童器）……九一九
讀易日記（周用）……九二〇
周易本義音釋（鄭禧）……九二一
讀易餘言（崔銑）……九二二
易大象説（崔銑）……九二三
修復古易經傳訓測（湛若水）……九二三
讀易愚得（顧應祥）……九二四
易牖（安磐）……九二五
讀易録（穆孔暉）……九二五
周易纂義（田汝耔）……九二六
易説（張邦奇）……九二六

易論（鄭善夫）……九二七

卷五十二　易五十一

易學講義（伊伯熊）……九二八
周易説翼（吕柟）……九二八
周易議卦（王崇慶）……九三〇
易經大旨（唐龍）……九三〇
易學啓蒙意見（韓邦奇）……九三二
易占經緯（韓邦奇）……九三三
卦爻要圖（韓邦奇）……九三四
易林推用（韓邦奇）……九三五
學易疑義（鍾芳）……九三六
周易變卦傳（夏良勝）……九三七
易經安玩録（王大用）……九三八
讀易索隱（洪鼐）……九三八
易解（楊慎）……九三九
周易億（王道）……九四〇
易原（戚雄）……九四一
易經集解（余本）……九四一
讀易備忘（余本）……九四一
易卦通義（孫承恩）……九四二
易經發鑰（貢珊）……九四二
易問大旨（汪必東）……九四二
易經講義（張辰）……九四三
易經象訣（胡東）……九四三
古易攷原（梅鷟）……九四三
周易贊義（馬理）……九四五
學易記（金賁亨）……九四八
周易傳義（鄭佐）……九五〇

卷五十三　易五十二

易箋問（舒芬）……九五一
易學四同（季本）……九五二
圖文餘辯（季本）……九五二

蓍法別傳（季本）……九五二
古易辯（季本）……九五二
周易解（史于光）……九五六
易經卦變（劉戩）……九五七
讀易記（王漸逵）……九五七
易經存疑（林希元）……九五八
易經通典（陳琛）……九六〇
大易聖傳（周臣）……九六一
周易約說（方獻夫）……九六一
易象解（劉濂）……九六三
古易（杜慜）……九六三
讀易管見、易義發明、卦贊（鄭伉）……九六四
易圖說（余誠）……九六四
周易宗旨（寧欽）……九六五
易思得録（潘葵）……九六五
易經十翼章圖藴義（張廷芳）……九六五
易學象數舉隅（汪思敬）……九六六
易傳通釋（汪思敬）……九六六
周易奥義（袁顥）……九六六
周易本義直講（李鳴盛）……九六七
周易參微録（程仲賢）……九六八
周易注解（丁徵）……九六八
易經發明（方太古）……九六八
易髓（張璞）……九六九
易經大旨（戴圭）……九六九
易通解（胡居仁）……九六九
易圖識漏（黄芹）……九七〇
讀易管見（周積）……九七〇
易說（謝顯）……九七〇
復古易（沈爚）……九七一
周易通解（朱星）……九七二
周易筆意（陶廷奎）……九七二
周易翫辭（王拱東）……九七二
易說（蔣以誠）……九七四

周易會占（程鴻烈）……九七四
易經或問（姚麒）……九七四
周易餘義（楊楅）……九七四
讀易備忘（黄潛翁）……九七五
浠南易解（程轍）……九七五
易象龜鑑（□準）……九七五
補齋口授易説（周佐）……九七六
卷五十四　易五十三
周易不我解（徐體乾）……九七七
愚谷易解（李舜臣）……九七九
易卦辱言（李舜臣）……九七九
周易輯義（潘恩）……九八〇
周易或問（李義壯）……九八一
周易義叢（葉良珮）……九八二
古易世學（豐坊）……九八二
易辨（豐坊）……九八三
易學正言（蔡潤宗）……九八三
周易然疑（陳深）……九八四
易經講義（蔣經）……九八四
易釋義（鄒守愚）……九八四
易修墨守（唐樞）……九八四
易藴（劉邦采）……九八五
易解（鄭守道）……九八五
易解（羅洪先）……九八五
周易辨録（楊爵）……九八六
易經淺説（林性之）……九八六
易象大旨（薛甲）……九八七
讀易私記（黄光昇）……九八七
周易象旨決録（熊過）……九八八
易演義（胡經）……九九一
易經記蒙（黄中）……九九一
周易問答（董燧）……九九一
易經聚正（蔡元偉）……九九二

大象義述（王畿）……九九二
易説（吴悌）……九九二
周易玩辭（洪垣）……九九三
易象旨（周滿）……九九三
易説（米榮）……九九三
易箋（吕光洵）……九九四
古易中説（盧翰）……九九四
易學義（何維柏）……九九四
周易説義（馬森）……九九五
古易便覽（昝如思）……九九五
易經全圖（胡賓）……九九五
易疑（陳言）……九九六
易通（吴紳）……九九八
周易疑略（王春復）……九九九
周易傳義會通（游震得）……九九九
卷五十五　易五十四
周易外傳（方逢時）……一〇〇〇
易説辨譌（張鷃翼）……一〇〇〇
易象鉤解（陳士元）……一〇〇一
易象彙解（陳士元）……一〇〇一
周易通解、易圖（沈束）……一〇〇二
周易會通（吴文光）……一〇〇二
周易就正略義（陳嘉謨）……一〇〇三
周易私録（王樵）……一〇〇三
周易折衷録（李先芳）……一〇〇三
周易管闚（梅繼勳）……一〇〇四
易經辯疑（張四知）……一〇〇四
圖書就正録（魯邦彦）……一〇〇四
九正易因（李贄）……一〇〇五
今文周易演義（徐師曾）……一〇〇六
周易傳義補疑（姜寶）……一〇〇六
讀易瑣言（程廷策）……一〇〇七
易説（江一麟）……一〇〇八
周易詳藴（顧曾唯）……一〇〇八

淮海易談（孫應鰲）……一〇〇八
讀易劄記（李貴）……一〇〇九
易經繹（鄧元錫）……一〇〇九
易學義林（顔鯨）……一〇一〇
易義折衷（劉穩）……一〇一〇
易原（陳錫）……一〇一一
大易圖象參（王之士）……一〇一一
易説（吴福）……一〇一一
易解（王世懋）……一〇一二
易解（蔡國熙）……一〇一二
易解（李文纘）……一〇一二
易學説約（孫振宗）……一〇一三
周易詳解（徐元氣）……一〇一三
易説（萬廷言）……一〇一四
易原（萬廷言）……一〇一四
周易述（許孚遠）……一〇一四
四易（鍾繼元）……一〇一五
羲經要旨（滕伯輪）……一〇一五
易經解醒（薛東海）……一〇一五
易卦緯論（張大雅）……一〇一五
周易古今文全書（楊時喬）……一〇一六
周易筆記（伊在庭）……一〇一七
周易集注（來知德）……一〇一八
讀易寤言（來知德）……一〇二三

卷五十六　易五十五

周易義訓（任惟賢）……一〇二四
讀易紀聞（張獻翼）……一〇二五
周易約説（張獻翼）……一〇二五
易雜説（張獻翼）……一〇二六
讀易臆説（張獻翼）……一〇二六
讀易韻考（張獻翼）……一〇二六
易經羨記（葉素）……一〇二九
易經微言（許聞至）……一〇二九

易義臆解（吴道升）……一〇二九
周易童答（周循）……一〇二九
易學啓蒙疏、卦畫圖（沈亨）……一〇三〇
周易啓蒙通釋正誤（章文禄）……一〇三〇
正易學啓蒙（曾士傳）……一〇三〇
八白易傳（葉山）……一〇三一
六爻原意（金瑶）……一〇三二
易經破愚（朱自強）……一〇三二
周易衍義（王埜）……一〇三三
周易竹書（謝憲）……一〇三三
周易通解（徐棉）……一〇三三
圖書解（龐嵩）……一〇三四
圖書考（張綸）……一〇三四
揲蓍考（張綸）……一〇三四
易談（張綸）……一〇三四
周易講義（周聰）……一〇三五
易經辨疑（毛仲）……一〇三五
易象影（龔持憲）……一〇三五
易意（陳中州）……一〇三五
易囈語（顧起經）……一〇三六
大易心法（袁仁）……一〇三六
易經隨筆（李逢期）……一〇三七
易象四編（甯威）……一〇三七
易略（任慶雲）……一〇三八
易圖集覽（任慶雲）……一〇三八
易解（鄧敭）……一〇三八
北山讀易記（王夢麟）……一〇三八
易經從正録（洪受）……一〇三九
圖書定則（金隆）……一〇三九
圖書易指（金隆）……一〇三九
圖書紀愚（阮琳）……一〇三九
卦玩（屠本畯）……一〇四〇
周易指要（方社昌）……一〇四〇
易學歸趣（任經）……一〇四一

周易圖（陳林）……一〇四一
易筏（張燧）……一〇四一
易臆（鄭圭）……一〇四二
易賸（王應遴）……一〇四二
圖學淺見（姜玉潔）……一〇四二
大易牀頭私録（黄懋策）……一〇四二
易象寶鑑（王鎡）……一〇四三
易經講義（張文選）……一〇四三
易説舉要（朱質）……一〇四三
易説（胡説）……一〇四三
易説（鄭思）……一〇四三
易説（倪元）……一〇四四
易集注（陳允士）……一〇四四
周易發微（徐琦）……一〇四四
易象數解（李直方）……一〇四四
易説（李犍）……一〇四四
周易理數通考（郭澮）……一〇四五
易卦類選四成（張其湜）……一〇四五
易潤（饒可久）……一〇四五

卷五十七　易五十六

周易程朱傳義箋（沈懋孝）……一〇四六
周易四聖象詞（沈懋孝）……一〇四七
周易博義（沈懋孝）……一〇四八
周易參疑（孫從龍）……一〇四九
易學（沈一貫）……一〇五〇
圖卦臆言（賀沚）……一〇五二
大易觀（劉元卿）……一〇五二
易説（馮時可）……一〇五二
周易象義（唐鶴徵）……一〇五四
周易集説（黄洪憲）……一〇五五
易象管窺（黄正憲）……一〇五五
蠙衣生易解（郭子章）……一〇五六
易詮古本（吴中立）……一〇五七

聚所先生易教（鄒德涵）……一〇五八
易經疏義（李天植）……一〇五八
易經會義、讀易別記、易説（殷子義）……一〇五八
讀易偶見（潘鳴時）……一〇五九
易圖説（周坦）……一〇五九
易學舉隅（戴廷槐）……一〇五九
周氏本義翼（仇二常）……一〇六〇
易傳闡庸（姜震陽）……一〇六〇
居易齋讀易雜言（朱篁）……一〇六〇
鏗鏗齋易郵（朱篁）……一〇六一
易經庭訓（李應辰）……一〇六一
易旨（汪玠）……一〇六一

卷五十八　易五十七

先天圖正誤（朱載堉）……一〇六二
易象通（朱謀㙔）……一〇六二
伏羲圖贊（陳第）……一〇六四
古易論（鄧伯羔）……一〇六六
今易詮（鄧伯羔）……一〇六七
羲經十一翼（傅文兆）……一〇六八
易外別傳（林兆恩）……一〇七〇
周易占林（王宇）……一〇七一
易鑰（彭好古）……一〇七二
易疑（方時化）……一〇七三
易引（方時化）……一〇七三
周易頌（方時化）……一〇七三
學易述談（方時化）……一〇七三
周易外傳（樊煒）……一〇七四
易蠡（方學漸）……一〇七五
讀易纂（張元蒙）……一〇七五
周易韻叶（程元初）……一〇七五
周易存言（楊士顯）……一〇七六
易解（王鑄）……一〇七六

易經發微(程嗣光)……一〇七六
周易象義(章潢)……一〇七六
易經新義(劉子立)……一〇七八
易粃補註(張從徵)……一〇七九

卷五十九　易五十八

易經疑問(姚舜牧)……一〇八〇
易研(顏素)……一〇八一
周易會通(范守己)……一〇八二
易注(唐伯元)……一〇八二
易測(曾朝節)……一〇八二
易彀通(鄒元標)……一〇八三
易義(沈瑞臨)……一〇八三
庸齋易義(徐三重)……一〇八四
周易冥冥篇(蘇濬)……一〇八四
易經兒説(蘇濬)……一〇八五
韋編微言(蘇濬)……一〇八五
周易翼(王豫)……一〇八五
周易日抄(沈孚聞)……一〇八六
讀易便解(屠隆)……一〇八六
易林疑説(楊啓新)……一〇八七
易知齋易説(李登)……一〇八七
讀易鈔(鍾化民)……一〇八八
讀易寤言(孟化鯉)……一〇八八
易經纂注(李廷機)……一〇八八
易答問(李廷機)……一〇八九
易會(鄒德溥)……一〇八九
像象管見(錢一本)……一〇九〇
啓新齋易象鈔、續鈔(錢一本)……一〇九〇
四聖一心録(錢一本)……一〇九一
周易容光、易會(姜應麟)……一〇九二
易解(徐常吉)……一〇九二
周易彙解(饒伸)……一〇九二
洗心齋讀易述(潘士藻)……一〇九二

潛初子易説（岳元聲）……一〇九三
易説（徐即登）……一〇九四
易圖説億言（顧允成）……一〇九四
廣易通（許子偉）……一〇九五
湛源子三讀易（鄒德泳）……一〇九五
易林説疑（鄒德泳）……一〇九五
周易古本（羅大紘）……一〇九六
周易補傳（袁黄）……一〇九六
河圖洛書解（袁黄）……一〇九六
周易箋疏（萬純忠）……一〇九六

卷六十　易五十九

易筌（焦竑）……一〇九七
大易易簡説（高攀龍）……一〇九八
周易孔義（高攀龍）……一〇九九
周易正解（郝敬）……一一〇〇
易領（郝敬）……一一〇〇
問易補（郝敬）……一一〇〇
學易枝言（郝敬）……一一〇一
學易飲河（張納陛）……一一〇二
易意（方大鎮）……一一〇三
周易管闚（陳幼學）……一一〇四
易筌（王述古）……一一〇四
固易繹旨（吴炯）……一一〇四
鵝湖讀易編（笪繼良）……一一〇七
易贊測、易大象測（萬尚烈）……一一〇七
周易翼注（徐曰仁）……一一〇八
易説（吴默）……一一〇八
周易旁注會通（姚文蔚）……一一〇九
古易彙編意辭集（李本固）……一一〇九
易顯（楊廷筠）……一一一一
易總（楊廷筠）……一一一一
周易略義（劉一焜）……一一一一
易經翼注（湯賓尹）……一一一二

周易明洛義纂述(孫慎行)……一一一二
不語易義(孫慎行)……一一一四
周易通論(曹學佺)……一一一四
周易可説(曹學佺)……一一一五
讀易夢覺(史記事)……一一一五
周易因指(張汝霖)……一一一五
澹然齋易測(張維樞)……一一一六
易參(喻安性)……一一一六
易經初解(黄國鼎)……一一一六
大成易旨(崔師訓)……一一一七

卷六十一　易六十

周易古文鈔(劉宗周)……一一一八
讀易圖記(劉宗周)……一一一八
易衍(劉宗周)……一一一九
易蠡(薛三省)……一一一九
周易宗義(程汝繼)……一一二〇
周易象注(王三善)……一一二〇
周易古象通(魏濬)……一一二一
易疑(樊良樞)……一一二二
易象(樊良樞)……一一二三
易贊(樊良樞)……一一二四
易學象辭二集(高捷)……一一二五
易芥(陸振奇)……一一二六
易纂(宿夢鯉)……一一二七
易林疑説(楊瞿崍)……一一二七
周易翼注(王納諫)……一一二八
易略(陸夢龍)……一一二八
邵窩易詁(文翔鳳)……一一二九
易學全書(卓爾康)……一一三〇
易編(林齊聖)……一一三〇
周易會通(繆昌期)……一一三一
讀易内篇問篇外篇(羅喻義)……一一三一
周易演音(程玉潤)……一一三四

周易眇說（俞士瑛）……一一三四
大易闡庸（姜山斗）……一一三五
易羨（馮洪業）……一一三五
易揆（錢士升）……一一三五
易簣（錢繼登）……一一三八
易學（吴極）……一一三八
周易時論（方孔炤）……一一三九
易就（徐世淳）……一一四一
周易會通（汪邦柱）……一一四一
大易玉匙（葉憲祖）……一一四二

卷六十二　易六十一

易盪（方鯤）……一一四三
易說（鮑觀白）……一一四四
易象大旨（張伯樞）……一一四四
象像述（吴桂森）……一一四五
易經意言（鄭維嶽）……一一四六
周易象變述旨（吴繼仕）……一一四六
易辭述旨（吴繼仕）……一一四六
易占（吴繼仕）……一一四七
易數（吴繼仕）……一一四七
周易箋注（華時亨）……一一四七
易經合疏（唐大章）……一一四八
周易如是編（黄渾）……一一四八
易元（陸基仁）……一一四八
周易懸鏡（喻有功）……一一四八
大明中天易（馮存貞）……一一五〇
易旁通（徐𤇆）……一一五〇
易說（孫纘宗）……一一五〇
演易圖說（潘士龍）……一一五〇
易說醒（洪守美）……一一五一
讀易記（張汝謙）……一一五一
周易讀（余叔純）……一一五二
易經明訓（吴從周）……一一五二

周易易簡編(陸起龍)……一一五二
周易本義翼(吴曰慎)……一一五三
周易麟解(梅士昌)……一一五三
周易卦義(徐奇)……一一五四
日北居周易獨坐談(洪化昭)……一一五四
易説(馬元調)……一一五五
周易廣筌(沈瑞鍾)……一一五五
易經觀理説(林有桂)……一一五五
孔易彀(陳履祥)……一一五六
易經解惑、學易隨筆(王立極)……一一五七
易經三注粹抄(許順義)……一一五七
易經要旨(張嘉猷)……一一五七
周易家訓(畢午明)……一一五八
周易敝書(王祚昌)……一一五八
易林(樊直卿)……一一五八
易贅(王艮)……一一五九
學易宗孔(劉應元)……一一六〇
讀易便解(毛澄)……一一六二
易徵(周晏)……一一六二
四易(樊志張)……一一六二
昭代易宗(李呈英)……一一六二
易經詳解(吴伯先)……一一六三
今易圖學心法釋義(容若春)……一一六三

卷六十三　易六十二

周易玩辭困學記(張次仲)……一一六四
西疇易稿(顧樞)……一一六六
羲經易簡録(陳仁錫)……一一六六
易象正(黄道周)……一一六七
三易洞璣(黄道周)……一一六九
兒易(倪元璐)……一一六九
乾乾篇(龍文光)……一一七一
易傭(文安之)……一一七一
周易耨義(林胤昌)……一一七二

易經增注(張鏡心)……一一七二
易解(周瑞豹)……一一七三
羲畫管闚(陳廷謨)……一一七三
雪園易義(李奇玉)……一一七三
周易纂(朱之俊)……一一七五
讀易鈔、卦變考略、易韻補遺(董守諭)……一一七五
易剩義(姚世勳)……一一七五
古周易訂詁(何楷)……一一七六
易解(侯峒曾)……一一七七
程易發(成勇)……一一七八
周易爻物當名(黎遂球)……一一七八
易史(黎遂球)……一一八〇
讀易蒐(鄭賡唐)……一一八一

卷六十四　易六十三

易說(金鉉)……一一八二
易疏(黃端伯)……一一八三
苑洛先生易學疏(周一敬)……一一八五
易鼎三然(朱天麟)……一一八五
易史(胡世安)……一一八六
易經圖考(鄭敷教)……一一八七
周易注疏大全合纂(張溥)……一一八八
尺木堂學易志(馬權奇)……一一八八
孔易(孫承澤)……一一八九
周易末義(董期生)……一一九一
天皇河圖(顔茂猷)……一一九一
周易卦說(吴鍾巒)……一一九二
易經大意(陳際泰)……一一九二
群經輔易說(陳際泰)……一一九二
周易翼簡捷解(陳際泰)……一一九三
易渡(俞墨華)……一一九四
易學(徐纘高)……一一九四
易序圖說(秦鏞)……一一九四

周易注（王正中）……一一九七
易餘（方以智）……一一九七
讀易略記（朱朝瑛）……一一九八
讀易隅通（來集之）……一二〇〇
易圖親見（來集之）……一二〇一
卦義一得（來集之）……一二〇二
讀易緒言（錢棻）……一二〇二
大易纂義（張家玉）……一二〇四
易酌（刁包）……一二〇四

卷六十五　易六十四
易蔡（蔡鼎）……一二〇六
周易剩義（汪于沚）……一二〇七
易傳（易道暹）……一二〇七
易通（唐元竑）……一二〇八
易學指掌（趙鳳翔）……一二〇九
周易筆旨（鄒期相）……一二〇九
焦氏易林補（喬中和）……一二〇九
經正堂易闡（顧胤）……一二一〇
文兹堂易解（龐承穎）……一二一〇
易經去疑（舒士諤）……一二一〇
易内三圖注（程觀生）……一二一一
考正古易（嚴福孫）……一二一一
周易通義（嚴福孫）……一二一二
易象圖說（嚴福孫）……一二一四
周易大全纂附（倪晉卿）……一二一四
周易說統（張振淵）……一二一五
桂林點易丹（顧懋樊）……一二一五
易繫（徐世溥）……一二一五
田間易學（錢澂之）……一二一七
周易自得編（王寅）……一二一八
周易自得編圖說（王寅）……一二二〇
易學象數論（黄宗羲）……一二二一
周易象辭（黄宗炎）……一二二二

周易尋門餘論（黄宗炎）……一二二三
圖學辨惑（黄宗炎）……一二二四
易音（顧炎武）……一二二六
周易要言（葛承杰）……一二二六
易説（陳梁）……一二二六
易發（董説）……一二二七
河圖卦版（董説）……一二二九
易勦説（邱維屏）……一二二九
周易備考（陳弘緒）……一二三〇
古文易（錢士馨）……一二三〇
京房易圖（俞汝言）……一二三〇
逸亭易論（徐繼恩）……一二三一

卷六十六　易六十五

周易集解（應撝謙）……一二三二
周易圖説述（王弘撰）……一二三三
筮述（王弘撰）……一二三四
易原（趙振芳）……一二三六
易或（徐在漢）……一二三六
周易口義（徐甘來）……一二三七
大易三義（周弘起）……一二三八
郁溪易紀（郁文初）……一二三八
周易廣義（潘元懋）……一二三九
九種易（戴伯繩）……一二四〇
古易解（何默仙）……一二四〇
易經四測（金鏡）……一二四二
易類辨疑（吕濬）……一二四二
易學指南（施鉉）……一二四二
易參（徐世湜）……一二四二
易經辨疑（張問達）……一二四三
□□易外（屈□□）……一二四四
四易（徐善）……一二四五
周易訂疑（董養性）……一二四六
易原（葉闇）……一二四七

大易炬說（鍾晉）……一二四七
松蔭堂學易（賈必選）……一二四七

卷六十七　易六十六

周易塵談（孫應龍）……一二四八
易參（劉思敬）……一二四八
易宗集注（孫宗彝）……一二四九
周易辨志（張習孔）……一二五〇
易義敷言（錢受祺等）……一二五〇
易學三述（王含光）……一二五一
周易通（浦龍淵）……一二五一
周易辨（浦龍淵）……一二五二
周易清本（梁夫漢）……一二五三
周易疏略（張沐）……一二五五
易經圖解（桑日昇）……一二五六
易學集成（彭文煒）……一二五六
訓蒙易門（朱日濬）……一二五七
臆易（錢龍珍）……一二五七
易經參同、廣變、象告（于琳）……一二五八
三易通（金式玉）……一二五八
身易實義（沈廷勱）……一二五八
加年堂講易（周漁）……一二六〇

卷六十八　易六十七

尊聞堂易說（陳廷敬）……一二六二
易學闡一（黄與堅）……一二六二
仲氏易（毛奇齡）……一二六四
推易始末（毛奇齡）……一二六四
易小帖（毛奇齡）……一二六五
易韻（毛奇齡）……一二六五
易俟（喬萊）……一二六六
大易集義粹言合訂（納蘭成德）……一二六六
讀易近解（湯秀琦）……一二六七
周易參義（李鏡）……一二六八

說經（楊南）……一二六八
洛書成卦圖（楊南）……一二六八
讀易述餘（李公柱）……一二六九
易韋（朱襄）……一二六九
易原（姜垚）……一二六九
周易辨疑（施氏）……一二七〇
述古易（耿氏）……一二七〇
易塵（樊氏）……一二七一
周易翼義（洪氏）……一二七二
易學集解（郭氏）……一二七二
周易真文（亡名氏）……一二七二
易林說疑（亡名氏）……一二七三
易說（亡名氏）……一二七三
易十三傳（亡名氏）……一二七三
周易宗孔篇（亡名氏）……一二七四
易義（亡名氏）……一二七四

卷六十九　易六十八

周易乾坤義（劉瓛）……一二七六
周易四德例（劉瓛）……一二七七
周易乾坤義（李玉之）……一二七七
乾坤氣法（許辯）……一二七七
周易乾坤義（釋法通）……一二七八
周易乾坤三象（亡名氏）……一二七八
乾坤二卦集傳（亡名氏）……一二七八
乾坤別解（史通）……一二七八
乾坤纂遺（錢貴）……一二七九
乾坤微言（劉遷）……一二七九
乾德指說（王逢）……一二七九
四德說（范仲淹）……一二七九
元亨利貞說（朱熹）……一二八〇
周易六龍解（管志道）……一二八〇
六龍剖疑（管志道）……一二八二

師卦解（王軫）……一二八二
否泰一十八卦論（柯述）……一二八三
同人卦說（傅耆）……一二八三
賁卦義（文天祥）……一二八四
復書（王逢）……一二八四
復卦大要（蔡沆）……一二八五
復卦說（真德秀）……一二八五
七日來復解（王家屏）……一二八六
七日來復解（王喬桂）……一二八六
復見天心解（李沂）……一二八六
家人噬嗑二卦圖（陳希亮）……一二八七
家人卦解義（范祖禹）……一二八七
家人經傳衍義（□德亮）……一二八八
損益象說（朱熹）……一二八八
巽說（釋契嵩）……一二八九
漢易中孚義（釋契嵩）……一二八九
三陳九卦說（胡鼎金）……一二九〇
九卦論（王安石）……一二九〇
易九卦衍義（包希魯）……一二九〇
十三卦攷（張希文）……一二九〇
易文言注（范述曾）……一二九一
文言說內外（沈束）……一二九一
文言會粹（沈進）……一二九一
周易繫辭注（謝萬）……一二九二
繫辭注（韓康伯）……一二九三
繫辭注（桓玄）……一二九四
繫辭注（袁悅之）……一二九五
周易繫辭注（荀柔之）……一二九五
周易繫辭注（卞伯玉）……一二九五
周易集注繫辭（徐爰）……一二九六
注二繫（顧歡）……一二九六
周易繫辭義疏（劉瓛）……一二九六
繫辭注（明僧紹）……一二九七
周易兩繫訓注（沈驎士）……一二九七

周易繫辭義疏（梁武帝）……一二九八
周易繫辭義疏（蕭子政）……一二九八
周易繫辭注（宋褰）……一二九八
繫辭義疏（杜弼）……一二九八
繫辭注（荀諺）……一二九九
繫辭解（胡瑗）……一二九九
繫辭說（司馬光）……一二九九
繫辭纂義（鄒浩）……一二九九
繫辭解（蔣之奇）……一三〇一
繫辭傳（韓元吉）……一三〇一
易繫辭（劉槩）……一三〇一
繫辭說（鄧傳之）……一三〇二
周易繫辭精義（吕祖謙）……一三〇二
繫辭傳解（黄幹）……一三〇三
易繫集傳（柴中行）……一三〇三
繫辭解（王之佐）……一三〇四
易繫辭說（柴元祐）……一三〇五
繫辭釋（舒滸）……一三〇五
繫辭發揮（何基）……一三〇五
繫辭要旨（亡名氏）……一三〇六
太學直講繫辭（亡名氏）……一三〇六
易繫辭說（劉因）……一三〇六
繫辭旨略（齊履謙）……一三〇七
易繫辭解（倪復）……一三〇七
繫辭十篇書（陳仁錫）……一三〇七
繫辭字訓（張習孔）……一三〇七
易大傳雜說（李燾）……一三〇八
卷七十　易六十九
大衍玄基（王景）……一三〇九
周易大衍通統（顔氏）……一三〇九
周易大衍論（唐孝明皇帝）……一三一〇
大衍圖（顧蒙）……一三一〇
大衍論（釋一行）……一三一〇

大衍玄圖（釋一行）……一三一一
義決（釋一行）……一三一一
大衍義（李覺）……一三一二
大衍説（孔旼）……一三一三
大衍天心照（耿格）……一三一三
大衍圖（吴適）……一三一三
大衍論（胡銓）……一三一四
周易述衍（張行成）……一三一四
大衍詳説（蔡元定）……一三一四
歸愚子大衍圖（羅泌）……一三一六
衍極圖説（史彌大）……一三一六
大衍説（章如愚）……一三一六
大衍本原（楊忠輔）……一三一六
大衍索隱（丁易東）……一三一八
述衍（鄭滁孫）……一三二〇
校正耶律文獻公大衍揲蓍説（盧氏）……一三二一
大衍易數（陳氏）……一三二一
大衍五行數（亡名氏）……一三二三
易數大略（亡名氏）……一三二三
大衍説（程□□）……一三二四
四營十八變解（蘇軾）……一三二五

卷七十一　易七十

太極圖説（周敦頤）……一三二六
周易太極傳外傳因説（晁説之）……一三三三
太極寶局（牛思純）……一三三五
太極歌（彭與）……一三三五
太極説（朱熹）……一三三五
太極圖解（盛璲）……一三三六
太極圖解（蔡淵）……一三三六
太極通旨（蔡淵）……一三三七
太極圖説（戴亨）……一三三八
太極圖説（余童）……一三三八

太極圖說（王萬）……一三三八
太極演說（朱中）……一三三九
太極說（謝升賢）……一三三九
太極說（田君右）……一三三九
太極圖說（孫羲）……一三三九
太極圖說（程若庸）……一三四〇
太極圖說（徐霖）……一三四〇
太極三圖（饒魯）……一三四〇
太極圖發揮（何基）……一三四一
太極衍義（王柏）……一三四一
太極圖說（程時登）……一三四一
太極圖說（王幼孫）……一三四一
太極說（劉黻）……一三四二
太極圖說（胡希是）……一三四二
太極圖解（李道純）……一三四二
太極傳（郝經）……一三四三
太極演（郝經）……一三四三
太極圖後記（劉因）……一三四五
太極辨（齊德勝）……一三四五
太極圖說（程存）……一三四六
太極圖解（劉霖）……一三四六
太極圖說（吕洙）……一三四六
太極圖解（朱本）……一三四七
太極圖解（陳樵）……一三四七
太極圖釋（張宇初）……一三四七
太極圖解（朱謐）……一三四八
廣演太極圖（周是修）……一三四八
太極圖說述解（曹端）……一三四八
太極圖說要（張元禎）……一三四九
太極圖說（戴琥）……一三四九
太極圖說（葉應）……一三四九
太極圖解（蔡清）……一三五〇
太極後圖說（左輔）……一三五一
太極圖纂要（楊廉）……一三五二

太極圖解（周山）……………………一三五二
太極動静圖説（王承裕）……………一三五三
太極圖論（許誥）……………………一三五三
太極辨（王廷相）……………………一三五四
太極圖解（何維柏）…………………一三五五
太極圖衍（沈賓國）…………………一三五五
太極圖説（談縉）……………………一三五五
太極圖解（俞昆）……………………一三五五
太極解（龐嵩）………………………一三五六
太極圖説（鄭守道）…………………一三五六
太極繹義（舒芬）……………………一三五六
太極枝詞（唐樞）……………………一三五八
太極圖説（程霆）……………………一三五九
太極存疑（陸埛）……………………一三五九
太極圖論（周原誠）…………………一三六〇
太極辨疑（孔學周）…………………一三六〇
太極解（劉模）………………………一三六一
太極答問（彭良臣）…………………一三六一
太極圖解（沈亨）……………………一三六二
太極解（陸山）………………………一三六二
太極圖説辨（黄宗炎）………………一三六二
太極圖説（詹景鳳）…………………一三六四
太極圖説論（王嗣槐）………………一三六四

卷七十二　書一

三皇五帝之書…………………………一三六五

卷七十三　書二

百篇尚書………………………………一三七五
百篇之序………………………………一三八二

卷七十四　書三

今文尚書………………………………一三八七
古文尚書………………………………一三九三

卷七十五　書四

周書……………………………………一四〇五
卷七十六　書五

尚書大傳（伏勝）……………………一四一六
尚書暢訓（伏勝）……………………一四一六
尚書章句（歐陽生）…………………一四一九
尚書說義（歐陽生）…………………一四二〇
章句（大、小夏侯）…………………一四二〇
解故（大、小夏侯）…………………一四二一
尚書傳（孔安國）……………………一四二二
尚書音（亡名氏）……………………一四三四
尚書議奏（歐陽地餘等）……………一四三四
尚書章句（牟卿）……………………一四三四
尚書說（秦恭）………………………一四三五
卷七十七　書六

大小太常章句（桓榮）………………一四三六
尚書章句（牟長）……………………一四三七
尚書雜記（周防）……………………一四三七
漆書古文尚書（杜林）………………一四三七
尚書古文同異（賈逵）………………一四三九
尚書訓旨（衛宏）……………………一四三九
中文尚書（劉陶）……………………一四四〇
尚書注（馬融）………………………一四四〇
尚書記難（張奂）……………………一四四二
尚書注（張楷）………………………一四四二
尚書注（鄭玄）………………………一四四二
尚書大傳注（鄭玄）…………………一四四三
尚書音（鄭玄）………………………一四四四
書贊（鄭玄）…………………………一四四四
尚書章句（盧植）……………………一四四五

尚書正經（荀爽）……一四四五
書傳略說（亡名氏）……一四四六
尚書駁議（王肅）……一四四六
古文尚書注（亡名氏）……一四四六
尚書釋問（王粲）……一四四七
尚書駁（程秉）……一四四八
尚書義（范順、劉毅）……一四四八
尚書注（李充）……一四四八
尚書注（范寧）……一四四九
尚書義疏（伊說）……一四四九
尚書義問（孔晁）……一四四九
周書注（亡名氏）……一四五〇
古文尚書音（徐邈）……一四五〇
尚書逸篇注（徐邈）……一四五〇
尚書（謝沈）……一四五一
集解尚書（李顒）……一四五一
尚書新釋（李顒）……一四五一
尚書要略（李顒）……一四五一
古文尚書音（李軌）……一四五二
尚書義注（吕文優）……一四五二
集釋尚書（姜道盛）……一四五二
尚書音義（王儉）……一四五三
尚書百問（顧歡）……一四五三
舜典孔傳（姚方興）……一四五四

卷七十八　書七

尚書大義（梁武帝）……一四五六
尚書注（劉叔嗣）……一四五六
尚書新集序（劉叔嗣）……一四五七
尚書亡篇序（劉叔嗣）……一四五七
尚書義（孔子袪）……一四五七
集注尚書（孔子袪）……一四五七
古文尚書大義（任孝恭）……一四五八
尚書義疏（蔡大寶）……一四五八

尚書義（巢猗）……………… 一四五八
尚書百釋（巢猗）……………… 一四五九
尚書義疏（費甝）……………… 一四五九
尚書義（張譏）……………… 一四五九
尚書廣疏（張譏）……………… 一四六〇
尚書義疏（劉焯）……………… 一四六〇
尚書述義（劉炫）……………… 一四六一
尚書百篇義（劉炫）……………… 一四六一
尚書孔傳目（劉炫）……………… 一四六二
尚書略義（劉炫）……………… 一四六二
尚書注（王孝籍）……………… 一四六三
尚書疏（顧彪）……………… 一四六四
尚書文外義（顧彪）……………… 一四六四
今文尚書音（顧彪）……………… 一四六四
古文尚書音義（顧彪）……………… 一四六四
尚書大傳音（顧彪）……………… 一四六五
尚書釋問（虞氏）……………… 一四六五
尚書傳問（王氏）……………… 一四六五
尚書閏義（亡名氏）……………… 一四六六
尚書義疏（亡名氏）……………… 一四六六
尚書逸篇（亡名氏）……………… 一四六六
今文尚書（唐孝明皇帝）……………… 一四六七
尚書君臣事迹圖（唐文宗皇帝）……………… 一四六九
尚書正義（孔穎達等）……………… 一四七〇
尚書釋文（陸德明）……………… 一四七四
注尚書（王玄度）……………… 一四七五
尚書糾繆（王元感）……………… 一四七五
尚書斷章（成伯璵）……………… 一四七六
尚書廣疏（馮繼先）……………… 一四七六
尚書小疏（馮繼先）……………… 一四七七

卷七十九 書八

尚書圖詩（宋真宗皇帝）……………… 一四七八
古今尚書（郭忠恕）……………… 一四七八

尚書演聖通論（胡旦）……一四七九
周書音訓（王曙）……一四七九
書九意（楊繪）……一四七九
尚書全解（胡瑗）……一四八〇
書說（張景）……一四八〇
尚書解（袁默）……一四八〇
尚書四代圖（范雍）……一四八一
書傳說（謝景平）……一四八一
尚書略義（樂敦逸）……一四八一
尚書闕言（黄君俞）……一四八二
尚書新修義疏（尹恭初）……一四八二
尚書大義（吴孜）……一四八二
尚書集解（顧臨等）……一四八三
尚書解（文彦博）……一四八三
正書（范鎮）……一四八四
書說（孔武仲）……一四八四
書義十述（孫覺）……一四八五
尚書解（孫覺）……一四八五
尚書解（范純仁）……一四八五
書傳（蘇軾）……一四八六
書說（程頤）……一四八八
新經尚書義（王雱）……一四八八
尚書講義（曾肇）……一四九〇
書傳（吕大臨）……一四九〇
書傳（于世封）……一四九〇
書義（張庭堅）……一四九一
書義辨疑（楊時）……一四九一
尚書講義（楊時）……一四九二
書傳（葉夢得）……一四九三
書解（黄預）……一四九三
尚書講義（曾旼等）……一四九三
尚書類數（卞大亨）……一四九四
尚書解（蔡卞）……一四九四
尚書解義（胡伸）……一四九四

尚書解（薛肇朗）……一四九五
書口義（雷度）……一四九五
尚書解説（上官公裕）……一四九五
尚書要記名數（亡名氏）……一四九五
尚書義宗（亡名氏）……一四九六
尚書治要圖（亡名氏）……一四九六
尚書會解（亡名氏）……一四九六
書傳（亡名氏）……一四九七
尚書新篇（亡名氏）……一四九七
尚書新編目（亡名氏）……一四九七
尚書解題（亡名氏）……一四九七
尚書血脈（亡名氏）……一四九八
古文尚書字（亡名氏）……一四九八

卷八十　書九

尚書辨學（王居正）……一四九九
尚書説（程瑀）……一五〇〇
尚書小傳（上官愔）……一五〇〇
尚書講義（張綱）……一五〇一
尚書集解（林之奇）……一五〇二
書論（范浚）……一五〇八
書裨傳（吴棫）……一五〇八
書解（胡銓）……一五一〇
書辨訛（鄭樵）……一五一〇
書解（朱弁）……一五一〇
書解（陳鵬飛）……一五一一
尚書解（趙敦臨）……一五一二
尚書口義發題（洪興祖）……一五一二
尚書詁訓傳（晁公武）……一五一二
尚書本義（徐椿年）……一五一三
尚書講義（史浩）……一五一三
尚書小傳（李舜臣）……一五一四
尚書傳（陳長方）……一五一四
尚書解（劉安世）……一五一四

尚書詳説（張九成）……一五一五
書傳統論（張九成）……一五一五
書譜（程大昌）……一五一五
書説（鄭伯熊）……一五一六
尚書解義（汪革）……一五一七
尚書圖（鄭東卿）……一五一七
尚書古學并圖（陳知柔）……一五一九
尚書解（李經）……一五一九
書解（孫懲）……一五一九

卷八十一　書十

尚書解（王十朋）……一五二〇
書解（何逢原）……一五二一
尚書解（樊光遠）……一五二一
書解（王大寶）……一五二一
尚書解（張淑堅）……一五二一
渾灝發旨（陳舜申）……一五二二
書解（唐仲友）……一五二二
尚書小傳（王炎）……一五二三
書説（張栻）……一五二五
尚書解（夏僎）……一五二六
尚書集説（羅惟一）……一五二八
尚書大傳雜説（李燾）……一五二九
尚書百篇圖（李燾）……一五二九
書説（吕祖謙）……一五三〇
增修東萊書説（時瀾）……一五三三
書抄（陳傅良）……一五三四
書説（黄度）……一五三五
尚書説（馬之純）……一五三七
書古文訓（薛季宣）……一五三七
書解（謝諤）……一五三九
艮齋定齋二先生書説（薛季宣、謝鍔）……一五三九
集永嘉先生尚書精意（蕭彧）……一五三九

尚書考（陳騤）…………一五三九
書小傳（宋若水）…………一五四〇
卷八十二　書十一
尚書古經（朱熹）…………一五四一
書説（朱熹）…………一五四一
書傳（蔡沈）…………一五四二
尚書説（黄榦）…………一五四七
尚書解（潘柄）…………一五四七
尚書注（輔廣）…………一五四七
尚書注（董銖）…………一五四七
書説（李相祖）…………一五四八
書説（吴昶）…………一五四八
尚書類編（陳文蔚）…………一五四八
書説（戴蒙）…………一五五〇
尚書輯説（馮椅）…………一五五〇
龍坡書解（孫調）…………一五五〇
尚書發題（孫調）…………一五五一
尚書本義（林夔孫）…………一五五一
尚書括旨（徐僑）…………一五五一
尚書講義（許奕）…………一五五二
書説（鄒補之）…………一五五三
卷八十三　書十二
潔齋家塾書鈔（袁燮）…………一五五四
讀書記（袁覺）…………一五五五
尚書精義（黄倫）…………一五五六
南塘書説（趙汝談）…………一五五六
書解（王日休）…………一五五七
書説（戴溪）…………一五五七
尚書講義（宋蘊）…………一五五七
尚書説（余檀）…………一五五八
書傳（馮誠之）…………一五五八
尚書訓傳（王時會）…………一五五八

尚書遺意（姜得平）……………………一五五八
書説（張沂）……………………一五五九
書辨疑（丁鋑）……………………一五五九
尚書集義（董琮）……………………一五五九
書略（史孟傳）……………………一五五九
書集傳（柴中行）……………………一五六〇
尚書約義（應鏞）……………………一五六〇
尚書説（陳振孫）……………………一五六〇
尚書詳解（陳經）……………………一五六〇
尚書演義（錢時）……………………一五六二
尚書釋疑（胡誼）……………………一五六三
尚書大義（時少章）……………………一五六三
尚書釋（鄭思忱）……………………一五六三
書傳（戴仔）……………………一五六四
尚書家説（戴侗）……………………一五六四
尚書大意（滕鉛）……………………一五六四
書説精義（真德秀）……………………一五六五
尚書要義（魏了翁）……………………一五六六
東齋書傳會通（陳大猷）……………………一五六六
尚書集傳或問（陳大猷）……………………一五六七
尚書口義（張孝直）……………………一五六九
書經衍義（劉欽）……………………一五六九
尚書訓釋（董夢程）……………………一五六九
書説（王宗道）……………………一五六九
尚書解（柴元祐）……………………一五七〇
尚書注（洪咨夔）……………………一五七〇
尚書解（舒津）……………………一五七〇
尚書演義（章元崇）……………………一五七〇
書説（王萬）……………………一五七〇
青霞尚書集解（劉甄）……………………一五七一
尚書解（孫泌）……………………一五七一
書説（潘衡）……………………一五七一
尚書解（康聖任）……………………一五七一
尚書小傳（張震）……………………一五七一

尚書小傳（姜如晦）…………一五七二
書說（史仲午）…………一五七二
書說（史漸）…………一五七二
横舟尚書講業（劉炱）…………一五七二
尚書暢旨（楊明復）…………一五七三
書傳（康伯成）…………一五七三
書辨（楊炎正）…………一五七三
尚書申義（徐寀）…………一五七三
山齋書解（熊子真）…………一五七四
樵坡書説（吴時可）…………一五七四
書鈔（姚三錫）…………一五七四
尚書約義（程穆）…………一五七四

卷八十四　書十三

四百家尚書集解（成申之）…………一五七五
謙齋書解（李杞）…………一五七五
書說（陳梅叟）…………一五七六
書蔡傳訂誤（張葆舒）…………一五七六
尚書家説（李守鏞）…………一五七六
尚書蔡傳會編（馬廷鸞）…………一五七六
尚書釋傳（方逢辰）…………一五七七
讀書日鈔（黄震）…………一五七七
尚書演義（劉元剛）…………一五七七
書說（繆主一）…………一五七七
尚書補遺（周敬孫）…………一五七八
書傳通（陳焕）…………一五七八
尚書補微（陳普）…………一五七八
書傳補遺（陳普）…………一五七八
書講義（陳普）…………一五七八
初學尚書詳解（胡士行）…………一五七九
書經箋註惼通（趙若燭）…………一五七九
尚書通旨（何逢原）…………一五八〇
書解（丘葵）…………一五八〇
書疑（王柏）…………一五八〇

書經章句（王柏）……一五八一
尚書附傳（王柏）……一五八一
尚書注（金履祥）……一五八四
尚書表注（金履祥）……一五八四
尚書集疏（熊禾）……一五八七
尚書蔡氏傳正誤（黄景昌）……一五八七
書集解（梅教授）……一五八七
尚書百篇講解（趙氏）……一五八七
尚書名數索至（亡名氏）……一五八八

卷八十五　書十四

尚書義粹（王若虛）……一五八九
尚書要略（吕造）……一五八九
書今古文集注（趙孟頫）……一五九〇
書經纂言（吴澄）……一五九一
書傳詳説（齊履謙）……一五九三
書説（胡一桂）……一五九三
蔡傳辨疑（程直方）……一五九四
書解折衷（陳櫟）……一五九四
尚書集傳纂疏（陳櫟）……一五九六
書傳上下篇（劉莊孫）……一五九七
書集解（胡炳文）……一五九七
尚書輯録纂注（董鼎）……一五九七
書傳補遺（何中）……一六〇一
讀蔡傳疑（余芑舒）……一六〇一
書傳解（余芑舒）……一六〇一
書説（嚴畝）……一六〇一
尚書講義（張仲實）……一六〇二
書傳釋疑（程龍）……一六〇三

卷八十六　書十五

讀書叢説（許謙）……一六〇四
尚書集傳（俞元燮）……一六〇六
或問（俞元燮）……一六〇六

尚書標説（吴萊）…………一六〇六
尚書節文（元明善）…………一六〇七
讀書管見（王充耘）…………一六〇七
書義主意（王充耘）…………一六〇八
書義矜式（王充耘）…………一六〇九
書經疏（李天篪）…………一六〇九
書義斷法（陳悦道）…………一六一〇
尚書纂傳（王天與）…………一六一〇
尚書通解（王希旦）…………一六一三
書旁注（李恕）…………一六一四
書經講義（韓信同）…………一六一四
尚書直解（吕椿）…………一六一四
尚書通考（黄鎮成）…………一六一四
書蔡傳旁通（陳師凱）…………一六一六
尚書作義要訣（倪士毅）…………一六一七
書雜説（吴師道）…………一六一八
纂集柯山尚書句解（李公凱）…………一六一八
書編大旨（吴迂）…………一六一八
尚書要略（吾邱衍）…………一六一八
尚書一覽（周聞孫）…………一六一九
尚書補注（余日強）…………一六一九
尚書句解（朱祖義）…………一六一九
尚書疏義（馬道貫）…………一六二〇
尚書辨疑（丘迪）…………一六二〇
尚書制度圖纂（王文澤）…………一六二〇
尚書辨疑（韓性）…………一六二一
尚書蔡傳音釋（鄒季友）…………一六二一
尚書集義（邵光祖）…………一六二三
書蔡氏傳考（方傳）…………一六二三
尚書解（陳研）…………一六二三
尚書注（鄭翔）…………一六二三
尚書審是（方公權）…………一六二三
尚書講義（黄艾）…………一六二三
尚書説（鄭彦明）…………一六二三

尚書義解（方通）…………一六二三
書傳（黄力行）…………一六二三
尚書辨疑（趙杞）…………一六二四
春谷讀書記（季仁壽）…………一六二四

卷八十七　書十六

書傳會選（劉三吾等）…………一六二五
書纂義（梁寅）…………一六二九
尚書旁注（朱升）…………一六二九
書傳補正輯註（朱升）…………一六二九
書經會通（陳謨）…………一六三〇
書集傳發揮（朱右）…………一六三〇
尚書精萃（冉庸）…………一六三二
書經體要（徐蘭）…………一六三三
尚書卓躍（陳雅言）…………一六三三
書經講解（鄭濟）…………一六三四
尚書經義（林遜）…………一六三四
書經主意（黄紹烈）…………一六三四
尚書該義（郭元亮）…………一六三四
書經釋義旁通撮要（詹鳳翔）…………一六三五
書義精要（劉朴）…………一六三五
書傳大全（胡廣等）…………一六三五
書經心法（王達）…………一六三六
尚書補傳（張洪）…………一六三七
書傳補遺（王原）…………一六三七
書傳通釋（彭勗）…………一六三七
尚書直指（徐善述）…………一六三八
書傳補注（陳濟）…………一六三八
書傳通證（陳濟）…………一六三九
書義庭訓（何文淵）…………一六三九

卷八十八　書十七

書經提要（章陬）…………一六四〇
書經集説（張灝）…………一六四一

書傳集義（黃諫）……一六四一
尚書劄記（夏寅）……一六四一
尚書本旨（費希冉）……一六四二
尚書句解（劉斆）……一六四二
書私抄（楊守陳）……一六四二
書經節傳（張業）……一六四四
書經旁通（黃瑜）……一六四四
書經講義（劉繒）……一六四四
讀尚書（黃仲昭）……一六四四
書經義（姚誠）……一六四五
書義旁通（羅倫）……一六四五
壁經要略（鮑麒）……一六四五
書經正蒙（吴寬）……一六四五
尚書精蘊（林俊）……一六四六
書經定説（吕獻）……一六四六
書經拾蔡（李承恩）……一六四六
尚書叢説（錢福）……一六四七
尚書章句訓解（尹洪）……一六四七
尚書資講（黃瀾）……一六四七
書經旨略（王大用）……一六四七
書經會注（趙鶴）……一六四八
書説（張邦奇）……一六四八
尚書困學（穆孔暉）……一六四八
尚書口義（周灝）……一六四八
尚書解義（包沐）……一六四九
尚書要略（應璋）……一六四九
尚書世義（揭其大）……一六四九
尚書説（蕭孟景）……一六四九
尚書疑義（馬明衡）……一六五〇
尚書説疑（吕柟）……一六五一
書説（韓邦奇）……一六五一
尚書存疑録（汪玉）……一六五二
書經説略（王崇慶）……一六五二
書億（王道）……一六五三

卷八十九　書十八

書傳（吴福）……一六七一
尚書正説（陸相儒）……一六七一
尚書講義（陳言）……一六七二
書經講義會編（申時行）……一六七二
尚書叙録（歸有光）……一六七三

卷九十　書十九

書經虹臺講義（程弘賓）……一六七五
尚書砭蔡篇（袁仁）……一六七六
尚書説意（杜偉）……一六七七
百家尚書彙解（俞鯤）……一六七七
書經日録（林鴻儒）……一六七八
尚書別録（屠本畯）……一六七八
書經廣説（韓綱）……一六七八
尚書繹（鄧元錫）……一六七八
尚書便蒙纂註（劉文卿）……一六七九
尚書圖説（章潢）……一六七九
尚書疏衍（陳第）……一六七九
尚書是正（羅敦仁）……一六八〇
尚書極（陳履祥）……一六八一
尚書折衷（余懋學）……一六八一
尚書講略（張位）……一六八二
尚書傳心録（鍾庚陽）……一六八二
尚書筆記（沈位）……一六八三
書義卓見（龔勉）……一六八四
讀書拙見（汪在前）……一六八四
尚書主説（陸光宅）……一六八四
讀尚書考（張元忭）……一六八四
書疏叢抄（王祖嫡）……一六八五
尚書集解（方揚）……一六八五
書經以俟録（瞿九思）……一六八五
删補書經註（蔡立身）……一六八七
書經疑問（姚舜牧）……一六八七
尚書意解（孫繼臯）……一六八七

尚書大意(馮夢禎)……一六八八
尚書衷引(沈自邠)……一六八八
書録(楊起元)……一六八八
尚書注考(陳泰來)……一六八八
尚書臆見(鍾化民)……一六九〇
書經約言(鄒龍光)……一六九〇
尚書旨(劉應秋)……一六九〇
玉茗堂尚書兒訓(湯顯祖)……一六九〇
尚書心鏡(潘士藻)……一六九一
書説(徐即登)……一六九一
東宫進講尚書義(郭正域)……一六九一
書經見解(姜鏡)……一六九二
書經釋(何喬遠)……一六九二
尚書大義(沈瓚)……一六九二
尚書纂注(袁宗道)……一六九二

卷九十一　書二十

書經原旨(董其昌)……一六九四
書經質疑(吴炯)……一六九四
尚書要旨(王肯堂)……一六九五
尚書辨解(郝敬)……一六九五
壁業(范應賓)……一六九六
書經素言(鍾鳴陛)……一六九六
尚書雅言(盧廷選)……一六九七
書傳會衷(曹學佺)……一六九七
書略(賀燦然)……一六九八
尚書過庭雅言(胡瓚)……一六九八
尚書疑問(史記事)……一六九八
尚書祕旨(洪翼聖)……一六九九
書經翼注(謝廷讚)……一六九九
尚書新説(王建中)……一六九九
尚書蠡(趙維寰)……一六九九

書經近指（孫奇逢）……一七〇〇
尚書解（黄景星）……一七〇一
尚書祕省（來宗道）……一七〇一
書繹（樊良樞）……一七〇一
書經集意（陳臣忠）……一七〇二
尚書傳翼（陸鍵）……一七〇二
書經彙解（秦繼宗）……一七〇二
尚書貫言（張爾嘉）……一七〇三
尚書集思通（朱道行）……一七〇三
尚書晚訂（史惟堡）……一七〇三
尚書旨授（錢大復）……一七〇四
書經大全纂（項儒）……一七〇四
尚書集義（鄭若曾）……一七〇四
書疑（吴從周）……一七〇四
勉思齋尚書解（徐允禄）……一七〇五
尚書精義（黄佗）……一七〇五
書説（吴桂森）……一七〇五
尚書句讀（汪應魁）……一七〇六
尚書副墨（楊肇芳）……一七〇六
尚書揀珠（洪禹功）……一七〇七
書箋（張睿卿）……一七〇七
尚書葦籥（潘士遴）……一七〇七
書經補註（徐大儀）……一七〇八

卷九十二　書二十一

書經貫言（徐可期）……一七〇九
尚書撮義（傅元初）……一七〇九
尚書百家彙解（袁儼）……一七一一
尚書集解（孫承澤）……一七一一
尚書纂要（史煒）……一七一二
讀書略記（朱朝瑛）……一七一二
尚書傳翼（江旭奇）……一七一三
桂林書響（顧懋樊）……一七一三
尚書揆一（鄒期楨）……一七一四

尚書筆指（鄒期相）……………………一七一四
尚書詮註（孫弘祖）……………………一七一四
尚書集解（陸又機）……………………一七一五
尚書廣録（陳弘緒）……………………一七一五
尚書講略（陸萬達）……………………一七一五
書經正旨（龐招俊）……………………一七一五
尚書臆解（唐達）……………………一七一六
尚書印（沈澣）……………………一七一六
尚書定解（姚之鳳）……………………一七一六
尚書評注（金鏡）……………………一七一六
尚書説準（莊日思）……………………一七一七
尚書裨傳（朱鶴齡）……………………一七一七
考異（朱鶴齡）……………………一七一七
書繹（楊文彩）……………………一七一九
書經筆授（黄宗羲）……………………一七二〇
尚書體要（錢肅潤）……………………一七二一
尚書傳（沈嗣選）……………………一七二一
尚書古文疏證（閻若璩）……………………一七二二
古文尚書通論别僞例（姚際恆）……………………一七二三
壁書辨疑（錢煌）……………………一七二三
古文尚書冤詞（毛奇齡）……………………一七二三

卷九十三　書二十二

書經三要（明世宗皇帝）……………………一七二四
尚書二典義（文彦博）……………………一七二五
堯典舜典解（程頤）……………………一七二五
二典義（陸佃）……………………一七二五
堯典論（范浚）……………………一七二六
堯典説（羅欽順）……………………一七二六
九族考（汪琬）……………………一七二六
堯典星日歲考（晁説之）……………………一七二六
堯典中星考（陳櫟）……………………一七二七
中星考（貝瓊）……………………一七二七
中星圖説（程廷策）……………………一七二七

閏月定四時成歲講義（吴觀萬）……一七二八
虞書解（來汝賢）……一七二八
虞書大旨（袁黄）……一七二八
虞書箋（茅瑞徵）……一七二八
六宗論（羅泌）……一七二九
象刑解（沈顔）……一七二九
象刑説（程大昌）……一七三〇
舜典象刑説（朱熹）……一七三〇
人心道心説（戴亨）……一七三〇
昆侖元龜説（倪思）……一七三〇
百獸率舞説（王惲）……一七三二
漢禹貢圖（王惲）……一七三三
禹貢地域圖（裴秀）……一七三三
夏禹治水圖（顧愷之）……一七三四
禹貢圖（無名氏）……一七三五
禹貢論（孔武仲）……一七三五
禹貢指南（毛晃）……一七三五
禹貢論（程大昌）……一七三六
禹貢論圖（程大昌）……一七三六
禹貢後論（程大昌）……一七三七
禹貢辨（王炎）……一七四三

卷九十四　書二十三

禹貢辨（陳埴）……一七四四
禹貢解（李方子）……一七四四
禹貢考（余嚞）……一七四五
禹貢圖説（黄千能）……一七四五
禹貢治水圖（孟先）……一七四五
禹貢集解（傅寅）……一七四五
禹貢疆理記（易祓）……一七四七
禹貢辨（戴蒙）……一七四八
禹貢集説（鄒近仁）……一七四八
禹貢圖（王柏）……一七四八
禹貢手抄（陳剛）……一七四八

禹貢節要（林洪）……一七四九
禹貢沿革圖（張性善）……一七四九
禹貢山川名急就章（王禕）……一七四九
禹貢凡例（朱右）……一七四九
禹貢傳注詳節（郭餘）……一七五一
禹貢要略（葛大紀）……一七五一
禹治水譜（鄭瑶）……一七五一
禹貢詳節（夏寅）……一七五二
禹貢疑誤辨（張吉）……一七五二
禹貢注解（劉龍、徐縉等）……一七五二
禹貢詳略（韓邦奇）……一七五三
禹跡九州圖（桂萼）……一七五三
禹貢圖説（鄭曉）……一七五四
禹貢溯洄（劉天民）……一七五五
禹貢簡傳（曾于乾）……一七五五
禹貢本末（張朝瑞）……一七五五
禹貢注（徐常吉）……一七五六
禹貢辨（徐常吉）……一七五六
禹貢略（全天叙）……一七五六
禹貢解（何槐）……一七五七
禹貢解（焦竑）……一七五七
禹貢瑶琨（戚里貴）……一七五七
禹貢詳節（褚效善）……一七五七
禹貢華末（陸大礽）……一七五八
禹貢詳節（姜逢元）……一七五八
禹貢匯疏（茅瑞徵）……一七五八
禹貢圖注（何模）……一七五九
禹貢注（鄭鄤）……一七六〇
禹貢圖注（艾南英）……一七六〇
禹貢逆志（王綱振）……一七六一
禹貢訂傳（張能恭）……一七六二
禹貢注删（黄翼登）……一七六二
禹貢注（蔣之驎）……一七六二
禹貢通考（高秉藻）……一七六三

禹貢九州山水考（孫承澤）……………… 一七六三
禹貢古今合注（夏允彝）……………… 一七六四
禹貢便讀（張睿卿）………………… 一七六六
禹貢長箋（朱鶴齡）………………… 一七六六
禹貢注（陸敷樹）…………………… 一七六七
禹貢通解（邵璜）…………………… 一七六七
禹貢輯要（嚴觀）…………………… 一七六八
禹貢新書（趙沺）…………………… 一七六八
禹貢錐指（胡渭生）………………… 一七六八
三江詳證（羅泌）…………………… 一七六九
禹貢三江辨（朱鶴齡）……………… 一七六九
九江彭蠡辨（朱熹）………………… 一七六九
九江詳證（羅泌）…………………… 一七六九
甘誓論（薛應旂）…………………… 一七七〇
五子之歌詩（同谷子）……………… 一七七〇

卷九十五　書二十四

書五誥解（楊簡）…………………… 一七七一
湯誓仲虺之誥論（范浚）…………… 一七七二
伊訓論（范浚）……………………… 一七七二
太甲三篇論（范浚）………………… 一七七二
咸有一德論（范浚）………………… 一七七二
咸有一德論（張九成）……………… 一七七三
説命講義（顔復、范祖禹）………… 一七七三
説命三篇論（范浚）………………… 一七七三
西伯戡黎辨（金履祥）……………… 一七七四
泰誓論（歐陽修）…………………… 一七七四
泰誓論（王十朋）…………………… 一七七四
改正武成（程頤）…………………… 一七七四
考正武成（胡洵直）………………… 一七七五
考正武成次序月日譜（朱熹）……… 一七七五
定武成錯簡（牟楷）………………… 一七七六

武成考（張日炳）……一七七六
考定武成（歸有光）……一七七六
五行傳記（許商）……一七七七
洪範五行傳記（劉向）……一七七七
洪範讖議（王氏）……一七七九
洪範占（亡名氏）……一七八〇
洪範日月變（亡名氏）……一七八〇
洪範五行星曆（亡名氏）……一七八〇
洪範外傳（穆元休）……一七八〇
尚書演範（崔良佐）……一七八一
洪範政鑒（宋仁宗皇帝）……一七八一
洛書五事圖（宋仁宗皇帝）……一七八二
洪範口義（胡瑗）……一七八二
洪範論（徐復）……一七八三
洪範解（張景）……一七八三
洪範災異論（劉羲叟）……一七八四
洪範圖論（蘇洵）……一七八四
洪範解（劉彝）……一七八六
洪範解（廖偁）……一七八六
洪範會傳（孫諤）……一七八七
洪範論（曾鞏）……一七八七

卷九十六　書二十五

洪範傳（王安石）……一七八八
改正洪範（余燾）……一七九〇
洪範五福論（孔武仲）……一七九〇
洪範五事說（蘇轍）……一七九〇
洪範五行說（晁補之）……一七九一
洪範小傳（晁說之）……一七九一
洪範傳（曾致）……一七九二
洪範圖章（盧碩）……一七九二
四先生洪範解要（劉彝、曾鞏、蘇轍、吕吉甫）……一七九二
洪範論（范浚）……一七九三

翼範（陳伯達）……………………一七九三
尚書洪範五行記（孟先）……………………一七九三
尚書洪範辨圖（吴仁傑）……………………一七九四
洪範訓釋（鄭耕老）……………………一七九四
洪範解（蔡元定）……………………一七九四
洪範解義（鄭思孟）……………………一七九四
洪範解（陳埴）……………………一七九五
洪範論（林維屏）……………………一七九五
洪範統紀（趙善湘）……………………一七九五
洪範會元（蔡元鼎）……………………一七九六
洪範補傳（馮去非）……………………一七九六
洪範福極奥旨（鄒元佐）……………………一七九七
洪範手抄（陳剛）……………………一七九七
洪範奥旨（劉漢傳）……………………一七九七
洪範考訂（胡希是）……………………一七九七
洪範圖（趙孟頫）……………………一七九八
定正洪範集説（胡一中）……………………一七九八
洪範衍義（謝章）……………………一八〇一
洪範傳（陳樵）……………………一八〇二
洪範洛書辨（田澤）……………………一八〇三
洪範述（陳希聖）……………………一八〇三

卷九十七　書二十六

御注洪範（明太祖皇帝）……………………一八〇四
序洪範（明宣宗皇帝）……………………一八〇五
洪範序略（明世宗皇帝）……………………一八〇五
洛書非洪範辨（王褘）……………………一八〇六
範通（葉世奇）……………………一八〇六
洪範敷言（傅淳）……………………一八〇六
範疇解（俞深）……………………一八〇六
洪範解訂正（徐驥）……………………一八〇七
洪範集解（盧璣）……………………一八〇七
洪範九疇數解（熊宗立）……………………一八〇七
洪範正誤（丁璣）……………………一八〇八

洪範纂要（楊廉）……一八〇八
洪範考疑（吴世忠）……一八〇九
洪範論（鄭善夫）……一八〇九
洪範講章（顧鼎臣）……一八〇九
洪範辨疑（劉天民）……一八一〇
洪範本傳（潘葵）……一八一〇
君道洪範（盧鴻）……一八一〇
洪範解（吕賢）……一八一一
洪範圖輯（曾俊）……一八一一
洪範圖解（葉良珮）……一八一一
洪範或問（徐獻忠）……一八一一
洪範釋義（游日章）……一八一二
洪範傳（歸有光）……一八一二
洪範衍義（瞿九思）……一八一三
敷言大旨（鍾化民）……一八一四
範衍（錢一本）……一八一四
洪範則洛書辨（徐常吉）……一八一五
洪範直解（羅喻義）……一八一五
讀範内篇（羅喻義）……一八一五
洪範彙義（羅輔）……一八一六
洪範福極奥旨（鄒元佐）……一八一六
範數贊詞（包萬有）……一八一七
洪範明義（黄道周）……一八一七
洪範經世要語（鄒期禎）……一八一八
洪範經傳集義（孫承澤）……一八一八
九疇圖（夏唐老）……一八一九
福極對義圖（亡名氏）……一八一九
洪範集説（亡名氏）……一八一九
圖書作範宗旨（亡名氏）……一八二〇
題旅獒圖（貢師泰）……一八二〇
旅獒圖（李郡）……一八二〇
金縢圖説（樓鑰）……一八二〇
金縢圖（顔直之）……一八二一
金縢辨（王廉）……一八二一

金縢辨疑（張孚敬）……一八二二
周公居東二年辨（汪叡）……一八二二
大誥康誥酒誥梓材召誥洛誥多士多方論（范浚）……一八二二
無逸圖（宋璟）……一八二三
無逸圖（王洙、蔡襄）……一八二三
無逸講義（吴安詩等）……一八二三
無逸講義（司馬光等）……一八二四
無逸傳（胡寅）……一八二四
無逸解（張栻）……一八二四
無逸説（程鳴鳳）……一八二五
無逸直解（趙秉文）……一八二五
三宅三俊説（程大昌）……一八二五
周官吕刑講義（滕仲禮）……一八二六
君陳辨（胡銓）……一八二六
顧命朝會考（方回）……一八二六
顧命説（汪琬）……一八二六
康王之誥論（王炎）……一八二七
畢命論（方孝孺）……一八二七
君牙冏命吕刑論（範浚）……一八二七
周書王會解（王應麟）……一八二七
周書克殷度邑解（董斯張）……一八二八
注尚書序（陶弘景）……一八二八

卷九十八　詩一

古詩……一八二九

卷九十九　詩二

詩序（卜商）……一八四二

卷一百　詩三

詩傳僞本（端木賜）……一八七三
詩傳（漢楚王交）……一八七五
詩經魯、齊、韓三家……一八七六

魯故(申培)……一八七七
詩説僞本……一八七八
魯説……一八八〇
齊詩傳(轅固)……一八八〇
齊故(后蒼)……一八八〇
齊詩傳……一八八一
齊故(孫氏)……一八八一
齊詩傳……一八八一
齊雜記……一八八一
韓故(韓嬰)……一八八二
詩内傳……一八八二
詩外傳……一八八三
韓詩説……一八八三
詩故訓傳(毛亨)……一八八六
詩傳(毛萇)……一八八七
詩説(吕叔玉)……一八九〇
齊詩章句解説(伏黯)……一八九一
韓詩章句(薛漢)……一八九一
魯詩章句(韋賢)……一八九二

卷一百一　詩四

齊詩解(景鸞)……一八九三
齊詩章句(伏恭)……一八九三
詩題約義通(杜撫)……一八九四
毛詩雜義難(賈逵)……一八九四
詩細(趙曄)……一八九四
歷神泉(趙曄)……一八九五
韓詩章句(張匡)……一八九五
毛詩注(馬融)……一八九六
毛詩箋(鄭玄)……一八九六
毛詩譜(鄭玄)……一八九八
毛詩音(鄭玄)……一九〇一
詩傳(荀爽)……一九〇二
韓詩翼要(侯包)……一九〇二

韓詩章句（杜瓊）……一九〇三
毛詩注（王肅）……一九〇三
毛詩義駁（王肅）……一九〇三
毛詩奏事（王肅）……一九〇四
毛詩問難（王肅）……一九〇四
毛詩音（王肅）……一九〇四
毛詩義問（劉楨）……一九〇五
毛詩駁（王基）……一九〇五
毛詩義（劉璠）……一九〇六
毛詩箋傳是非（劉璠）……一九〇六
毛詩譜（徐整）……一九〇七
毛詩譜注（太叔裘）……一九〇七
毛詩答雜問（韋昭等）……一九〇八
毛詩草木鳥獸蟲魚疏（陸璣）……一九〇八

卷一百二　詩五

毛詩異同評（孫毓）……一九一〇
難孫氏毛詩評（陳統）……一九一一
毛詩表隱（陳統）……一九一一
毛詩辨異（楊乂）……一九一二
毛詩異義（楊乂）……一九一二
毛詩雜義（楊乂）……一九一二
毛詩音（干寶）……一九一二
毛詩音（李軌）……一九一三
毛詩釋義（謝沈）……一九一三
毛詩義疏（謝沈）……一九一三
毛詩注（謝沈）……一九一四
毛詩音（阮侃）……一九一四
毛詩音（徐邈）……一九一四
詩注（袁喬）……一九一五
毛詩拾遺（郭璞）……一九一五
毛詩略（郭璞）……一九一六
毛詩雜義（殷仲堪）……一九一六
毛詩疑字（蔡謨）……一九一六

毛詩注（江熙）……一九一六
毛詩音（江惇）……一九一七
毛詩略（虞喜）……一九一七
毛詩音（蔡氏）……一九一七
毛詩音（孔氏）……一九一七
毛詩背隱義（徐廣）……一九一八
毛詩義（雷次宗）……一九一八
毛詩音（徐爰）……一九一九
毛詩引辨（孫暢之）……一九一九
毛詩釋（何偃）……一九一九
毛詩正論（劉孝孫）……一九一九
業詩（業遵）……一九二〇
毛詩大義（梁武帝）……一九二〇
毛詩篇次義（劉瓛）……一九二〇
毛詩總集（何胤）……一九二〇
毛詩隱義（何胤）……一九二一
毛詩檢漏義（謝曇濟）……一九二一
集注毛詩（崔靈恩）……一九二一
毛詩義疏（顧越）……一九二三
毛詩義疏（舒援）……一九二三
毛詩義疏（沈重）……一九二三
毛詩義（張譏）……一九二五
毛詩義（闞康之）……一九二五

卷一百三　詩六

毛詩誼府（元延明）……一九二六
毛詩箋音證（劉芳）……一九二六
毛詩章句（張思伯）……一九二七
毛詩章句義疏（魯世達）……一九二七
毛詩注并音（魯世達）……一九二七
毛詩義疏（全緩）……一九二八
毛詩義疏（劉軌思）……一九二八
毛詩義疏（劉醜）……一九二八
毛詩義疏（劉焯）……一九二八

毛詩述義（劉炫）……一九二八
毛詩譜注（劉炫）……一九二九
毛詩駮（王伯輿）……一九二九
毛詩譜鈔（謝氏）……一九二九
毛詩義疏（張氏）……一九二九
毛詩義注（亡名氏）……一九三〇
毛詩雜義注（亡名氏）……一九三〇
毛詩義疏（亡名氏）……一九三〇
毛詩釋疑（亡名氏）……一九三〇
毛詩圖（亡名氏）……一九三一
毛詩孔子經圖（亡名氏）……一九三一
毛詩古聖賢圖（亡名氏）……一九三一
毛詩諸家音（亡名氏）……一九三一
毛詩草蟲經（亡名氏）……一九三一
韓詩圖（亡名氏）……一九三二
毛詩正義（孔穎達等）……一九三二
毛詩釋文（陸德明）……一九三五
毛詩纂義（許叔牙）……一九三五
毛詩注（王玄度）……一九三六
詩説（施士丐）……一九三六
毛詩斷章（成伯璵）……一九三七
毛詩指説（成伯璵）……一九三七
毛詩草木蟲魚圖（楊嗣復等）……一九三八
毛詩別録（張訢）……一九三八
毛詩音義（令狐氏）……一九三九
毛詩提綱（亡名氏）……一九三九

卷一百四　詩七

詩解（宋徽宗皇帝）……一九四一
毛詩演聖論（胡旦）……一九四一
毛詩正紀（宋咸）……一九四二
毛詩外義（宋咸）……一九四二
詩折衷（劉宇）……一九四二
毛詩大義（蘇子材）……一九四三

毛詩本義（歐陽修）……一九四三
詩譜補闕（歐陽修）……一九四四
毛詩小傳（梅堯臣）……一九四五
周詩義（茅知至）……一九四六
詩説（周堯卿）……一九四六
詩集（魯有開）……一九四七
詩傳（李常）……一九四七
毛詩闕言（黄君俞）……一九四七
毛詩箋傳辨誤（周軾）……一九四七
周詩集解（邱鑄）……一九四八
新經毛詩義（王安石）……一九四八
舒王詩義外傳（王安石）……一九四八
詩講義（沈季長）……一九四九
詩傳補注（範百禄）……一九四九
詩論（李清臣）……一九四九
詩正變論（張方平）……一九五〇
詩説（朱長文）……一九五〇
詩傳（鮮于侁）……一九五〇
詩説（孔武仲）……一九五〇
詩解（範祖禹）……一九五一
詩傳（王巖叟）……一九五一
詩解集傳（蘇轍）……一九五一
詩義（彭汝礪）……一九五二
伊川詩説（程頤）……一九五二
詩説（張載）……一九五二
毛詩講義（喬執中）……一九五二
毛詩統論（郭友直）……一九五三
詩説（張耒）……一九五三
詩傳（沈銖）……一九五四
詩集（毛漸）……一九五四
毛詩講義（趙令滑）……一九五五
毛詩訓解（李撰）……一九五五
詩解（吴駿）……一九五五
詩義（趙仲鋭）……一九五六

毛詩判篇（劉泉）……一九五六
詩重文説（吴良輔）……一九五六
毛詩義方（洪林範）……一九五六
三十家毛詩會解（吴純）……一九五七

卷一百五　詩八

毛詩講義（周紫芝）……一九五八
詩物性門類（陸佃）……一九六〇
詩辨疑（楊時）……一九六〇
毛詩名物解（蔡卞）……一九六〇
廣川詩故（董逌）……一九六一
毛詩辨學（王居正）……一九六二
詩經講義（廖剛）……一九六二
放齋詩説（曹粹中）……一九六二
詩解（羅從彦）……一九六三
詩解義（邱税）……一九六三
詩解（陳鵬飛）……一九六三
毛詩詳解（李樗）……一九六四
毛詩叶韻補音（吴棫）……一九六四

卷一百六　詩九

詩傳（鄭樵）……一九七二
詩辨妄（鄭樵）……一九七二
非鄭樵詩辨妄（周孚）……一九七七
詩總聞（王質）……一九七七
毛詩詁訓傳（晁公武）……一九七八
詩議（程大昌）……一九七八
毛詩解義（鄭諤）……一九八〇
詩學（范處義）……一九八一
解頤新語（范處義）……一九八一
詩補傳（范處義）……一九八一
詩説（趙敦臨）……一九八三
詩譜（李燾）……一九八三
毛詩説略（余端禮）……一九八三

詩解（羅維藩）……………… 一九八三
詩解（王大寶）……………… 一九八四
詩解（張淑堅）……………… 一九八四
毛詩講義（黃邦彥）……………… 一九八四
毛詩講義（林岊）……………… 一九八五
詩集善（胡維寧）……………… 一九八五
詩解（謝諤）……………… 一九八五
詩說（潘好古）……………… 一九八六
毛詩辨疑（吴曾）……………… 一九八六
詩聲譜（陳知柔）……………… 一九八六
詩說（黃度）……………… 一九八六
毛詩圖（馬和之）……………… 一九八八

卷一百七　詩十

詩解（楊簡）……………… 一九九〇
反古詩說（薛季宣）……………… 一九九三
毛詩解詁（陳傅良）……………… 一九九四
家塾讀詩記（吕祖謙）……………… 一九九五
毛詩前說（項安世）……………… 二〇〇二
詩解（項安世）……………… 二〇〇三
詩解（唐仲友）……………… 二〇〇三

卷一百八　詩十一

毛詩集傳（朱熹）……………… 二〇〇四
文公詩傳遺說（朱鑑）……………… 二〇〇九
詩童子問（輔廣）……………… 二〇一〇
毛詩說（許奕）……………… 二〇一二
毛詩筆義（陳駿）……………… 二〇一二
詩口義（孫調）……………… 二〇一二
東宮詩解（劉爚）……………… 二〇一二
讀詩記（徐僑）……………… 二〇一三
詩解（馮誠之）……………… 二〇一三
詩解（黃櫄）……………… 二〇一三
詩傳（林拱辰）……………… 二〇一三

詩學發微（舒璘）……二〇一四
詩集傳解（高頤）……二〇一四
詩經講義（陳經）……二〇一四
詩名物編（楊泰之）……二〇一四
詩類（楊泰之）……二〇一五
詩大義、贅說（時少章）……二〇一五
毛詩口義（張孝直）……二〇一五
詩解詁（陳謙）……二〇一五
續讀詩紀（戴溪）……二〇一六
詩說（高元之）……二〇一七
詩講義（柴中行）……二〇一七
誦詩訓（李心傳）……二〇一七
詩注（趙汝談）……二〇一七
學詩管見（錢時）……二〇一七
讀詩臆說（王宗道）……二〇一八
詩學發微（楊明復）……二〇一八
詩說（張貴謨）……二〇一八
詩說（黃應春）……二〇一八
詩傳（陳寅）……二〇一九
詩略（史守道）……二〇一九
毛詩傳（譚世選）……二〇一九
詩經訓注（劉應登）……二〇二〇
毛詩粗通（趙若燭）……二〇二〇
詩義解（韓謹）……二〇二〇
詩衍義（湯建）……二〇二〇
詩直解（吕椿）……二〇二一
詩義解（韓惇）……二〇二一
毛詩解（劉垕）……二〇二一
詩訓釋（董夢程）……二〇二一
詩義斷法（謝升孫）……二〇二二
詩說（王萬）……二〇二二
詩總（焦巽之）……二〇二二

卷一百九　詩十二
毛詩要義（魏了翁）……………………二〇二三
白石詩傳（錢文子）……………………二〇二三
詩訓詁（錢文子）………………………二〇二六
叢桂毛詩集解（段昌武）………………二〇二六
讀詩總説（段昌武）……………………二〇二七
詩義指南（段昌武）……………………二〇二八
詩緝（嚴粲）……………………………二〇二八
詩説（劉克）……………………………二〇三〇
詩地理考（王應麟）……………………二〇三二
詩考（王應麟）…………………………二〇三三
毛詩草木鳥獸蟲魚廣疏（王應麟）……二〇三七
卷一百十　詩十三
詩注（洪咨夔）…………………………二〇三八
詩經注解（熊剛大）……………………二〇三八
詩膚説（高斯得）………………………二〇三八
詩傳演説（顧文英）……………………二〇三九
詩傳（董鼎）……………………………二〇三九
詩講義（李彖）…………………………二〇三九
詩古音辨（鄭犀）………………………二〇三九
詩演義（劉元剛）………………………二〇三九
讀詩私記（章叔平）……………………二〇四〇
詩箋（蔡夢説）…………………………二〇四〇
佩韋齋輯聞詩説（俞德鄰）……………二〇四一
詩解（姚隆）……………………………二〇四一
讀詩一得（黄震）………………………二〇四二
詩傳注疏（謝枋得）……………………二〇四三
詩可言集（王柏）………………………二〇四三
詩辨説（王柏）…………………………二〇四五
朱子詩傳辨正（戴亨）…………………二〇四八
詩經講義（江愷）………………………二〇四八
清全齋讀詩編（陳深）…………………二〇四八

卷一百十一　詩十四

毛詩詁訓（李恕）……………………………………二〇六〇
毛詩旁注（李恕）……………………………………二〇六一
詩傳疏釋（朱近禮）…………………………………二〇六一
詩答（蔣宗簡）………………………………………二〇六一
學詩舟楫（周聞孫）…………………………………二〇六一
詩傳通釋（劉瑾）……………………………………二〇六一
詩傳旁通（梁益）……………………………………二〇六二
詩緒餘（梁益）………………………………………二〇六三
詩集傳名物鈔（許謙）………………………………二〇六三
詩集傳音釋（羅復）…………………………………二〇六六
詩傳疏義（朱公遷）…………………………………二〇六六
毛詩句解（李公凱）…………………………………二〇六八
詩義發揮（曹居貞）…………………………………二〇六九
詩講疑（焦悦）………………………………………二〇六九
詩經講説（顔達）……………………………………二〇六九
詩經音考（夏泰亨）…………………………………二〇六九
詩雜説（吴師道）……………………………………二〇七〇
詩集説（盧觀）………………………………………二〇七〇
詩傳名物類考（楊璲）………………………………二〇七〇
詩學管見（俞遠）……………………………………二〇七〇
讀詩疑問（蘇天爵）…………………………………二〇七一
詩義（吴簡）…………………………………………二〇七一
詩經發揮（楊舟）……………………………………二〇七一
詩音釋（韓性）………………………………………二〇七二
詩補注（貢師泰）……………………………………二〇七二
詩義矜式（林泉生）…………………………………二〇七二
詩經纂例（秦玉）……………………………………二〇七三
詩説（余希聲）………………………………………二〇七三
詩經辨正（周鼎）……………………………………二〇七三
詩記（方道叡）………………………………………二〇七四
詩疑問（朱倬）………………………………………二〇七四

卷一百十二　詩十五

詩演義（梁寅）………………………………………二〇七七

詩考（梁寅）……二〇七八
詩經演疏（陳謨）……二〇七八
詩旁注（朱升）……二〇七八
詩集傳音義會通（汪克寬）……二〇七八
詩疑大鳴録（曾堅）……二〇八〇
讀詩記（范祖幹）……二〇八〇
詩義權輿（何淑）……二〇八一
詩解頤（朱善）……二〇八一
詩艸木鳥獸名急就章（王褘）……二〇八二
詩集傳解（高頤）……二〇八二
詩正義（張洪）……二〇八三
詩經詳釋（何英）……二〇八三
詩義（楊禹錫）……二〇八三
詩經正葩（瞿佑）……二〇八三
詩經總旨（鄭旭）……二〇八四
詩經主意（彭奇）……二〇八四
詩集傳大全（胡廣等）……二〇八四
葩經或問（魯穆）……二〇八五
詩口義（劉翔）……二〇八六
詩經集解（范理）……二〇八六
詩經講説（王逢）……二〇八六
讀詩記（李賢）……二〇八七
詩義集説（孫鼎）……二〇八七
詩傳通證（陳濟）……二〇八七
詩私抄（楊守陳）……二〇八八
詩經直指（易貴）……二〇九〇
讀毛詩（黄仲昭）……二〇九〇
詩大義（李承恩）……二〇九一
詩經講説（程楷）……二〇九一
詩經發鑰（劉銓）……二〇九一
詩傳旁通（王彦文）……二〇九二
詩解（丁徵）……二〇九二
詩經講義（鄭滿）……二〇九二
毛詩集解（陳鳳梧）……二〇九二

詩考（許誥）……二〇九三
儼山詩微（陸深）……二〇九四
詩說（張邦奇）……二〇九四
詩釐正（湛若水）……二〇九五

卷一百十三　詩十六

毛詩末喻（韓邦奇）……二〇九六
胡氏詩識（胡纘宗）……二〇九六
詩經衍義（王崇慶）……二〇九六
詩經臆言（丁奉）……二〇九七
四詩表傳（楊慎）……二〇九七
詩億（王道）……二〇九七
詩經册義（馬理）……二〇九八
詩經童訓辯疑（李淮）……二〇九八
詩經注解（霍韜）……二〇九八
詩稗說（舒芬）……二〇九八
詩經摘玉（高尚賢）……二〇九九
讀詩記（王漸逵）……二〇九九
詩說解頤（季本）……二一〇〇
詩傳通解（黃佐）……二一〇〇
詩經會意（趙鼒）……二一〇二
詩經輯說（潘恩）……二一〇二
魯詩世學（豐坊）……二一〇三
毛詩緒說（陳褒）……二一〇五
詩傳存疑（陸垹）……二一〇六
演詩蠡測（黃光昇）……二一〇七
詩辨疑（張忠）……二一〇七
詩箋（呂光洵）……二一〇七
方山詩說（薛應旂）……二一〇八
毛詩附說（薛騰蛟）……二一〇八
詩疑（陳言）……二一〇九
詩序傳（陳言）……二一〇九
毛詩定見（袁煒）……二一一〇
詩辯考證（何宗魯）……二一一〇

毛詩考正（李先芳）……………………二二一一
詩考（王樵）……………………二二一一
詩辨疑（陳錫）……………………二二一一
詩林伐柯（勞堪）……………………二二一一
詩經正義（許天贈）……………………二二一二

卷一百十四　詩十七

詩經纂注（沈一貫）……………………二二一三
詩臆（馮時可）……………………二二一三
學詩多識（黄洪憲）……………………二二一四
詩傳書例（郭子章）……………………二二一四
詩經疏解（殷子義）……………………二二一四
毛詩見小録（歐志學）……………………二二一四
陸詩別傳（陸奎章）……………………二二一四
毛詩辨（郭金臺）……………………二二一五
詩集傳（李澤民）……………………二二一五
詩經直指（易貴）……………………二二一五
印古詩説（朱得之）……………………二二一六
詩教考、詩經面墻解（李經綸）……………………二二一六
毛詩或問（袁仁）……………………二二一七
詩經存固（葉朝榮）……………………二二一七
毛詩鄭箋（屠本畯）……………………二二一八
毛詩人物志（林世陞）……………………二二一八
詩繹（鄧元錫）……………………二二一八
詩原始（章潢）……………………二二一九
編詩經古注（李鼎）……………………二二一九
詩解（王大覺）……………………二二一九
詩經翼傳（林甫任）……………………二二一九
詩講義（黄三陽）……………………二二一九
毛詩古音考（陳第）……………………二二二〇
詩故（朱謀㙔）……………………二二二一
詩解頤録（朱統鐕）……………………二二二三
聖門傳詩嫡冢（凌濛初）……………………二二二三
詩逆（凌濛初）……………………二二二三

詩經毛朱二傳删補（徐奮鵬）……二一一三
詩講義（程朝光）……二一一三
詩經折衷（鄒泉）……二一一四
毛詩傳旨一貫（薛志學）……二一一四
詩經引躍（吴瑞登）……二一一五
毛詩正宗（陳推）……二一一五
詩經定（楊文奎）……二一一五
詩經注疏大全纂（陶其情）……二一一五
詩經理解（趙一元）……二一一六
詩經叶韻（程元初）……二一一六
詩經音釋（程元初）……二一一六
詩箋（堵維常）……二一一七
詩經埤傳（黄一正）……二一一七
詩説闕疑（徐熙）……二一一七
詩經内傳（陸曾曅）……二一一七
詩經外傳（陸曾曅）……二一一八
詩經箋疏（江彦明）……二一一八
六家詩名物疏（馮復京）……二一二八
毛詩鳥獸草木疏（吴雨）……二一三〇
毛詩微言（唐汝諤）……二一三一
毛詩删翼（王志長）……二一三二

卷一百十五　詩十八

詩經以俟録（瞿九思）……二一三三
詩經疑問（姚舜牧）……二一三五
毛詩多識篇（林兆珂）……二一三五
學詩略（汪應蛟）……二一三六
詩經課子衍義（謝台卿）……二一三七
毛詩翼説（徐常吉）……二一三七
詩説（徐即登）……二一三七
詩經質疑（吴炯）……二一三八
毛詩原解（郝敬）……二一三八
序説（郝敬）……二一三八
詩意（方大鎮）……二一三九

詩原（張彩）……………………二一三九
南州詩説（徐必達）……………………二一四〇
詩經會説（劉憲寵）……………………二一四一
詩經質疑（曹學佺）……………………二一四一
詩經類考（沈萬鈳）……………………二一四一
爾雅堂詩説（顧起元）……………………二一四二
詩經補傳（蔡毅中）……………………二一四三
詩經世業（瞿汝説）……………………二一四三
詩經説通（沈守正）……………………二一四三
詩商（樊良樞）……………………二一四四
毛詩六帖（徐光啓）……………………二一四四
葩經約説（趙琮）……………………二一四四
詩經逢源（莊廷臣）……………………二一四五
詩學全書（卓爾康）……………………二一四五
詩傳闡（鄒忠胤）……………………二一四五
詩通（陸化熙）……………………二一四六
讀詩録（胡胤嘉）……………………二一四六
詩經集思通（朱道行）……………………二一四六

卷一百十六　詩十九

詩脣正（黄道周）……………………二一四七
詩牖（錢天錫）……………………二一四七
毛詩世本古義（何楷）……………………二一四八
待軒詩記（張次仲）……………………二一五四
詩疏（張睿卿）……………………二一五六
毛詩古音考辨（唐達）……………………二一五六
詩傳演（金鏡）……………………二一五六

卷一百十七　詩二十

詩經朱註考（劉慶孫）……………………二一五七
詩經註疏大全合纂（張溥）……………………二一五七
詩經鐸、詩鏡（申佳胤）……………………二一五八
詩經朱傳翼（孫承澤）……………………二一五八
五十家詩義裁中（高承埏）……………………二一五九

讀詩略記（朱朝瑛）……二一六一
詩劄（黃淳耀）……二一六二
詩經偶箋（萬時華）……二一六三
詩説（馬元調）……二一六三
詩采（張星懋）……二一六四
詩經存旨（高鼎熺）……二一六五
重輯詩譜（鄭若曾）……二一六六
詩經考定（韋調鼎）……二一六六
詩權（趙起元）……二一六六
葩經旁意（喬中和）……二一六六
詩經弋獲解（丘九奎）……二一六七
詩經胡傳（胡紹曾）……二一六七
毛詩翼傳（顧秉禮）……二一六九
詩志（范王孫）……二一六九
詩經説約（顧夢麟）……二一七〇
詩經群義（陳弘緒）……二一七〇
田間詩學（錢澂之）……二一七〇
詩論（陸圻）……二一七一
詩本旨（顧炎武）……二一七二

卷一百十八　詩二十一

詩劄（朱汝礪）……二一七三
詩經類疏（蔣之驎）……二一七四
斷章別義（蔣之驎）……二一七四
毛詩草木蟲魚疏廣要（毛晉）……二一七四
毛詩正義（錢龍珍）……二一七五
詩律表（董説）……二一七五
誦詩弋獲（顔鼎受）……二一七六
毛詩通義（朱鶴齡）……二一七六
毛詩稽古編（陳啓源）……二一七九
毛詩瑣言（黃宗裔）……二一八〇
毛詩寫官記（毛奇齡）……二一八〇
白鷺洲主客説詩（毛奇齡）……二一八一
詩札（毛奇齡）……二一八一

詩傳詩說駁義（毛奇齡）……二一八一
詩牋辨疑（胡渭）……二一八五
詩說（惠周惕）……二一八五
詩經廣大全（王夢白、陳曾）……二一八七
詩經淺義（謝氏）……二一八八
詩義纂（安氏）……二一八九

卷一百十九　詩二十二

毛詩十五國風義（梁簡文帝）……二一九〇
十五國風咨解（吴申）……二一九〇
國風辨（董穀）……二一九一
十五國風論（林國華）……二一九一
十五國風疏（顧玘徵）……二一九一
國風演連珠（顔鼎受）……二一九二
國風省篇（毛奇齡）……二一九二
詩國風小雅說（黄祖舜）……二一九三
風雅比興義（許懋）……二一九三
風雅合注（趙宧光）……二一九四
比興窮源（亡名氏）……二一九四
六義辨（顔鼎受）……二一九四
詩二南義（游酢）……二一九四
周南講義（張綱）……二一九五
詩關雎義解（亡名氏）……二一九五
關雎解（崔銑）……二一九五
騶虞解（周紫芝）……二一九五
北風圖（劉褒）……二一九六
北風圖（衛協）……二一九六
毛詩新臺圖（陸探微）……二一九六
黍離圖（衛協）……二一九七
鄭風說（茅坤）……二一九七
緇衣圖（李公麟）……二一九七
秦風說（茅坤）……二一九七
小戎圖（亡名氏）……二一九八
蒹葭說（李因篤）……二一九八

素冠說（胡銓）…………………………二一九九
豳風七月圖（司馬昭）……………………二一九九
豳風圖（趙孟頫）…………………………二一九九
豳風圖（林子奐）…………………………二二〇〇
豳風說（茅坤）……………………………二二〇〇
鹿鳴二十二篇樂歌考（方回）……………二二〇〇
彤弓考（方回）……………………………二二〇一
吉日圖（無名氏）…………………………二二〇一
賓之初筵講義（汪廣洋）…………………二二〇一
讀鳧鷖假樂篇（熊過）……………………二二〇二
詩頌解（鮮于戣）…………………………二二〇二
毛詩序義（周續之）………………………二二〇二
毛詩序義（雷次宗）………………………二二〇三
毛詩序義（孫暢之）………………………二二〇三
毛詩序注（阮珍之）………………………二二〇三
毛詩集解序義（顧歡）……………………二二〇三
毛詩發題序義（梁武帝）…………………二二〇四
毛詩序注（陶弘景）………………………二二〇四
毛詩序義疏（劉瓛）………………………二二〇四
毛詩序義注（劉獻之）……………………二二〇五
毛詩集小序注（劉炫）……………………二二〇五
詩之序義（韓愈）…………………………二二〇五
詩之序論（晁說之）………………………二二〇五
詩統解序（亡名氏）………………………二二〇六
詩序解（李樗）……………………………二二〇六
毛詩明序篇（范處義）……………………二二〇六
詩序辨說（朱熹）…………………………二二〇六
詩序解（黃櫄）……………………………二二〇八
詩序解（段昌武）…………………………二二〇八
毛詩序義索隱（王商範）…………………二二〇九
詩小序解（包希魯）………………………二二〇九
詩小序論（陶安）…………………………二二〇九
詩小序集成（周是修）……………………二二〇九
毛詩序說（吕柟）…………………………二二一〇

詩序考（李舜臣）……二三二〇
詩序折衷（陳頤正）……二三二一
詩序解頤（邵弁）……二三二一
毛詩序説（郝敬）……二三二一
毛詩序考（史記事）……二三二二
詩序證（鍾淵映）……二三二二

卷一百二十　周禮一

周官經……二三二三
周官傳……二三四三

卷一百二十一　周禮二

周官注（杜子春）……二三四五
周官解詁（鄭興）……二三四六
周官解詁（鄭衆）……二三四六
周官解故（賈逵）……二三四七
周官解詁（衛宏）……二三四八
周官訓詁（張衡）……二三四八
周官禮注（馬融）……二三四八
周官禮注（鄭玄）……二三四九
周禮音（鄭玄）……二三五〇
周官禮注（王肅）……二三五一
周禮音（王肅）……二三五一
周官寧朔新書（司馬伷）……二三五二
周官論評（傅玄）……二三五二
周官禮異同評（陳邵）……二三五二
周禮音（徐邈）……二三五三
周禮音（李軌）……二三五三
周官駁難（虞喜）……二三五四
周官禮注（干寶）……二三五四
答周官駁難（干寶）……二三五四
周官禮注（伊説）……二三五五
周官音義（宋氏）……二三五五
周禮音（劉昌宗）……二三五六

卷一百二十二　周禮三

周禮辨學（王居正）……二二七七
周禮義（程瑀）……二二七八
周禮備檢（孫奇）……二二七八
周官辨略（徐焕）……二二七八

卷一百二十三　周禮四

周禮傳（胡銓）……二二七九
周禮本制圖論（吴沆）……二二八一
六官析微論（吴沆）……二二八一
周官講義（周必大）……二二八一
周禮辨義（尤袤）……二二八二
周禮詳説（王十朋）……二二八二
周禮解義（鄭鍔）……二二八二
周禮辨疑（薛季宣）……二二八三
周禮説（陳傅良）……二二八三
周官制度精華（陳傅良）……二二八四
周禮總義（易祓）……二二八四
周官類編（胡維寧）……二二八五
周官講義（黄碩）……二二八五
周官復古編（俞庭椿）……二二八五
周禮講義（許奕）……二二八九
周禮序官考（薛衡）……二二八九
周禮精意（李叔寶）……二二八九
周禮傳（戴仔）……二二九〇
周禮釋（俞嚞）……二二九〇
周官解（高崇）……二二九〇
周禮隨釋類編（馬之純）……二二九〇
周禮略（史守道）……二二九〇
周禮注（趙汝談）……二二九一
周禮考疑（樂思忠）……二二九一
周禮總説（喬行簡）……二二九一
禮經類説（余復）……二二九二
周禮説（葉秀發）……二二九二
周禮微言（徐筠）……二二九二

周官講義（曹叔遠）……二二九三
周禮綱目（林椅）……二二九三
周禮摭説（林椅）……二二九三
周禮解（陳兢）……二二九四
周官小集（陳汪）……二二九四
周禮説（孫之宏）……二二九四
周禮辨疑（楊恪）……二二九五
周禮辨疑（陳汲）……二二九五
周禮説（陳謙）……二二九五
周禮發微（徐畸）……二二九五

卷一百二十四　周禮五

太平經國之書統集（鄭伯謙）……二二九六
周禮要義（魏了翁）……二三〇一
六官疑辨（包恢）……二三〇一
周禮訂義（王與之）……二三〇二

卷一百二十五　周禮六

周禮解（江致堯）……二三〇八
周禮答問（王奕）……二三〇八
周禮折衷（税與權）……二三〇九
周禮集解（黄鐘）……二三一〇
周禮句解（朱申）……二三一〇
周禮疑答（金叔明）……二三一一
禮經會元（葉時）……二三一二
讀周禮日抄（黄震）……二三一三
周禮講義（陳普）……二三一四
周禮全書（丘葵）……二三一四
古周禮補正（胡一桂）……二三一九
周禮詳説（王氏）……二三二〇
周禮類例義斷（亡名氏）……二三二〇
周禮圖説（亡名氏）……二三二〇
禮庫（亡名氏）……二三二一

周禮集説（亡名氏）……………………一二三二一
周禮辨（楊雲翼）……………………一二三二二
周禮考注（吴澂）……………………一二三二三
周禮經傳（吴澂）……………………一二三二四
周禮講義（湯彌昌）……………………一二三二五
周禮義（何夢中等）……………………一二三二五
周禮正義（王申子）……………………一二三二六
周官考（臧夢解）……………………一二三二六
周禮集傳（毛應龍）……………………一二三二六
周官或問（毛應龍）……………………一二三二七
周禮纂言（吴當）……………………一二三二七
周禮講義（鄭宗顔）……………………一二三二八
周官禮圖（俞言）……………………一二三二八
周禮通今續論（亡名氏）……………………一二三二八
周禮詳集（亡名氏）……………………一二三二九
周禮附音重言重意互註（亡名氏）……………………一二三二九

卷一百二十六　周禮七

周禮考注（梁寅）……………………一二三三〇
周禮類要（汪克寬）……………………一二三三〇
周禮集注（宋濂）……………………一二三三〇
周官官名急就章（王禕）……………………一二三三一
周禮考次目録（方孝孺）……………………一二三三一
周禮補注（丁禮）……………………一二三三五
周禮集注（何喬新）……………………一二三三五
周禮明解（何喬新）……………………一二三三六
周禮題辭（黄潤玉）……………………一二三三六
周禮疏義（王啓）……………………一二三三七
周禮義釋（桑悦）……………………一二三三七
周禮合訓（陳鳳梧）……………………一二三四三
周禮音釋（吴昂）……………………一二三四四
周禮沿革傳（魏校）……………………一二三四四
官職會通（魏校）……………………一二三四六

卷一百二十七　周禮八

周禮義疏（韓邦奇、魏校）……一三四七
周官音詁（楊慎）……一三四八
周禮考誤（余本）……一三四九
周禮注解（馬理）……一三四九
周禮定本（舒芬）……一三四九
讀禮疑圖（季本）……一三五〇
周禮訓雋（陳深）……一三五一
周禮訓注（陳深）……一三五一
周禮因論（唐樞）……一三五三
周禮疑（羅洪先）……一三五三
周官私録（王樵）……一三五三
續定周禮全經集注（王圻）……一三五三
禮意大全（何廷矩）……一三五四
存羊録（何廷矩）……一三五四
周禮會注（李如玉）……一三五五
周禮全經釋原（柯尚遷）……一三五五
周禮述注（金瑶）……一三五九
周禮傳（王應電）……一三六一
周禮圖説（王應電）……一三六四
學周禮法（王應電）……一三六五
非周禮辨（王應電）……一三六五

卷一百二十八　周禮九

周禮别説（馮時可）……一三六七
周禮通義（施天麟）……一三六七
周禮説（徐即登）……一三六八
周禮完解（郝敬）……一三六九
考定古本周禮（馬應龍）……一三六九
周禮句解（周京）……一三六九
周禮文物大全圖（陳林）……一三七〇
周禮古本訂注（郭良翰）……一三七〇
古周禮釋評（孫攀）……一三七一

周禮輯説（應廷育）……………………一三七二
周禮直解（袁表）……………………一三七二
周禮注疏删翼（王志長）……………………一三七二
周禮類編（孫元化）……………………一三七四
周禮約注（張睿卿）……………………一三七五
周禮句解（陳仁錫）……………………一三七五
周禮合解（張采）……………………一三七六
周禮舉要（孫承澤）……………………一三七七
注釋古周禮（郎兆玉）……………………一三七七
周禮彙編（沈羽明）……………………一三七八
周禮説（錢馭）……………………一三七八
周禮答疑（錢馭）……………………一三七八
周禮大□（吴任臣）……………………一三七九
周禮彙斷（吴治）……………………一三八〇
周官辨非（萬斯大）……………………一三八一

卷一百二十九　周禮十

周禮五官説（黄度）……………………一三八三
周禮五官集傳（曹津）……………………一三八四
周禮天地二官講義（史浩）……………………一三八五
周禮天官沿革傳（魏校）……………………一三八五
周禮庖人講義（周必大）……………………一三八六
周禮地官講義（曹叔遠）……………………一三八六
周禮九（王廷相）……………………一三八六
周禮秋官講義（江與山）……………………一三八七
冬官解（尹躬）……………………一三八七
冬官補（王應電）……………………一三八七
冬官考工記（王應電）……………………一三八八
考工記註（杜牧）……………………一三九六
考工解（陳祥道）……………………一三九七
考工記解（林亦之）……………………一三九七
考工記解（王炎）……………………一三九七

考工記辨疑（葉皆）……一三九八
鬳齋考工記解（林希逸）……一三九八
薗江考工記解（趙溥）……一三九八
考工記注（鄭宗顏）……一三九九
考工記句詁（陳深）……一三九九
考工記標義（徐應曾）……一三九九
考工記述注（林兆珂）……一四〇〇
考工記解（焦竑）……一四〇〇
考工記補圖（張鼎思）……一四〇一
考工記輯注（陳與郊）……一四〇一
考工記評（周夢暘）……一四〇二
考工記通（徐昭慶）……一四〇三
考工記句解（陳仁錫）……一四〇三
考工記備考（張睿卿）……一四〇四
考工記集説（吴治）……一四〇四
冬官補亡（錢䣱）……一四〇五
考工記後定（朱襄）……一四〇六
周官郊祀圖（亡名氏）……一四〇七
周禮井田譜（夏休）……一四〇七
周禮井田圖説（魏了翁）……一四〇八
周禮井田議（程霆）……一四〇九
周禮丘乘圖説（項安世）……一四〇九
周禮開方圖説（鄭景炎）……一四〇九
周官荒政十二解（吴龍徵）……一四〇九

卷一百三十　儀禮一

禮古經……一四一〇
儀禮……一四一二
儀禮逸經……一四二三

卷一百三十一　儀禮二

儀禮注（鄭玄）……一四二四
儀禮音（鄭玄）……一四二五
儀禮注（王肅）……一四二五

儀禮音(王肅)……一四二五
儀禮音(李軌)……一四二六
儀禮注(袁準)……一四二六
儀禮注(孔倫)……一四二六
儀禮注(陳銓)……一四二七
儀禮注(蔡超)……一四二七
儀禮注(田僧之)……一四二七
儀禮音(劉昌宗)……一四二八
儀禮義疏(沈重)……一四二九
儀禮傳(張沖)……一四二九
儀禮義疏(亡名氏)……一四二九
儀禮義疏見(亡名氏)……一四二九
儀禮章疏(黃慶)……一四三〇
儀禮章疏(李孟悊)……一四三〇
儀禮疏(賈公彦)……一四三〇
儀禮正義(孔穎達)……一四三三
儀禮釋文(陸德明)……一四三三
禮經正義(王方慶)……一四三三

卷一百三十二 儀禮三

注解儀禮(陳祥道)……一四三五
儀禮義(陸佃)……一四三六
校定古禮(張淳)……一四三六
釋文(張淳)……一四三六
識誤(張淳)……一四三七
集釋古禮(李如圭)……一四三八
釋宮(李如圭)……一四三八
綱目(李如圭)……一四三八
儀禮詳解(周燔)……一四三九
儀禮經傳通解(朱熹)……一四三九
儀禮釋宮(朱熹)……一四四五
續儀禮經傳通解(黃榦)……一四四六
類注儀禮(黃士毅)……一四四九
儀禮解(葉味道)……一四四九

儀禮雲莊經解（劉熗）……一四五〇
儀禮圖（楊復）……一四五〇
儀禮旁通圖（楊復）……一四五四
儀禮經傳通解續（楊復）……一四五五
儀禮要義（魏了翁）……一四五六
儀禮本經疏會（馬廷鸞）……一四五六
儀禮考（方回）……一四五七
儀禮合抄（高斯得）……一四五七
儀禮説（陳普）……一四五七
儀禮類例（亡名氏）……一四五八

卷一百三十三　儀禮四

儀禮集説（敖繼公）……一四五九
儀禮逸經（吴澂）……一四六二
儀禮傳（吴澂）……一四六八
儀禮注（顧諒）……一四六九
禮經纂要（周昌）……一四六九

卷一百三十四　儀禮五

經禮補逸（汪克寬）……一四七〇
儀禮戴記附注（黄潤玉）……一四七五
儀禮敘録（何喬新）……一四七五
儀禮注（程敏政）……一四七七
儀禮注（丁璣）……一四七七
儀禮補逸經傳測（湛若水）……一四七七
儀禮鄭注附逸禮（胡纘宗）……一四七八
禮經讀（李舜臣）……一四七八
刊正儀禮纂疏（何澄）……一四七八
儀禮經解（阮琳）……一四七八
校録古禮（王樵）……一四七九
儀禮集解（李黼）……一四七九
儀禮注疏羽翼（王志長）……一四七九
儀禮節解（郝敬）……一四七九
儀禮經傳考次（劉宗周）……一四八〇

儀禮會通圖（陳林）……二四八〇
禮經圖（胡賓）……二四八一
儀禮名物考（譚貞良）……二四八一
儀禮本義（趙魏史）……二四八二
儀禮説（錢䂓）……二四八三
儀禮考（張睿卿）……二四八三
儀禮商（萬斯大）……二四八三
儀禮解詁（亡名氏）……二四八三
儀禮節要（亡名氏）……二四八四

卷一百三十五　儀禮六

士禮考正（馮翼翁）……二四八五
冠儀約制（何休）……二四八五
冠禮儀（王堪）……二四八六
冠記、昏記（楊簡）……二四八六
冠昏禮（錢時）……二四八六
士冠禮説（陳普）……二四八六
冠儀（陳選）……二四八七
士冠禮解（鄭若曾）……二四八七
昏問（羅願）……二四八七
昏禮節要（陰秉衡）……二四八七
昏禮用中（王承裕）……二四八八
昏禮圖（王廷相）……二四八八
昏禮辨正（毛奇齡）……二四八八
士相見義（劉敞）……二四九二
士相見禮（陳師道）……二四九二
士相見禮儀（舒芬）……二四九二
鄉飲禮（鄭樵）……二四九三
鄉飲酒儀（高閌）……二四九三
鄉飲酒儀（王炎）……二四九三
鄉飲酒禮辨疑（王時會）……二四九四
鄉飲酒儀（史定之）……二四九四
鄉飲酒書（鄭起）……二四九四
鄉飲圖考（何棟如）……二四九四

鄉飲酒禮會通（許孚遠）……二四九五
鄉飲酒樂譜（朱載堉）……二四九五
鄉飲圖說（馮應京）……二四九五
鄉飲序次圖說（駱問禮）……二四九五
飲射輯略（張敔）……二四九六
飲射圖解（聞人詮）……二四九六
鄉射疑誤（朱熹）……二四九七
鄉射禮圖注（王廷相）……二四九七
燕射古禮（葉良佩）……二四九八
燕射禮儀（徐樾）……二四九九
射禮纂（彭良臣）……二四九九
射禮集要（陳鳳梧）……二四九九
射禮纂要（謝少南）……二五〇〇
射禮儀節（楊道賓）……二五〇〇
射禮集解（朱縉）……二五〇一
射禮圖注易覽（林文奎）……二五〇二
射禮輯說（吳霞）……二五〇二
射禮直指（姚坤）……二五〇三
公食大夫義（劉敞）……二五〇三
覲禮辨（方回）……二五〇三

卷一百三十六　儀禮七

喪服變除（戴德）……二五〇四
喪服經傳注（馬融）……二五〇四
喪服譜注（鄭玄）……二五〇五
喪服經傳注（鄭玄）……二五〇五
後定喪服（劉表）……二五〇五
喪服要記（蔣琬）……二五〇六
喪服要記（王肅）……二五〇六
喪服經傳注（王肅）……二五〇八
喪服變除圖（射慈）……二五〇八
喪服天子諸侯圖（射慈）……二五〇九
喪服要集（杜預）……二五〇九
喪服經傳注（袁準）……二五〇九

喪服義疏（賀瑒）……一二五二〇
喪服治禮儀注（何循）……一二五二一
喪服經傳義疏（何佟之）……一二五二一
喪服文句義疏（皇侃）……一二五二一
喪服答問目（皇侃）……一二五二二
喪服釋疑（孔智）……一二五二二
喪服義（謝嶠）……一二五二二
喪禮五服（袁憲）……一二五二二
喪禮鈔（王隆伯）……一二五二三
喪服義（張沖）……一二五二三
喪服經傳義疏（沈文阿）……一二五二三
喪服發題（沈文阿）……一二五二三
喪服要記注（謝徽）……一二五二四

卷一百三十七　儀禮八

喪服正要（孟詵）……一二五二六
喪服極議（殷价）……一二五二六
喪服制（龐景昭）……一二五二七
五服圖（張薦）……一二五二七
五服儀（裴茝）……一二五二七
五服圖（仲子陵）……一二五二七
喪服雜記（伊氏）……一二五二八
喪服制要（徐氏）……一二五二八
喪服記（王氏）……一二五二八
喪服五要（嚴氏）……一二五二八
駁喪服經傳（卜氏）……一二五二九
喪服疑問（樊氏）……一二五二九
喪服五家要記圖譜（戴氏）……一二五二九
喪服義鈔（亡名氏）……一二五二九
喪服經傳隱義（亡名氏）……一二五三〇
喪服要略（亡名氏）……一二五三〇
喪服祥禫雜議（亡名氏）……一二五三〇
喪服雜議故事（亡名氏）……一二五三〇
喪服君臣圖儀（亡名氏）……一二五三一

喪服或問(汪琬)……一二五四六
讀禮通考(徐乾學)……一二五四六
喪禮吾説篇(毛奇齡)……一二五四七
爲人後者三十六難(甯成)……一二五四八
爲人後解(薛蕙)……一二五四九
饋食禮圖(趙彦肅)……一二五四九
卷一百三十八 禮記一
曲臺記(后蒼)……一二五五〇
禮記(慶普)……一二五五一
禮章句辨難(曹充)……一二五五一
禮通義(曹褒)……一二五五二
演經雜論(曹褒)……一二五五二
禮記(戴德)……一二五五三
大戴禮注(盧辨)……一二五六二
大戴禮辨(馬定國)……一二五六三
大戴禮序録(吴澂)……一二五六三
卷一百三十九 禮記二
禮記(戴聖)……一二五六五
禮記群儒疑義(戴聖)……一二五七五
禮記章句(橋仁)……一二五七五
禮記注(高誘)……一二五七五
禮記注(鄭玄)……一二五七六
禮記音(鄭玄)……一二五七七
禮記注(盧植)……一二五七七
禮辨名記(蔡氏)……一二五七八
卷一百四十 禮記三
禮記注(王肅)……一二五七九
禮記音(王肅)……一二五八〇
禮記注(孫炎)……一二五八〇
禮義(鄭小同)……一二五八〇
删集禮記(杜寬)……一二五八一

禮記音義隱（射慈）……二五八一
禮記音（謝楨）……二五八一
禮記寧朔新書（司馬伷）……二五八二
禮記音（孫毓）……二五八二
禮記音（繆炳）……二五八二
禮記音（蔡謨）……二五八三
禮記音（曹躭）……二五八三
禮記音（尹毅）……二五八三
禮記音（范宣）……二五八四
禮記音（徐邈）……二五八四
禮記音（劉昌宗）……二五八五
禮記音（徐爰）……二五八五
禮記義疏（雷肅之）……二五八五
禮記略解（庾蔚之）……二五八六
禮記注（業遵）……二五八六
禮記義（何佟之）……二五八七
禮記捃拾（樓幼瑜）……二五八七
禮記摭遺別説（樓幼瑜）……二五八七
禮記大義（梁武帝）……二五八七
禮大義（簡文帝）……二五八八
禮記新義疏（賀瑒）……二五八八
禮記義疏（皇侃）……二五八八
禮記講疏（皇侃）……二五八九
禮記義疏（沈重）……二五八九
禮記音（沈重）……二五九〇
禮記義（戚衮）……二五九〇
禮記文外大義（褚暉）……二五九〇
禮記義證（劉芳）……二五九一
禮記評（劉雋）……二五九一
禮記義疏（熊安生）……二五九一
禮記要鈔（緱氏）……二五九二
禮記義（何氏）……二五九二
禮記音義隱（無名氏）……二五九二
禮記隱（無名氏）……二五九二

禮記義疏（無名氏）……二五九三
禮記疏（無名氏）……二五九三
禮大義（無名氏）……二五九三
禮大義章（無名氏）……二五九四
禮記類聚（無名氏）……二五九四
禮記正義（孔穎達）……二五九四
類禮（魏徵）……二五九八
禮記釋文（陸德明）……二五九九
注禮記（王玄度）……二五九九
禮記繩愆（王元感）……二五九九
禮經正義（王方慶）……二五九九
類禮義疏（元行沖）……二六〇〇
禮記外傳（成伯璵）……二六〇三
禮記音訓指說（楊逢殷）……二六〇四
禮記字例異同（亡名氏）……二六〇五

卷一百四十一　禮記四

禮選（邢昺）……二六〇六
禮論（李清臣）……二六〇六
禮記說（張載）……二六〇七
禮論（章望之）……二六〇八
禮記中義（劉彝）……二六〇九
禮記精義（李格非）……二六〇九
禮記發明（王安石）……二六〇九
禮記要義（王安石）……二六一〇
禮記解（周諝）……二六一〇
禮記講義（陳祥道）……二六一一
禮記解義（陳暘）……二六一一
禮記解（方慤）……二六一一
禮記解（馬晞孟）……二六一二
芸閣禮記解（吕大臨）……二六一三
禮記傳（吕大臨）……二六一四

卷一百四十二　禮記五

禮記解（劉爚）……二六二四
禮記文解（許升）……二六二四
禮記注（趙汝談）……二六二四
禮辨（李心傳）……二六二四
禮記類說（余復）……二六二五
禮問（林震）……二六二五
禮解（舒璘）……二六二五
禮解（邵囦）……二六二五
禮記纂義（應鏞）……二六二六
小戴記集解（岳珂）……二六二六
禮記要義（魏了翁）……二六二六
禮記集說（衛湜）……二六二七
禮記訂義（竺大年）……二六三〇
禮辨（戴良齊）……二六三〇
禮記說（黃以翼）……二六三一
禮記口義（楊繼）……二六三一
禮記解（宋聞禮）……二六三一
禮記解（范鍾）……二六三一
戴記心法（徐畸）……二六三二
禮記義解（韓謹）……二六三二
禮記遺說（張泳）……二六三二
禮義解（韓惇）……二六三二
禮記注（何炎）……二六三二
讀禮記日抄（黃震）……二六三三
禮記詳解（朱申）……二六三四
禮記正義（鄭樸翁）……二六三四
禮記通考（繆主一）……二六三四
禮記講義（陳普）……二六三五
禮記釋（陳煥）……二六三五
禮記輯解（賈蒙）……二六三五
禮記集解（張應辰）……二六三五
禮記義林（汪自明）……二六三六
禮記解（王氏）……二六三六
禮記講義（張氏）……二六三六

卷一百四十三　禮記六

禮記纂言（吴澂）……二六三七
禮記集説（彭絲）……二六四三
禮記解（陳伯春）……二六四三
禮記解（吕椿）……二六四三
禮記集説（陳澔）……二六四四
禮記補注（程時登）……二六四五
禮記集義詳解（陳櫟）……二六四五
禮記辨證（程龍）……二六四六
禮記集義（周尚之）……二六四六
禮記説（韓性）……二六四七
禮記解（王夢松）……二六四七
大禮記（張宏圖）……二六四七
禮記覺言（葉遇春）……二六四七
禮經約（楊維楨）……二六四八
禮記平要（亡名氏）……二六四八
禮記義例（亡名氏）……二六四八
禮記纂圖（亡名氏）……二六四九

卷一百四十四　禮記七

類禮（梁寅）……二六五〇
禮記集傳（連伯聰）……二六五〇
禮經博約（黄克）……二六五一
禮記大全（胡廣等）……二六五一
禮記總類（張洪）……二六五二
禮記日鈔（魯穆）……二六五二
禮記解義（何文淵）……二六五二
禮記節疏（張業）……二六五三
禮傳（鄭節）……二六五三
禮記集注（羅倫）……二六五三
禮記纂要（王經）……二六五三
戴記存疑（陳塏）……二六五四
禮記集成（王傑）……二六五四

禮經大義（王華）……二六五四
禮記節要（宋佳）……二六五四
禮經私録（祝萃）……二六五五
禮記集傳（薛敬之）……二六五五
禮記正訓（劉績）……二六五五
禮記大旨（童品）……二六五六
禮記擇言（王崇獻）……二六五六
禮記斷章（韓邦奇）……二六五六
禮記疏義（顔曄）……二六五七
禮記約蒙（王崇慶）……二六五七
讀禮類編（吾翕）……二六五八
禮記拾遺（余本）……二六五八
讀禮記（王漸逵）……二六五八
更定禮記（張岳）……二六五九
禮記章句（張孚敬）……二六五九
禮記集説辨疑（戴冠）……二六六〇
禮記粕説（葉瑞齡）……二六六一
曲禮全經類釋（柯尚遷）……二六六一

卷一百四十五　禮記八

禮記日録（黄乾行）……二六六四
禮記正蒙（陳褒）……二六六五
禮經辨（何維柏）……二六六六
讀禮備忘（吴性）……二六六七
禮疑（陳言）……二六六七
禮記貞義（濮陽淶）……二六六八
禮記要旨補（聞人德潤）……二六六八
禮記資記（汪鏜）……二六六九
禮經通旨（閻繩芳）……二六六九
禮記摘訓（丘櫛）……二六六九
禮記集注（徐師曾）……二六七〇
禮記要旨（戈九疇）……二六七一
禮記庭説（李文纘）……二六七一
禮記裒言（李天植、王圻、古之賢）……二六七一

讀禮日抄（黄洪憲）……………………二六七二
禮記劄言（章潢）……………………二六七二
禮記疑問（姚舜牧）……………………二六七二
讀禮抄（馮子咸）……………………二六七三
禮記中説（馬翰如）……………………二六七三
禮略（汪應蛟）……………………二六七四
禮記正義（鄒元標）……………………二六七四
禮記課兒述注（沈一中）……………………二六七四
禮記説（徐即登）……………………二六七五
禮記纂注（王萱）……………………二六七五
禮記通解（郝敬）……………………二六七六
禮説（方大鎮）……………………二六七六
禮記管見（楊維相）……………………二六七六
禮經搜義（余心純）……………………二六七六
禮記明訓（曹學佺）……………………二六七七
禮記翼宗録（靳於中）……………………二六七七
禮經内解（徐鑒）……………………二六七八
禮經考次（劉宗周）……………………二六七八
禮測（樊良樞）……………………二六八一
禮記疏意（秦繼宗）……………………二六八一
禮記約述（陳有元）……………………二六八一
禮記集思通（朱道行）……………………二六八二
禮記意評（朱泰禎）……………………二六八二

卷一百四十六　禮記九

禮記摘注（李上林）……………………二六八三
禮經類記（祝啓同）……………………二六八三
禮記新義（湯三才）……………………二六八四
讀禮表微（程暾）……………………二六八四
禮記集注（陳榮選）……………………二六八五
禮記補注（王翼明）……………………二六八五
禮記箋（堵維常）……………………二六八六
禮記訂補（鄧廷曾）……………………二六八六
禮記評析（鄧廷曾）……………………二六八六

讀禮問（趙宧光）……二六八七
禮記幼學（吴懷賢）……二六八七
禮經纂要（侯君擢）……二六八七
禮經解義（傅永淳）……二六八八
禮記會要（宗周）……二六八八
禮記敬業（楊鼎熙）……二六八八
禮記疑問（俞安國）……二六八九
説禮（閻有章）……二六九〇
禮經緝正（李如一）……二六九〇
禮記講解（周維昭）……二六九〇
桂林禮約（顧懋樊）……二六九一
禮記箋説（戴士鰲）……二六九一
禮記滌除（阮峻）……二六九一
禮記貫屬（堵景濂）……二六九一
禮記別解（葛承杰）……二六九二
禮記申惑（錢軹）……二六九二
禮考（張睿卿）……二六九二
讀禮三録（趙佐）……二六九二
禮記超解（黄啓蒙）……二六九三
禮記約言（王應井）……二六九三
禮倫（陸隴其）……二六九三
禮記省度（彭頤）……二六九四
學禮質疑（萬斯大）……二六九四
禮記偶箋（萬斯大）……二六九五
讀禮附論（萬斯同）……二六九六
禮記陳氏集説補正（納蘭成德）……二六九七
禮記説義（楊氏）……二六九八

卷一百四十七　禮記十

夏小正傳……二七〇〇
夏小正戴氏傳（傅崧卿）……二七〇一
夏時考異（張方）……二七〇三
夏小正辯（吴觀萬）……二七〇三
夏小正傳（朱申）……二七〇三

夏小正經傳考（史季敷）……二七〇三
夏小正集解（趙有桂）……二七〇四
夏小正集解（王廷相）……二七〇六
夏小正解（楊慎）……二七〇七
夏小正補解（顧起經）……二七〇八
夏小正傳（金鏡）……二七〇八
夏小正輯注（王猷定）……二七〇八
踐阼篇集解（王應麟）……二七〇九
武王戒書（方孝孺）……二七〇九
明堂陰陽（方孝孺）……二七一〇
明堂陰陽説（方孝孺）……二七一一
明堂制度論（李謐）……二七一一
明堂議（孔穎達）……二七一二
明堂議（魏徵）……二七一二
明堂議（顏師古）……二七一二
明堂大享議（馮宗）……二七一二
明堂告朔議（王方慶）……二七一三
明堂儀（張大頤）……二七一三
明堂儀注（姚璠等）……二七一三
明堂序（李襲譽）……二七一三
大享明堂儀注（郭山惲）……二七一四
明堂記紀要（亡名氏）……二七一四
明堂定制圖（李覯）……二七一四
明堂訓解（姚舜哲）……二七一五
明堂定制圖序（姚舜仁）……二七一六
明堂議（王炎）……二七一六
明堂圖説（朱熹）……二七一六
明堂問（陳藻）……二七一六
投壺賦（邯鄲淳）……二七一七
投壺變（虞潭）……二七一七
投壺道（郝沖）……二七一八
投壺經（亡名氏）……二七一八
投壺經（上官儀）……二七一八
續投壺經（史玄道）……二七一九

投壺新律（卜恕）……二七一九
投壺格（鍾唐卿）……二七二〇
投壺義（劉敞）……二七二〇
投壺新格（司馬光）……二七二一
投壺禮格（王趯）……二七二三
壺説（朱熹）……二七二三
投壺圖（方承賛）……二七二三
投壺説（熊朋來）……二七二三
投壺引（王惲）……二七二四
傾壺集（劉仁敏）……二七二四
高麗投壺儀（劉仁敏）……二七二四
投壺考正（亡名氏）……二七二五
投壺新式（何宗姚）……二七二五
投壺儀節（汪禔）……二七二五
投壺譜（李孝先）……二七二五
投壺譜拾遺（李孝先）……二七二七
投壺儀制（周履靖）……二七二八
投壺説（詹景鳳）……二七二八
投壺譜（周賓）……二七二八
曾子天圓篇注（梅文鼎）……二七二八

卷一百四十八　禮記十一

勘定曲禮（王劭）……二七二九
曲禮講義（上官均）……二七二九
曲禮解（邵囦）……二七三〇
曲禮口義（戴溪）……二七三〇
禮學幼範（汪汝懋）……二七三〇
曲禮删注（劉永澄）……二七三一
曲禮（鄧元錫）……二七三一
曲禮注（周夢華）……二七三一
曲禮注釋（吴桂森）……二七三一
檀弓評（陳騤）……二七三一
檀弓傳（徐人傑）……二七三二
檀弓章句（謝枋得）……二七三三

檀弓辨(陳普)……二七三三
檀弓叢訓(楊慎)……二七三三
檀弓標義(徐應曾)……二七三四
檀弓注(鄭圭)……二七三五
檀弓別疏(顧起經)……二七三五
檀弓述注(林兆珂)……二七三五
檀弓輯注(陳與郊)……二七三五
檀弓記通(徐昭慶)……二七三六
檀弓詮釋(江旭奇)……二七三六
檀弓問(張習孔)……二七三七
小功不税解(劉敞)……二七三八
君臨臣喪辨(劉敞)……二七三八
三制井田圖(阮逸)……二七三八
王制井田圖(余希文)……二七三九
井田類説(朱熹)……二七三九
王制解(邵囦)……二七三九
王制章句(陳埴)……二七三九
王制考(李黼)……二七四〇
王制説(陳際泰)……二七四〇
王制説(錢敟)……二七四〇

卷一百四十九　禮記十二

漢月令記……二七四二
月令章句(景鸞)……二七四三
明堂月令(高誘)……二七四三
月令章句(蔡邕)……二七四四
梁月令圖(蔡邕)……二七四六
御刊定禮記月令(唐明皇)……二七四六
月令并時訓詩(李林甫)……二七五二
月令圖(王涯)……二七五三
月令詩(杜仲連)……二七五三
月令纂要(亡名氏)……二七五三
復月令奏議(亡名氏)……二七五三
月令論(范浚)……二七五四

月令圖（劉先之）……二七五四
月令解（張虙）……二七五四
月令通纂（黃諫）……二七五五
月令通考（盧翰）……二七五六
月令纂要（陳經邦）……二七五七
月令廣義（馮應京）……二七五七
月令采奇（李巨川）……二七五八
月令明義（黃道周）……二七五八
月令說（錢馹）……二七五九
讀曾子問、文王世子（熊過）……二七六〇

卷一百五十　禮記十三

明堂位辨（方回）……二七六一
少儀論（張九成）……二七六一
少儀外傳（呂祖謙）……二七六二
學記口義（戴溪）……二七六三
祭法小傳（劉敞）……二七六三
孔子閒居解（楊簡）……二七六三
坊記集傳（黃道周）……二七六四
表記集傳（黃道周）……二七六五
緇衣集傳（黃道周）……二七六七
緇衣說（錢馹）……二七六八
深衣制度（王普）……二七六八
深衣制度（朱熹）……二七六八
深衣考正（馮公亮）……二七六八
深衣書（鄭起）……二七六九
深衣吉凶通服說（文天祥）……二七六九
深衣圖說（舒岳祥）……二七六九
深衣小傳、外傳（金履祥）……二七七〇
古深衣訂（許判）……二七七〇
深衣疑義（車垓）……二七七〇
深衣圖辨（王幼孫）……二七七〇
深衣說（陳櫟）……二七七一
深衣考（劉莊孫）……二七七一

深衣翼（程時登）……二七七二
深衣圖考（汪汝懋）……二七七三
深衣刊誤（牟楷）……二七七四
深衣考（朱右）……二七七五
考定深衣古制（黄潤玉）……二七七五
深衣纂疏（岳正）……二七七六
深衣纂要（楊廉）……二七七六
深衣考正（左贊）……二七七六
深衣說（潘葵）……二七七七
深衣圖說（鄭瓘）……二七七七
深衣考（夏時正）……二七七七
深衣圖論（王廷相）……二七七七
深衣考（夏言）……二七七八
深衣辨（侯一元）……二七七八
深衣考正（楊暹）……二七七九
深衣圖說（吴顥）……二七七九

卷一百五十一　禮記十四

漢中庸說……二七八〇
禮記中庸傳（戴顒）……二七八二
中庸講疏（梁武帝）……二七八二
私記制旨中庸義（梁武帝）……二七八二
中庸說（李翺）……二七八三
中庸義（胡瑗）……二七八三
中庸講義（陳襄）……二七八三
中庸大義（余象）……二七八四
中庸義（喬執中）……二七八四
中庸廣義（司馬光）……二七八四
中庸論（張方平）……二七八四
中庸說（姚子張）……二七八五
中庸論（范祖禹）……二七八五
中庸論（蘇軾）……二七八五
中庸解（程顥）……二七八六

中庸解（吕大臨）……二七八六
中庸後解（吕大臨）……二七八七
中庸傳（晁説之）……二七八八
中庸解義（游酢）……二七九〇
中庸解（楊時）……二七九一
中庸説（侯仲良）……二七九二
中庸説（郭忠孝）……二七九二

卷一百五十二　禮記十五

中庸解（張浚）……二七九四
中庸説（郭雍）……二七九四
中庸義（闕注）……二七九四
中庸説（張九成）……二七九五
中庸大傳（晁公武）……二七九五
中庸訓解（鄭耕老）……二七九六
中庸解（林光朝）……二七九六
中庸解（徐存）……二七九六
中庸義（譚惟寅）……二七九六
中庸解義（陳淵）……二七九七
中庸集解（石𡼏）……二七九七
中庸輯略（朱熹）……二八〇〇
中庸章句（朱熹）……二八〇三
中庸或問（朱熹）……二八〇三
中庸解（馬之純）……二八〇四
中庸説（薛季宣）……二八〇四
中庸集義（倪思）……二八〇四
中庸解（熊節）……二八〇四
中庸説（項安世）……二八〇五
中庸總論、續説（黄幹）……二八〇五
中庸續説（熊以寧）……二八〇五
中庸章句（林夔孫）……二八〇五
中庸發題（孫調）……二八〇六
中庸通旨（蔡淵）……二八〇六
中庸就正録（劉黻）……二八〇六

中庸說（徐寓）……二八〇七
中庸說（萬人傑）……二八〇八

卷一百五十三　禮記十六

中庸解（黄櫄）……二八〇九
中庸說（潘好古）……二八〇九
中庸詳說（袁甫）……二八〇九
中庸說（王萬）……二八一〇
中庸集傳（錢文子）……二八一〇
中庸解（邵囦）……二八一〇
中庸約說（趙善湘）……二八一〇
中庸講義（鄭霖）……二八一一
中庸集解（賈蒙）……二八一一
中庸說（陳堯道）……二八一一
中庸口義（吴之巽）……二八一一
中庸說（魏天祐）……二八一二
中庸本義（王奕）……二八一二
中庸提綱（陳華祖）……二八一二
中庸解（江泳）……二八一三
中庸解（陳義宏）……二八一三
中庸注（方逢辰）……二八一三
中庸指歸（黎立武）……二八一三
中庸分章（黎立武）……二八一五
中庸致用（何夢桂）……二八一六
中庸說（鄭彦明）……二八一六
中庸發揮（何基）……二八一六
訂古中庸（王柏）……二八一六
中庸講義（趙若煥）……二八一九
中庸解（釋契嵩）……二八一九
中庸說（趙秉文）……二八一九
中庸集解（李純甫）……二八一九
中庸圖說（李思正）……二八二〇
中庸輯釋（李思正）……二八二〇
中庸簡明傳（劉惟思）……二八二〇

中庸管見、聚疑（夏侯尚玄）……二八二二
中庸口義（陳櫟）……二八二二
中庸章句續解（齊履謙）……二八二三
中庸發明（王奎文）……二八二三
中庸注（薛玄）……二八二三
中庸講義（程逢午）……二八二三
中庸解（魯真）……二八二四
中庸叢説（許謙）……二八二四
中庸章旨（黄鎮成）……二八二四
中庸發明要覽（陸琪）……二八二四
中庸説（練魯）……二八二五
中庸章句詳説（劉清）……二八二五

卷一百五十四　禮記十七

中庸傳（吴源）……二八二六
中庸傳（吴溶）……二八二六
中庸類編（陳雅言）……二八二七
中庸説（劉駟）……二八二七
中庸句解（張鼐）……二八二七
中庸詳説（劉清）……二八二八
中庸詳説（蔣允汶）……二八二八
中庸講義（張洪）……二八二八
中庸講義（馬貴）……二八二九
中庸九經衍義（王仁）……二八三〇
中庸私抄（楊守陳）……二八三〇
中庸膚見（白良輔）……二八三一
中庸解（羅倫）……二八三一
中庸本義（姚文灝）……二八三一
中庸講義（黄瓚）……二八三二
中庸析義（許天錫）……二八三三
中庸本義（許誥）……二八三三
中庸凡（崔銑）……二八三三
中庸測（湛若水）……二八三三
中庸原（方獻夫）……二八三四

中庸傳（張邦奇）……二八三五
中庸解（倪復）……二八三五
中庸衍義（夏良勝）……二八三五
中庸通旨（洪鼒）……二八三七
中庸説（夏尚朴）……二八三七
中庸臆説（施儒）……二八三八
中庸讀法（黄焯）……二八三八
中庸義略（王漸逵）……二八三九
中庸古今注（黄綰）……二八四〇

卷一百五十五　禮記十八

中庸本義（應廷育）……二八四一
中庸解（楊爵）……二八四一
中庸集説啓蒙（謝東山）……二八四二
中庸直講（高拱）……二八四二
中庸述微（萬思謙）……二八四二
中庸述（許孚遠）……二八四二
中庸古今四體文（楊時喬）……二八四三
中庸臆説（李槃）……二八四三
中庸庸言（李栻）……二八四三
中庸衍義（王尊賢）……二八四三
中庸一助（宗琊）……二八四四
中庸傳（張邦治）……二八四四
中庸通注（朱元弼）……二八四四
中庸測（吴三極）……二八四四
中庸測義（管志道）……二八四四
中庸訂釋（管志道）……二八四四
中庸發覆編（周從龍）……二八四七
中庸三書（瞿九思）……二八四七
中庸疑問（姚舜牧）……二八四八
中庸宗釋（鄒德溥）……二八四八
中庸釋論（吴應賓）……二八四八
中庸疏意（袁黄）……二八四九
中庸外傳（顧起元）……二八四九

中庸古本（林日正）……一八四九
中庸繹、中庸舉正（樊長卿）……一八四九
中庸臆（楊文）……一八五〇
中庸參（李頫）……一八五〇
中庸淵天紹易測（陳仁錫）……一八五〇
中庸要領（洪德常）……一八五〇
中庸剩義（汪于沚）……一八五一
中庸傳（周夢華）……一八五一
中庸章句詳說（李清）……一八五一
中庸問答（高世泰）……一八五一
中庸詮注（朱應昇）……一八五二
中庸旨說（程智）……一八五二
中庸說（錢軹）……一八五二
中庸郁溪記（郁文初）……一八五三
中庸中和說（程時登）……一八五三
中庸位育圖說（瞿九思）……一八五三
中庸九經政要箴（黄佐）……一八五三

卷一百五十六　禮記十九

大學廣義（司馬光）……一八五四
大學定本（程顥）……一八五四
大學定本（程頤）……一八五五
大學解（吕大臨）……一八五六
大學解（蘇總龜）……一八五六
大學篇（蕭欲仁）……一八五六
大學講義（廖剛）……一八五八
大學義（譚惟寅）……一八五八
大學講義（何俌）……一八五八
大學解（喻樗）……一八五八
大學說（張九成）……一八五九
大學章句（朱熹）……一八五九
大學或問（朱熹）……一八六三
大學辨（倪思）……一八六三
大學說（薛季宣）……一八六三

卷一百五十七　禮記二十

大學指掌圖(胡炳文)……二一八八五
大學釋旨(程仲文)……二一八八五
大學四傳小注(齊履謙)……二一八八五
大學叢説(許謙)……二一八八六
大學辨疑(吕洙)……二一八八六
大學疑問(吕溥)……二一八八六
大學總會(周公恕)……二一八八七
大學治平龜鑑(李朝佐)……二一八八七
大學明解(李師道)……二一八八八
大學通旨(蔣文質)……二一八八八
大學説約(蔡季成)……二一八八八
大學章句纂要(蔣玄)……二一八八九
大學演正(曾元生)……二一八八九
大學補遺(鍾律)……二一八八九
大學旁訓(沈易)……二一八九〇

卷一百五十八　禮記二十一

皇王大學通旨舉要(劉迪簡)……二一八九一
大學要旨(劉清)……二一八九一
大學補略(傅淳)……二一八九二
大學發微(範祖幹)……二一八九二
大學要句(劉清)……二一八九二
大學章旨(蔣允汶)……二一八九二
大學管窺(陳雅言)……二一八九三
大學解義(張洪)……二一八九三
大學正文(鄭濟)……二一八九三
大學集義(徐與老)……二一八九四
大學疑義(丁璣)……二一八九四
大學明解(李果)……二一八九五
大學私抄(楊守陳)……二一八九五
大學衍義補(丘濬)……二一八九六
大學重定本(程敏政)……二一九〇〇
大學大全纂(陳一經)……二一九〇〇
大學綱領圖(葉應)……二一九〇一
考定大學傳(蔡清)……二一九〇一

大學拾朱（李承恩）……二九〇二
大學稽古衍義（王啓）……二九〇二
大學衍義節略（楊廉）……二九〇二
大學復古録（汪𤨏）……二九〇四

卷一百五十九　禮記二十二

大學集注（劉績）……二九〇五
大學管窺（趙璜）……二九〇六
大學補（胡爟）……二九〇六
大學衍義補膚見（胡世寧）……二九〇六
大學古本旁釋（王守仁）……二九〇七
大學問（王守仁）……二九〇八
大學衍義補會要（程誥）……二九〇九
大學信心録（朱衮）……二九一〇
大學全文通釋（崔銑）……二九一〇
古大學測（湛若水）……二九一一
校定大學經傳（陸深）……二九一二
大學指歸（魏校）……二九一二
大學管窺（廖紀）……二九一三
大學傳（張邦奇）……二九一三
大學原（方獻夫）……二九一四
大學千慮（穆孔暉）……二九一四
大學古本註釋（程昌）……二九一四
大學參義（洪鼐）……二九一五
大學億（王道）……二九一五
大學衍義論斷（王道）……二九一五
古本大學後語（鄒守益）……二九一五
大學衍義膚見（黄訓）……二九一六
更正大學經傳定本（林希元）……二九一六
大學義略（王漸逵）……二九一六
大學臆説（聶豹）……二九一八
大學（季本）……二九一八
大學講義（鄭守道）……二九一八
大學約言、緒言（周禄）……二九一九

大學論正（江銓）……二九一九

卷一百六十　禮記二十三

石經大學（豐坊）……二九二〇
古本大學附録（王畿）……二九二二
古本大學義（蔣信）……二九二二
大學愚見（孟淮）……二九二二
大學直講（高拱）……二九二三
大學記（吴桂芳）……二九二三
大學古本（李先芳）……二九二三
大學述古（萬思謙）……二九二四
大學衍義補纂要（徐栻）……二九二四
大學衍義略（王諍）……二九二四
古本大學解（魯邦彦）……二九二四
考正大學古本（史朝富）……二九二五
大學説（羅汝芳）……二九二五
敬和堂大學述（許孚遠）……二九二五
大學括義（耿定向）……二九二六
大學古今四體文（楊時喬）……二九二六
大學約言（李材）……二九二七
大學古本釋（來知德）……二九二七
進呈大學講章（張位）……二九二八
大學六書（管志道）……二九二八
大學注解正宗（胡時化）……二九二九
大學通注（朱元弼）……二九二九
古大學注（蔡士喈）……二九二九
大學疑問（姚舜牧）……二九三〇
大學遵古編（周從龍）……二九三〇
石經大學（唐伯元）……二九三一
大學就新篇（鄒元標）……二九三一
重定大學（顧憲成）……二九三一
大學通考（顧憲成）……二九三二
大學質言（顧憲成）……二九三二
續大學衍義補（鄒觀光）……二九三四

大學宗釋（鄒德溥）……一一九三四
大學繁露演（虞淳熙）……一一九三五
大學本旨通（徐即登）……一一九三五
石經舊本大學（錢一本）……一一九三五
校復大學古本（羅大紘）……一一九三五
古本大學釋論（吴應賓）……一一九三六
石經大學補（袁黄）……一一九三六

卷一百六十一　禮記二十四

大學知本大義（高攀龍）……一一九三七
大學古本解（吴炯）……一一九三八
大學定本（區大倫）……一一九三九
大學心詮（李日華）……一一九三九
續大學衍義（劉洪謨）……一一九三九
大學古文參疑（劉宗周）……一一九三九
大學古記（劉宗周）……一一九四〇
大學古記約義（劉宗周）……一一九四二
大學雜言（劉宗周）……一一九四二
石經大學疏旨（吴極）……一一九四三
大學湖南講（葛寅亮）……一一九四三
大學新編（劉元卿）……一一九四四
大學衍義補要（顧起經）……一一九四五
石經大學質疑（瞿稷）……一一九四五
大學測（吴三極）……一一九四五
續大學衍義（吴瑞登）……一一九四六
大學原本闡義（唐自明）……一一九四六
大學衍義會補節略（楊文澤）……一一九四七
大學古本説義（沈曙）……一一九四七
大學管窺（林日正）……一一九四八
大學定序（程智）……一一九四八
大學衍注（吴鍾巒）……一一九四九
大學郁溪記（郁文初）……一一九四九
古本大學説（張岐然）……一一九四九
大學膚見（王立極）……一一九五〇

大學辨（陳道永）……………………二九五〇
孔門大學述（吴肅公）……………………二九五一
大學證文（毛奇齡）……………………二九五二
大學訂本（顏光敏）……………………二九五二
大學繁露（無名氏）……………………二九五二
致知在格物論（司馬光）……………………二九五二
格物説（劉𪷶）……………………二九五三
大學格物致知傳（蔡烈）……………………二九五三
訂正大學格物傳（郎瑛）……………………二九五三
聖學格物通（湛若水）……………………二九五三
大學格物訓（瞿汝稷）……………………二九五七
格物訓（沈朝焕）……………………二九五七
大學本末圖説（程時登）……………………二九五七

卷一百六十二　禮記二十五

中庸大學解義（司馬光等六家）……………………二九五九
中庸大學解（蔡元鼎）……………………二九五九
中庸大學講義（陳孔碩）……………………二九六〇
中庸大學講義（陳淳）……………………二九六〇
中庸大學講義（魏文翁）……………………二九六一
中庸大學思問（蔡淵）……………………二九六一
中庸大學要語（李起渭）……………………二九六一
中庸大學説（柴元祐）……………………二九六一
中庸大學講義（謝興甫）……………………二九六一
中庸大學發蒙俗解（牟少真）……………………二九六二
庸學緒言（熊慶胄）……………………二九六二
中庸大學解（謝升賢）……………………二九六二
中庸大學講稿（黄必昌）……………………二九六三
中庸大學釋傳（方逢辰）……………………二九六三
中庸大學要義（戴景魏）……………………二九六三
中庸大學章句（王幼孫）……………………二九六四
中庸大學説（劉𪷶）……………………二九六四
中庸大學解（傅子雲）……………………二九六五
中庸大學説（何夢桂）……………………二九六五

中庸大學章句（鄭儀孫）……二九六五
中庸大學章旨（鄭奕夫）……二九六五
中庸大學説要（胡氏）……二九六六
中庸大學述解（潘迪）……二九六六
中庸大學提要（葉瑞）……二九六六
庸學標注（曾貫）……二九六六
中庸大學纂述（饒魯）……二九六七
庸學十一圖（饒魯）……二九六七
大學中庸録（袁明善）……二九六七
學庸約説（倪公晦）……二九六八
大學中庸雙説（黄文傑）……二九六八
大學中庸標説（秦玉）……二九六八
大學中庸旁注（朱升）……二九六八
大學中庸發微（范祖幹）……二九七〇
大學中庸詳説（曾景修）……二九七〇
學庸句解（張翥）……二九七〇
大學中庸心法（李希顔）……二九七一
大學中庸章句（詹鳳翔）……二九七一
學庸私録（熊釗）……二九七一
庸學通旨（黄潤玉）……二九七一
學庸庭訓（葉挺）……二九七二
學庸敷言（程先民）……二九七二
學庸要旨（王綸）……二九七二
學庸通旨（吴世忠）……二九七三
學庸圖説（朱諫）……二九七三
學庸大義辨疑、學庸精義（童品）……二九七三
大學中庸放言（孫緒）……二九七三
學庸圖説（朱文簡）……二九七四
學庸臆説（施儒）……二九七四
學庸議（金賁亨）……二九七四
學庸衍義（林士元）……二九七四
學庸口義（章袞）……二九七五
學庸答問（李渭）……二九七五
學庸口義（馬森）……二九七五

學庸初問（徐熿）……二九七五
學庸釋義（游日章）……二九七六
學庸志略（萬表）……二九七六
學庸大旨（吴中立）……二九七六
鄒子學庸商求（鄒元標）……二九七七
學庸識大録（王豫）……二九七七
學庸宗釋（鄒德溥）……二九七七
學庸歸旨（鄒德泳）……二九七七
學庸略（董應舉）……二九七八
學庸達解（王振熙）……二九七八
學庸大旨（李鼎）……二九七九
大學中庸臆説（葉祺胤）……二九七九
學庸傳宗參補（王養性）……二九七九
學庸蒙筏（沈漸）……二九八〇
學庸問辨（程珮）……二九八〇
學庸日箋（陳元綸）……二九八〇
大學中庸俗講（傅璿）……二九八〇
學庸緒言（金鏡）……二九八一
讀儒行（李覯）……二九八一
儒行解（蘇總龜）……二九八一
儒行集解（黄道周）……二九八一
與爲人後議（劉敞）……二九八二

卷一百六十三　通禮一

三禮目録（鄭玄）……二九八四
三禮圖（鄭玄）……二九八四
三禮圖（阮諶）……二九八四
三禮吉凶宗紀（范隆）……二九八五
三禮通論（董景道）……二九八五
三禮大義（劉獻之）……二九八六
三禮目録注（陶弘景）……二九八六
三禮義記（戚衮）……二九八六
三禮義宗（崔靈恩）……二九八六
三禮宗略（元延明）……二九八八

三禮圖（夏侯伏朗）……二九八八
三禮音義（李玄植）……二九八九
三禮義證（王恭）……二九八九
三禮要記（韋叔夏）……二九八九
三禮圖（張鎰）……二九九〇
三禮圖（梁正）……二九九〇
三禮圖集注（聶崇義）……二九九〇
補正三禮圖（楊傑）……二九九七
三禮名義（歐陽丙）……二九九八
三禮通義（魯有開）……二九九八
三禮講義（胡銓）……二九九九
三禮注（趙汝談）……二九九九
三禮説（王宗道）……二九九九
三禮發微（趙敦臨）……二九九九
丁丑三禮辨（李心傳）……三〇〇〇
三禮通議（熊慶冑）……三〇〇〇
三禮疑釋（練未）……三〇〇一
三禮考異（熊禾）……三〇〇一

卷一百六十四　通禮二

三禮考註（吳澂）……三〇〇二
三禮記（蕭㪺）……三〇〇七
三禮旁注（韓信同）……三〇〇八

卷一百六十五　通禮三

三禮旁注（朱升）……三〇〇九
二戴禮解（董彝）……三〇〇九
三禮纂要（王廉）……三〇〇九
三禮儀略舉要（夏時正）……三〇一〇
三禮私抄（楊守陳）……三〇一〇
三禮考（程材）……三〇一一
三禮經傳測（湛若水）……三〇一一
三禮訂疑（湛若水）……三〇一二
三禮圖（劉績）……三〇一三

三禮纂注（貢汝成）…………三〇一三
二禮集解（李黼）…………三〇一七
三禮穴法（袁仁）…………三〇一九
三禮類編（李經綸）…………三〇二〇
三禮編繹（鄧元錫）…………三〇二〇
三禮定正集註（吴繼仕）…………三〇二一
三禮全經釋原（柯尚遷）…………三〇二二
三禮廣義（陳與郊）…………三〇二四
三禮名義疏（鄭氏）…………三〇二四
三禮大義（亡名氏）…………三〇二四
三禮雜大義（亡名氏）…………三〇二四
三禮圖（亡名氏）…………三〇二五
三禮圖駮議（亡名氏）…………三〇二五
二禮分門統要（亡名氏）…………三〇二五

卷一百六十六　通禮四

石渠禮論…………三〇二六
漢石渠議奏…………三〇二七
禮略（景鸞）…………三〇三一
禮雜問（范甯）…………三〇三一
禮問（范甯）…………三〇三一
禮難（吴商）…………三〇三一
禮雜義（吴商）…………三〇三二
禮議雜記故事（吴商）…………三〇三二
禮論（何承天）…………三〇三二
禮釋疑（何承天）…………三〇三三
禮論答問（徐廣）…………三〇三三
禮論條牒（任預）…………三〇三三
禮論帖（任預）…………三〇三四
答問雜儀（任預）…………三〇三四
禮論鈔（任預）…………三〇三四
禮議（傅隆）…………三〇三五
禮論（周續之）…………三〇三五
禮論鈔（庾蔚之）…………三〇三六

禮答問（庾蔚之）……三〇三六
禮答問（何佟之）……三〇三六
禮雜問答（何佟之）……三〇三七
禮論要鈔（王儉）……三〇三七
禮答問（王儉）……三〇三七
禮儀答問（王儉）……三〇三八
禮論鈔略（荀萬秋）……三〇三八
禮論（邱季彬）……三〇三八
禮議（邱季彬）……三〇三九
禮統（邱季彬）……三〇三九
禮捃遺（樓幼瑜）……三〇三九
禮疑義（周捨）……三〇四〇
禮論要鈔（賀瑒）……三〇四〇
禮答問（郭鴻）……三〇四〇
雜禮義問答（戚壽）……三〇四〇
禮疏（褚暉）……三〇四一
問禮俗（董勛）……三〇四一
問禮俗（董子弘）……三〇四一
禮論（王通）……三〇四二
禮統（賀述）……三〇四二
禮雜問答（王方慶）……三〇四二
禮論（李敬玄）……三〇四三
類禮（陸質）……三〇四三
禮志（丁公著）……三〇四三
禮略（杜肅）……三〇四四
禮粹（張頻）……三〇四四
禮質疑（李公緒）……三〇四四
禮論（何洵直）……三〇四五
禮書（陳祥道）……三〇四五
禮樂舉要（鄭鼎新）……三〇四五
禮樂從宜集（鄭鼎新）……三〇四五
禮編（陳普）……三〇四六
禮圖（許判）……三〇四八
禮問內外篇（吕柟）……三〇四八

禮考（吴嶽）……三〇四八
禮編（唐伯元）……三〇四九
禮論鈔（亡名氏）……三〇五一
禮論要鈔（亡名氏）……三〇五一
禮雜問（亡名氏）……三〇五一
禮雜答問（亡名氏）……三〇五一
禮雜答問（亡名氏）……三〇五二
禮樂議（亡名氏）……三〇五二
禮秘義（亡名氏）……三〇五二
禮類聚（亡名氏）……三〇五二
禮論區分（亡名氏）……三〇五三
禮論鈔略（亡名氏）……三〇五三
通禮義纂（亡名氏）……三〇五三

卷一百六十七　樂

樂經……三〇五四
樂記……三〇五八
樂元語（河間獻王劉德）……三〇六〇
樂記論（黄裳）……三〇六二
樂記解（邵囦）……三〇六二
考定樂記（金履祥）……三〇六二
樂經元義（劉濂）……三〇六三
大司樂考（吕柟）……三〇六三
樂記解（黄佐）……三〇六三
樂經新説（朱載堉）……三〇六四
樂記補説（李文察）……三〇六四
樂經管見（黄積慶）……三〇六五
樂經以俟録（瞿九思）……三〇六五
樂經集注（張鳳翔）……三〇六五

卷一百六十八　春秋一

春秋古經……三〇六七
百國春秋……三〇八四

春秋傳（左邱明）…………三〇八六

卷一百六十九　春秋二

春秋傳（公羊高）…………三一〇〇
春秋傳（穀梁赤）…………三一〇五
春秋傳（鄒氏）…………三一〇七
春秋傳（夾氏）…………三一〇八
春秋微（鐸椒）…………三一〇八
春秋微傳（虞卿）…………三一〇九
帝王曆紀譜（荀況）…………三一〇九

卷一百七十　春秋三

春秋左氏傳訓故（賈誼）…………三一一一
春秋微（張氏）…………三一一一
左氏微（亡名氏）…………三一一一
公羊外傳（亡名氏）…………三一一一
穀梁外傳（亡名氏）…………三一一二
公羊章句（亡名氏）…………三一一二
穀梁章句（亡名氏）…………三一一二
公羊雜記（亡名氏）…………三一一二

卷一百七十一　春秋四

春秋條例（胡毋生）…………三一一三
春秋繁露（董仲舒）…………三一一四
春秋決事（董仲舒）…………三一一九
春秋決疑論（董仲舒）…………三一二〇
春秋左氏圖（嚴彭祖）…………三一二一
古今春秋盟會地圖（嚴彭祖）…………三一二一
春秋公羊傳（嚴彭祖）…………三一二二
公羊記（顔安樂）…………三一二二
嚴氏春秋章句（馮氏）…………三一二三
春秋（冥都）…………三一二四
春秋穀梁傳（尹更始）…………三一二四
春秋（陳欽）…………三一二五

春秋叙（閔因）……三一二六
石渠春秋議奏（閔因）……三一二六

卷一百七十二　春秋五

春秋旨義終始論（北海王劉睦）……三一二七
春秋訓詁（陳元）……三一二七
春秋章句（鍾興）……三一二八
春秋左氏刪（孔奇）……三一二八
左氏説（孔嘉）……三一二九
春秋條例章句訓詁（鄭興）……三一二九
春秋難記條例（鄭衆）……三一三〇
春秋刪（鄭衆）……三一三〇
牒例章句（鄭衆）……三一三一
左氏條例（賈徽）……三一三一
左氏傳解詁（賈逵）……三一三一
春秋左氏長經（賈逵）……三一三三
春秋釋訓（賈逵）……三一三三
春秋三家經本訓詁（賈逵）……三一三三
刪定嚴氏春秋章句（樊儵）……三一三四
減定嚴氏春秋章句（張霸）……三一三五
春秋外傳（楊終）……三一三五
難左氏義（李育）……三一三五
三傳異同説（馬融）……三一三六
解疑論（戴宏）……三一三六
春秋公羊解詁（何休）……三一三七
春秋公羊墨守（何休）……三一四〇
春秋左氏膏肓（何休）……三一四〇
春秋穀梁廢疾（何休）……三一四一
春秋漢議（何休）……三一四二
春秋公羊文謚例（何休）……三一四二
春秋公羊傳條例（何休）……三一四三
春秋議（何休）……三一四三
春秋左氏傳解義（服虔）……三一四四
春秋左氏膏肓釋痾（服虔）……三一四四

春秋漢議駮（服虔）……三一四四
春秋成長説（服虔）……三一四五
春秋塞難（服虔）……三一四五
春秋音隱（服虔）……三一四五
春秋斷獄（應劭）……三一四七
春秋條例（劉陶）……三一四八
左氏傳注（延篤）……三一四八
春秋左氏分野（鄭玄）……三一四八
春秋十二公名（鄭玄）……三一四八
駮何氏漢議（鄭玄）……三一四九
駮何氏漢議叙（鄭玄）……三一四九
春秋公羊問答（荀爽）……三一四九
春秋條例（荀爽）……三一四九
春秋釋例（潁容）……三一五〇
春秋左氏達義（王玢）……三一五一
左氏奇説（彭汪）……三一五一
春秋雜議難（孔融）……三一五一
左氏傳注解（許淑）……三一五二
左氏解釋（謝該）……三一五二
春秋穀梁傳注（段肅）……三一五二
左氏指歸（李譔）……三一五三

卷一百七十三　春秋六

左氏音（魏高貴鄉公）……三一五四
春秋左氏傳注（王朗）……三一五四
春秋左氏釋駮（王朗）……三一五五
春秋左氏傳章句（董遇）……三一五五
左氏問（樂詳）……三一五五
春秋左氏傳注（王肅）……三一五六
春秋左氏傳音（嵇康）……三一五六
春秋説要（麋信）……三一五六
理何氏漢議（麋信）……三一五七
穀梁傳注（麋信）……三一五七
春秋三傳論（韓益）……三一五七

春秋左氏音（曹耽）……三一五八
春秋例（孫炎）……三一五八
春秋左氏傳解（杜寬）……三一五八
春秋穀梁傳注（唐固）……三一五八
春秋公羊傳注（唐固）……三一五九
春秋傳注（士燮）……三一五九
春秋左氏傳解（張昭）……三一六〇
春秋公羊解序（鮮于公）……三一六〇
春秋公羊例序（刁氏）……三一六一
春秋左氏經傳集解（杜預）……三一六一
春秋世譜（杜預）……三一六九
春秋釋例（杜預）……三一六九
春秋左傳音（杜預）……三一七二
春秋左氏傳評（杜預）……三一七二
春秋經傳長歷（杜預）……三一七二

卷一百七十四　春秋七

春秋條例（劉寔）……三一七六
左氏牒例（劉寔）……三一七六
春秋公羊達義（劉寔）……三一七七
集解春秋序（劉寔）……三一七七
春秋釋疑（氾毓）……三一七八
春秋公羊穀梁傳解詁（劉兆）……三一七八
春秋三家集解（劉兆）……三一七九
春秋左氏全綜（劉兆）……三一七九
春秋調人（劉兆）……三一七九
公羊春秋注（王接）……三一七九
注春秋公羊經傳（王愆期）……三一八〇
公羊難答論（王愆期）……三一八〇
春秋三傳（王長文）……三一八〇
穀梁傳注（張靖）……三一八一
公羊穀梁二傳評（江熙）……三一八一
春秋穀梁傳注（徐乾）……三一八二
春秋穀梁傳（孔衍）……三一八二
春秋公羊傳集解（孔衍）……三一八二

春秋經傳集注（程闡）……三一八三
春秋穀梁傳集解（胡訥）……三一八三
春秋三傳評（胡訥）……三一八三
春秋集三師難（胡訥）……三一八四
春秋集三傳經解（胡訥）……三一八四
穀梁傳注（劉瑶）……三一八四
春秋穀梁傳集解（范甯）……三一八四
春秋穀梁傳例（范甯）……三一八九
春秋土地名（京相璠）……三一八九
春秋左氏傳義注（孫毓）……三一九〇
春秋左氏傳賈服異同略（孫毓）……三一九〇
春秋左氏傳音（徐邈）……三一九〇
春秋穀梁傳注（徐邈）……三一九一
答春秋穀梁義（徐邈）……三一九一
春秋穀梁傳義（徐邈）……三一九一
春秋左氏傳音（荀訥）……三一九二
春秋左氏傳音（李軌）……三一九二
春秋公羊傳音（李軌）……三一九二
春秋經例（方範）……三一九二
春秋釋滯（殷興）……三一九三
注春秋經傳（虞溥）……三一九三
春秋墨説（郭瑀）……三一九三
春秋左氏函傳義（干寶）……三一九四
春秋序論（干寶）……三一九四
春秋釋難（范堅）……三一九四
春秋公羊傳注（高龍）……三一九五
春秋公羊傳音（汪惇）……三一九五
注穀梁春秋（聶熊）……三一九五
左傳抄（黄容）……三一九六
問穀梁義（薄叔玄）……三一九六

卷一百七十五　春秋八

春秋圖（謝莊）……三一九七
春秋左氏區別（何始真）……三一九七

春秋例苑（齊晉安王蕭子懋）……三一九八
春秋音（王儉）……三一九八
春秋釋例引序（杜乾光）……三一九八
春秋旨通（王延之）……三一九八
春秋左氏經傳通解（王延之）……三一九九
春秋經傳説例疑隱（吴略）……三一九九
左氏傳例苑（梁簡文帝）……三一九九
春秋發題（梁簡文帝）……三一九九
春秋左氏圖（梁簡文帝）……三二〇〇
春秋大意、左氏、三傳同異（劉之遴）……三二〇〇
春秋五辨（沈宏）……三二〇一
春秋經傳解（沈宏）……三二〇一
春秋文苑（沈宏）……三二〇一
春秋嘉語（沈宏）……三二〇二
春秋經傳解（崔靈恩）……三二〇二
春秋申先儒傳論（崔靈恩）……三二〇二
春秋左氏傳立義（崔靈恩）……三二〇二
春秋序（崔靈恩）……三二〇三
春秋序（田元休）……三二〇三
春秋序（賀道養）……三二〇三
春秋左氏經傳義略（沈文阿）……三二〇四
春秋義略（張沖）……三二〇四
春秋傳駁（賈思同）……三二〇五
春秋經合三傳（潘淑虔）……三二〇六
春秋成夽（潘淑虔）……三二〇六
續春秋左氏傳義略（王元規）……三二〇七
春秋發題辭、義記（王元規）……三二〇七
左傳音（王元規）……三二〇七
春秋三傳總（辛子馥）……三二〇八
春秋三傳略例（劉獻之）……三二〇八
春秋義章（徐遵明）……三二〇九
左氏駁妄（姚文安）……三二〇九
左氏釋謬（李崇祖）……三二〇九

春秋二傳異同(李鉉)……三二一〇
左氏刊例(張思伯)……三二一〇
春秋序論(樂遜)……三二一〇
春秋序義(樂遜)……三二一〇
春秋三傳集注(辛德源)……三二一一
春秋左傳杜預序集解(劉炫)……三二一二
春秋左氏傳述義(劉炫)……三二一二
春秋攻昧(劉炫)……三二一二
春秋規過(劉炫)……三二一三
春秋義囊(劉炫)……三二一三
大夫譜(顧啓期)……三二一三
春秋叢林(李謐)……三二一四
春秋穀梁傳集解(沈仲義)……三二一四
穀梁傳義(蕭邕)……三二一五
春秋公羊傳集解(孔氏)……三二一五
春秋穀梁傳指訓(孔氏)……三二一五
穀梁傳四家集解(張氏、程氏、孫氏、劉氏)……三二一五
春秋左氏傳條例(亡名氏)……三二一六
春秋義例(亡名氏)……三二一六
春秋義林(亡名氏)……三二一六
春秋大夫辭(亡名氏)……三二一六
春秋辨證(亡名氏)……三二一七
春秋左氏義略(亡名氏)……三二一七
春秋五十凡義疏(亡名氏)……三二一七
春秋公羊穀梁二傳評(亡名氏)……三二一七
左氏評(亡名氏)……三二一八
左氏音(亡名氏)……三二一八
左氏鈔(亡名氏)……三二一八
春秋辭苑(亡名氏)……三二一八
春秋雜義難(亡名氏)……三二一九
春秋井田記(亡名氏)……三二一九

卷一百七十六　春秋九

春秋要録（唐章懷太子賢）……三二〇
春秋釋文（陸德明）……三二一
春秋正義（孔穎達等）……三二一
春秋穀梁傳疏（楊士勛）……三二四
春秋公穀考異（楊士勛）……三二五
左傳義疏（徐文遠）……三二五
左傳音（徐文遠）……三二五
注春秋左氏傳序（陰弘道）……三二六
注春秋左氏傳（王玄度）……三二六
春秋振滯（王元感）……三二六
春秋集傳（啖助）……三二六
春秋例統（啖助）……三二七
春秋闡微纂類義統（趙匡）……三二九
集注春秋（陸質）……三三〇
集傳春秋纂例（陸質）……三三四
春秋辨疑（陸質）……三三七
春秋微旨（陸質）……三三九

卷一百七十七　春秋十

春秋通例（韓滉）……三四〇
公羊春秋注（殷侑）……三四一
三傳異同（馮伉）……三四二
春秋傳（施士丐）……三四二
春秋集傳（樊宗師）……三四三
春秋摘微（盧仝）……三四三
三傳指要（劉軻）……三四四
春秋公羊傳疏（徐彥）……三四五
春秋三傳總例（韋表微）……三四六
集左氏傳（許康佐等）……三四七
春秋纂要（高重）……三四七
春秋指掌（李瑾）……三四八
春秋通例（陸希聲）……三四九

春秋圖（張傑）……三二四九
春秋指元（張傑）……三二五〇
左氏釋疑（裴安時）……三二五〇
左傳事類（第五泰）……三二五〇
公穀總例（成玄）……三二五一
春秋圖（黄敬密）……三二五一
春秋義鑑（郭翔）……三二五二
春秋決疑（皮日休）……三二五二
春秋機要賦（裴光輔）……三二五三
春秋無賢臣論（孫郃）……三二五三
繼春秋機要賦（李象）……三二五三
春秋蒙求（王鄒彦）……三二五四
春秋世本圖（崔表）……三二五四
春秋括囊賦集注（□玉霄）……三二五四
春秋公子譜（楊藴）……三二五四
春秋年表（楊藴）……三二五五
春秋龜鑑圖（張暄）……三二五六

卷一百七十八　春秋十一

春秋折衷論（陳岳）……三二五七
春秋音義賦（尹玉羽）……三二七五
春秋字源賦（尹玉羽）……三二七五
春秋纂例（姜虔嗣）……三二七六
春秋名號歸一圖（馮繼先）……三二七六
名字同異録（馮繼先）……三二七八
左氏傳引帖新義（蹇遵品）……三二七八
三傳異同例（李氏）……三二七八
春秋加減（亡名氏）……三二七八
春秋精義（亡名氏）……三二七九
演左氏傳謚族圖（亡名氏）……三二七九
春秋龜鑑（亡名氏）……三二八〇
春秋宗族名謚譜（亡名氏）……三二八〇
春秋指掌圖（亡名氏）……三二八〇
春秋十二國年歷（亡名氏）……三二八一

春秋新義（亡名氏）……………………三二八一
春秋纂類義統（亡名氏）………………三二八二
春秋通義（亡名氏）……………………三二八二

卷一百七十九　春秋十二

皇帝春秋要言（宋真宗）………………三二八三
魯史分門屬類賦（楊均）………………三二八四
春秋演聖通論（胡旦）…………………三二八四
春秋釋幽（許洞）………………………三二八四
春秋纂類（葉清臣）……………………三二八五
春秋口義（胡瑗）………………………三二八五
春秋説（石介）…………………………三二八六
春秋集傳（王沿）………………………三二八六
春秋要論（賈昌朝）……………………三二八七
春秋節解（賈昌朝）……………………三二八七
春秋集議略論（李堯俞）………………三二八八
春秋尊王發微（孫復）…………………三二八八
三傳辨失解（孫復）……………………三二九一
春秋索隱（陳師道）……………………三二九一
春秋演聖統例（丁副）…………………三二九一
春秋三傳異同字（丁副）………………三二九二
春秋闡言（黄君俞）……………………三二九二
春秋總例（周希孟）……………………三二九二
春秋正論（龍昌期）……………………三二九三
春秋復道論（龍昌期）…………………三二九三
春秋注解（張公裕）……………………三二九三
春秋説（周堯卿）………………………三二九三
春秋辨惑（劉羲叟）……………………三二九四
春秋災異（劉羲叟）……………………三二九四
春秋論（歐陽修）………………………三二九四
春秋或問（歐陽修）……………………三二九四
春秋新意（宋堂）………………………三二九五
春秋辨要（楊繪）………………………三二九五
春秋列國類纂（宋敏修）………………三二九六

春秋經解（黎錞）……三二九六
春秋指微（魯有開）……三二九六
春秋指歸（朱寀）……三二九六
春秋通義（王晳）……三二九七
春秋異義（王晳）……三二九七
春秋明例隱括圖（王晳）……三二九七
皇綱論（王晳）……三二九八
春秋世論（江休復）……三二九八
春秋旨要（齊賢良）……三二九九
春秋索隱（朱定）……三二九九
春秋三傳例論（孫立節）……三三〇〇
春秋五傳會義（范隱之）……三三〇〇
講春秋左氏傳疏（蔡襄）……三三〇一

卷一百八十　春秋十三

春秋傳（劉敞）……三三〇二
春秋權衡（劉敞）……三三〇二
春秋意林（劉敞）……三三〇四
春秋説例（劉敞）……三三〇六
春秋文權（劉敞）……三三〇六
春秋内傳國語（劉攽）……三三〇七
春秋經傳類對賦（徐晉卿）……三三〇七
春秋十賦（李宗道）……三三〇八
春秋統微（章拱之）……三三〇九
春秋論（李清臣）……三三〇九
春秋會義（杜諤）……三三〇九
春秋經解義例（趙瞻）……三三一〇
春秋論（趙瞻）……三三一一
春秋新解（陸綰）……三三一二
春秋私記（朱臨）……三三一三
春秋統例（朱臨）……三三一三
春秋義解（王棐）……三三一三
春秋邦典（唐既）……三三一四
春秋人譜（孫子平、練明道）……三三一五

春秋傳（張砥）……三三一五
春秋得法忘例論（馮正符）……三三一六
左氏春秋年表（楊彦齡）……三三一七
左氏蒙求（楊彦齡）……三三一七
春秋通義（家安國）……三三一七
春秋新義（家勤國）……三三一八
春秋索隱論（陳洙）……三三一八
春秋綱領（文濟道）……三三一八

卷一百八十一　春秋十四

春秋通志（朱長文）……三三一九
春秋統解（王乘）……三三二三
春秋經解（劉易）……三三二四
春秋褒貶志（劉夔）……三三二五
春秋意（皮元）……三三二五
春秋會元（鄭招慶）……三三二五
春秋世次圖（鄭壽）……三三二六
四家春秋集解（師協等）……三三二六
春秋要類（馬擇言）……三三二六
左氏鼓吹（吴元緒）……三三二六
春秋瑑瑕（鞏叡）……三三二七
左氏編紀（張傳靖）……三三二七
春秋原要（王曉）……三三二七
左氏摘元（楊希範）……三三二七
春秋樞宗（李融）……三三二八
春秋通略全義（惠簡）……三三二八
春秋事要（元保宗）……三三二八
春秋事對（李塗）……三三二八
春秋傳（耿秉）……三三二九
春秋釋（王當）……三三二九
春秋列國諸臣傳（王當）……三三二九
春秋義略（董敦逸）……三三三〇
春秋臣傳（鄭昂）……三三三一
古春秋極論（劉熙）……三三三一

春秋演例(劉熙)……三三二
春秋要旨(吕奎)……三三二
春秋折衷(吴孜)……三三二
春秋見微(范柔中)……三三三
春秋備對(謝子房)……三三三
三傳是非(于正封)……三三三
春秋指要(朱振)……三三三
春秋正名頤隱要旨(朱振)……三三四
春秋講義(朱振)……三三四
春秋總要(李撰)……三三四
春秋訓傳(江洙)……三三五
春秋興亡圖鑑(沈滋仁)……三三五
春秋指歸(李格)……三三五
春秋新傳(余安行)……三三五
春秋雜説(狄遵度)……三三六
春秋通解(馮山)……三三六
左氏解(王安石)……三三七

卷一百八十二　春秋十五

春秋經解(孫覺)……三三八
春秋學纂(孫覺)……三四四
春秋經社要義(孫覺)……三四四
春秋傳(程頤)……三四五
春秋説(張載)……三四七
春秋集解(蘇轍)……三四七

卷一百八十三　春秋十六

春秋經解(崔子方)……三五二
春秋本例、例要(崔子方)……三五二
春秋繹聖新傳(任伯雨)……三五五
左氏春秋傳雜論(晁補之)……三五五
春秋三傳説(晁説之)……三五五
春秋講義(劉弇)……三五六
春秋地譜(楊湜)……三五七

春秋義（謝湜）……三三五七
春秋總義（謝湜）……三三五八
春秋通訓（張大亨）……三三五八
五禮例宗（張大亨）……三三五九
春秋指蹤（鄧驥）……三三六〇
春秋講義（黄裳）……三三六〇
春秋機括（沈括）……三三六一
春秋左氏紀傳（沈括）……三三六一
春秋後傳（陸佃）……三三六二
春秋指南（張根）……三三六二
春秋通解（林之奇）……三三六四
春秋傳（葉夢得）……三三六五
春秋考（葉夢得）……三三六六
春秋讞（葉夢得）……三三六七
春秋指要總例（葉夢得）……三三六九
石林春秋（葉夢得）……三三六九

卷一百八十四　春秋十七

春秋（劉絢）……三三七〇
春秋説（楊時）……三三七一
春秋經辨（蕭楚）……三三七一
春秋左氏事類（黄頴）……三三七四
春秋左傳編類（周武仲）……三三七四
春秋指蹤（羅棐恭）……三三七四
春秋盟會圖（羅棐恭）……三三七五
春秋曆法（曾元忠）……三三七五
春秋經解（江琦）……三三七五
春秋指歸（羅從彦）……三三七六
春秋後傳補遺（陸宰）……三三七八
春秋列國圖説（税安禮）……三三七八
春秋本義（王居正）……三三七九
春秋集解（吕本中）……三三七九
春秋廣微（謝逸）……三三八二

卷一百八十五　春秋十八

卷一百八十六　春秋十九

春秋左氏講義(朱震)……三四〇八
春秋左氏講義(范沖)……三四〇八
春秋至當集(李欒)……三四〇八
春秋機關(李欒)……三四〇八
春秋集解(李欒)……三四〇九
春秋説(黄顔瑩)……三四〇九
春秋傳(陳長方)……三四〇九
春秋考異(吴曾)……三四一〇
左氏發揮(吴曾)……三四一〇
春秋素志(夏沐)……三四一一
春秋麟臺獨講(夏沐)……三四一一
春秋三傳分國紀事本末(句龍傳)……三四一一
春秋講義(黄叔敖)……三四一二
春秋傳(程迥)……三四一二
春秋顯微例目(程迥)……三四一三
春秋直音(方淑)……三四一三
春秋正辭(畢良史)……三四一四
春秋通例(畢良史)……三四一四
春秋義例(陳知柔)……三四一五
春秋論(吴仁傑)……三四一五
春秋左氏傳法語(洪邁)……三四一五
麟經淵源論(徐端卿)……三四一五
春秋總鑑(董自任)……三四一六
春秋中論(劉本)……三四一六
春秋本旨(洪興祖)……三四一六
春秋故訓傳(晁公武)……三四一七
春秋講義(張九成)……三四一八
春秋解(王彦休)……三四一八
春秋發微(羊永德)……三四一九
類左傳(桂績)……三四一九
春秋妙旨、麟經總論(黄開)……三四一九
春秋發微(徐人傑)……三四一九
春秋群疑辨(朱悛)……三四二〇
春秋解(王十朋)……三四二〇

春秋大義（周聿）…………三四二〇
春秋奥論（張震）…………三四二〇
穀梁合經論（鄭綺）…………三四二一

卷一百八十七　春秋二十

春秋經解、指要（薛季宣）…………三四二二
左氏章指（陳傅良）…………三四二四
春秋後傳（陳傅良）…………三四二四
春秋集解（吕祖謙）…………三四二八
左傳類編（吕祖謙）…………三四二九
左氏博議（吕祖謙）…………三四二九
左氏説（吕祖謙）…………三四三一
左氏博議綱目（吕祖謙）…………三四三二
春秋講義（吕祖謙）…………三四三二
左傳手記（吕祖謙）…………三四三二
太學春秋講義（陸九淵）…………三四三三
春秋問（陳藻）…………三四三三
春秋衍義（王炎）…………三四三三

卷一百八十八　春秋二十一

春秋解（楊簡）…………三四三四
春秋經傳集解（林栗）…………三四三五
春秋明例（王日休）…………三四三五
春秋孫復解三傳辨失（王日休）…………三四三六
左氏正鑑（王日休）…………三四三六
春秋解（趙敦臨）…………三四三六
春秋講義（周孚）…………三四三六
左氏摘奇（胡元質）…………三四三七
春秋地例增釋紀年續編（余嚞）…………三四三七
春秋左氏講義（謝諤）…………三四三七
左氏國類（陳持）…………三四三八
左史傳（唐閲）…………三四三八
左傳約説（石朝英）…………三四三八
左傳百論（石朝英）…………三四三九

春秋學（李燾）……三四三九
春秋本旨（何涉）……三四三九
春秋左傳類事始末（章沖）……三四四〇
左氏說（李孟傳）……三四四二
春秋考義（李心傳）……三四四二
春秋三傳會例（胡箕）……三四四二
春秋比事（沈棐）……三四四三
春秋集解（李起渭）……三四四四
春秋講義（劉夙）……三四四四
春秋說約（周淳中）……三四四五
春秋左傳紀事（馬之純）……三四四五
春秋左氏國紀（徐得之）……三四四六
春秋古經（謝疇）……三四四七
潮州春秋解（徐定）……三四四九
春秋解（蘇權）……三四五一
春秋解（陳震）……三四五一
春秋要論（湯璹）……三四五一
春秋廣誨蒙（李浹）……三四五二

卷一百八十九　春秋二十二

春秋集傳（張洽）……三四五三
春秋歷代郡縣地里沿革表（張洽）……三四五三
春秋集注（張洽）……三四五四
春秋本末、尊經傳（范士衡）……三四五八
春秋博議（鄭可學）……三四五八
春秋會要（廖德明）……三四五八
春秋臆說（王介）……三四五八
春秋集解（鄭文遹）……三四五九
春秋注（鄒補之）……三四五九
左氏春秋事類（孫調）……三四五九
春秋五論（蔡沆）……三四五九
春秋大義（虞知方）……三四六三
春秋衍義（虞知方）……三四六三
春秋三傳抄（陳宓）……三四六四

春秋三傳會同（陳思謙）……………… 三四六四
春秋大旨（黄東）……………… 三四六四
左氏春秋講義（時瀾）……………… 三四六五
春秋左氏發微（趙彦秬）……………… 三四六五
左氏本末、三傳制度辨（劉伯証）…… 三四六五
左氏常談（趙崇度）……………… 三四六六
春秋會正論（賀升卿）……………… 三四六六
春秋傳（林拱辰）……………… 三四六六
春秋傳（王文貫）……………… 三四六七
春秋説（潘好古）……………… 三四六七
春秋類例（胡維寧）……………… 三四六七
左氏類編（胡維寧）……………… 三四六七
春秋通解（余克濟）……………… 三四六七
春秋要解（丁鈠）……………… 三四六八
左氏聯璧（葉儀鳳）……………… 三四六八
春秋列國事目（楊泰之）……………… 三四六八
公羊穀梁傳類（楊泰之）……………… 三四六八
春秋解（林萬頃）……………… 三四六九
春秋傳解（陳琰）……………… 三四六九
左氏世系本末（陳琰）……………… 三四六九

卷一百九十　春秋二十三

春秋要義（魏了翁）……………… 三四七〇
春秋義宗（高元之）……………… 三四七一
春秋傳紀（王綍）……………… 三四七一
春秋論（林維屏）……………… 三四七二
春秋分記（程公説）……………… 三四七二
春秋三傳通議（趙善湘）……………… 三四七四
春秋講義（戴溪）……………… 三四七四
春秋解（柴元祐）……………… 三四七五
春秋門例通解（王鎡）……………… 三四七五
春秋集義（李明復）……………… 三四七五
春秋大旨（錢時）……………… 三四七七
春秋解（楊景隆）……………… 三四七七

春秋志表日記（時少章）……三四七八
春秋傳語（郭正子）……三四七八
春秋三傳正附論（林希逸）……三四七八
春秋傳（龍淼）……三四七八
補注春秋繁露（章樵）……三四七九
春秋集説（趙涯）……三四七九
春秋揆（劉克莊）……三四八〇
春秋通説（黄仲炎）……三四八〇
春秋講義（繆烈）……三四八二
春秋指掌圖（徐梅龜）……三四八三
春秋幼學記（傅實之）……三四八三
春秋説（洪咨夔）……三四八三

卷一百九十一　春秋二十四

春秋王霸列國世紀編（李琪）……三四八六
春秋經筌（趙鵬飛）……三四八八
春秋左傳句解（林堯叟）……三四九一
春秋約説（熊慶胄）……三四九二
左傳十辨（萬鎮）……三四九二
春秋叢志（陸震發）……三四九二
春秋節傳（饒魯）……三四九二
春秋集注（舒津）……三四九三
春秋誅意讜告（胡康）……三四九三
春秋左傳節解（朱申）……三四九三
春秋輪輻（牟子才）……三四九五
春秋法度編（趙孟何）……三四九五
春秋三傳會考（王應麟）……三四九六
春秋衍義（謝鑰）……三四九六
左氏辨證（謝鑰）……三四九六
春秋集傳（陳友沅）……三四九七
讀春秋日抄（黄震）……三四九七
讀三傳日抄（黄震）……三四九八
左氏正傳（王柏）……三四九九
讀春秋記（王柏）……三四九九

春秋或問（吕大圭）…………三四九九
春秋五論（吕大圭）…………三五〇〇
春秋指南（翁夢得）…………三五〇一
春秋摭實（翁夢得）…………三五〇一
春秋要論（翁夢得）…………三五〇二
春秋記要（翁夢得）…………三五〇二
春秋類例（周敬孫）…………三五〇二
春秋詳説（家鉉翁）…………三五〇二
春秋左傳續辨（謝翱）…………三五〇四
左傳闕疑（吴思齊）…………三五〇五
春秋經傳（許瑾）…………三五〇五
春秋捷徑（徐文鳳）…………三五〇五
春秋凡例（曾元生）…………三五〇六
春秋通義（邱葵）…………三五〇六
清全齋讀春秋編（陳深）…………三五〇六
春秋通解（熊禾）…………三五〇六

卷一百九十二　春秋二十五

春秋明辨（任公輔）…………三五〇七
左氏釋疑（黎良能）…………三五〇七
左氏譜學（黎良能）…………三五〇七
春秋類論（趙震揆）…………三五〇八
春秋類對（鄧埏）…………三五〇八
春秋傳類音（張冒德）…………三五〇九
春秋左氏傳口音（韓台）…………三五〇九
公羊新例（陳德寧）…………三五〇九
穀梁新例（陳德寧）…………三五〇九
春秋排門顯義（張幹）…………三五一〇
春秋要類（袁希政）…………三五一〇
春秋傳類（張德昌）…………三五一〇
春秋諫類（沈緯）…………三五一一
春秋類聚（王仲孚）…………三五一一
春秋叙鑑（黄彬）…………三五一一

春秋圖鑑（洪勳）……三五一一
春秋守鑑（王叡）……三五一二
春秋科義雄覽（塗昭良）……三五一二
春秋應判（塗昭良）……三五一二
春秋解問（丁裔昌）……三五一二
春秋括義（邵川）……三五一三
春秋列國圖（劉英）……三五一三
春秋十二國年歷（劉英）……三五一三
春秋綴英（謝璧）……三五一三
春秋名義（周彦熠）……三五一四
春秋正義（毛邦彦）……三五一四
春秋解（胡定）……三五一四
春秋外傳（王汝猷）……三五一四
春秋大旨（章元崇）……三五一五
左傳類對賦（毛友）……三五一五
春秋三傳合璧要覽（蕭之美）……三五一五
春秋新義（宋宜春）……三五一五
春秋纂説（張應霖）……三五一六
春秋解（朱由義）……三五一六
春秋奏議（趙與權）……三五一六
春秋或問（方九思）……三五一六
春秋管見（田君右）……三五一六
春秋微（戴銓）……三五一七
春秋志（戴培父）……三五一七
春秋講義（延陵先生）……三五一七
春秋説（房氏）……三五一七
春秋説（陳氏）……三五一八
春秋經旨（徐氏）……三五一八
春秋集解（方氏）……三五一八
春秋類考（林氏）……三五一八
春秋説（江氏）……三五一九
春秋辨要（楊氏）……三五一九
春秋書法（孔氏）……三五一九
春秋斷例（范氏）……三五一九

春秋直解（王氏）……三五一九
春秋解義（陳氏）……三五二〇
春秋筆記（鄒氏）……三五二〇
春秋世家（陳氏）……三五二〇
春秋列傳（張氏）……三五二〇
春秋扶懸（亡名氏）……三五二〇
春秋策問（亡名氏）……三五二一
春秋夾氏（亡名氏）……三五二一
春秋釋疑（亡名氏）……三五二一
春秋考異（亡名氏）……三五二一
春秋直指（亡名氏）……三五二二
春秋類（亡名氏）……三五二二
春秋例（亡名氏）……三五二二
春秋表記（亡名氏）……三五二二
春秋王侯世系（亡名氏）……三五二三
春秋左氏傳鑑（亡名氏）……三五二三
春秋機要（亡名氏）……三五二三
春秋國君名例（亡名氏）……三五二三
魯史春秋卦名（亡名氏）……三五二四
春秋蒙求（亡名氏）……三五二四
左傳類要（亡名氏）……三五二四
春秋義例（亡名氏）……三五二四
春秋氏族名謚譜（亡名氏）……三五二五
春秋括甲子（亡名氏）……三五二五
春秋地名譜（亡名氏）……三五二五
春秋災異應録（亡名氏）……三五二五
春秋三傳分門事類（亡名氏）……三五二五
駁春秋繁露（釋贊寧）……三五二六

卷一百九十三　春秋二十六

春秋傳（馬定國）……三五二七
春秋地里原委（杜瑛）……三五二七
春秋備忘（敬鉉）……三五二八
明三傳例（敬鉉）……三五二八

續屏山杜氏春秋遺説(敬鉉)……三五三〇
春秋外傳(郝經)……三五三〇

卷一百九十四　春秋二十七

春秋貫串(季立道)……三五四〇
春秋辨疑(彭絲)……三五四〇
春秋例義(劉淵)……三五四一
春秋續傳記(劉淵)……三五四一
左傳紀事本末(劉淵)……三五四一
春秋集解、指掌圖(胡炳文)……三五四一
春秋三傳節注(陳櫟)……三五四一
春秋會傳(熊復)……三五四二
左傳事類(徐安道)……三五四二
春秋綱常(張鑑)……三五四三
春秋諸傳考正(程直方)……三五四三
春秋會通(程直方)……三五四三
春秋集傳釋義大成(俞皐)……三五四四
春秋辨疑(程龍)……三五四六
左氏窺斑(葉正道)……三五四六
左氏蒙求(吴化龍)……三五四七
春秋傳(俞漢)……三五四八
春秋三傳集説分紀(單庚金)……三五四九
春秋傳説集略(單庚金)……三五四九
春秋本義(劉莊孫)……三五五〇
鐵山先生春秋提綱(陳則通)……三五五〇
春秋類傳(王申子)……三五五一
春秋精義(吕椿)……三五五一
春秋傳論(郭隉)……三五五二
春秋纂言(吴澂)……三五五二
春秋諸國統紀(齊履謙)……三五五三
春秋述解(潘迪)……三五五七
春秋左氏綱目(安熙)……三五五七
春秋正經句釋(劉彭壽)……三五五七
春秋澤存(劉彭壽)……三五五七

春秋發微（臧夢解）……三五五八
左傳義例（吴迂）……三五五八
左傳分記（吴迂）……三五五八
春秋纂例（李應龍）……三五五八
春秋通旨（尹用和）……三五五九
春秋舉要（黄瑑）……三五五九
春秋三傳要義（蔣宗簡）……三五五九
春秋温故管闚（許謙）……三五五九
春秋公穀舉傳（黄景昌）……三五六〇
春秋集議（張君立）……三五六一
春秋旨要（楊如山）……三五六二

卷一百九十五　春秋二十八

春秋本義（程端學）……三五六三
春秋三傳辨疑（程端學）……三五六三
春秋或問（程端學）……三五六三
春秋經旨（黄清老）……三五六七
春秋説（俞師魯）……三五六七
春秋纂例原旨（戚崇僧）……三五六七
春秋學講（戚崇僧）……三五六七
春秋集解（馮翼翁）……三五六八
春秋大義（馮翼翁）……三五六八
春秋解義（鄭杓）……三五六八
春秋説（袁桷）……三五六九
春秋集傳（鄧淳翁）……三五六九
麟經賦（吴暾）……三五七〇
春秋論斷（林泉生）……三五七〇
春秋通旨（劉聞）……三五七〇
春秋集釋（方道叡）……三五七一
春秋左氏遺意（李昶）……三五七一
春秋經世（蘇壽元）……三五七二
春秋大旨（蘇壽元）……三五七二
春秋説（吾邱衍）……三五七二
春秋旨要（王惟賢）……三五七二

春秋百問（萬思恭）……三五七三
春秋五傳（曾震）……三五七四
春秋三傳歸一義（張樞）……三五七五
春秋大義（汪汝懋）……三五七五
春秋編類（梅致）……三五七六
春秋案斷補遺（鍾伯紀）……三五七六
聖筆全經（潘著）……三五七八

卷一百九十六　春秋二十九

春秋胡氏傳附辨雜説（吴師道）……三五七九
春秋傳授譜（吴萊）……三五八二
春秋世變圖（吴萊）……三五八三
春秋稗傳（吴儀）……三五八五
春秋類編（吴儀）……三五八五
春秋五傳論辨（吴儀）……三五八六
春秋旨要（黄澤）……三五八六
三傳義例考（黄澤）……三五八六
春秋筆削本旨（黄澤）……三五八六
春秋諸侯取女立子通考（黄澤）……三五八七
春秋讞義（王元杰）……三五八八

卷一百九十七　春秋三十

春秋經傳闕疑（鄭玉）……三五九一
春秋諸傳會通（李廉）……三五九五
春秋釋疑（王莊）……三五九七
左氏本末（曹元博）……三五九七
春秋左氏傳類編（魏德剛）……三五九八
春秋玉鑰匙（陳植）……三五九九
春秋手鏡（陳大倫）……三五九九
春秋案斷（魯真）……三五九九
春秋定是録（楊維楨）……三六〇〇
左氏君子議（楊維楨）……三六〇〇
春秋胡傳補正（楊維楨）……三六〇〇
春秋主意（王相）……三六〇一

春秋節傳（魯淵）……三六〇一
春秋纂（蔡深）……三六〇一
春秋經説（張氏）……三六〇二
春秋類編傳集（陳氏）……三六〇三
春秋歸（費氏）……三六〇三
春秋通天竅（亡名氏）……三六〇四
春秋透天關（亡名氏）……三六〇四

卷一百九十八　春秋三十一

春秋集傳（趙汸）……三六〇五
春秋屬辭（趙汸）……三六一一
春秋左氏傳補注（趙汸）……三六一五
春秋師説（趙汸）……三六一六
春秋金鎖匙（趙汸）……三六二〇

卷一百九十九　春秋三十二

春秋胡傳附録纂疏（汪克寬）……三六二一
春秋諸傳提要（汪克寬）……三六二五
左傳分紀（汪克寬）……三六二五
春秋作義要決（汪克寬）……三六二五
春秋攷義（梁寅）……三六二六
春秋三傳纂玄（戴良）……三六二六
春秋本旨（劉永之）……三六二七
春秋傳類編（朱右）……三六二九
春秋論（徐尊生）……三六三〇
春秋左氏鈎玄（王廉）……三六三〇
春秋胡氏傳標注（張宣）……三六三〇
春秋集義（胡翰）……三六三一
春秋啓鑰（熊釗）……三六三一
春秋要旨（滕克恭）……三六三一
春秋集説（王受益）……三六三二
春秋本末（傅藻等）……三六三二
春秋書法大旨（高允憲、楊磐）……三六三四
春秋明經（劉基）……三六三四

春秋胡傳辨疑（張以寧）……三六三五
春秋正義（楊昇）……三六三六
春秋集説（李衡）……三六三六
春秋微意發端（包文舉）……三六三六
春秋書法鈎玄（石光霽）……三六三七
春秋説約（張洪）……三六三八
春秋貫珠（瞿佑）……三六三八
春秋五論（金居敬）……三六三八
春秋中的（張復）……三六三九
春秋諸君子贊（方孝孺）……三六三九

卷二百　春秋三十三

春秋集傳大全（胡廣等）……三六四〇
春秋直指（金幼孜）……三六四一
春秋要旨（金幼孜）……三六四二
春秋提綱（胡直）……三六四二
春秋啓蒙（李萱）……三六四二
春秋名例（陳嵩）……三六四二
春秋宗傳（郭恕）……三六四三
春秋皐論（馮厚）……三六四三
春秋探微（馬駢）……三六四三
春秋管闚（李奈）……三六四四
春秋王霸總論（李奈）……三六四四
春秋口義（劉祥）……三六四四
春秋集録（劉實）……三六四四
春秋會傳（饒秉鑑）……三六四五
春秋義（葉萱）……三六四六
春秋左傳直解（郭登）……三六四七
讀春秋（黄仲昭）……三六四七
春秋傳（袁顥）……三六四七
春秋左傳（包瑜）……三六四八
春秋詞命（王鏊）……三六四八
春秋膚説（宋佳）……三六四九
春秋摭要（羅昕）……三六四九

春秋經解摘録（楊循吉）……三六四九
春秋繁露節解（吴廷舉）……三六五〇
左觿（邵寶）……三六五〇
春秋集傳（桑悦）……三六五一
春秋左傳類解（劉績）……三六五二
春秋會同（畢濟川）……三六五二
元山春秋論（席書）……三六五二
春秋志疑（胡世寧）……三六五三
春秋經傳辨疑（童品）……三六五三
春秋訓義（蔡芳）……三六五四
春秋意見（許誥）……三六五四
春秋記愚（金賢）……三六五四
春秋鄙見（徐泰）……三六五六
春秋正傳（湛若水）……三六五七
春秋列傳（劉節）……三六五八
春秋經世書（魏校）……三六六〇
春秋説（張邦奇）……三六六〇

卷二百一　春秋三十四

春秋説志（吕柟）……三六六一
春秋補傳（江曉）……三六六一
春秋集要（鍾芳）……三六六二
春秋本義（胡纘宗）……三六六二
春秋斷義（王崇慶）……三六六二
春秋地名考（楊慎）……三六六四
春秋傳疑（余本）……三六六四
春秋億（王道）……三六六四
春秋解（霍韜）……三六六四
春秋備義（馬理）……三六六五
春秋傳義（鄭佐）……三六六五
春秋疑義（舒芬）……三六六五
春秋曲言（姜綱）……三六六五
春秋集傳（王漸逵）……三六六六
春秋質疑（林希元）……三六六六

春秋私考（季本）……三六六七
春秋心傳（周臣）……三六六八
春秋輯略（陸釴）……三六六八
續春秋明經（黄佐）……三六六九
春秋易簡發明（湯𤣥）……三六六九
春秋指要（梅鷟）……三六六九
春秋通解（胡居仁）……三六六九
春秋或問（袁祥）……三六七〇
春秋左傳考例（李舜臣）……三六七〇
左氏讀（李舜臣）……三六七〇
穀梁三例（李舜臣）……三六七一
春秋世學（豐坊）……三六七一
春秋日録（黄乾行）……三六七二
春秋稽傳録（徐獻忠）……三六七二
春秋然疑（陳深）……三六七三
春秋讀意（唐樞）……三六七三
左傳附注（陸粲）……三六七三
春秋左氏鐫（陸粲）……三六七四
春秋胡傳辨疑（陸粲）……三六七四
春秋解（馮良亨）……三六七五
左粹類纂（施仁）……三六七六
春秋測（廖暹）……三六七六

卷二百二　春秋三十五

春秋論（唐順之）……三六七七
左氏始末（唐順之）……三六七七
春秋本義（黄光昇）……三六七九
春秋明志録（熊過）……三六七九
春秋内傳列國語（許應元）……三六七九
春秋書法紀原（皇甫涍）……三六八〇
左傳叙略（石琚）……三六八〇
春秋仲義（馬森）……三六八一
春秋辨疑（馬森）……三六八一
春秋集傳（楊時秀）……三六八二

春秋疑（陳言）……三六八二
春秋録疑（趙恆）……三六八三
春秋大旨（魏謙吉）……三六八四
春秋備覽（魏謙吉）……三六八四
春秋正旨（高拱）……三六八五
春秋國華（嚴訥）……三六八六
春秋筆意（王崇儉）……三六八六
春秋孔義（李攀龍）……三六八七
春秋輯傳（王樵）……三六八七
春秋凡例（王樵）……三六八八
春秋辨疑（李先芳）……三六九〇
春秋論（王世貞）……三六九〇
春秋左傳節文（汪道昆）……三六九〇
春秋世譜（吴國倫）……三六九一
春秋億（徐學謨）……三六九一

卷二百三　春秋三十六

春秋事義考（姜寶）……三六九四
春秋讀傳解略（姜寶）……三六九五
春秋節要（孫應鰲）……三六九六
春秋訂疑（林命）……三六九六
春秋要旨（方一木）……三六九六
春秋貫玉（顔鯨）……三六九六
春秋辨疑（陳錫）……三六九七
春秋日録（王錫爵）……三六九八
左氏釋義評苑（王錫爵）……三六九八
春秋詳節（許孚遠）……三六九八
春秋左傳評林測義（穆文熙）……三六九九
春秋質疑（任桂）……三六九九
春秋鍼胡編（袁仁）……三七〇〇
春秋左傳屬事（傅遜）……三七〇一
春秋左傳注解辨誤（傅遜）……三七〇四

左傳奇字古字音釋（傅遜）……三七〇五
春秋古器圖（傅遜）……三七〇五
讀左氏贅言（王升）……三七〇五
春秋疏義（丁鉄）……三七〇五
春秋解（謝理）……三七〇六
春秋筆削發微圖（陳林）……三七〇六
春秋左氏經傳别行（李景元）……三七〇六
春秋三傳釒乙集（顧起經）……三七〇六
素臣翼（顧起經）……三七〇六
竈觚餘談（顧起經）……三七〇七
春秋别典（薛虞畿）……三七〇七

卷二百四　春秋三十七

春秋名臣傳（姚咨）……三七〇八
春秋左傳注評測義（凌稺隆）……三七〇九
左紀（錢應奎）……三七一〇
春秋通義略（邵弁）……三七一〇
春秋左氏人物譜（張事心）……三七一二
春秋或問（鄭良弼）……三七一四
春秋存疑（鄭良弼）……三七一四
春秋續義（鄭良弼）……三七一五
春秋列國世家（龔持憲）……三七一六
春秋左傳今注（龔持憲）……三七一六
春秋胡傳童子教（龔持憲）……三七一六
春秋序事本末（曹宗儒）……三七一六
春秋逸傳（曹宗儒）……三七一七
左氏辨（曹宗儒）……三七一七
春秋補傳（董啓）……三七一八
春秋正解（鄧鏃）……三七一八
春秋竊義（章潢）……三七一九
春秋繹通（鄧元錫）……三七一九
春秋三傳會要（黄智）……三七一九
春秋諸傳辨疑（朱睦㮮）……三七一九

卷二百五　春秋三十八

春秋蠡測（余懋學）……三七二〇
左氏討論□釋（馮時可）……三七二一
春秋左傳釋附（黃洪憲）……三七二二
春秋翼附（黃正憲）……三七二四
春秋疑問（姚舜牧）……三七二四
春秋纂傳（蕭良有）……三七二五
春秋本義（沈堯中）……三七二六
春秋質疑（楊于庭）……三七二七
左傳綱目定注（李廷機）……三七二八
春秋匡解（鄒德溥）……三七二九
春秋説（徐即登）……三七二九
左傳摘議（楊伯珂）……三七三〇
春秋孔義（高攀龍）……三七三〇
春秋質疑（吴炯）……三七三一
春秋非左（郝敬）……三七三三
春秋直解（郝敬）……三七三三
左傳參同（王震）……三七三四
春秋質疑（魏時應）……三七三七
春秋闡義（曹學佺）……三七三七
春秋義略（曹學佺）……三七三七
左氏始末（徐鑒）……三七三七
左氏兵法（王世德）……三七三八

卷二百六　春秋三十九

春秋補傳（張銓）……三七三九
春秋胡傳翼（錢時俊）……三七四〇
春秋歸義（賀仲軾）……三七四一
春秋便考（賀仲軾）……三七四一
春秋提要（賀仲軾）……三七四三
拜山齋春秋手抄（朱國盛）……三七四三
春秋辨義（卓爾康）……三七四四
春秋野篇（羅喻義）……三七四四

春秋談虎（周希令）……三七四五
春秋竊論（方孔炤）……三七四五
左氏兵略（陳禹謨）……三七四五
春秋衡庫（馮夢龍）……三七四七
春秋傳（汪應召）……三七四八
春秋賞析（楊時偉）……三七四八
春秋十二公明辨（唐大章）……三七四八
左傳纂（吴從周）……三七四九
春秋歸正書（張承祚）……三七四九
春秋經傳類事（陳可言）……三七四九
春秋類編（秦瀹）……三七五〇
春秋左傳標釋（戴文光）……三七五〇
春秋備考（陳宗之）……三七五〇
春秋所見所聞所傳聞（陸曾羣）……三七五一
春秋叙説（華時亨）……三七五一
春秋因是（梅之熉）……三七五一
麟傳統宗（夏元彬）……三七五一
春秋左傳分國紀事（孫範）……三七五二
左記（章大吉）……三七五三
春秋愚謂（徐允禄）……三七五三
春秋義（顧懋樊）……三七五四
春秋五傳平文（張岐然）……三七五四
春秋前議（馮瑛）……三七五五
春秋二十編（周廷求）……三七五六
春秋四傳通辭（陳士芳）……三七五七

卷二百七　春秋四十

春秋杜林合注（王道焜等）……三七五八
春秋四傳辨疑（陳肇曾）……三七五九
春秋説（華允誠）……三七五九
春秋鞠説（倪元璐）……三七五九
春秋表正（黄道周）……三七六〇
春秋撰（黄道周）……三七六〇
春秋實録（鄧來鸞）……三七六〇

春秋易義（林胤昌）……三七六〇
春秋比事（張國經）……三七六一
春秋兵法（黎遂球）……三七六一
春秋三書（張溥）……三七六一
春秋明微（吴希哲）……三七六二
春秋程傳補（孫承澤）……三七六三
春秋定衡（吴主一）……三七六四
春秋澤書（堵胤錫）……三七六四
春秋四傳合論（夏允彝）……三七六四
春秋存俟（余光、余颺）……三七六四
春秋志在（來集之）……三七六五
四傳權衡（來集之）……三七六六
春秋傳（林尊賓）……三七六六
左氏兵法測要（宋徵璧）……三七六七

卷二百八　春秋四十一

春秋左傳地名録（劉城）……三七七二
左傳人名録（劉城）……三七七三
左傳杜解補正（顔炎武）……三七七三
春秋名系彙譜（孫和鼎）……三七七四
春秋綱（秦沅）……三七七五
左氏春秋集説（朱鶴齡）……三七七六
讀左日抄（朱鶴齡）……三七七八
春秋論（陸圻）……三七八〇
左傳經世（魏禧）……三七八〇
春秋左傳典略（陳許廷）……三七八二
春秋胡諍（何其偉）……三七八三
春秋集論（王挺）……三七八四
春秋平義（俞汝言）……三七八四
春秋四傳糾正（俞汝言）……三七八四
春秋自得篇（王寅）……三七八六
春秋集義（金鏡）……三七八七
春秋志禮（錢㚟）……三七八七
春秋傳略（張睿卿）……三七八九

春秋大成（馮如京）……三七八九
春秋傳彙（董漢策）……三七八九
春秋管見（瞿世壽）……三七九〇
春秋左傳統箋（姜希轍）……三七九一
春秋事緯（馬驌）……三七九一
春秋志（湯秀琦）……三七九二
春秋傳（毛奇齡）……三七九三
屬辭比事紀（毛奇齡）……三七九五
春秋條貫篇（毛奇齡）……三七九六
春秋左翼（王氏）……三七九六
春秋説苑（張氏）……三七九八
春秋翼傳（湯氏）……三七九八
春秋質疑（楊氏）……三七九八

卷二百九　春秋四十二

春秋外傳國語（左邱明）……三七九九
國語章句（鄭衆）……三八〇三
國語解詁（賈逵）……三八〇四
春秋外傳章句（王肅）……三八〇四
春秋外傳國語注（虞翻）……三八〇四
春秋外傳國語注（唐固）……三八〇五
春秋外傳國語注（韋昭）……三八〇五
春秋外傳國語注（孔晁）……三八〇七
非國語（柳宗元）……三八〇八
國語補音（宋庠）……三八一〇
國語音義（魯有開）……三八一二
辨國語（林概）……三八一二
非非國語（江端禮）……三八一三
左氏國語要略（沈虛中）……三八一三
標注國語類編（張九成）……三八一三
左氏國語類編（吕祖謙）……三八一三
非國語辨（戴仔）……三八一四
非非國語（劉章）……三八一四
國語音略（亡名氏）……三八一五

非非國語（虞槃）……三八一五
是國語（葉真）……三八一五
釋國語（張邦奇）……三八一五
非非國語（曾于乾）……三八一六
國概（穆文熙）……三八一六
春秋外傳國語地名録（劉城）……三八一六
春秋外傳國語人名録（劉城）……三八一七
竹書師春（劉城）……三八一七

卷二百十　春秋四十三

春秋始隱公説（洪氏）……三八二〇
隱公是攝論（蘇軾）……三八二〇
春王正月説（周孚）……三八二〇
春秋周正論（羅泌）……三八二一
春王正月説（楊簡）……三八二一
春秋用周正辨（章如愚）……三八二一
春秋夏時考正（陽恪）……三八二二
春秋建正辨（牟楷）……三八二三
春秋正朔辨（商季文）……三八二三
春王正月説（陳普）……三八二四
周正如傳考（黄景昌）……三八二四
周正釋經（劉淵）……三八二八
春王正月辨（黄澤）……三八二八
春王正月考（張以寧）……三八二八
春王正月辨（周原誠）……三八三〇
周正辨（周洪謨）……三八三〇
春王正月辨（王鏊）……三八三一
周正考（冷逢震）……三八三一
春王正月論（王守仁）……三八三一
春王正月辨（霍韜）……三八三一
夏時周月論（董穀）……三八三一
春秋周正考（汪衢）……三八三一
夏周正辨疑會通（李濂）……三八三二
春王正月辨（翁金堂）……三八三三

春秋正月辨（章潢）……………………三八三三
春秋正月辨（楊元祥）……………………三八三三
春王正月辨（徐應聘）……………………三八三四
春王正月辨（史孟麟）……………………三八三四
春王正月辨（亡名氏）……………………三八三五
春王正月辨（俞汝言）……………………三八三五
春王正月辨（湯斌）……………………三八三五
春秋正朔辨（吴任臣）……………………三八三五
即位書元非春秋始立法論（羅泌）……………………三八三六
春秋不書即位説（楊時）……………………三八三六
魯隱公不書即位義（黄澤）……………………三八三六
君子大居正論（張方平）……………………三八三六
矢魚于棠説（俞成）……………………三八三七
考仲子之宫義（陳普）……………………三八三七
公子翬弑隱公論（蘇軾）……………………三八三七
鄭伯以璧假許田論（蘇軾）……………………三八三七
魯鄭易田説（亡名氏）……………………三八三八
公至自唐論（楊簡）……………………三八三八
蔡仲行權論（張方平）……………………三八三八
疑經（司空圖）……………………三八三八
恆星不見論（羅泌）……………………三八三九
季友歸獄論（張方平）……………………三八三九
季子來歸説（章如愚）……………………三八三九
吉禘莊公説（周氏）……………………三八三九
管仲相齊論（蘇軾）……………………三八四〇
五石六鷁論（歐陽修）……………………三八四〇
重耳天賜論（陳普）……………………三八四〇
介之推不受禄論（孔武仲）……………………三八四〇
子玉請復曹衛論（許衡）……………………三八四一
晉文公守原論（柳宗元）……………………三八四一
春秋卜郊説（章如愚）……………………三八四一
不郊猶三望説（林氏）……………………三八四二
不郊猶三望説（亡名氏）……………………三八四二
閏月不告朔論（蘇軾）……………………三八四二

作邱甲辨（黃澤）……三八四三
子囊城郢論（劉敞）……三八四三
季札觀樂説（楊簡）……三八四三
子産不毁鄉校頌（韓愈）……三八四三
非子産論（劉敞）……三八四四
許世子弑君説（楊簡）……三八四四
叔孫昭子譏叔輒論（劉敞）……三八四四
夾谷論（席書）……三八四四
春秋救日論（席書）……三八四五
齊人歸魯侵田説（林氏）……三八四五
齊人歸魯侵田説（亡名氏）……三八四五
墮三都論（蘇軾）……三八四五
趙鞅入晉陽論（張方平）……三八四六
獲麟説（胡銓）……三八四六
獲麟解（羅泌）……三八四六
泣麟圖説（金寔）……三八四六
獲麟説（王鏊）……三八四七
獲麟論（席書）……三八四七
獲麟説（唐順之）……三八四七

卷二百十一　論語一

古論語……三八四八
齊論語……三八五二
齊論語説……三八五三
魯論語……三八五四
傳……三八五四
論語義疏（孔鮒）……三八五六
古論語訓（孔安國）……三八五六
魯論語説（夏侯勝）……三八五七
魯安昌侯説（張禹）……三八五七
魯論語説（王駿）……三八五八
漢石渠議奏……三八五九
燕傳説（無名氏）……三八五九
論語傳（劉輔）……三八五九

論語章句（包咸）……三八五九
論語注訓（何休）……三八六〇
論語傳（鄭衆）……三八六〇
論語解（馬融）……三八六一
論語注（鄭玄）……三八六一
古文論語注（鄭玄）……三八六一
論語釋義（鄭玄）……三八六二
論語注（麻達）……三八六三
論語章句（周氏）……三八六三
論語注（譙周）……三八六四
論語解（陳羣）……三八六四
論語注（王肅）……三八六五
論語釋駁（王肅）……三八六五
論語注（周生烈）……三八六五
論語集解（何晏、鄭沖等）……三八六六
論語釋疑（王弼）……三八六八
論語注（張昭）……三八六九
論語弼（程秉）……三八六九
論語注（虞翻）……三八六九

卷二百十二　論語二

論語集注（衛瓘）……三八七〇
論語集義（崔豹）……三八七一
論語旨序（繆播）……三八七一
論語體略（郭象）……三八七二
論語隱（郭象）……三八七二
論語釋疑（欒肇）……三八七三
論語駁序（欒肇）……三八七三
論語音（徐邈）……三八七三
論語讚鄭氏注（虞喜）……三八七三
新書對張論（虞喜）……三八七四
論語釋（曹毗）……三八七四
論語藏集解（應琛）……三八七五
論語釋（庾翼）……三八七五

論語集注（李充）……三八七五
論語釋（李充）……三八七六
論語注（范甯）……三八七六
論語集解（孫綽）……三八七六
論語注（孟整）……三八七七
論語注釋（梁覬）……三八七八
論語注釋（袁喬）……三八七八
論語注釋（尹毅）……三八七九
論語義（王濛）……三八七九
論語集解（江熙）……三八七九
論語注（張憑）……三八八〇
論語釋（張憑）……三八八〇
論語注（宋纖）……三八八一
論語義注（暢惠明）……三八八一
論語釋（蔡系）……三八八一
論語釋（張隱）……三八八二
論語通鄭（郄原）……三八八二
論語論釋（姜處道）……三八八二
論語續注（宋明帝）……三八八二
論語注（蔡謨）……三八八三
論語疏（張略）……三八八三
論語義（伏曼容）……三八八四
論語別義（范廙）……三八八四
論語注（孔澄之）……三八八四
論語注（虞遐）……三八八五
論語訓注（沈驎士）……三八八五
論語注（許容）……三八八五
論語注（曹思文）……三八八五
論語述議（戴詵）……三八八六
論語（梁武帝）……三八八六
論語集注（陶弘景）……三八八六
論語集解（太史叔明）……三八八七
論語義疏（褚仲都）……三八八七
論語義疏（皇侃）……三八八八

論語義（張譏）……三八八九
論語義疏（顧越）……三八八九
論語義疏（張沖）……三八八九
論語注（陳奇）……三八八九
論語講疏文句義（徐孝充）……三八九〇
論語述義（劉炫）……三八九〇
續注論語（史辟原）……三八九〇
論語解（釋智略）……三八九一
論語標指（司馬氏）……三八九一
論語注（盈氏）……三八九一
論語注（盧氏）……三八九二
論語修鄭錯（王氏）……三八九二
古論語義注譜（徐氏）……三八九二
論語隱義（亡名氏）……三八九二
論語隱義注（亡名氏）……三八九三
論語義注（亡名氏）……三八九三
論語難鄭（亡名氏）……三八九四
論語雜問（亡名氏）……三八九四
論語義注圖（亡名氏）……三八九四

卷二百十三　論語三

論語疏（賈公彦）……三八九五
論語釋文（陸德明）……三八九五
論語品類（陳蜕）……三八九六
論語注（韓愈）……三八九六
論語筆解（韓愈）……三八九六
論語問（侯喜）……三八九九
論語注辨（張籍）……三八九九
論語樞要（馬總）……三九〇〇
論語刊誤（李涪）……三九〇〇
注論語（李磎）……三九〇一
論語雜義（亡名氏）……三九〇一
論語剔義（亡名氏）……三九〇一
論語解（宋徽宗皇帝）……三九〇一

論語正義（邢昺）……三九〇二
論語增注（宋咸）……三九〇二
論語集解辨誤（周式）……三九〇三
論語摘科辨解（紀亶）……三九〇三
論語集解（杜莘老）……三九〇三
論語集解（余象）……三九〇四
論語增注（阮逸）……三九〇四
論語精義（勾微）……三九〇四
論語（周惇頤）……三九〇五
論語注（王令）……三九〇五
論語解（王安石）……三九〇五
論語通類（王安石）……三九〇五
論語口義（王雱）……三九〇六
論語義（呂惠卿）……三九〇六
論語説（孔武仲）……三九〇六
論語纂（蔡申）……三九〇六
論語解（王端禮）……三九〇七
論語説（史通）……三九〇七
論語講義（何執中）……三九〇七
論語解（蘇軾）……三九〇七
論語拾遺（蘇轍）……三九〇七
論語注（王鞏）……三九〇八
論語解義（鄒浩）……三九〇九
重注論語（劉正叟）……三九一〇
論語全解（龔原）……三九一一
論語全解（陳祥道）……三九一一
論語講義（晁説之）……三九一三

卷二百十四　論語四

論語説（程頤）……三九一四
論語説（范祖禹）……三九一四
論語解（呂大臨）……三九一五
論語解（謝良佐）……三九一五
論語説（侯仲良）……三九一九

論語雜解（游酢）……三九二〇
論語解（楊時）……三九二〇
論語解（尹焞）……三九二一
論語集解（王蘋）……三九二三

卷二百十五　論語五

論語講義（劉弇）……三九二四
論語詩（林子充）……三九二六
論語義（湯巖起）……三九二七
論語直解（汪革）……三九二七
論語解（錢觀復）……三九二七
論語釋言（葉夢得）……三九二八
論語略解（上官愔）……三九二九
論語解（曾元忠）……三九二九
論語類觀（黄鍰）……三九二九
論語辨（朱申）……三九二九
論語説（江奇）……三九三〇
論語解（倪登）……三九三〇
論語解（程瑀）……三九三〇
論語講義（林之奇）……三九三一
論語傳（陳禾）……三九三一
論語詳説（李綱）……三九三一
論語解（張浚）……三九三一
竹西論語感發（王居正）……三九三二
魯論集議（向子愻）……三九三二
論語解（劉安世）……三九三三
論語解（許翰）……三九三三
論語講義（王庭珪）……三九三三
論語解（王綯）……三九三三
論語義（曾幾）……三九三四
論語解（許文瑞）……三九三四
論語解（鄭剛中）……三九三四

卷二百十六　論語六

論語直解（朱震）……三九三五
論語續解、考異、説例（吴棫）……三九三五
論語詳説（胡寅）……三九三六
論語指南（胡宏）……三九三九
論語會義（胡憲）……三九四〇
論語訓釋（鄭耕老）……三九四〇
論語口義（王賓）……三九四一
論語解義（黄祖舜）……三九四一
論語説（洪興祖）……三九四一
論語探古（畢良史）……三九四二
論語解（藺敏修）……三九四二
論語發揮（黄開）……三九四二
論語傳（程迥）……三九四三
論語解（徐椿年）……三九四三
論語解（趙敦臨）……三九四三
論語解（徐珣）……三九四三
玉泉論語學（喻樗）……三九四三
論語集解（何逢原）……三九四四
論語解（張九成）……三九四四
論語解（謝諤）……三九四四
論語口義（史浩）……三九四五
論語解（蘇總龜）……三九四五
論語發微（吴沆）……三九四五
論語知新（林栗）……三九四五
論語大義（卞圜）……三九四六
論語解義（葉隆古）……三九四六
論語訓解（劉懋）……三九四七
論語解（王炎）……三九四七

卷二百十七　論語七

論語集義（朱熹）……三九四八
論語詳説（朱熹）……三九五〇

論語集注（朱熹）……三九五一
論語或問（朱熹）……三九五三
論語注義問答通釋（黄幹）……三九五四
論語答問（輔廣）……三九五五
論語輯説（馮椅）……三九五五
論語解（劉砥）……三九五五
論語解（陳易）……三九五五
論語問答（吴英）……三九五六
論語説（何鎬）……三九五六
論語注（鄒補之）……三九五六
論語説（滕璘）……三九五六

卷二百十八　論語八

南軒論語解（張栻）……三九五七
論語少學（薛季宣）……三九五八
論語直解（薛季宣）……三九五九
論語解（沈文柄）……三九六一
論語集解（胡公武）……三九六一
論語後傳（陳知柔）……三九六三
論語解（林亦之）……三九六三
論語集解（梁億）……三九六三
論語説（諸葛説）……三九六四
家塾編次論語（李舜臣）……三九六四
論語説（沈大廉）……三九六四
論語纂訓（邱義）……三九六四
論語義證（倪思）……三九六五
論語解（章服）……三九六六
論語解（徐存）……三九六六
論語解（高元之）……三九六六
論語説（馬之純）……三九六六
論語人物志（黄補）……三九六六
論語略解（宋藴）……三九六七
論語拾遺（張琥）……三九六七
論語講義（許奕）……三九六七

論語本旨(姜得平)……三九六七
論語孟子類(楊泰之)……三九六八
論語解(楊泰之)……三九六八
論語衍説(胡泳)……三九六八
集程氏論語説(湯烈)……三九六八
石鼓論語答問(戴溪)……三九六九
論語説(潘好古)……三九六九
論語説(孫應時)……三九六九
論語解(陳藻)……三九七〇
論語訓傳(王時會)……三九七〇
論語講義(葉秀發)……三九七〇
論語大義(時少章)……三九七〇
論語記蒙(陳耆卿)……三九七一
論語解(羅維藩)……三九七一
論語注義問答(陳宓)……三九七一
論語探古(章良史)……三九七一
論語解(黄宙)……三九七二
論語解(夏良規)……三九七二
論語釋(丁明)……三九七二
論語集傳(傅子雲)……三九七三
復庵讀論語(馮誠之)……三九七三
論語説(王萬)……三九七三

卷二百十九　論語九

論語集編(真德秀)……三九七四
論語要義(魏了翁)……三九七四
論語大意(趙善湘)……三九七四
論語意原(鄭汝諧)……三九七五
拙齋論孟説(孫繪)……三九七七
論語發微(陳孜)……三九七八
論語説(趙燮)……三九七九
論語説(魏天祐)……三九八〇
論語翼(梁椅)……三九八〇
論語童蒙説(柴中行)……三九八〇

論語講義（蔡元鼎）……三九八〇
論語傳贊（錢文子）……三九八〇
論語贅言（徐煥）……三九八一
魯論明微（張演）……三九八一
論語注（曹宓）……三九八一
論語纂（葉由庚）……三九八一
論語解（柴元祐）……三九八二
論語約説（鍾宏）……三九八二
論語釋（胡侁）……三九八二
論語問答（陳如晦）……三九八二
論語歸趣（王汝猷）……三九八三
論語集疏（蔡模）……三九八三
論語集説（孔元龍）……三九八四
論語解（李用）……三九八四
論語語類（潘墀）……三九八四
論語解（林文昭）……三九八五
論語講説（蕭山）……三九八五
論語講義（傅蒙）……三九八五
論語講義（黄方子）……三九八五
論語講義（吕中）……三九八六
論語本義（鄭奕夫）……三九八六
論語集説（蔡節）……三九八六
論語演義（劉元剛）……三九八七
論語傳説補（李春叟）……三九八八
論語石洞紀聞（饒魯）……三九八八
讀論語日抄（黄震）……三九八八
論語發揮（何基）……三九八九
論語通旨（王柏）……三九八九
論語衍義（王柏）……三九八九
魯經章句（王柏）……三九八九
論語集注考證（金履祥）……三九八九

卷二百二十　論語十

論語解（周氏失名）……三九九一

論語井田義圖（亡名氏）…………三九九一
論語玄義（亡名氏）…………三九九二
論語要義（亡名氏）…………三九九二
論語口義（亡名氏）…………三九九二
論語展掌疏（亡名氏）…………三九九二
論語閱義疏（亡名氏）…………三九九三
論語世譜（亡名氏）…………三九九三
論語撰人名（亡名氏）…………三九九三
論語意原（亡名氏）…………三九九三
論語樞要（亡名氏）…………三九九四
習齋論語講義（亡名氏）…………三九九四
論語陳說（釋贊寧）…………三九九五
論語新義（金仁存）…………三九九五
論語小義（幹道沖）…………三九九六
删存論語解（趙秉文）…………三九九六
論語辨惑（王若虛）…………三九九六
緱山論語旁通（杜瑛）…………三九九八
論語章指（劉莊孫）…………三九九九
論語集義（王鶚）…………三九九九
論語言仁通旨（齊履謙）…………三九九九
增集論語說約（單庚金）…………四〇〇〇
論語講義（戴表元）…………四〇〇〇
論語訓蒙口義（陳櫟）…………四〇〇〇
論語圖（林起宗）…………四〇〇一
論語義（郭好德）…………四〇〇一
魯論口義（歐陽溥）…………四〇〇二
論語指要（任士林）…………四〇〇二
論語提要（吴簡）…………四〇〇二
論語句解（劉豈蟠）…………四〇〇三
論語旁訓（沈易）…………四〇〇三
論語訓蒙（俞杰）…………四〇〇三

卷二百二十一　論語十一

論語類編（周是修）…………四〇〇四

論語私抄（楊守陳）……四〇〇四
論語類編（羅用俊）……四〇〇五
論語近説（王承裕）……四〇〇六
論語蒙讀（王承裕）……四〇〇六
魯經（童品）……四〇〇六
論語衍義（林士元）……四〇〇六
論語洙泗萬一本旨（黄省曾）……四〇〇六
論語心義（萬表）……四〇〇七
論語筆義（劉教）……四〇〇七
論語偶見（蔡國熙）……四〇〇七
論語解（陳士元）……四〇〇七
論語述（許孚遠）……四〇〇九
論語衍言（章潢）……四〇〇九
論語外編（李栻）……四〇〇九
論語類求（沈懋孝）……四〇〇九
讀論勿藥（余懋學）……四〇一〇
論語訂釋（管志道）……四〇一〇
論語大意（李材）……四〇一一
論語箋疏（袁黄）……四〇一一
論語詳解（郝敬）……四〇一一
論語義府（王肯堂）……四〇一一
論語膚義（楊惟相）……四〇一二
論語駁異（王衡）……四〇一二
論語逸編（鍾韶）……四〇一二
論語測（李頻）……四〇一三
論語或問臆説（李頻）……四〇一三
論語學案（劉宗周）……四〇一三
論語貫義（陳懿典）……四〇一三
論語湖南講（葛寅亮）……四〇一四
論語商（周宗建）……四〇一四
論語分篇（羅喻義）……四〇一四
論語傳習（虞世愷）……四〇一五
論語近指（孫奇逢）……四〇一五
論語測疑（李弘明）……四〇一六

論語稽求篇（毛奇齡）……四〇一六
論語對偶（亡名氏）……四〇一七
孔子三朝記（亡名氏）……四〇一七
孔子徒人圖法（亡名氏）……四〇一八
論語孔子弟子目録（鄭玄）……四〇一八
孔子弟子別傳（蘇過）……四〇一九
孔門弟子傳略（夏洪基）……四〇二〇

卷二百二十二　孝經一

今文孝經……四〇二一
古文孝經……四〇二四
孝經傳（魏文侯）……四〇二六
古文孝經傳（孔安國）……四〇二七
孝經說（長孫氏）……四〇二九
孝經說（江翁）……四〇二九
孝經說（翼奉）……四〇二九
孝經說（后蒼）……四〇三〇
孝經說（張禹）……四〇三〇
孝經訓注（何休）……四〇三一
孝經注（鄭衆）……四〇三一
孝經注（馬融）……四〇三一
孝經注（鄭玄）……四〇三一
孝經解（高誘）……四〇三八
孝經皇義（宋均）……四〇三八
孝經解（王肅）……四〇三八
孝經故（衛覬）……四〇三九
孝經注（蘇林）……四〇三九
孝經注（何晏）……四〇四〇
孝經古文注（劉邵）……四〇四〇
孝經注（孫熙）……四〇四〇
孝經（虞翻）……四〇四〇
孝經解讚（韋昭）……四〇四一
孝經傳（嚴畯）……四〇四一

卷二百二十三　孝經二

孝經傳（晉元帝）……四〇四二
總明館孝經講義（晉孝武帝）……四〇四二
孝經嘿注（徐整）……四〇四三
集解孝經（謝萬）……四〇四三
集議孝經（荀勗）……四〇四三
集義孝經（袁敬仲）……四〇四四
孝經注（虞喜）……四〇四四
孝經注（楊泓）……四〇四四
孝經注（袁宏）……四〇四五
孝經注（虞槃佑）……四〇四五
孝經注（殷仲文）……四〇四五
孝經注（車胤）……四〇四六
孝經注（孔光）……四〇四六
宋大明中東宮講義（孔光）……四〇四六
大明中皇太子講義疏（何約之）……四〇四七
孝經注（何承天）……四〇四七
孝經注（荀昶）……四〇四七
孝經注（費沈）……四〇四七
孝經圖（謝稚）……四〇四八
齊永明東宮講義……四〇四八
永明諸王講義……四〇四八
孝經注（王玄載）……四〇四九
孝經義疏（周顒）……四〇四九
孝經注（明僧紹）……四〇四九
孝經義疏（李玉之）……四〇四九
孝經義（陸澄）……四〇五〇
孝經義疏（梁武帝）……四〇五〇
講孝經義（昭明太子統）……四〇五〇
孝經義疏（簡文帝）……四〇五一
孝經義記（孝明帝巋）……四〇五一
孝經義疏（蕭子顯）……四〇五一
孝經敬愛義（蕭子顯）……四〇五一

孝經義疏（皇侃）……四〇五二
孝經注（嚴植之）……四〇五二
孝經講義（賀瑒）……四〇五二
孝經義疏（賀瑒）……四〇五三
集注孝經（陶弘景）……四〇五三
孝經注（曹思文）……四〇五三
孝經序（諸葛循）……四〇五三
孝經注（江係之）……四〇五四
孝經注（江遜）……四〇五四
孝經義（太史叔明）……四〇五四
孝經義疏（趙景韶）……四〇五五
孝經義（張譏）……四〇五五
孝經私記（周弘正）……四〇五五
孝經義記（沈文阿）……四〇五五
孝經義疏（顧越）……四〇五六
孝經講疏（徐孝克）……四〇五六
孝經義（張沖）……四〇五六
孝經義記（王元規）……四〇五六
孝經義（熊安生）……四〇五七
孝經注（陳奇）……四〇五七
孝經疑（樊深）……四〇五七
孝經序論（樂遜）……四〇五七
孝經義疏（何妥）……四〇五八
古文孝經義疏（劉炫）……四〇五八
孝經注（宇文弢）……四〇五八
孝經注（釋慧琳）……四〇五八
孝經注（釋慧始）……四〇五九
孝經義記（釋靈裕）……四〇五九
孝經私記（亡名氏）……四〇六〇
孝經義（亡名氏）……四〇六〇
孝經玄（亡名氏）……四〇六〇
孝經圖（亡名氏）……四〇六〇
孝經孔子圖（亡名氏）……四〇六一
魏國語孝經（亡名氏）……四〇六一

卷二百二十四　孝經三

孝經注（唐明皇）……四〇六二
孝經疏（賈公彥）……四〇六七
孝經釋文（陸德明）……四〇六七
孝經義疏（孔穎達）……四〇六七
越王孝經新義（任希古）……四〇六八
注孝經（王元感）……四〇六八
孝經注（魏克己）……四〇六八
孝經義（王漸）……四〇六九
御注孝經疏（元行沖）……四〇六九
孝經注（尹知章）……四〇七〇
孝經指要（李嗣真）……四〇七〇
科斗書孝經（李陽冰）……四〇七〇
孝經義（平貞眘）……四〇七一
孝經疏（蘇彬）……四〇七一
孝經講疏（任奉古）……四〇七一
高麗別叙孝經（任奉古）……四〇七一

卷二百二十五　孝經四

孝經正義（邢昺等）……四〇七三
孝經注（龍昌期）……四〇七四
孝經節要（宋綬）……四〇七四
孝經要語（吕公著）……四〇七四
古文孝經指解（司馬光）……四〇七五
孝經解（王安石）……四〇七八
古文孝經說（范祖禹）……四〇七九
孝經傳（趙克孝）……四〇八〇
孝經講義（張元老）……四〇八〇
孝經傳（吕惠卿）……四〇八〇
孝經圖（李公麟）……四〇八一
孝經解（何執中）……四〇八二
孝經注（江杞）……四〇八二
孝經新義（吉觀國）……四〇八三

孝經解義（家滋）……四〇八三
孝經解義（王怫）……四〇八三
孝經解（程全一）……四〇八三
孝經指解（林獨秀）……四〇八四
孝經詳解（王文獻）……四〇八四
孝經全解（林椿齡）……四〇八四
孝經義（趙湘）……四〇八五
孝經解（沈處厚）……四〇八五
孝經本説（何備）……四〇八五
孝經解（王綯）……四〇八五
讀孝經雜記（胡銓）……四〇八六
古文孝經序贊（洪興祖）……四〇八六
孝經通義（張師尹）……四〇八六
孝經解（張九成）……四〇八七
孝經解（唐仲友）……四〇八七
古文孝經解（楊簡）……四〇八八
孝經解（王炎）……四〇八八

卷二百二十六　孝經五

孝經刊誤（朱熹）……四〇八九
孝經説（項安世）……四〇九二
孝經本旨（黄榦）……四〇九二
古孝經輯注（馮椅）……四〇九二
孝經集義（龔栗）……四〇九三
孝經解（史繩祖）……四〇九四
孝經説（袁甫）……四〇九四
孝經類鑑（俞觀能）……四〇九六
孝經章句（方逢辰）……四〇九六
孝經衍義（劉元剛）……四〇九六
孝經釋（胡侁）……四〇九七
孝經解（劉養晦）……四〇九七
孝經大義（董鼎）……四〇九八
孝經注解（朱申）……四一〇〇
孝經同異（王行）……四一〇〇

孝經審問（俞浙）……四一〇〇
孝經注（胡子實）……四一〇一
孝經正文（陳合）……四一〇一
孝經注（蔡子高）……四一〇一
孝經釋文（姜融）……四一〇一
孝經釋文（陳鄂）……四一〇二
孝經傳贊（胡一桂）……四一〇二
孝經集注（李應龍）……四一〇二
古文孝經指解詳説（李氏）……四一〇二

卷二百二十七　孝經六

孝經傳（白賁）……四一〇五
孝經直説（許衡）……四一〇五
孝經章句（吴澂）……四一〇六
孝經外傳（江直方）……四一〇八
孝經衍義（程縣道）……四一〇八
孝經直解（錢天祐）……四一〇九
孝經直解（貫雲石）……四一一〇
孝經口義（張翌）……四一一一
孝經圖解（林起宗）……四一一一
續孝經衍義（楊少愚）……四一一二
孝經刊誤（余芑舒）……四一一二
孝經新説（陳樵）……四一一二
孝經附録（吴迂）……四一一二
孝經義疏（李孝光）……四一一三
孝經旁訓（沈易）……四一一三
孝經（王勉）……四一一四
孝經説（姜氏）……四一一五
孝經管見（亡名氏）……四一一五
孝經集説（亡名氏）……四一一八
孝經明解（亡名氏）……四一二〇
成齋孝經説（亡名氏）……四一二〇

卷二百二十八　孝經七

孝經新説（宋濂）……四一二一
孝經旁注（朱升）……四一二一
孝經集善（孫蕡）……四一二二
孝經衍義（葉瓚）……四一二三
孝經解（何初）……四一二三
孝經注解（孫吾與）……四一二四
古文孝經集義（吴從敬）……四一二四
孝經誠俗（方孝孺）……四一二四
孝經刊誤（晏壁）……四一二四
孝經述解（曹端）……四一二五
孝經集解（劉實）……四一二五
定次孝經古今文（薛瑄）……四一二五
孝經解（費希冉）……四一二六
孝經私抄（楊守陳）……四一二六
孝經注（陳選）……四一二六
孝經刊誤集注（應綱）……四一二六
考定古今孝經節文（周木）……四一二七
增注孝經（晏鐸）……四一二七
孝經正誤（潘府）……四一二七
重定孝經傳注（童品）……四一二八
孝經大義（王守仁）……四一二八
孝經集注（余本）……四一二九
訂正孝經（郎瑛）……四一二九
孝經考誤集解（汪宇）……四一二九
孝經定本（蔡烈）……四一三〇
孝經解詁（陳深）……四一三〇
孝經刊誤説（余息）……四一三〇
考定孝經古文（柯遷之）……四一三〇
孝經本文説（褚相）……四一三〇
孝經問對（陳曉）……四一三一
孝經集義（余時英）……四一三一

卷二百二十九　孝經八

孝經會通（沈淮）……四一三四
孝經宗旨（羅汝芳）……四一三五
孝經訂注（程廷策）……四一三六
孝經孝則（蔡悉）……四一三六
孝經疏義（李材）……四一三六
孝經敘録（歸有光）……四一三七
孝經繹（方學漸）……四一三八
孝經注疏（劉子立）……四一三九
孝經解（韓世能）……四一三九
編定古文孝經（黄金色）……四一三九
孝經句義（方揚）……四一三九
孝經注解（胡時化）……四一四〇
孝經列傳（胡時化）……四一四〇
重定孝經列傳（吴擣謙）……四一四一
孝經全書（鄧以誥）……四一四一
孝經刊誤（劉閔）……四一四一
孝經外傳（楊起元）……四一四一
孝經引證（楊起元）……四一四一
孝經説（鄒元標）……四一四一
孝經要旨（孟化鯉）……四一四二
孝經別傳（李槃）……四一四二
孝經注（李廷機）……四一四二
孝經邇言（虞淳熙）……四一四二
孝經集靈（虞淳熙）……四一四三
今文孝經説（虞淳熙）……四一四三
孝經義疏（馮從吾）……四一四三
孝經質疑（吴炯）……四一四三
孝經攷注（陳堯道）……四一四四
補正孝經本義（曹于汴）……四一四四
孝經大全（畢懋康）……四一四四
古文孝經注（蔡毅中）……四一四四
孝經本義（吕維祺）……四一四六

孝經大全（吕維祺）……四一四六
孝經或問（吕維祺）……四一四六
孝經衍義（吕維祺）……四一四七
孝經翼（吕維祺）……四一四八
校訂孝經本義大全（吴甡）……四一四八
孝經闡注（鄭若曾）……四一四八
孝經正義（陸山）……四一四八

卷二百三十　孝經九

孝經翼（陳仁錫）……四一四九
孝經集傳（黄道周）……四一四九
孝經本讚（黄道周）……四一五一
孝經秋訂（龍文光）……四一五二
校訂孝經大全（張鼎延）……四一五二
孝經衍義（張有譽）……四一五二
考定古文孝經（何楷）……四一五二
古文孝經説（孫本）……四一五三
孝經釋疑（孫本）……四一五三
孝經質疑（朱鴻）……四一五三
孝經集解（朱鴻）……四一五三
孝經彙注（馮夢龍）……四一五四
孝經貫注（瞿罕）……四一五四
孝經存餘（瞿罕）……四一五四
孝經考異（瞿罕）……四一五五
孝經對問（瞿罕）……四一五五
孝經求蒙（陳咨範）……四一五五
孝經攷注（朱鼎材）……四一五五
孝經講義（張雲鸞）……四一五六
孝經繹（陳三槐）……四一五六
編次孝經（蔡復賞）……四一五六
孝經疏秒（梅鼎和）……四一五六
孝經彙注（江元祚）……四一五六
孝經疏義（江旭奇）……四一五七
孝經攷異（江旭奇）……四一五七

孝經筆旨（鄒期相）……四一五八
孝經衍義（蔡景默）……四一五八
孝經緒箋（宫偉鏐）……四一六〇
孝經通箋（薛正平）……四一六〇
孝經問業（張夏）……四一六一
孝經注疏大全（葉鈔）……四一六一
孝經正義（姜安節）……四一六一
孝經備考（王復禮）……四一六二
孝經箋注（顧蘭）……四一六二
孝經類解（吴之騄）……四一六二
父母生之章衍義（吴從周）……四一六二

卷二百三十一　孟子一

孟子……四一六三

卷二百三十二　孟子二

四註孟子（揚雄等）……四一七三
刺孟（王充）……四一七三
孟子註（趙岐）……四一七四
孟子章句（程曾）……四一七九
正孟子章句（高誘）……四一七九
孟子注（鄭玄）……四一七九
孟子注（劉熙）……四一八〇
孟子注（綦毋邃）……四一八〇
孟子注（陸善經）……四一八一
孟子音義（張鎰）……四一八二
孟子手音（丁公著）……四一八三
翼孟（劉軻）……四一八五

卷二百三十三　孟子三

孟子正義（孫奭）……四一八六
孟子音義（孫奭）……四一八八
删孟子（馮休）……四一八九
常語（李覯）……四一九〇

孟子評（蘇洵）……四一九一
疑孟（司馬光）……四一九一
孟子節解（司馬康等）……四一九二
孟子解（王安石）……四一九三
孟子講義（王令）……四一九三
孟子解（程頤）……四一九五
孟子解（張載）……四一九五
孟子解（蘇轍）……四一九六
孟子解（蔣之奇）……四一九六
孟子解（龔原）……四一九六
孟子解義（鄒浩）……四一九六
孟子注（王雱）……四一九八

卷二百三十四　孟子四

孟子解義（周諝）……四一九九
孟子義（史通）……四一九九
孟子解義（陳暘）……四一九九
嗣孟（徐積）……四二〇〇
孟子新義（許允成）……四二〇〇
點注孟子（張簡）……四二〇〇
孟子解義（章甫）……四二〇〇
孟子廣義（蔡參）……四二〇一
孟子餘義（黄敏）……四二〇一
詆孟（晁説之）……四二〇一
尊孟辨（余允文）……四二〇二
孟子解（沈括）……四二〇二
孟子講義（吕大臨）……四二〇三
孟子雜解（游酢）……四二〇三
孟子解義（游酢）……四二〇三
孟子義（楊時）……四二〇三
孟子解（尹焞）……四二〇四
孟子講義（林之奇）……四二〇五
孟子講義（程俱）……四二〇六
孟子通義（葉夢得）……四二〇六

孟子略解（上官愔）……四二〇六
孟子說（汪琦）……四二〇七
孟子傳（陳禾）……四二〇七
孟子疑難（王居正）……四二〇七
孟子講義（李撰）……四二〇七
廣孟子說養氣論（李撰）……四二〇八
孟子師說（羅從彥）……四二〇八
孟子解（鄭剛中）……四二〇九
孟子詳説（張栻）……四二一〇
癸巳孟子說（張栻）……四二一〇
孟子章句（程迥）……四二一一
孟子訓釋（鄭耕老）……四二一一
孟子解（趙敦臨）……四二一一
孟子辨志（黃開）……四二一一
孟子說（徐時動）……四二一二
孟子解（劉季裴）……四二一二
孟子解（張九成）……四二一二
孟子拾遺（張九成）……四二一三
孟子發題（施德操）……四二一三
經筵孟子講義（陳傅良）……四二一四
翼孟音解（陸筠）……四二一四
孟子問答（倪思）……四二一六
孟子集注（朱熹）……四二一六
孟子集義（朱熹）……四二一七
孟子或問（朱熹）……四二一七
孟子問辨（朱熹）……四二一七
孟子要略（朱熹）……四二一七
讀余氏尊孟辨說（朱熹）……四二一八
孟子講義（黃幹）……四二一九
孟子答問（輔廣）……四二一九
孟子說（許升）……四二二〇
孟子注（㬊淵）……四二二〇
孟子注（鄒補之）……四二二一
孟子圖（馮椅）……四二二一

孟子問答（張顯父）……四二二一
孟子注解（劉砥）……四二二一

卷二百三十五　孟子五

孟子解（徐存）……四二二二
孟子解（章服）……四二二二
評孟（黃次伋）……四二二二
孟子講義（李彖）……四二二三
孟子解（徐珦）……四二二三
孟子説（潘好古）……四二二三
孟子解（袁甫）……四二二三
孟子解（陳易）……四二二四
孟子筆義（陳駿）……四二二四
孟子明解（孫奕）……四二二四
孟子旨義（王自申）……四二二四
孟子解（陳藻）……四二二五
孟子解（陳櫄）……四二二五
孟子記蒙（陳耆卿）……四二二五
孟子解（趙善湘）……四二二六
孟子解（夏良規）……四二二六
孟子指義（傅子雲）……四二二六
孟子大義（時少章）……四二二六
孟子解（黃宙）……四二二七
翼孟（李惟正）……四二二七
孟子説（魏天祐）……四二二七
石鼓孟子答問（戴溪）……四二二七
孟子傳贊（錢文子）……四二二八
孟子説（王萬）……四二二八
孟子講義（蔡元鼎）……四二二八
孟子要義（魏了翁）……四二二八
孟子旨義（譙仲午）……四二二八
孟子集疏（蔡模）……四二二九
孟子説（王奕）……四二三〇
孟子辨疑（王汝猷）……四二三一

孟子記聞（饒魯）……四一三一
孟子會編（馬廷鸞）……四一三一
孟子演義（劉元剛）……四一三一
孟子箋（朱申）……四一三一
讀孟子日抄（黃震）……四一三二
孟子通旨（王柏）……四一三二
孟子考證（金履祥）……四一三二
孟子纂要（陳普）……四一三二
集百家孟子解（亡名氏）……四一三四
孟子辨惑（王若虛）……四一三四
刪集孟子解（趙秉文）……四一三五
刺刺孟（劉章）……四一三五
孟子集注旁通（杜瑛）……四一三五
孟子旁注（李恕）……四一三六
孟子集注附録（吴迂）……四一三六
讀孟子法（吴迂）……四一三六
孟子權衡遺説（李袒）……四一三六
原孟（夏侯尚玄）……四一三七
孟子通解（亡名氏）……四一三七
孟子衍義（亡名氏）……四一三七
孟子思問録（亡名氏）……四一三七
孟子旁解（亡名氏）……四一三八
孟子節文（劉三吾等）……四一三八
孟子私抄（楊守陳）……四一三九
孟子記（李承恩）……四一四〇
孟子編類、鄒書（童品）……四一四〇
孟子因問（吕柟）……四一四〇
孟子衍義（林士元）……四一四〇
孟子古今四體文（楊時喬）……四一四〇
孟子道性善編（李栻）……四一四一
孟子詁（李鼎）……四一四一
孟子摘義（萬表）……四一四一
孟子訂釋（管志道）……四一四一
孟子雜記（陳士元）……四一四二

卷二百三十六　孟子六

卷二百三十七　爾雅一

爾雅音（顧野王）……四二七七
爾雅釋文（陸德明）……四二七七
爾雅音義（陸德明）……四二七八
爾雅音義（曹憲）……四二七八
爾雅疏（高璉）……四二七九
爾雅注（裴瑜）……四二七九
爾雅音義（釋智騫）……四二七九
爾雅音略（毋昭裔）……四二八〇

卷二百三十八　爾雅二

爾雅疏（邢昺）……四二八一
爾雅（王雱）……四二八三
爾雅新義（陸佃）……四二八四
爾雅注（鄭樵）……四二八四
爾雅釋（潘翼）……四二八七
爾雅翼（羅願）……四二八七
爾雅翼音釋（洪焱祖）……四二九四
爾雅翼節本（陳櫟）……四二九四
爾雅韻語（胡炳文）……四二九四
爾雅略義（危素）……四二九五
爾雅便音（薛敬之）……四二九五
爾雅餘（羅日褧）……四二九五
爾雅廣義（譚吉璁）……四二九五
爾雅音訓（亡名氏）……四二九六
互注爾雅貫類（亡名氏）……四二九六
爾雅兼義（亡名氏）……四二九六
爾雅發題（亡名氏）……四二九七

卷二百三十九　群經一

漢石渠五經雜議……四二九八
五經通義（劉向）……四二九九
五經要義（劉向）……四三〇五
五經通論（沛獻王劉輔）……四三〇七
白虎通德論（班固等）……四三〇七

五經通義（曹褒）……四三〇九
五經異義（許慎）……四三〇九
五經通義（張遐）……四三一五
六藝論（鄭玄）……四三一五
鄭記……四三一八
鄭志（鄭小同）……四三一八

卷二百四十　群經二

五經大義（何晏）……四三二〇
諸經解（隗禧）……四三二〇
聖證論（王肅）……四三二一
五經然否論（譙周）……四三二一
七經詩（傅咸）……四三二三
五經同異評（徐苗）……四三二三
五經通論（束晳）……四三二四
五經鉤沈（楊方）……四三二四
五經音（徐邈）……四三二五
五經大義（戴逵）……四三二五
五經咨疑（周楊）……四三二六
五經講疏（梁武帝）……四三二六
五經異同評（賀瑒）……四三二七
六經通數（鮑泉）……四三二七
經典大義（沈文阿）……四三二八
經典玄儒大義序録（沈文阿）……四三二八
讀經典大義（王元規）……四三二八
五經雜義（孫暢之）……四三二八
五經決録（王焕）……四三二九
五經析疑（邯鄲綽）……四三二九
五經宗略（元延明）……四三三〇
五經疑問（房景先）……四三三〇
五經辨疑（王神貴）……四三三一
五經略注（常爽）……四三三一
五經異同評（張鳳）……四三三二
五經大義（樊深）……四三三三

七經義綱（樊深）……四三三
七經論（樊深）……四三三
質疑（樊深）……四三四
五經異義（辛彥之）……四三四
五經大義（何妥）……四三四
五經正名（劉炫）……四三五
五經通（王氏）……四三五
五經義（亡名氏）……四三五
五經義略（亡名氏）……四三五
五經算術（亡名氏）……四三六
五經算術録遺（亡名氏）……四三六

卷二百四十一　群經三

經典釋文（陸德明）……四三七
匡謬正俗（顔師古）……四三九
五經對訣（趙英）……四四〇
六經外傳（劉貺）……四四〇
微言注集（裴僑卿）……四四〇
五經要略（顔真卿）……四四一
九經要句（李適）……四四一
九經化統（熊執易）……四四一
六經解圍（凌準）……四四二
五經文字（張參）……四四二
九經字樣（唐玄度）……四四四
五經微旨（張鎰）……四四六
九經師授譜（韋表微）……四四六
經學分毫正字（歐陽融）……四四七
六經法言（韋處厚、路隋）……四四七
五經妙言（李襲譽）……四四九
諸經纂要（崔郾、高重）……四四九
五經類語（慕容宗本）……四五〇
經史釋題（李肇）……四五〇
經史要録（鄭澣）……四五一
經典集音（劉鎔）……四五一

諸經義樞（尹思貞）……四三五一
九經釋難（馬光極）……四三五一
兼明書（邱光庭）……四三五二
五經指歸（僧十朋）……四三五二

卷二百四十二　群經四

十一經詩（宋真宗皇帝）……四三五三
演聖通論（胡旦）……四三五三
經解（蔣至）……四三五四
九經餘義（黄敏求）……四三五四
校勘五經正義（孔維等）……四三五五
經典徽言（孫奭）……四三五五
群經音辨（賈昌朝）……四三五六
五經釋題雜問（章崇業）……四三五九
五經精義（楊安國等）……四三五九
五經要旨（齊唐）……四三六〇
七經小傳（劉敞）……四三六一
經典質疑（胡順之）……四三六一
五經精義（盧士宗）……四三六二
群經索藴（楊繪）……四三六二
六經論（李清臣）……四三六二
七經中義（劉彝）……四三六二
經説（王庠）……四三六三
河南經説（程頤）……四三六四
經學理窟（張載）……四三六四
三經新義（王安石）……四三六五
三經義辨（楊時）……四三六六
三經辨學（王居正）……四三六七
諸經講義（胡埜）……四三六八
五經指南（黄彦遠）……四三六八
經解（張邦彦）……四三六八
六經解（鄒首）……四三六八
六經辨疑（張綱）……四三六九
六經確論（張綱）……四三六九

六經講義（王廷珪）……四三六九
六經講解（陳光）……四三六九
經辯（蕭楚）……四三七〇

卷二百四十三　群經五

漢儒授經圖（程俱）……四三七一
經解（羅無競）……四三七二
群經正論（吴沆）……四三七三
六經口義拾遺（鄭伯熊）……四三七三
群經滯穗（宋藻）……四三七三
六經指南（黄開）……四三七三
六經章句（任文薦）……四三七四
經説（楊汝南）……四三七四
經子法語（洪適）……四三七四
六經圖（楊甲）……四三七五
增補六經圖（毛邦翰）……四三七五
六經圖（葉仲堪）……四三八〇
六經論（楊萬里）……四三八〇
麗澤論説集録（吕祖謙）……四三八〇
説齋六經解（唐仲友）……四三八一
九經發題（唐仲友）……四三八一
諸經考疑（王炎）……四三八二
群經義（李舜臣）……四三八二
六經講義（徐存）……四三八三
諸經講義（喻良能）……四三八三
山堂疑問（劉光祖）……四三八三
群經感發（俞亨宗）……四三八三
畏齋經學（游桂）……四三八四
訓蒙經解（彭龜年）……四三八四
六經講解（張布）……四三八四
六經解（毛璞）……四三八五
習學記言序目（葉適）……四三八五
經解（任希夷）……四三八六
羣經講義（傅芷）……四三八六

經解（戴厚）……四三八七
五經傳授圖（李燾）……四三八七
諸經講義集解（危稹）……四三八七
經解（徐大受）……四三八八
家說（項安世）……四三八八
六經解（華鎧）……四三八八

卷二百四十四　群經六

六經講義（黃幹）……四三八九
五經注釋（輔廣）……四三八九
群經講義（李大同）……四三八九
木鍾集（陳埴）……四三九〇
經說（吴梅卿）……四三九一
九經直音（許奕）……四三九一
九經正訛（許奕）……四三九一
諸經正典（許奕）……四三九一
經說（林觀過）……四三九二
群書考索經說（章如愚）……四三九二
六經正誤（毛居正）……四三九二
諸經釋疑（王士奇）……四三九四
斛峰經義（李伯玉）……四三九四
九經沿革（岳珂）……四三九五
西山讀書記（真德秀）……四三九六
九經要義（魏了翁）……四三九六
融堂四書管見（錢時）……四三九八
經說（高定子）……四三九八
經傳辨疑（李彦華）……四三九八
諸經講義（吴之巽）……四三九九
諸經講義（史堯輔）……四三九九
經解（吴獵）……四三九九
四書解（謝升賢）……四四〇〇
泮林講義（張貴謨）……四四〇〇
六經圖說（俞言）……四四〇〇
經括（周士貴）……四四〇〇

六經辨疑（梁南一）……四四〇一
考信録（賈鑄）……四四〇一
晦庵經說（黄大昌）……四四〇一
九經補韻（楊伯嵒）……四四〇二
九經解（黄補）……四四〇三
裕堂先生諸經講義（梅寬夫）……四四〇三
經語協韻（黄彬）……四四〇三
九經簡要（錢承志）……四四〇三
九經疑難（張伯文）……四四〇四
五經說（戴栩）……四四〇五
六經說（王奕）……四四〇五

卷二百四十五　群經七

五經講義（饒魯）……四四〇六
三經演義（劉元剛）……四四〇六
對制談經（葉時）……四四〇六
經史辨疑（黄仲元）……四四〇七
日抄經說（黄震）……四四〇七
五經講義（曹涇）……四四〇九
五經解（夏良規）……四四〇九
五經義方（林洪範）……四四〇九
六經集傳（馬廷鸞）……四四一〇
六經天文編（王應麟）……四四一〇
玉海藝文經解（王應麟）……四四一〇
經傳蒙求（應翔孫）……四四一〇
經籍考（馬端臨）……四四一二
六經蠡測（胡仲雲）……四四一二
經疑（王義端）……四四一二
七經補注（陸正）……四四一三
五經解疑（鄭君老）……四四一三
六經精義（張卿弼）……四四一三
五經珍抄（謝枋得）……四四一四
五經類編（王所）……四四一四
六經音考（牟巘）……四四一四

卷二百四十六　群經八

六經發明（潘迪）……四四二五
經傳考異（余國輔）……四四二五
六藝綱目（舒天民）……四四二六
五經大義（馬瑩）……四四二六
五經思問（瞻思）……四四二七
九經治要（歐陽長孺）……四四二七
四經表義（杜本）……四四二七
六經補注（黃澤）……四四二八
翼經罪言（黃澤）……四四二九
經傳發明（吳仲迂）……四四二九
五經約說（宋元翁）……四四二九
五經旨要（歐陽伭）……四四三〇
經解（陳樵）……四四三〇
七經要義（江逢辰）……四四三一
九經輯義（雷光霆）……四四三一
三經雜說（吳師道）……四四三一
五經辨（楊叔方）……四四三一
經解正訛（曾巽申）……四四三二
端本堂經訓要義（李好文）……四四三二
諸經衍義（李仁壽）……四四三二
經說（趙居信）……四四三三
六經問答（唐懷德）……四四三三
五經問難（陳剛）……四四三三
五經鈐鍵（楊維楨）……四四三三
經疑（葉氏）……四四三三
五經直音（陳氏）……四四三四
六經圖（亡名氏）……四四三五

卷二百四十七　群經九

群經類要（孔克表等）……四四三六
六經師律（吳沈）……四四三六
經疑問對（董彝）……四四三九
九經類要（陶凱）……四四三九
五經文格（徐蘭）……四四四〇

群經指要（范祖幹）……四四〇
五經蠡測（蔣悌生）……四四〇
經書問難（李本）……四四一
五經標題（張宣）……四四一
五經纂要（熊釗）……四四一
經書要義（蕭岐）……四四一
五經講義（徐原）……四四二
五經精義（黃鼎）……四四二
五經集解（賀賢）……四四二
四經稂秕（張楷）……四四二
經書補注（黃潤玉）……四四三
經書疑辨録（周洪謨）……四四三
石渠意見（王恕）……四四四
九經圖注（周安）……四四五
五經解（支立）……四四五
諸經私抄（楊守陳）……四四五
五經考證（楊守陳）……四四六
講讀録（李東陽）……四四七
經筵講義（程敏政）……四四七
五經疏義（羅倫）……四四七
青宮直講（羅倫）……四四八
六經舉要（李晟）……四四八
箋經寓意（馬中錫）……四四八
簡端録（邵寶）……四四八
經説（姚文灝）……四四九
五經通旨（王敕）……四四九
經書講義（費宏）……四四九
經説（陳公懋）……四五〇
五經發揮（陳珂）……四五〇
六經纂文（陳鳳梧）……四五〇
五經考論（趙鶴）……四五〇
五經臆説（王守仁）……四五一
五經通略（黃俊）……四五二
經筵講義（徐潛）……四五二

五經正議（馮珵）……四四五二
五經辨疑（陳維之）……四四五二
經子鈎玄（朱存理）……四四五三
經學啓蒙（戴冠）……四四五三

卷二百四十八　群經十

涇野經説（吕柟）……四四五四
五經心義（王崇慶）……四四五五
經傳臆言（丁奉）……四四五五
經説叢抄（楊慎）……四四五六
經子難字（楊慎）……四四五六
經子要言（戚雄）……四四五六
五經集義（鄭佐）……四四五六
讀經録、附録（林士元）……四四五七
五經雜説（薛蕙）……四四五七
經書原古（黄綰）……四四五七
講幄集（廖道南）……四四五九
五經集序（穆相）……四四五九
遁言（孫宜）……四四五九
五經字義（李舜臣）……四四六〇
經書一得録（虞守愚）……四四六〇
十三經解詁（陳深）……四四六〇
經書答問（鄭世威）……四四六一
心傳書院經義（薛甲）……四四六一
稗編經説（唐順之）……四四六二
就正録（宗周）……四四六二
五經發揮（薛治）……四四六二
説經劄記（蔡汝楠）……四四六三
六經圖全集（胡賓）……四四六三
經筆（馬森）……四四六三
經義進講録（趙貞吉）……四四六四
五經述（孫銓）……四四六四
六經字原（金世龍）……四四六四
五經明音（王覺）……四四六四

日進經義直解（高拱）……四四六五
五經異文（陳士元）……四四六五
經筵經史直解（殷士儋）……四四六五
經學要義（卜大有）……四四六六
經史通譜（楊豫孫）……四四六七
七經思問（詹萊）……四四六七
經典稽疑（陳耀文）……四四六八
千一疏（方弘静）……四四六八
五經一貫、五經翼注（羅汝芳）……四四六八
經子臆解（王世懋）……四四六九
五經辨疑（徐用檢）……四四六九
經説萃編（李材）……四四六九
續文獻通考經籍考（王圻）……四四六九
五經序（俞琇）……四四七〇
五經圖説（王循吉）……四四七〇
五經問答庸言（桑介）……四四七〇
石渠意見補遺（蘇濂）……四四七〇
五經彙語（盛祥）……四四七一
五經通故（周家相）……四四七一

卷二百四十九　群經十一

經筵講章（于慎行）……四四七二
經筵講章（朱賡）……四四七二
談經録（馮時可）……四四七二
經筵講義（張位）……四四七三
五經同異（包萬有）……四四七三
五經繹（鄧元錫）……四四七三
經傳正譌（王應電）……四四七三
五經稽疑（朱睦㮮）……四四七四
授經圖（朱睦㮮）……四四七四
經序録（朱睦㮮）……四四七五
明儒經翼（杜質）……四四七七
七經圖（吴繼仕）……四四七七
經原宗統（吴繼仕）……四四七七

六經以俟録（瞿九思）……四四七八
五經疑問（姚舜牧）……四四七八
醉經樓經傳雜解（唐伯元）……四四七八
六經疑義（胡應麟）……四四七八
經筵講義（馮琦）……四四七九
學弢經籍説（沈堯中）……四四七九
十三經補注（郭正域）……四四七九
五經緒言（姜應麟）……四四七九
九經考異（周應賓）……四四八〇
遺經四解（徐常吉）……四四八〇
六經類雅（徐常吉）……四四八一
青宮進講經義（唐文獻）……四四八一
經詁（李鼎）……四四八三
卷二百五十　群經十二
東宮講義（焦竑）……四四八五
九部經解（郝敬）……四四八五
經解緒言（郝敬）……四四八七
五經困學（曹學佺）……四四八八
經抄（王惟儉）……四四八九
五經約（熊明遇）……四四八九
六經注疏（蔡毅中）……四四九〇
諸經紀數（徐鑾）……四四九〇
群經類纂（楊聯芳）……四四九〇
寱言（樊良樞）……四四九一
五經繹（鄧光舒）……四四九一
五經音詁（來斯行）……四四九一
五經一貫（張萱）……四四九二
麗澤論説（喬年）……四四九二
五經類語（梁宇）……四四九二
六經圖（趙元輔）……四四九二
五經明音（胡一愚）……四四九三
海蠡前編（袁士瑜）……四四九三
十二經傳習録（黄喬棟）……四四九三

五經宗義（楊惟休）……四四九三
五經輯略（陳洪謨）……四四九四
五經釋義（張睿卿）……四四九四
三經澤（堵維常）……四四九四
五經私録（楊文昇）……四四九五
九經漢義（趙宧光）……四四九五
談經彙草（趙宧光）……四四九五
十三經緯（梁斗輝）……四四九六
五經總類（張雲鸞）……四四九六
五經埤傳（黄一正）……四四九七
三經偶得録（秦重豐）……四四九七
經術源流（王應山）……四四九七
五經通説（鄒初基）……四四九七
五經總類研朱集（張瑄）……四四九八

卷二百五十一　群經十三

六經圖考（陳仁錫）……四四九九
清署經談（王啓元）……四四九九
十三經借課（馮一第）……四五〇〇
五經翼（孫承澤）……四五〇〇
五經講宗（顔茂猷）……四五〇二
朱子經説（陳龍正）……四五〇二
五經讀（陳際泰）……四五〇三
五經四書大全注疏合編（劉同升）……四五〇三
五經説（黄欽）……四五〇四
五經纂注（夏璋）……四五〇四
五經考辨（郁禾）……四五〇四
日知録説經（顧炎武）……四五〇四
十三經注疏類抄（陸元輔）……四五〇五
經解（汪琬）……四五〇六
十三經文鈔（沈珩）……四五〇六
經生塵（秦駿生）……四五〇八
二經彙刻（王復禮）……四五〇九
説經千慮愚得（黄百家）……四五〇九

五經纂要（饒氏）……四五〇九
九經要覽（亡名氏）……四五一〇
九經總例（亡名氏）……四五一〇
五經淺見録（權近）……四五一一

卷二百五十二　四書一

四書語類（朱熹）……四五一二
四書集注章句（朱熹）……四五一二
四書或問（朱熹）……四五一三
四書性理窟（喻樗）……四五一四
四書解（張九成）……四五一四
四書集解（陳舜中）……四五一四
四書紀聞（黄榦）……四五一四
四書説（葉味道）……四五一五
四書集成（劉爚）……四五一五
四書問目（劉炳）……四五一五
四書講義（潘柄）……四五一五
四書訓解（童伯羽）……四五一五
四書訓詁（江默）……四五一六
四書講義（黄士毅）……四五一六
四書疑義（程永奇）……四五一六
四書衍説（胡泳）……四五一七
四書解義（王遇）……四五一七
四書説（王時敏）……四五一七
四書説（劉伯諶）……四五一七
四書述（葛紹體）……四五一八
四書家説（戴侗）……四五一八
四書説約（田疇）……四五一八
四書集編（真德秀）……四五一八
四書疑義（張津）……四五二〇
四書解（諸葛泰）……四五二〇
恕齋四書解（謝升賢）……四五二〇
四書疑義（吴觀）……四五二〇
四書要義（沈貴瑶）……四五二一

四書輯語（陳應隆）……四五二一
四書疑義（石賡）……四五二一
四書遺説（黄績）……四五二二
四書集義（盧孝孫）……四五二二
四書集略（盧孝孫）……四五二二
四書管見（章允崇）……四五二三
四書講義（蔡元鼎）……四五二三
四書集疏（蔡模）……四五二三
四書集成（吴真子）……四五二三
四書纂疏（趙順孫）……四五二三

卷二百五十三　四書二

四書説（魏天祐）……四五二八
四書集注附録（祝洙）……四五二八
四書增釋（胡升）……四五二九
四書講義（江愷）……四五二九
四書定本（馮去疾）……四五二九
四書管闚（胡仲雲）……四五二九
四書講義（陳元大）……四五三〇
四書通旨（朱公遷）……四五三〇
標注四書（王柏）……四五三一
四書句解鈐鍵（陳普）……四五三一
四書講義（陳普）……四五三一
四書講稿（黄淵）……四五三二
四書指要（鄭樸翁）……四五三二
四書朱陸會同注釋（龔霆松）……四五三二
四書疏義（董鼎）……四五三四
四書衍義（邱漸）……四五三四
四書衍義（周焱）……四五三四
四書發揮（吴梅）……四五三五
四書補注（陳焕）……四五三五
四書解（曾子良）……四五三五
四書考證（衛富益）……四五三六
四書通紀（梁志道）……四五三六

四書提綱（胡一桂）……四五三六
四書解説（何逢原）……四五三六
四書箋義纂要（趙悳）……四五三六
標題四書（熊禾）……四五三九

卷二百五十四　四書三

四書集義精要（劉因）……四五四〇
四書選注（陳天祥）……四五四一
四書集注辨疑（陳天祥）……四五四一
四書通（胡炳文）……四五四二
四書辨疑（胡炳文）……四五四四
四書拾遺（張淳）……四五四四
四書述（郭隚）……四五四四
四書纂釋（劉霖）……四五四五
四書演義（蕭元益）……四五四五
四書家訓（石鵬）……四五四五
四書説（何安子）……四五四六
四書引證（薛延年）……四五四七
四書辨疑（陳紹大）……四五四七
四書疑義（牟楷）……四五四八
四書提要（劉彭壽）……四五四八
四書發明（陳櫟）……四五四八
四書考異（陳櫟）……四五四八
四書人名考（周良佐）……四五四九
四書纂箋（詹道傳）……四五四九
四書通證（張存中）……四五五〇
四書經疑貫通（王充耘）……四五五一
四書指掌圖（林處恭）……四五五一
四書類編（汪九成）……四五五一
四書大義（解觀）……四五五二
四書講義（邵大椿）……四五五三
點四書凡例（包希魯）……四五五三
讀四書叢説（許謙）……四五五三
四書精要考異（安熙）……四五五五

卷二百五十五　四書四

四書章圖（程復心）……四五五六
四書語録（吴存）……四五六二
四書講義（薛大猷）……四五六三
四書儀對（戚崇僧）……四五六三
四書待問（蕭鎰）……四五六三
四書釋疑（歐陽俔）……四五六四
四書一貫（黄清老）……四五六四
四書通辨（陳剛）……四五六五
四書訓詁（王桂）……四五六五
四書文字引證（何文淵）……四五六五
四書集解（陳尚德）……四五六五
四書闕疑（瞻思）……四五六六
四書明辨（祝堯）……四五六六
四書斷疑（涂溍生）……四五六六
四書箋惑（蔣玄）……四五六六
四書答疑（馬瑩）……四五六七
四書本旨（陳樵）……四五六七
四書圖（吴成大）……四五六七
四書講稿（傅定保）……四五六七
四書直解（馮崋）……四五六七
四書輯釋（倪士毅）……四五六八
四書管窺（史伯璿）……四五七〇
四書標注（韓信同）……四五七二
四書輯義（馬豫）……四五七二
四書集疏（汪炎昶）……四五七二
四書問答（趙遷）……四五七三
四書辨疑（孟夢恂）……四五七三
四書疑節（袁俊翁）……四五七三
四書類辨（曾貫）……四五七四
四書節義（邊昌）……四五七四
四書附纂（黄寬）……四五七四
四書一貫録（楊維楨）……四五七四

四書集注（亡名氏）……四五七四
四書附録（亡名氏）……四五七五

卷二百五十六　四書五

四書旁注（朱升）……四五七六
四書纂類（蔣允汶）……四五七六
四書備遺（陶宗儀）……四五七七
四書通義（王逢）……四五七七
四書釋要（何英）……四五七七
四書集説啓蒙（景星）……四五七七
四書講解（鄭濟）……四五七八
四書説約（趙新）……四五七八
四書直説（葉儀）……四五七九
四書點本（張宣）……四五七九
四書詳説（王廉）……四五七九
四書精華（冉庸）……四五八〇
四書解義（張洪）……四五八〇
四書精義（黄鼎）……四五八〇
四書解疑（劉醇）……四五八〇
四書述義（朱謐）……四五八一
四書大全（胡廣等）……四五八一
四書訓解（張文選）……四五八四
四書一得（郭恕）……四五八四
四書直説（楊範）……四五八四
四書穮秠（張楷）……四五八四
四書辨疑（楊琦）……四五八五
四書精解（周灝）……四五八五
四書音考（李果）……四五八五
四書私抄（楊守陳）……四五八五
四書口義（沈瑋）……四五八六
四書音考（周賓）……四五八六
四書經疑問對（董彝）……四五八六
四書蒙引（蔡清）……四五八六
四書私記（王雲鳳）……四五八八

四書訂疑（吴璉）……四五八八
四書補注（朱綬）……四五八八
四書傳注正（潘府）……四五八八
四書音考（周寅）……四五八九
四書管闚（廖紀）……四五八九
四書旁訓（童品）……四五八九
四書講義（劉龍）……四五八九
古本四書訓測（湛若水）……四五九〇
四書管天（熊熙）……四五九〇
四書發微（馮珵）……四五九〇
四書講義（丁徵）……四五九〇
四書批點（王侗）……四五九〇
四書證疑（顔曄）……四五九一
四書因問（吕柟）……四五九一
四書道一編（王大用）……四五九一
四書邇言（王漸逵）……四五九一
四書解（史于光）……四五九二

四書存疑（林希元）……四五九二
四書語録（鄭佐）……四五九二
四書淺説（陳琛）……四五九二
四書私存（季本）……四五九三
四書精意（高尚賢）……四五九三
四書集説（周華）……四五九三
四書正學衍説（陶廷奎）……四五九三
碧里疑存（董穀）……四五九四

卷二百五十七　四書六

四書本義（徐獻忠）……四五九五
四書問録（唐樞）……四五九五
四書正蒙（陳祥麟）……四五九五
四書通釋（朱潤）……四五九六
四書測（廖暹）……四五九六
四書標指（陸鰲）……四五九六
四書紀聞（黄光昇）……四五九六

四書正義（薛甲）……四五九七
四書人物考（薛應旂）……四五九七
四書口義（馬森）……四五九八
四書古義補（梁格）……四五九八
四書貞義（濮陽淶）……四五九八
四書疑略（王復春）……四五九八
四書程朱繹旨（莫如忠）……四五九九
四書石堂附語（王材）……四五九九
四書辨問録（高拱）……四五九九
四書質疑（李遜）……四六〇〇
四書直解（張居正）……四六〇〇
四書贅説（陰秉陽）……四六〇〇
四書漢注疏引（李先芳）……四六〇〇
四書紹聞編（王樵）……四六〇一
四書一貫編（羅汝芳）……四六〇一
四書近指（孫應鰲）……四六〇一
四書初問（徐爌）……四六〇一
四書摘訓（邱櫸）……四六〇二
四書集説（黄襄）……四六〇二
四書口授（李文纘）……四六〇二
四書解酲（薛東海）……四六〇二
四書古今文註發（楊時喬）……四六〇三
四書三説（管大勳）……四六〇三
四書參考（萬表）……四六〇三
四書通考補遺（蘇濂）……四六〇三
李氏説書（李贄）……四六〇四
四書解（徐渭）……四六〇四
金華四先生四書正學淵源（章一陽）……四六〇四
四書疑（金瑶）……四六〇五
經言枝指（陳禹謨）……四六〇五
四書正義（林兆恩）……四六〇六
四書宗解（劉元卿）……四六〇六
四書説槩（沈懋嘉）……四六〇六

四書脈望（趙台鼎）……四六〇七
四書心旨（樊問仁）……四六〇七
四書浴鑑篇（李經綸）……四六〇七
四書講義（程嗣光）……四六〇七
四書訓録（楊世恩）……四六〇八
四書啓鑰（朱篁）……四六〇八
四書知新日録（鄭維嶽）……四六〇八
四書原（張綸）……四六〇八
四書明音（王覺）……四六〇九
四書輯訓（饒彝）……四六〇九
四書翼（陳履祥）……四六〇九
四書參同（管一德）……四六〇九
注解四書人物考（朱焯）……四六一〇

卷二百五十八　四書七

四書疑問（姚舜牧）……四六一一
四書宗旨（周汝登）……四六一一
四書講義（鄒元標）……四六一二
四書評（楊起元）……四六一二
四書鏡（蘇濬）……四六一二
四書識大録（王豫）……四六一二
四書證義合編（錢大復）……四六一二
四書大指（于孔兼）……四六一三
四書垂世宗意（李廷機）……四六一三
四書口義（李廷機）……四六一三
四書正學輯要（徐即登）……四六一四
四書質言（牛應元）……四六一四
四書講述（盧一誠）……四六一四
四書疑思録（馮從吾）……四六一五
四書攝提（郝敬）……四六一六
四書雜言（郝敬）……四六一七
四書測（萬尚烈）……四六一七
四書義府（王肯堂）……四六一七
四書疑問（史記事）……四六一八

四書正體（林茂槐）…………四六一八
四書近指（孫奇逢）…………四六一八
四書參解（樊良樞）…………四六一八
四書辨證（樊良樞）…………四六一九
四書會解（毛尚忠）…………四六二〇
四書集意（陳臣忠）…………四六二一
四書覺參符（莊元臣）…………四六二一
寒燈隨筆（張京元）…………四六二一
四書攜囊集（施鳳來）…………四六二二
四書傳翼（陸鍵）…………四六二二
四書問答（來斯行）…………四六二二
四書副墨（殷大白）…………四六二二
四書證學録（宋鳳翔）…………四六二三
四書説約（鹿善繼）…………四六二三
四書翼箋（洪啓初）…………四六二三
四書鍼（黄尊素）…………四六二四
四書引經節解圖（吴繼仕）…………四六二四
四書講義（黄智）…………四六二四
四書微言（唐汝諤）…………四六二五
四書私旨（陳榮選）…………四六二五
四書獨證（許有聲）…………四六二五
四書望洋編（姚光祚）…………四六二六
四書音釋（王廷燈）…………四六二六
四書讀、四書提鈎（馬廣軨）…………四六二六
四書不倦録（張嘉猷）…………四六二七
四書説乘（張嵩）…………四六二七
四書問答（商惠）…………四六二七
四書彙解、四書演注（陸弘銘）…………四六二七
四書粹言（姚之鳳）…………四六二八
求己齋説書（李竑）…………四六二八
四書庭訓（韓宗琦）…………四六二九
四書釋義（張睿卿）…………四六二九
四書語録（張睿卿）…………四六二九
四書永業（張維機）…………四六二九

四書申注（潘游龍）……四六三〇

卷二百五十九　四書八

四書語録（陳仁錫）……四六三一
四書析疑（陳仁錫）……四六三一
四書備考（陳仁錫）……四六三二
四書大全纂補（華允誠）……四六三二
四書通義（魯論）……四六三二
四書見聖編（譚貞默）……四六三三
四書纂注大全（張溥）……四六三三
四書微響（葉樹聲）……四六三三
四書繹（申嘉胤）……四六三四
四書遺旨（楊以任）……四六三四
慧眼山房説書（陳天定）……四六三四
四書事實（張爾禎）……四六三五
四書大旨（黃淳耀）……四六三五
四書集説（徐養元）……四六三五
四書日衷（徐學顔）……四六三六
四書内外傳（易道暹）……四六三六
四書膚見（侯君擢）……四六三六
四書釋義（李鳳翔）……四六三六
四書救弊編（賈明孝）……四六三七
四書經正録（張雲鶯）……四六三七
四書經學攷（徐邦佐）……四六三七
四書辨疑（楊琦）……四六三八
四書續經學攷（陳鵬霄）……四六三八
四書大全節要（楊彝）……四六三九
四書十一經通考（顧夢麟）……四六四〇
四書説約（顧夢麟）……四六四〇
四書正義（宋繼澄）……四六四一
四書大全纂（倪晉卿）……四六四一
四書新義（葛承杰）……四六四二
四書大全辨（張自烈）……四六四二
四書圖攷（吴蒼舒）……四六四三

四書彙解(史以徵)……四六四四
四書群言折衷(白翔)……四六四四
四書補注(何璠、□□□)……四六四四
四書衍注(李心)……四六四五
四思堂説書(傅維鱗)……四六四五
四書定解(陸在新)……四六四六
四書松陽講義(陸隴其)……四六四六
四書困勉録(陸隴其)……四六四七
四書臆解(唐達)……四六四八
四書講義(費世奇)……四六四八
四書集注補(王復禮)……四六四八
四書正誤(王復禮)……四六四九
四書釋地(閻若璩)……四六五〇
四書別解(姜垚)……四六五〇
四書説約(洪氏)……四六五一

卷二百六十　逸經上

易……四六五二
遺句……四六五二
書……四六五六
逸篇……四六五六
遺句……四六七〇

卷二百六十一　逸經中

詩……四六七九
逸篇……四六七九
遺句……四六九〇

卷二百六十二　逸經下

禮……四六九五
逸篇……四六九五
遺句……四七〇二

樂……四七〇五
遺句……四七〇五
春秋左氏傳……四七〇六
遺句……四七〇六
論語……四七〇六
逸篇……四七〇六
遺句……四七〇七
孝經……四七〇八
逸篇……四七〇八
孟子……四七〇八
逸篇……四七〇八
遺句……四七〇八
爾雅……四七一三
遺句……四七一三

卷二百六十三　毖緯一

易緯……四七一四
垂皇策……四七一五
萬形經……四七一五
乾文緯……四七一六
乾鑿度……四七一六
乾坤鑿度……四七一八
易考靈緯……四七一九
易制靈圖……四七一九
易含文嘉……四七二〇
易稽命圖……四七二〇
易含靈孕……四七二〇
易八墳文……四七二〇
易九厄讖……四七二一
易稽覽圖……四七二一
易是類謀……四七二三
易辨終備……四七二三
易通卦驗……四七二四
易通統圖……四七二五

易坤靈圖……四七二五
易卦氣圖……四七二六
易元命包……四七二六
易萌氣樞……四七二七
易曆……四七二七
易運期……四七二七
易内戒……四七二七
易狀圖……四七二八
乾元序制記……四七二八
易傳太初篇……四七二八

卷二百六十四　䜟緯二

河圖、洛書……四七二九
圖書秘記……四七三一
河洛内記……四七三一
河圖……四七三一
河圖括地象……四七三二
河圖括地象圖……四七三三
河圖録運法……四七三三
河圖赤伏符……四七三四
河圖挺佐輔……四七三四
河圖帝覽嬉……四七三四
河圖握矩起……四七三五
河圖稽命曜……四七三五
河圖稽曜鈎……四七三五
河圖會昌符……四七三六
河圖記命符……四七三六
河圖説徵示……四七三七
河圖帝視萌……四七三七
河圖期運授……四七三七
河圖帝紀通……四七三七
河圖皇參持……四七三八
河圖闓苞受……四七三八
河圖考曜文……四七三八

河圖内元經……四七三九
龍魚河圖……四七三九
河圖龍文……四七四〇
河圖八文……四七四〇
河圖提劉……四七四一
河圖真鈎……四七四一
河圖著命……四七四一
河圖天靈……四七四一
河圖緯象……四七四二
河圖玉版……四七四二
河圖叶光圖、合古篇、祕微篇……四七四三
河圖始開篇……四七四三
河圖要元篇……四七四三
洛書甄曜度……四七四四
洛書靈準聽……四七四五
洛書寶號命……四七四五
洛書録運期……四七四五
洛書稽命曜……四七四六
洛書摘六辟……四七四六
老子河洛讖……四七四六

卷二百六十五　毖緯三

尚書緯……四七四八
尚書璇璣鈐……四七四八
尚書考靈曜……四七四九
尚書帝命驗……四七五二
尚書帝驗期……四七五二
尚書刑德倣……四七五二
尚書鈎命決……四七五三
尚書運期授……四七五三
尚書洛罪級……四七五三
尚書中候……四七五四
中候考河命、題期、立象……四七五五
中候摘洛戒……四七五五

中候握河紀……四七五五
中候契握……四七五五
中候勑省圖……四七五六
中候運衡篇……四七五六
中候準纖哲……四七五六
中候洛予命……四七五六
中候稷起……四七五七
中候我應篇……四七五七
中候儀明篇……四七五七
詩緯……四七五七
詩緯圖……四七五八
詩含神霧……四七五八
詩汜曆樞……四七五九
詩推度災……四七五九
禮緯……四七六〇
禮記默房……四七六〇
禮含文嘉……四七六一
禮斗威儀……四七六三
禮稽命徵……四七六四
禮稽命曜……四七六五
禮元命包……四七六五
禮瑞命記……四七六五
樂緯……四七六六
樂動聲儀……四七六六
樂稽耀嘉……四七六七
樂叶圖徵……四七六八
樂五鳥圖……四七六九

卷二百六十六　毖緯四

春秋緯……四七七〇
春秋演孔圖……四七七〇
春秋孔録法……四七七一
春秋説題辭……四七七一
春秋元命包……四七七二

春秋包命……四七七四
春秋文曜鉤……四七七四
春秋運斗樞……四七七五
春秋感精符……四七七六
春秋合誠圖……四七七七
春秋考異郵……四七七七
春秋保乾圖……四七七八
春秋漢含孳……四七七八
春秋佐助期……四七七九
春秋握成圖……四七七九
春秋潛潭巴……四七八〇
春秋考曜文……四七八二
春秋命曆序……四七八二
春秋玉版讖……四七八三
春秋句命決……四七八三
春秋含文嘉……四七八三
春秋括地象……四七八四
春秋文義……四七八四
春秋内事……四七八五
春秋祕事……四七八五
春秋録圖……四七八五
春秋災異……四七八六
春秋少陽篇、撰命篇……四七八六

卷二百六十七　毖緯五

論語讖……四七八七
論語摘輔象……四七八七
論語摘衰聖……四七八八
論語素王受命讖……四七八九
論語陰嬉讖……四七八九
論語紀滑讖……四七八九
論語崇爵讖……四七八九
論語比考讖……四七九〇
論語撰考讖……四七九〇

孝經雜緯……四七九〇
孝經讖圖……四七九一
孝經句命決……四七九二
孝經援神契……四七九三
援神句命解詁……四七九四
孝經威嬉拒……四七九四
孝經元命苞……四七九四
孝經内事……四七九五
孝經古祕援神……四七九五
孝經古祕圖……四七九五
孝經左右握……四七九六
孝經左右契圖、中契……四七九六
孝經雌雄圖……四七九六
孝經異本雌雄圖……四七九七
皇靈孝經……四七九七
孝經分野圖……四七九八
孝經内事圖……四七九八
孝經内事星宿講堂七十二弟子圖……四七九八
孝經口授圖……四七九八
孝經應瑞圖……四七九九
孝經河圖……四七九九
孝經皇義……四七九九
孝經内記星圖……四八〇〇
孝經元辰……四八〇〇
孝經中黄讖……四八〇〇
孝經錯緯……四八〇〇
書易詩孝經春秋河洛緯祕要……四八〇一
句命決圖……四八〇一
靈命本圖……四八〇一
辨靈命圖……四八〇一
内讖解説（楊統）……四八〇二
古微書（孫穀）……四八〇二

卷二百六十八　擬經一
太玄經章句（揚雄）……四八〇四
卷二百六十九　擬經二
注太玄經（宋衷）……四八二七
太玄經注（王肅）……四八二七
太玄經注（陸績）……四八二八
太玄經注（虞翻）……四八二九
太玄經注（陸凱）……四八二九
太玄經注（范望）……四八二九
太玄經注（蔡文邵）……四八三〇
太玄幽贊（員俶）……四八三〇
太玄經注（王涯）……四八三一
說玄（王涯）……四八三一
太玄注（張易）……四八三二
太玄經傳（杜元穎）……四八三二
補正太玄經（范諤昌）……四八三二
太玄經注（林瑀）……四八三二
太玄經釋文（林瑀）……四八三三
太玄解（宋惟幹）……四八三三
太玄經講疏（章詧）……四八三三
太玄經發隱（章詧）……四八三四
太玄圖（章詧）……四八三四
太玄音（宋咸）……四八三五
太玄經解（徐庸）……四八三五
太玄經疏（郭元亨）……四八三六
演玄（陳漸）……四八三七
太玄圖（孔旼）……四八三八
太玄經集解（張揆）……四八三八
太玄正義統論（張齊）……四八三九
釋文玄說（張齊）……四八三九
演玄（許洞）……四八三九
太玄經注（王鴻）……四八四〇

玄鑒（師望）……四八四〇
太玄音訓（馮元）……四八四〇
太玄經注（吴祕）……四八四一
太玄音義（吴祕）……四八四一
太玄論（蘇洵）……四八四二
太玄準易圖（邵雍）……四八四二
太玄經集注（司馬光）……四八四三
太玄經手音（程賁）……四八四五
太玄圖（林共）……四八四六
玄圖發微（林共）……四八四六
太玄正義（孫冑）……四八四六
太玄叩鍵（孫冑）……四八四六
翼玄（張行成）……四八四七
太玄集解義訣（李沂）……四八四七
易玄星紀譜（晁説之）……四八四八
太玄經解（曾元忠）……四八五〇
玄解（許翰）……四八五〇
玄曆（許翰）……四八五一
太玄集注（胡次和）……四八五一
太玄索隱（胡次和）……四八五一
太玄精語（林希逸）……四八五二
太玄圖説（吴霞舉）……四八五二
太玄略例（釋全瑩）……四八五二
箋太玄贊（趙秉文）……四八五三
太玄本旨（葉子奇）……四八五四
太玄經集解（葉良珮）……四八五七
玄幹（劉瑄）……四八五七
太玄闡（屠本畯）……四八五七
太玄玄言（許世卿）……四八五八
太玄經測（陳粱）……四八五八
太玄釋文（亡名氏）……四八五八
玄測（亡名氏）……四八五九
太玄事類（亡名氏）……四八五九

卷二百七十　擬經三

太玄經（楊泉）……四八六〇
通玄經（王長文）……四八六一
洞極經（關朗）……四八六一
元包（衛元嵩）……四八六三
元包數總義（張行成）……四八六六
太易（張志和）……四八六七
潛虛（司馬光）……四八六七
潛虛發微論（張敦實）……四八七三
潛虛注釋（謝諤）……四八七四
辨虛（張漢）……四八七四
潛虛衍義（張行成）……四八七五
潛虛精語（林希逸）……四八七五
潛虛圖說（吴霞舉）……四八七五
潛虛易說（朱德潤）……四八七五

卷二百七十一　擬經四

皇極經世書（邵雍）……四八七七
皇極書體要（王豫）……四八八三
皇極經世索隱（張行成）……四八八四
皇極經世内外篇解（邵伯温）……四八八五
經世紀年（張栻）……四八八五
皇極經世指要（蔡元定）……四八八八
經世節要（周奭）……四八八八
經世補遺（朱中）……四八八九
經世補遺（邱富國）……四八八九
皇極經世書鈐（祝泌）……四八八九
皇極觀物外編解（馬廷鸞）……四八九〇
皇極經世攷（方回）……四八九一
皇極經世書續（鄭松）……四八九一
皇極經世義（耶律楚材）……四八九一
皇極引用（杜瑛）……四八九一

皇極疑事（杜瑛）……四八九二
極學（杜瑛）……四八九二
皇極經世衍數（蔡仁）……四八九二
經世書義式（齊履謙）……四八九三
經世外篇微旨（齊履謙）……四八九三
續皇極經世書（安熙）……四八九三
皇極經世發微（徐驤）……四八九三
皇極經世解（朱本）……四八九三
皇極經世書解（朱隱老）……四八九四
補注皇極經世（劉誠）……四八九五
皇極經世管鑰（周瑛）……四八九五
皇極經世啓鑰（楊廉）……四八九六
皇極經世通解（倪復）……四八九六
皇極經世書内篇注（童品）……四八九六
皇極經世書傳（黄畿）……四八九六
皇極經世觀物外篇釋義（余本）……四九〇〇
皇極經世圖纂（鍾芳）……四九〇一
皇極解（貢珊）……四九〇一
皇極經世集解（葉良佩）……四九〇一
皇極經世解（吕賢）……四九〇二
皇極經緯（周正）……四九〇二
皇極經世書注（余嘉謨）……四九〇二
經世續卦（張芝初）……四九〇二
皇極經世聲音譜（張敔）……四九〇二
皇極經世鈐解（吴琓）……四九〇三
經世略意（詹景鳳）……四九〇三
皇極圖韻（陳藎謨）……四九〇三
皇極經世抄（郁文初）……四九〇四
皇極經世書類要（亡名氏）……四九〇四

卷二百七十二　擬經五

信書（文軫）……四九〇六
蘊書（余橦）……四九〇七
測靈（張慶之）……四九〇七

中菴籤易（盧翰）……四九〇八
周易陣圖（羅喻義）……四九一〇
易易（李乾德）……四九一二
天根易（鹿亭翁）……四九一三
蘭易十二翼（馮京第）……四九一四
忍默恕退四卦辭（邵桂子）……四九一四
筆卦（宇文材）……四九一四
呆卦（劉定之）……四九一五
忠勤廉慎四卦辭（何喬新）……四九一六
遼卦（彭澤）……四九一六
信卦（鄒魯）……四九一六
福卦、壽卦（邵經邦）……四九一七
止卦（邵經邦）……四九一七
芝卦（曠宗舜）……四九一七
隱卦（文德翼）……四九一八

卷二百七十三　擬經六

漢今文太誓……四九一九
僞尚書（張霸）……四九二一
漢尚書（孔衍）……四九二二
後漢尚書（孔衍）……四九二二
後魏尚書（孔衍）……四九二三
續書（王通）……四九二三
續尚書（陳正卿）……四九二五
體尚書（明仁宗皇帝）……四九二七
典謨遺旨（劉謨）……四九二七
書鑑（陸世儀）……四九二七
纂禹元經（白告）……四九二八
禹誥（陳黯）……四九二八
廣禹貢楚絶書（陳士元）……四九二九
補湯征（白居易）……四九二九
周書補亡（蘇伯衡）……四九二九

洪範内外篇（蔡沈）……………………四九三〇
洪範疇解（俞深）……………………四九四〇
洪範圖解（韓邦奇）……………………四九四〇
洪範内篇釋（程宗舜）……………………四九四一
擬大誥（蘇綽）……………………四九四二

卷二百七十四　擬經七

續詩（王通）……………………四九四三
擬詩外傳（黄省曾）……………………四九四三
周詩（夏侯湛）……………………四九四四
補亡詩（潘岳）……………………四九四四
補亡詩（束晳）……………………四九四五
擬詩（荀勗）……………………四九四六
新添毛詩（沈朗）……………………四九四六
補新宫詩（邱光庭）……………………四九四七
補茅鴟詩（邱光庭）……………………四九四八
淳化鄉飲酒詩（邱光庭）……………………四九四九
補南陔詩（鄭剛中）……………………四九五〇
補白華詩（鄭僖）……………………四九五〇
補笙詩（朱載堉）……………………四九五一
詩鑑（陸世儀）……………………四九五二
六官述（盧辯）……………………四九五二
補周禮九夏歌（皮日休）……………………四九五二
擬肆夏詩（王韶之）……………………四九五三
續曲臺禮（王彦威）……………………四九五三
翼禮（程棨秀）……………………四九五三
居家儀禮（張一棟）……………………四九五四
擬鄉飲酒禮（楊廉）……………………四九五四
鞠小正僞本（陶潛）……………………四九五四
補大戴禮祭法（皮日休）……………………四九五五
四民月令（崔寔）……………………四九五六
千金月令（孫思邈）……………………四九五七
齊民月令（孫思邈）……………………四九五七
遯甲月令（劉孝恭）……………………四九五七

乘輿月令（裴澄）……四九五七
兵家月令（劉先之）……四九五八
行軍月令（符彦卿）……四九五八
行軍月令（王洪暉）……四九五八
攝生月令圖（姚稱）……四九五八
大月令（鮑雲龍）……四九五九
太玄月令（袁以賢）……四九五九
山家月令（徐獻忠）……四九五九
水月令（王士正）……四九五九
樂經（陽成脩）……四九六〇
樂經（李玄楚）……四九六〇
補亡樂書（房庶）……四九六〇
中和樂經（余載）……四九六一
補樂經（湛若水）……四九六一

卷二百七十五　擬經八

春秋前傳（何承天）……四九六三
春秋前雜傳（何承天）……四九六三
晉史乘僞本（何承天）……四九六三
楚書檮杌僞本（何承天）……四九六四
越絶書（袁康、吴平）……四九六五
續越絶書（錢䫌）……四九六八
吴越春秋（趙曄）……四九六九
吴越春秋外紀（張遐）……四九七〇
吴越春秋削繁（楊方）……四九七〇
吴越春秋傳（皇甫遵）……四九七〇
春秋後傳（樂資）……四九七一
魯後春秋（劉允濟）……四九七二
續春秋經傳（裴光庭等）……四九七二
戰國春秋（李概）……四九七三
楚漢春秋（陸賈）……四九七三
漢德春秋（何英）……四九七四
漢春秋（孔衍）……四九七四
後漢春秋（孔衍）……四九七四

漢魏春秋（孔衍）……四九七五
漢春秋（胡旦）……四九七五
漢春秋問答（胡旦）……四九七五
漢春秋（梁固）……四九七六
獻帝春秋（袁曄）……四九七六
九州春秋（司馬彪）……四九七六
九州春秋鈔（劉峻）……四九七八
漢後春秋（凌準）……四九七八
續漢春秋（王希聖）……四九七八
魏氏春秋（孫盛）……四九八〇
魏陽秋異同（孫壽）……四九八〇
魏春秋（鄭如幾）……四九八〇
三國春秋（員半千）……四九八一
三國春秋（崔良佐）……四九八一

卷二百七十六　擬經九

晉陽秋（孫盛）……四九八二
漢晉陽秋（習鑿齒）……四九八三
晉陽秋（鄧粲）……四九八四
續晉陽秋（檀道鸞）……四九八四
三十國春秋（蕭方等）……四九八四
三十國春秋（武敏之）……四九八五
十六國春秋（崔鴻）……四九八六
晉春秋略（杜延業）……四九八七
交廣春秋（王範）……四九八八
涼國春秋（索綏）……四九八八
宋春秋（鮑衡卿）……四九八九
宋春秋（王琰）……四九八九
齊春秋（吴均）……四九八九
齊梁春秋（裴子野）……四九九〇
後梁春秋（蔡允恭）……四九九〇
後梁春秋（姚士粦）……四九九〇
唐春秋（吴兢）……四九九二
唐春秋（韋述）……四九九三

唐春秋（陸長源）……四九九四
唐春秋（郭昭慶）……四九九四
唐春秋（趙瞻）……四九九四
河洛春秋（包諝）……四九九五
五代春秋（尹洙）……四九九五
五朝春秋（王軫）……四九九五
十國春秋（吴任臣）……四九九六
蜀國春秋（苟廷詔）……四九九七
歷代善惡春秋（亡名氏）……四九九七

卷二百七十七　擬經十

晏子春秋（晏嬰）……四九九八
春秋（虞卿）……四九九九
春秋（李氏）……五〇〇〇
春秋（吕不韋）……五〇〇〇
杜子春秋（杜崧）……五〇〇四
玄晏春秋（皇甫謐）……五〇〇四
棲鳳春秋（臧嚴）……五〇〇四
百官春秋（王道彦）……五〇〇五
兵春秋（亡名氏）……五〇〇五
閫外春秋（李筌）……五〇〇六
博陽春秋（辛邕之）……五〇〇六
幼老春秋（亡名氏）……五〇〇六
新國語（劉向）……五〇〇七
春秋時國語（孔衍）……五〇〇七
春秋後國語（孔衍）……五〇〇七
續國語（王柏）……五〇〇八
續汲冢師春（顧起經）……五〇一一
元經（王通）……五〇一二
元經傳（薛收）……五〇一三
元經注（阮逸）……五〇一三
擬春秋文辭（王褘）……五〇一四
左逸（王世貞）……五〇一四

卷二百七十八　擬經十一

次論語（王勃）……五〇一五
論語纂遺（葉由庚）……五〇一五
論語外書（戴良齊）……五〇一六
濂洛論語（劉黻）……五〇一六
兵書論語（符彦卿）……五〇一六
女論語（符彦卿）……五〇一七
論語外篇（潘士達）……五〇一七
孔子家語……五〇一八
孔子家語解（王肅）……五〇二〇
當家語（張融）……五〇二一
家語考（王柏）……五〇二一
家語句解（王廣謀）……五〇二三
家語傳（何孟春）……五〇二三
家語注（陸治）……五〇二四
孔子正言（梁武帝）……五〇二四
孔子集語（薛據）……五〇二五
先聖大訓（楊簡）……五〇二七
法言（揚雄）……五〇二七
法言注（侯芭）……五〇二九
法言注（宋衷）……五〇二九
法言解（李軌）……五〇二九
法言注（辛德源）……五〇三〇
揚子新注（柳宗元）……五〇三〇
揚子法言廣注（宋咸）……五〇三〇
集注揚子（司馬光）……五〇三三
揚子大義（劉絳）……五〇三三
揚子義（徐君平）……五〇三三
揚子法言義（張敷）……五〇三四
法言微旨（趙秉文）……五〇三四

卷二百七十九　擬經十二

中説（王通）……五〇三五

中説辨妄（戴良齊）……………………五〇四四
武孝經（燕君）……………………五〇四四
廣孝經（沈若）……………………五〇四四
演孝經（張士儒）……………………五〇四五
臨戎孝經（員半千）……………………五〇四五
武孝經（郭良輔）……………………五〇四五
武孝經（李遠）……………………五〇四六
女孝經（鄭氏）……………………五〇四六
女孝經像（石恪）……………………五〇四七
女孝經相（李公麟）……………………五〇四七
大農孝經（賈元道）……………………五〇四七
道孝經（綦師元）……………………五〇四八
佛孝經（□鶚）……………………五〇四八
酒孝經（劉炫）……………………五〇四八
酒孝經（皇甫松）……………………五〇四九
醫孝經（亡名氏）……………………五〇四九
忠經（馬融）……………………五〇四九
續孟子（林慎思）……………………五〇四九

卷二百八十　擬經十三

小爾雅（孔鮒）……………………五〇五四
廣雅（張揖）……………………五〇五五
博雅（曹憲）……………………五〇五六
續爾雅（劉伯莊）……………………五〇五七
要雅（劉杳）……………………五〇五七
蜀爾雅（李商隱）……………………五〇五八
羌爾雅（劉温潤）……………………五〇五八
蕃爾雅（亡名氏）……………………五〇五八
石藥爾雅（梅彪）……………………五〇五九
埤雅（陸佃）……………………五〇五九
大爾雅（程端蒙）……………………五〇六二
大爾雅通釋（董夢程）……………………五〇六三
大爾雅（王柏）……………………五〇六三
小爾雅（崔銑）……………………五〇六三

駢雅（朱謀㙔）……五〇六五
埤雅廣要（牛衷）……五〇六五
續演雅詩發揮（白珽）……五〇六六
赤雅（鄺露）……五〇六六
通雅（方以智）……五〇六七
爾雅補（唐達）……五〇六七
六説（劉迅）……五〇六八
六藝流别（黄佐）……五〇六八
小四書（朱升）……五〇七〇
小四書音釋（金德玹）……五〇七一

卷二百八十一　承師一

孔子弟子……五〇七二

卷二百八十二　承師二

孔子門人……五〇九五
曾申弟子……五一〇四
公明高弟子……五一〇四
田子方弟子……五一〇五
公羊高子……五一〇五
穀梁子弟子……五一〇五
高行子弟子……五一〇五
李克弟子……五一〇六
吴起子……五一〇六
薛倉子弟子……五一〇六
孟仲子弟子……五一〇六
吴期弟子……五一〇七
公羊平子……五一〇七
孫卿弟子……五一〇七
帛妙子弟子……五一〇七
公羊地子……五一〇七
公羊敢子……五一〇八
子思弟子……五一〇八
子思門人……五一〇八

孟子弟子……五一〇八

卷二百八十三　承師三

易……五一一二
田何……五一一二
田何弟子……五一一二
王同弟子……五一一三
周王孫弟子……五一一三
丁寬弟子……五一一四
楊何弟子……五一一四
田王孫弟子……五一一四
施讎弟子……五一一四
張禹弟子……五一一四
魯伯弟子……五一一五
治施氏易……五一一五
孟喜弟子……五一一五
治孟氏易……五一一六
梁邱賀弟子……五一一六
梁邱臨弟子……五一一七
五鹿充宗弟子……五一一七
治梁邱易……五一一七
焦延壽弟子……五一一八
京房弟子……五一一八
治京氏易……五一一八
費氏易……五一二〇
費直弟子……五一二〇
治費氏易……五一二〇
高氏易……五一二一
高相弟子……五一二一
韓氏易……五一二三
涿韓生弟子……五一二三
白氏易……五一二三
白子友弟子……五一二三
朱雲弟子……五一二三

鄭康成弟子……五一二三
治鄭氏易……五一二四
周子易……五一二五
邵子易……五一二五
程子易……五一二六
程子傳易弟子……五一二六
張子易……五一二七
張子弟子……五一二七
朱子易……五一二八
朱子傳易弟子……五一二八

卷二百八十四　承師四

尚書……五一三六
伏勝今文……五一三六
伏氏弟子……五一三六
晁錯弟子……五一三七
張生弟子……五一三七
夏侯都尉弟子……五一三七
夏侯始昌弟子……五一三七
夏侯勝弟子……五一三七
周堪弟子……五一三八
孔霸弟子……五一三八
牟卿弟子……五一三八
許商弟子……五一三八
吴章弟子……五一三八
治大夏侯氏書……五一三八
夏侯建弟子……五一三九
張山拊弟子……五一三九
鄭寬中弟子……五一三九
張無故弟子……五一四〇
秦恭弟子……五一四〇
治小夏侯氏書……五一四〇
歐陽生弟子……五一四〇
倪寬弟子……五一四〇

詩……五一四八

王扶弟子……五一五一
薛廣德弟子……五一五一
治魯詩……五一五一
齊詩……五一五五
轅固弟子……五一五五
夏侯始昌弟子……五一五五
后倉弟子……五一五五
匡衡弟子……五一五五
滿昌弟子……五一五六
治齊詩……五一五六
韓詩……五一五七
韓嬰弟子……五一五七
趙子弟子……五一五七
蔡誼弟子……五一五七
食子公弟子……五一五七
王吉弟子……五一五七
栗豐弟子……五一五八
長孫順弟子……五一五八
治韓詩……五一五八
毛詩……五一六〇
毛萇弟子……五一六〇
貫長卿弟子……五一六〇
解延年弟子……五一六〇
徐敖弟子……五一六〇
陳俠弟子……五一六一
謝曼卿弟子……五一六一
治毛詩……五一六一
朱子授詩弟子……五一六一

卷二百八十五　承師五　廣譽附

禮……五一六七
周禮……五一六七
治周禮……五一六七
儀禮……五一六八

堂谿惠弟子……五一八二
治公羊春秋……五一八二
治嚴氏春秋……五一八三
治顔氏春秋……五一九一
穀梁氏傳……五一九三
江公門生……五一九三
榮廣弟子……五一九三
蔡千秋弟子……五一九三
丁姓弟子……五一九三
尹更始弟子……五一九四
江博士弟子……五一九四
胡常弟子……五一九四
治穀梁春秋……五一九四
論語……五一九五
治魯論語……五一九五
治齊論語……五一九六
治古論語……五一九六
孝經……五一九六
治今文孝經……五一九六
治古文孝經……五一九六
廣譽……五一九六
漢……五一九六
魏……五二〇〇
晉……五二〇〇
宋……五二〇〇
齊……五二〇〇
梁……五二〇一
陳……五二〇一
北魏……五二〇一
北齊……五二〇一
隋……五二〇一

卷二百八十六　宣講（闕）、立學（闕）

卷二百八十七　刊石一

漢一字石經……………………五二〇二

卷二百八十八　刊石二

魏三字石經……………………五二三一
晉石經……………………五二三五
北魏石經……………………五二三五
唐國子學石經……………………五二三六

卷二百八十九　刊石三

後蜀石經……………………五二五三
宋國子監石經……………………五二六一
重刻漢石經（胡元質）……………………五二六三
重刻漢石經（洪適）……………………五二六四
重刻魏三體石經遺字（蘇望）……………………五二六五

卷二百九十　刊石四

宋太學御書石經……………………五二六六
宋吴郡石刻御書六經……………………五二七三
六經圖碑（楊甲）……………………五二七四
金太學石經……………………五二七四
元汴梁學修復石經……………………五二七五

卷二百九十一　刊石五

宋高宗御書乾卦……………………五二七八
唐蕪湖縣篆書易謙卦……………………五二七八
宋臨安府磨崖家人卦……………………五二七九
宋休陽縣磨崖兑卦……………………五二八〇
石刻易繫辭（朱熹）……………………五二八〇
宋昌州石刻六十四卦象碑……………………五二八一
宋道州石刻太極圖……………………五二八一
明凌雲山石刻易圖……………………五二八一

古文尚書石刻（張叏）……五二八二
明太僕寺石刻同命……五二八二
石刻魯頌駉篇……五二八三
魏正始石經大學……五二八三
南京國子監石刻大學……五二八五
石刻春秋通例（韓滉）……五二八六
唐石臺孝經……五二八六
唐御注孝經雙石幢記……五二八八
宋石刻草書孝經……五二八八
宋建康府學御書孝經……五二八九
湖州學御書孝經……五二八九
常州學御書孝經……五二九〇
石刻三體孝經（句中正）……五二九〇
三體孝經（楊南仲）……五二九〇
昌州石刻古文孝經……五二九一
石刻孝經（李師德）……五二九一
石刻孝經（亡名氏）……五二九二
明國子監石刻孝經……五二九三
石刻孟子（席益）……五二九三
唐太學壁經……五二九四
卷二百九十二　書壁
卷二百九十三　鏤板
卷二百九十四　著録
卷二百九十五　通説一
說經上……五三三九
卷二百九十六　通説二
說經中……五三四六

索引字頭拼音檢字

本索引字頭拼音檢字的前一欄數字爲書名索引頁碼，後一欄數字爲作者索引頁碼。

A

ai
艾 141

an
安 146

ao
敖 163

B

ba
八 2

bai
白 30 142
百 31
拜 90
稗 104

ban
班 163

bao
包 142
保 160
葆 100
鮑 200

bei
北 24
貝 149

bi
賁 100
比 12
筆 102
畢 94 165
碧 111
壁 123

bian
編 121
邊 203
卞 140
辨 123
變 133

biao
標 114
表 37

bin
賓 113
豳 123
蠙 130

bing
兵 36
丙 22

bo
博 100
駁 111
駮 121
薄 199

bu
卜 2 134
補 103
不 11 139

C

cai
蔡 111 191

cao
曹 176

ce
測 103

chai
柴 165

chang
昌 43
長 155
常 98 176
暢 192

chao
晁 165
巢 181
潮 121

che
車 149

chen
陳 169

cheng
成 31 143
乘 94
程 102 183

坊 36
房 159
放 70

fei
非 38
費 187

feng
封 89
風 92
豐 203
馮 185

fo
佛 36

fou
否 36

fu
敷 114
伏 31 145
服 56 157
符 176
福 109
輔 192
父 19
傅 184
復 102

G

gai
改 37

gan
干 134
甘 21
幹 187

gang
綱 113

gao
高 94 167

ge
戈 139
紇 163
格 93
葛 182

gen
艮 31

geng
更 36
耿 164

gong
公 19 140
宮 162
龔 206
鞏 194
貢 163

gou
勾 140
鉤 103
緱 121 198
苟 155

gu
古 21 141
穀 113 194
固 56
顧 130 205

gua
卦 37

guan
官 72
冠 93
關 130 204
管 112 192
貫 181

guang
廣 112

gui
龜 124
歸 129 203
軌 90
癸 93
桂 93 164

guo
郭 168
國 98

H

hai
海 95

han
邯 146
涵 99
寒 103
韓 123 201
漢 113

hao
郝 159

he
何 151
河 71
齕 129
賀 187

heng
恆 93
横 114

hong
洪 92 162

hou
侯 161
后 145
厚 90
後 92

hu
胡 90 159
斛 99

J

K

mou		
繆		203
mo		
莫		164
mou		
牟		146
mu		
木	8	
慕		191
穆		200

N

na		
納		173
nan		
南	90	
難	129	
nei		
内	16	
ni		
倪		165
擬	123	
nie		
聶		203
ning		
寧		189
甯		187
niu		
牛		139
nü		
女	8	

O

ou		
歐		195

P

pa		
葩	100	
pan		
潘		198
泮	71	
pang		
龐		205
pao		
庖	70	
pei		
裴		192
佩	56	
peng		
彭		181
蓬	103	
pi		
皮		143
埤	98	
pian		
駢	121	
ping		
平		141
評	103	
po		
破	94	
pu		
蒲		187
濮		203
浦		168
樸	121	

Q

qi		
七	1	
戚		176
棲	102	
漆	113	
奇	38	
綦		191
齊	112	192
泣	71	
啓	99	
qian		
千	8	
謙	124	
虔		165
乾	98	
錢		200
潛	121	
qiang		
羌	37	
qiao		
喬		184
橋		199
樵	121	
譙		205
qin		
秦	93	163
qing		
青	37	155
清	99	178
傾	104	
慶		198
qiong		
窮	121	
qiu		
丘		142
邱		151
求	36	
qu		
曲	31	
屈		159
區		176
quan		
全		145

權 205

qun
群 109

R

ran
冉 142

rao
饒 205

ren
人 2
忍 37
任 145

ri
日 13

rong
容 169
榕 111
融 122

ru
儒 122

ruan
阮 146

rui
芮 146

run
閏 102

S

san
三 2

sang
桑 173
喪 100

seng
僧 192

shan
山 8
删 36
贍 205

shang
商 178
上 134
尚 38 157

shao
少 13
邵 37 155

she
射 94 165
赦 173
攝 130

shen
申 141
身 36
深 99
神 93
沈 153

sheng
盛 176
聖 103

shi
施 161
師 94 165
蓍 103
詩 104
十 1
石 24 141
時 165
識 130
史 142
矢 30
士 3 134
是 90
室 93
筮 104
釋 130 205

shou
授 98

shu
叔 38
書 95
舒 103 185
黍 102
蜀 104
鼠 104
束 149
述 37
恕 98

shui
水 16
税 184

shun
舜 103

shuo
説 112

si
司 142
私 36
四 24
嗣 104

song
鬆 129
宋 37 154
誦 112

su
蘇 203
素 93
宿 178

sui
邃 124

sun
孫 172

損	103	
suo		
索		164

T

tai		
太	11	139
泰	93	
tan		
談	121	198
檀	123	201
譚		204
tang		
湯	103	186
唐	94	168
tao		
陶		173
teng		
滕		195
ti		
題	129	
體	131	
tian		
天	8	139
田	24	141
tie		
鐵	130	
tong		
通	98	
同	31	143
彤	37	
童	103	186
tou		
投	36	
tu		
涂		168
屠		178
塗		189
圖	112	
tui		
推	98	

W

wa		
洼		162
wai		
外	30	
wan		
玩	37	
萬	100	182
wang		
汪		153
亡		134
王	8	135
wei		
危		145
微	104	
韋	93	162
爲	103	
畏	90	
隗		181
僞	112	
衛		195
魏	124	201
wen		
文	21	140
聞		192
問	98	
weng		
翁		167
wu		
毋		141
吾		149
吴	36	149
無	102	183
五	8	139
武	37	155

X

xi		
西	31	
息	94	
浠	95	
羲	123	
席		168
習	99	181
洗	93	
郄		157
xia		
夏	94	164
xian		
先	31	
鮮		202
咸	90	
絃	100	
獻	130	
xiang		
鄉	99	
襄	124	
向		145
象	99	
項		181
像	104	
xiao		
逍	94	
蕭		199
小	7	
孝	32	146
校	94	
xie		
謝		202
xin		
心	21	

辛		153
新	109	
信	90	
xing		
邢		143
行	31	
xiong		
凶	19	
熊		194
xiu		
修	90	
xu		
虛	98	
徐		165
許	99	176
序	37	
緒	113	
續	130	
xuan		
宣		162
玄	30	
xue		
薛		199
學	122	
雪	98	
xun		
荀		159
訓	94	
巽	103	
Y		
yan		
延		145
閻		200
顏		203
嚴	130	204
衍	92	
演	113	
儼	130	
晏	94	165
燕	121	199
鬳	122	
yang		
羊		145
陽		181
揚	100	181
楊		187
yao		
姚		162
堯	100	
要	90	
ye		
耶		155
葉		182
業	104	189
yi		
伊	31	145
醫	129	
疑	112	
遺	114	
儀	114	
易	43	157
逸	99	
義	109	189
臆	124	
寱	124	
翼	129	203
yin		
殷		167
陰		173
尹		140
飲	103	
隱	123	
印	30	
ying		
應		202
盈		163
潁		195
yong		
庸	99	
永	30	
you		
尤		139
游		187
幼	30	
yu		
于		134
余		152
於		159
俞		161
虞	104	189
愚	104	
漁	113	
餘	115	
宇		146
禹	91	
庾		177
與	104	
玉	21	
郁	38	157
喻		183
御	102	
裕	103	
yuan		
淵	103	
元	8	139
袁		163
原	94	
員		165
援	100	
轅		201
苑	37	
yue		
月	19	
岳		157

越	100	
yun		
芸	36	

Z

za		
雜	129	
zan		
昝		161
讚	133	
zang		
臧		192
zao		
竈	130	
zeng		
曾	103	186
增	113	
zhai		
齋		203
zhai		
翟		194
zhan		
詹		189
瞻		203
占	24	
zhan		
湛	103	186
戰	122	
zhang		
张		180
章	99	177
張	99	178
掌		183
zhao		
昭	90	
趙	111	189
zhen		
真		164
zheng		
正	21	
鄭	113	192
zhi		
支		139
芝	31	
執	98	
止	13	
指	90	
制	56	
治	71	
致	94	
質	115	
zhong		
中	13	
忠	56	
鍾		202
仲	31	145
重	90	
zhou		
周	56	157
zhu		
朱	31	143
諸	115	198
竹	31	
竺		157
屬	130	
注	71	
祝		162
zhuang		
莊		164
zhun		
準	109	
zhuo		
拙	37	
zhuo		
卓		157
zi		
緇	113	
子	8	
紫	102	
字	31	
zong		
宗		159
總	129	
縱		203
zou		
鄒	103	185
騶	130	
zu		
祖		162
zuan		
纂	130	
zui		
醉	114	
zun		
尊	103	
zuo		
左	22	141
作	36	

書名索引

1. 本索引依書名首字筆畫之順序排列，首字筆畫相同者，依第二字筆畫順序排列。
2. 各書名之後，附作者名。
3. 同書名者，按作者之筆畫順序排列。
4. 書名首字殘闕者，排在本索引之末尾。

二畫

二五君臣論（閭丘昕、胡寅） 460
二典義（陸佃） 1725
二經彙刻（王復禮） 4509
二戴禮解（董彝） 3009
二禮分門統要（亡名氏） 3025
二禮注（趙汝談） 2999
二禮集解（李黼） 3017
二禮經傳測（湛若水） 3011
二禮疑釋（練耒） 3001
二禮説（王宗道） 2999
二禮講義（胡銓） 2999
十一經問對（何異孫） 4424
十一經詩（宋真宗） 4353
十二經傳習録（黄喬棟） 4493
十三卦攷（張希文） 1290
十三經文鈔（沈珩） 4506
十三經注疏類抄（陸元輔） 4505
十三經借課（馮一第） 4500
十三經補注（郭正域） 4479
十三經解詁（陳深） 4460
十三經緯（梁斗輝） 4496
十五國風咨解（吴申） 2190
十五國風疏（顧玘徵） 2191
十五國風論（林國華） 2191
十六國春秋（崔鴻） 4986
十國春秋（吴任臣） 4996
丁丑三禮辨（李心傳） 3000
七日來復解（王家屏） 1286
七日來復解（王喬桂） 1286
七經小傳（劉敞） 4361
七經中義（劉彝） 4362
七經要義（江逢辰） 4431
七經思問（詹萊） 4467
七經補注（陸正） 4413
七經詩（傅咸） 4323
七經義綱（樊深） 4333

七經圖(吴繼仕) 4477
七經論(樊深) 4333
卜子夏易傳解(張弼) 386
卜筮節要(談綱) 897
八白易傳(葉山) 1031
八卦小成圖(亡名氏) 733
八卦數圖(陳高) 389
八卦雜決(亡名氏) 736
人心道心説(戴亨) 1730
九正易因(李贄) 1005
九州春秋(司馬彪) 4976
九州春秋鈔(劉峻) 4978
九江易傳(周燔) 518
九江彭蠡辨(朱熹) 1769
九江詳證(羅泌) 1769
九卦論(王安石) 1290
九部經解(郝敬) 4485
九家易解(荀爽) 117
九族考(汪琬) 1726
九經化統(熊執易) 4341
九經正訛(許奕) 4391
九經考異(周應賓) 4480
九經字樣(唐玄度) 4344
九經直音(許奕) 4391
九經沿革(岳珂) 4395
九經治要(歐陽長孺) 4427
九經要句(李適) 4341
九經要略(亡名氏) 4419
九經要義(魏了翁) 4396
九經要覽(亡名氏) 4510
九經音釋(趙孟至) 4416
九經師授譜(韋表微) 4346
九經補韻(楊伯喦) 4402
九經發題(唐仲友) 4381
九經解(黄補) 4403
九經經旨策義(亡名氏) 4419
九經圖注(周安) 4445
九經疑難(張伯文) 4404
九經漢義(趙宦光) 4495
九經餘義(黄敏求) 4354
九經輯義(雷光霆) 4431
九經總例(亡名氏) 4510
九經簡要(錢承志) 4403
九經類要(陶凱) 4439
九經釋難(馬光極) 4351
九種易(戴伯繩) 1240
九疇圖(夏唐老) 1819
了翁易説(陳瓘) 360

三　畫

三十家毛詩會解(吴純) 1957
三十家易解(單渢) 750
三十國春秋(武敏之) 4985
三十國春秋(蕭方等) 4984
三江詳證(羅泌) 1769
三宅三俊説(程大昌) 1825
三易洞璣(黄道周) 1169
三易通(金式玉) 1258
三易備遺(朱元昇) 689
三易圖説(柳申錫) 599
三制井田圖(阮逸) 2738
三皇五帝之書 1365
三宫易(朱氏) 721
三陳九卦説(胡鼎金) 1290

三國春秋(員半千)　4981
三國春秋(崔良佐)　4981
三傳同異(劉之遴)　3200
三傳制度辨(劉伯証)　3465
三傳指要(劉軻)　3244
三傳是非(于正封)　3333
三傳異同(馮伉)　3242
三傳異同例(李氏)　3278
三傳異同説(馬融)　3136
三傳義例考(黄澤)　3586
三傳辨失解(孫復)　3291
三經偶得録(秦重豊)　4497
三經新義(王安石)　4365
三經義辨(楊時)　4366
三經演義(劉元剛)　4406
三經辨學(王居正)　4367
三經澤(堵維常)　4494
三經雜説(吴師道)　4431
三禮大義(亡名氏)　3024
三禮大義(劉獻之)　2986
三禮目録(鄭玄)　2984
三禮目録注(陶弘景)　2986
三禮穴法(袁仁)　3019
三禮吉凶宗紀(范隆)　2985
三禮考(程材)　3011
三禮考異(熊禾)　3001
三禮考註(吴澂)　3002
三禮全經釋原(柯尚遷)　3022
三禮名義(歐陽丙)　2998
三禮名義疏(鄭氏)　3024
三禮私抄(楊守陳)　3010
三禮宗略(元延明)　2988
三禮定正集註(吴繼仕)　3021
三禮要記(韋叔夏)　2989
三禮訂疑(湛若水)　3012
三禮音義(李玄植)　2989
三禮記(蕭斛)　3007
三禮旁注(朱升)　3009
三禮旁注(韓信同)　3008
三禮通義(魯有開)　2998
三禮通論(董景道)　2985
三禮通議(熊慶胄)　3000
三禮發微(趙敦臨)　2999
三禮義宗(崔靈恩)　2986
三禮義記(戚袞)　2986
三禮義證(王恭)　2989
三禮圖(亡名氏)　3025
三禮圖(阮諶)　2984
三禮圖(夏侯伏朗)　2988
三禮圖(梁正)　2990
三禮圖(張鎰)　2990
三禮圖(鄭玄)　2984
三禮圖(劉績)　3013
三禮圖集注(聶崇義)　2990
三禮圖駁議(亡名氏)　3025
三禮廣義(陳與郊)　3024
三禮儀略舉要(夏時正)　3010
三禮編繹(鄧元錫)　3020
三禮雜大義(亡名氏)　3024
三禮類編(李經綸)　3020
三禮纂注(貢汝成)　3013
三禮纂要(王廉)　3009
三體孝經(楊南仲)　5290
士相見義(劉敞)　2492

士相見禮(陳師道)　2492
士相見禮儀(舒芬)　2492
士冠禮解(鄭若曾)　2487
士冠禮説(陳普)　2486
士喪禮儀注(亡名氏)　2532
士禮考正(馮翼翁)　2485
大小太常章句(桓榮)　1436
大夫譜(顧啓期)　3213
大月令(鮑雲龍)　4959
大司樂考(吕柟)　3063
大成易旨(崔師訓)　1117
大次雜易(亡名氏)　127
大明中天易(馮存貞)　1150
大明中皇太子講義疏(何約之)　4047
大易三義(周弘起)　1238
大易天人合旨(姚綬)　895
大易内解(詹天錫)　656
大易文詮(趙汸)　875
大易心法(袁仁)　1036
大易玉匙(葉憲祖)　1142
大易忘筌(無名氏)　869
大易枝辭(方孝孺)　883
大易易簡説(高攀龍)　1098
大易炬説(鍾晉)　1247
大易法象通贊(鄭滁孫)　769
大易牀頭私録(黄懋策)　1042
大易要言(楊泰之)　599
大易約解(潘夢旂)　591
大易通義(侯克中)　812
大易集傳精義(陳友文)　647
大易集義粹言合訂(納蘭成德)　1266
大易發微(練耒)　680
大易聖傳(周臣)　961
大易會要(俞琰)　707
大易源流圖(范諤昌)　293
大易圖象參(王之士)　1011
大易圖説(鄧錡)　860
大易精解(李學遜)　810
大易粹言(曾穜)　513
大易演義(祝堯)　836
大易賦(鄭剛中)　447
大易緝説(王申子)　797
大易輯略(范大性)　793
大易舉隅(鮑恂)　875
大易闡庸(姜山斗)　1135
大易纂義(張家玉)　1204
大易體卦(季可)　625
大易觀(劉元卿)　1052
大易觀象(鄭子厚)　659
大享明堂儀注(郭山惲)　2714
大衍五行數(亡名氏)　1323
大衍天心照(耿格)　1313
大衍本原(楊忠輔)　1316
大衍玄基(王景)　1309
大衍玄圖(釋一行)　1311
大衍易數(陳氏)　1321
大衍索隱(丁易東)　1318
大衍詳説(蔡元定)　1314
大衍義(李覺)　1312
大衍圖(吴適)　1313
大衍圖(顧蒙)　1310
大衍説(孔旼)　1313
大衍説(章如愚)　1316
大衍説(程□□)　1324

大衍論(胡銓)　1314
大衍論(釋一行)　1310
大象衍義(王柏)　688
大象義述(王畿)　992
大農孝經(賈元道)　5047
大筮衍易(亡名氏)　127
大傳易說(蔡淵)　555
大義疑問(梁武帝)　187
大爾雅(王柏)　5063
大爾雅(程端蒙)　5062
大爾雅通釋(董夢程)　5063
大誥康誥酒誥梓材召誥洛誥多士多方論(范浚)　1822
大學(王柏)　2876
大學(季本)　2918
大學四傳小注(齊履謙)　2885
大學六書(管志道)　2928
大學大全纂(陳一經)　2900
大學口義(吳浩)　2878
大學千慮(穆孔暉)　2914
大學中庸心法(李希顏)　2971
大學中庸孝經諸書集解音釋(淩堯輔)　4422
大學中庸放言(孫緒)　2973
大學中庸俗講(傅璿)　2980
大學中庸旁注(朱升)　2968
大學中庸章句(詹鳳翔)　2971
大學中庸發微(范祖幹)　2970
大學中庸詳說(曾景修)　2970
大學中庸標說(秦玉)　2968
大學中庸録(袁明善)　2967
大學中庸臆説(葉祺胤)　2979
大學中庸雙説(黄文傑)　2968
大學心詮(李日華)　2939
大學正文(鄭濟)　2893
大學古今四體文(楊時喬)　2926
大學古文參疑(劉宗周)　2939
大學古本(李先芳)　2923
大學古本旁釋(王守仁)　2907
大學古本註釋(程昌)　2914
大學古本解(吳炯)　2938
大學古本説義(沈曙)　2947
大學古本釋(來知德)　2927
大學古記(劉宗周)　2940
大學古記約義(劉宗周)　2942
大學本末圖説(程時登)　2957
大學本旨(黎立武)　2873
大學本旨通(徐即登)　2935
大學全文通釋(崔銑)　2910
大學私抄(楊守陳)　2895
大學直講(高拱)　2923
大學述古(萬思謙)　2924
大學或問(朱熹)　2863
大學郁溪記(郁文初)　2949
大學明解(李果)　2895
大學明解(李師道)　2888
大學知本大義(高攀龍)　2937
大學沿革論(車若水)　2873
大學注解正宗(胡時化)　2929
大學治平龜鑑(李朝佐)　2887
大學宗釋(鄒德溥)　2934
大學定本(區大倫)　2939
大學定本(程頤)　2855
大學定本(程顥)　2854

大學定序(程智) 2948
大學括義(耿定向) 2926
大學拾朱(李承恩) 2902
大學指掌圖(胡炳文) 2885
大學指義(金履祥) 2877
大學指歸(魏校) 2912
大學要句(劉清) 2892
大學要旨(劉清) 2891
大學要略直説(許衡) 2879
大學重定本(程敏政) 2900
大學信心録(朱袞) 2910
大學衍注(吴鍾巒) 2949
大學衍義(真德秀) 2865
大學衍義略(王諍) 2924
大學衍義補(丘濬) 2896
大學衍義補要(顧起經) 2945
大學衍義補會要(程誥) 2909
大學衍義補膚見(胡世寧) 2906
大學衍義補纂要(徐栻) 2924
大學衍義節略(楊廉) 2902
大學衍義會補節略(楊文澤) 2947
大學衍義膚見(黄訓) 2916
大學衍義論斷(王道) 2915
大學訂本(顔光敏) 2952
大學約言(李材) 2927
大學約言(周禄) 2919
大學格物致知傳(蔡烈) 2953
大學格物訓(瞿汝稷) 2957
大學原(方獻夫) 2914
大學原本闡義(唐自明) 2946
大學記(吴桂芳) 2923
大學記(董槐) 2869
大學旁訓(沈易) 2890
大學通考(顧憲成) 2932
大學通旨(蔣文質) 2888
大學通注(朱元弼) 2929
大學通義(盧孝孫) 2872
大學問(王守仁) 2908
大學章句(朱熹) 2859
大學章句疏義(金履祥) 2877
大學章句疏議(黄幹) 2864
大學章句纂要(蔣玄) 2889
大學章旨(蔣允汶) 2892
大學參義(洪鼐) 2915
大學集注(劉績) 2905
大學集傳(馬端臨) 2878
大學集義(徐與老) 2894
大學復古録(汪璪) 2904
大學就新篇(鄒元標) 2931
大學湖南講(葛寅亮) 2943
大學測(吴三極) 2945
大學補(胡爟) 2906
大學補略(傅淳) 2892
大學補遺(鍾律) 2889
大學發明(王文焕) 2878
大學發揮(何基) 2876
大學發微(范祖幹) 2892
大學發微(黎立武) 2872
大學聖經解(黄幹) 2864
大學愚見(孟淮) 2922
大學傳(張邦奇) 2913
大學解(吕大臨) 2856
大學解(邵囦) 2864
大學解(喻樗) 2858

大學解(趙善湘) 2865
大學解(蘇總龜) 2856
大學解義(徐氏) 2879
大學解義(張洪) 2893
大學新編(劉元卿) 2944
大學義(譚惟寅) 2858
大學義略(王漸逵) 2916
大學管窺(林日正) 2948
大學管窺(陳雅言) 2893
大學管窺(趙璜) 2906
大學管窺(廖紀) 2913
大學疑問(吕溥) 2886
大學疑問(姚舜牧) 2930
大學疑義(丁璣) 2894
大學説(何夢桂) 2875
大學説(陳堯道) 2871
大學説(張九成) 2859
大學説(薛季宣) 2863
大學説(羅汝芳) 2925
大學説約(蔡季成) 2888
大學廣義(司馬光) 2854
大學廣義(熊禾) 2884
大學演正(曾元生) 2889
大學演説(蔡模) 2871
大學綱領圖(葉應) 2901
大學膚見(王立極) 2950
大學稽古衍義(王啓) 2902
大學稽疑(胡希是) 2877
大學篇(蕭欲仁) 2856
大學億(王道) 2915
大學質言(顧憲成) 2932
大學論正(江銓) 2919
大學遵古編(周從龍) 2930
大學審明(陳華祖) 2872
大學辨(倪思) 2863
大學辨(陳道永) 2950
大學辨問(余學古) 2871
大學辨疑(吕洙) 2886
大學繁露(無名氏) 2952
大學繁露演(虞淳熙) 2935
大學臆説(聶豹) 2918
大學講義(方禾) 2876
大學講義(吴季子) 2875
大學講義(吴浩) 2872
大學講義(何俌) 2858
大學講義(孫袀) 2863
大學講義(葉味道) 2864
大學講義(廖剛) 2858
大學講義(鄭守道) 2918
大學總會(周公恕) 2887
大學叢説(許謙) 2886
大學雜言(劉宗周) 2942
大學證文(毛奇齡) 2952
大學釋旨(程仲文) 2885
大學釋義(熊以寧) 2865
大戴禮序録(吴澂) 2563
大戴禮注(盧辨) 2562
大戴禮辨(馬定國) 2563
大禮記(張宏圖) 2647
小四書(朱升) 5070
小四書音釋(金德玹) 5071
小功不税解(劉敞) 2738
小戎圖(亡名氏) 2198
小爾雅(孔鮒) 5054

小爾雅(崔銑)　5063
小戴記集解(岳珂)　2626
山家月令(徐獻忠)　4959
山堂疑問(劉光祖)　4383
山齋書解(熊子真)　1574
千一疏(方弘静)　4468
千金月令(孫思邈)　4957
己易(楊簡)　480
子玉請復曹衛論(許衡)　3841
子産不毁鄉校頌(韓愈)　3843
子囊城郢論(劉敞)　3843
女孝經(鄭氏)　5046
女孝經相(李公麟)　5047
女孝經像(石恪)　5047
女論語(符彦卿)　5017

四　畫

王制井田圖(余希文)　2739
王制考(李黼)　2740
王制章句(陳埴)　2739
王制解(邵囦)　2739
王制説(陳際泰)　2740
王制説(錢馭)　2740
王劉易辨(宋咸)　280
井田類説(朱熹)　2739
天皇河圖(顔茂猷)　1191
天根易(鹿亭翁)　4913
元山春秋論(席書)　3652
元包(衛元嵩)　4863
元包數總義(張行成)　4866
元亨利貞説(朱熹)　1280
元汴梁學修復石經　5275
元經(王通)　5012
元經注(阮逸)　5013
元經傳(薛收)　5013
木鍾集(陳埴)　4390
五十家易解(楊文煥)　628
五十家詩義裁中(高承埏)　2159
五子之歌詩(同谷子)　1770
五石六鷁論(歐陽修)　3840
五代春秋(尹洙)　4995
五行傳記(許商)　1777
五服年月數(劉筠)　2535
五服志(亡名氏)　2533
五服法纂(亡名氏)　2533
五服略例(亡名氏)　2531
五服集證(徐駿)　2542
五服圖(亡名氏)　2531
五服圖(仲子陵)　2527
五服圖(張薦)　2527
五服圖解(龔端禮)　2542
五服圖儀(亡名氏)　2531
五服儀(亡名氏)　2533
五服儀(裴茝)　2527
五朝春秋(王軫)　4995
五經一貫(張萱)　4492
五經一貫(羅汝芳)　4468
五經四書大全注疏
　合編(劉同升)　4503
五經大義(何妥)　4334
五經大義(何晏)　4320
五經大義(馬瑩)　4426
五經大義(樊深)　4333
五經大義(戴逵)　4325

五經日記(王希旦) 4423
五經手判(周明辨) 4418
五經文字(張參) 4342
五經文格(徐蘭) 4440
五經心義(王崇慶) 4455
五經正名(劉炫) 4335
五經正議(馮理) 4452
五經考論(趙鶴) 4450
五經考辨(郁禾) 4504
五經考證(楊守陳) 4446
五經同異(包萬有) 4473
五經同異評(徐苗) 4323
五經旨要(歐陽俛) 4430
五經字義(李舜臣) 4460
五經困學(曹學佺) 4488
五經私録(楊文昇) 4495
五經序(俞琇) 4470
五經决録(王焕) 4329
五經妙言(李襲譽) 4349
五經直音(陳氏) 4434
五經析疑(邯鄲綽) 4329
五經述(孫銓) 4464
五經明音(王覺) 4464
五經明音(胡一愚) 4493
五經注釋(輔廣) 4389
五經宗略(元延明) 4330
五經宗義(楊惟休) 4493
五經珍抄(謝枋得) 4414
五經指南(黄彦遠) 4368
五經指歸(僧十朋) 4352
五經要旨(齊唐) 4360
五經要略(顔真卿) 4341
五經要義(劉向) 4305
五經要語(姚樞等) 4421
五經思問(瞻思) 4427
五經咨疑(周楊) 4326
五經音(徐邈) 4325
五經音詁(來斯行) 4491
五經約(熊明遇) 4489
五經約説(宋元翁) 4429
五經旁注(李恕) 4424
五經通(王氏) 4335
五經通旨(王敕) 4449
五經通故(周家相) 4471
五經通略(黄俊) 4452
五經通略(黄浚) 4415
五經通義(曹褒) 4309
五經通義(張遐) 4315
五經通義(劉向) 4299
五經通説(鄒初基) 4497
五經通論(束晳) 4324
五經通論(劉輔) 4307
五經埤傳(黄一正) 4497
五經問答庸言(桑介) 4470
五經問難(陳剛) 4433
五經異文(陳士元) 4465
五經異同評(張鳳) 4332
五經異同評(賀瑒) 4327
五經異義(辛彦之) 4334
五經異義(許慎) 4309
五經略注(常爽) 4331
五經淺見録(權近) 4511
五經集序(穆相) 4459
五經集解(賀賢) 4442

五經集義(鄭佐)　4456
五經鈐鍵(楊維楨)　4433
五經鈎沈(楊方)　4324
五經然否論(譙周)　4321
五經疏義(羅倫)　4447
五經發揮(陳珂)　4450
五經發揮(薛治)　4462
五經傳授圖(李燾)　4387
五經微旨(張鎰)　4346
五經會意(胡炳文)　4422
五經解(支立)　4445
五經解(夏良規)　4409
五經解疑(鄭君老)　4413
五經義(亡名氏)　4335
五經義方(林洪範)　4409
五經義略(亡名氏)　4335
五經彙語(盛祥)　4471
五經對訣(趙英)　4340
五經圖説(王循吉)　4470
五經算術(亡名氏)　4336
五經算術録遺(亡名氏)　4336
五經疑問(房景先)　4330
五經疑問(姚舜牧)　4478
五經説(黄欽)　4504
五經説(熊朋來)　4422
五經説(戴栩)　4405
五經精義(黄鼎)　4442
五經精義(楊安國等)　4359
五經精義(盧士宗)　4362
五經緒言(姜應麟)　4479
五經標題(張宣)　4441
五經稽疑(朱睦㮮)　4474
五經論(車似慶)　4416
五經輯略(陳洪謨)　4494
五經辨(楊叔方)　4431
五經辨惑(王若虛)　4421
五經辨疑(王神貴)　4331
五經辨疑(徐用檢)　4469
五經辨疑(陳維之)　4452
五經辨疑(趙德)　4417
五經臆説(王守仁)　4451
五經講宗(顔茂猷)　4502
五經講疏(梁武帝)　4326
五經講義(徐原)　4442
五經講義(曹涇)　4409
五經講義(饒魯)　4406
五經翼注(羅汝芳)　4468
五經翼(孫承澤)　4500
五經總類(張雲鸞)　4496
五經總類研朱集(張瑄)　4498
五經雜義(孫暢之)　4328
五經雜説(薛蕙)　4457
五經類語(梁宇)　4492
五經類語(慕容宗本)　4350
五經類編(王所)　4414
五經繹(鄧元錫)　4473
五經繹(鄧光舒)　4491
五經纂注(夏璋)　4504
五經纂要(周聞孫)　4424
五經纂要(熊釗)　4441
五經纂要(饒氏)　4509
五經釋義(張睿卿)　4494
五經釋題雜問(章崇業)　4359
五經蠡測(蔣悌生)　4440

五經讀(陳際泰) 4503
五禮例宗(張大亨) 3359
不郊猶三望説(亡名氏) 3842
不郊猶三望説(林氏) 3842
不語易義(孫慎行) 1114
太平經國之書統集(鄭伯謙) 2296
太甲三篇論(范浚) 1772
太玄月令(袁以賢) 4959
太玄正義(孫冑) 4846
太玄正義統論(張齊) 4839
太玄本旨(葉子奇) 4854
太玄叩鍵(孫冑) 4846
太玄玄言(許世卿) 4858
太玄事類(亡名氏) 4859
太玄注(張易) 4832
太玄幽贊(員俶) 4830
太玄音(宋咸) 4835
太玄音訓(馮元) 4840
太玄音義(吴祕) 4841
太玄索隱(胡次和) 4851
太玄略例(釋全瑩) 4852
太玄集注(胡次和) 4851
太玄集解義訣(李沂) 4847
太玄解(宋惟幹) 4833
太玄準易圖(邵雍) 4842
太玄經(楊泉) 4860
太玄經手音(程賁) 4845
太玄經注(王涯) 4831
太玄經注(王肅) 4827
太玄經注(王鴻) 4840
太玄經注(吴祕) 4841
太玄經注(范望) 4829
太玄經注(林瑀) 4832
太玄經注(陸凱) 4829
太玄經注(陸績) 4828
太玄經注(虞翻) 4829
太玄經注(蔡文邵) 4830
太玄經章句(揚雄) 4804
太玄經集注(司馬光) 4843
太玄經集解(張揆) 4838
太玄經集解(葉良珮) 4857
太玄經測(陳埰) 4858
太玄經疏(郭元亨) 4836
太玄經發隱(章詧) 4834
太玄經傳(杜元穎) 4832
太玄經解(徐庸) 4835
太玄經解(曾元忠) 4850
太玄經講疏(章詧) 4833
太玄經釋文(林瑀) 4833
太玄圖(孔旼) 4838
太玄圖(林共) 4846
太玄圖(章詧) 4834
太玄圖説(吴霞舉) 4852
太玄精語(林希逸) 4852
太玄論(蘇洵) 4842
太玄闡(屠本畯) 4857
太玄釋文(亡名氏) 4858
太易(張志和) 4867
太極三圖(饒魯) 1340
太極存疑(陸埛) 1359
太極枝詞(唐樞) 1358
太極衍義(王柏) 1341
太極後圖説(左輔) 1351
太極通旨(蔡淵) 1337

太極動静圖説(王承裕) 1353
太極答問(彭良臣) 1361
太極傳(郝經) 1343
太極解(陸山) 1362
太極解(劉模) 1361
太極解(龐嵩) 1356
太極歌(彭輿) 1335
太極圖衍(沈賓國) 1355
太極圖後記(劉因) 1345
太極圖發揮(何基) 1341
太極圖解(朱本) 1347
太極圖解(朱謐) 1348
太極圖解(李道純) 1342
太極圖解(何維柏) 1355
太極圖解(沈亨) 1362
太極圖解(周山) 1352
太極圖解(俞昆) 1355
太極圖解(陳樵) 1347
太極圖解(盛璲) 1336
太極圖解(蔡清) 1350
太極圖解(蔡淵) 1336
太極圖解(劉霖) 1346
太極圖説(王幼孫) 1341
太極圖説(王萬) 1338
太極圖説(吕洙) 1346
太極圖説(余童) 1338
太極圖説(周敦頤) 1326
太極圖説(胡希是) 1342
太極圖説(徐霖) 1340
太極圖説(孫羲) 1339
太極圖説(葉應) 1349
太極圖説(程存) 1346
太極圖説(程若庸) 1340
太極圖説(程時登) 1341
太極圖説(程霆) 1359
太極圖説(詹景鳳) 1364
太極圖説(鄭守道) 1356
太極圖説(談縉) 1355
太極圖説(戴亨) 1338
太極圖説(戴琥) 1349
太極圖説述解(曹端) 1348
太極圖説要(張元禎) 1349
太極圖説論(王嗣槐) 1364
太極圖説辨(黄宗炎) 1362
太極圖論(周原誠) 1360
太極圖論(許誥) 1353
太極圖纂要(楊廉) 1352
太極圖釋(張宇初) 1347
太極説(田君右) 1339
太極説(朱熹) 1335
太極説(劉瀻) 1342
太極説(謝升賢) 1339
太極演(郝經) 1343
太極演説(朱中) 1339
太極辨(王廷相) 1354
太極辨(齊德勝) 1345
太極辨疑(孔學周) 1360
太極繹義(舒芬) 1356
太極寶局(牛思純) 1335
太學十先生易解(林疑獨等) 402
太學直講繫辭(亡名氏) 1306
太學春秋講義(陸九淵) 3433
太學新講義(亡名氏) 727
比興窮源(亡名氏) 2194

互注爾雅貫類(亡名氏) 4296
止卦(邵經邦) 4917
少儀外傳(吕祖謙) 2762
少儀論(張九成) 2761
日北居周易獨坐談(洪化昭) 1154
日抄經説(黄震) 4407
日知録説經(顧炎武) 4504
日進經義直解(高拱) 4465
日講四書解義(清康熙皇帝) 3
日講易經解義(清康熙皇帝) 7
日講書經解義(清康熙皇帝) 5
中天述考(鄭滁孫) 769
中文尚書(劉陶) 1440
中易(任士林) 823
中和樂經(余載) 4961
中星考(貝瓊) 1727
中星圖説(程廷策) 1727
中候考河命、題期、立象 4755
中候我應篇 4757
中候契握 4755
中候勑省圖 4756
中候洛予命 4756
中候握河紀 4755
中候運衡篇 4756
中候準纖哲 4756
中候摘洛戒 4755
中候稷起 4757
中候儀明篇 4757
中菴籤易(盧翰) 4908
中庸一助(宗玥) 2844
中庸三書(瞿九思) 2847
中庸九經政要箴(黄佐) 2853
中庸九經衍義(王仁) 2830
中庸大傳(晁公武) 2795
中庸大義(余象) 2784
中庸大學述解(潘迪) 2966
中庸大學要義(戴景魏) 2963
中庸大學要語(李起渭) 2961
中庸大學思問(蔡淵) 2961
中庸大學章句(王幼孫) 2964
中庸大學章句(鄭儀孫) 2965
中庸大學章旨(鄭奕夫) 2965
中庸大學提要(葉瑞) 2966
中庸大學發蒙俗解(牟少真) 2962
中庸大學解(傅子雲) 2965
中庸大學解(蔡元鼎) 2959
中庸大學解(謝升賢) 2962
中庸大學解義(司馬光等六家) 2959
中庸大學説(何夢桂) 2965
中庸大學説(柴元祐) 2961
中庸大學説(劉黻) 2964
中庸大學説要(胡氏) 2966
中庸大學講義(陳孔碩) 2960
中庸大學講義(陳淳) 2960
中庸大學講義(魏文翁) 2961
中庸大學講義(謝興甫) 2961
中庸大學講稿(黄必昌) 2963
中庸大學纂述(饒魯) 2967
中庸大學釋傳(方逢辰) 2963
中庸口義(吴之巽) 2811
中庸口義(陳櫟) 2822
中庸凡(崔銑) 2833
中庸中和説(程時登) 2853
中庸分章(黎立武) 2815

中庸古今四體文(楊時喬) 2843
中庸古今注(黄綰) 2840
中庸古本(林日正) 2849
中庸本義(王奕) 2812
中庸本義(姚文灝) 2832
中庸本義(許誥) 2833
中庸本義(應廷育) 2841
中庸句解(張翥) 2827
中庸外傳(顧起元) 2849
中庸旨説(程智) 2852
中庸私抄(楊守陳) 2830
中庸位育圖説(瞿九思) 2853
中庸直講(高拱) 2842
中庸析義(許天錫) 2833
中庸述(許孚遠) 2842
中庸述微(萬思謙) 2842
中庸或問(朱熹) 2803
中庸郁溪記(郁文初) 2853
中庸注(方逢辰) 2813
中庸注(薛玄) 2823
中庸宗釋(鄒德溥) 2848
中庸指歸(黎立武) 2813
中庸要領(洪德常) 2850
中庸衍義(王尊賢) 2843
中庸衍義(夏良勝) 2835
中庸後解(吕大臨) 2787
中庸訂釋(管志道) 2844
中庸約説(趙善湘) 2810
中庸原(方獻夫) 2834
中庸致用(何夢桂) 2816
中庸訓解(鄭耕老) 2796
中庸通旨(洪肅) 2837
中庸通旨(蔡淵) 2806
中庸通注(朱元弼) 2844
中庸問答(高世泰) 2851
中庸庸言(李栻) 2843
中庸章句(朱熹) 2803
中庸章句(林夔孫) 2805
中庸章句詳説(李清) 2851
中庸章句詳説(劉清) 2825
中庸章句續解(齊履謙) 2823
中庸章旨(黄鎮成) 2824
中庸參(李顒) 2850
中庸提綱(陳華祖) 2812
中庸剩義(汪于沚) 2851
中庸集傳(錢文子) 2810
中庸集解(石𡼖) 2797
中庸集解(李純甫) 2819
中庸集解(賈蒙) 2811
中庸集義(倪思) 2804
中庸集説啓蒙(謝東山) 2842
中庸就正録(劉黻) 2806
中庸測(吴三極) 2844
中庸測(湛若水) 2833
中庸測義(管志道) 2844
中庸淵天紹易測(陳仁錫) 2850
中庸疏意(袁黄) 2849
中庸發明(王奎文) 2823
中庸發明要覽(陸琪) 2824
中庸發揮(何基) 2816
中庸發覆編(周從龍) 2847
中庸發題(孫調) 2806
中庸傳(吴源) 2826
中庸傳(吴溶) 2826

中庸傳(周夢華) 2851
中庸傳(晁説之) 2788
中庸傳(張邦奇) 2835
中庸傳(張邦治) 2844
中庸解(吕大臨) 2786
中庸解(江泳) 2813
中庸解(邵困) 2810
中庸解(林光朝) 2796
中庸解(馬之純) 2804
中庸解(倪復) 2835
中庸解(徐存) 2796
中庸解(陳義宏) 2813
中庸解(黄櫄) 2809
中庸解(張浚) 2794
中庸解(程顥) 2786
中庸解(楊時) 2791
中庸解(楊爵) 2841
中庸解(熊節) 2804
中庸解(魯真) 2824
中庸解(羅倫) 2832
中庸解(釋契嵩) 2819
中庸解義(陳淵) 2797
中庸解義(游酢) 2790
中庸詮注(朱應昇) 2852
中庸詳説(袁甫) 2809
中庸詳説(蔣允汶) 2828
中庸詳説(劉清) 2828
中庸義(胡瑗) 2783
中庸義(喬執中) 2784
中庸義(關注) 2794
中庸義(譚惟寅) 2796
中庸義略(王漸逵) 2839
中庸圖説(李思正) 2820
中庸管見(夏侯尚玄) 2821
中庸疑問(姚舜牧) 2848
中庸説(王萬) 2810
中庸説(李翱) 2783
中庸説(侯仲良) 2792
中庸説(姚子張) 2785
中庸説(夏尚朴) 2837
中庸説(徐寓) 2807
中庸説(郭忠孝) 2792
中庸説(郭雍) 2794
中庸説(陳堯道) 2811
中庸説(張九成) 2795
中庸説(項安世) 2805
中庸説(萬人傑) 2808
中庸説(趙秉文) 2819
中庸説(鄭彦明) 2816
中庸説(劉駟) 2827
中庸説(潘好古) 2809
中庸説(練魯) 2825
中庸説(薛季宣) 2804
中庸説(錢槩) 2852
中庸説(魏天祐) 2812
中庸廣義(司馬光) 2784
中庸膚見(白良輔) 2832
中庸論(范祖禹) 2785
中庸論(張方平) 2784
中庸論(蘇軾) 2785
中庸輯略(朱熹) 2800
中庸輯釋(李思正) 2820
中庸舉正(樊長卿) 2849
中庸臆(楊文) 2850

中庸臆説(李槃)　2843
中庸臆説(施儒)　2838
中庸講疏(梁武帝)　2782
中庸講義(馬貴)　2829
中庸講義(陳襄)　2783
中庸講義(黄瓚)　2832
中庸講義(張洪)　2828
中庸講義(程逢午)　2823
中庸講義(趙若焕)　2819
中庸講義(鄭霖)　2811
中庸總論(黄幹)　2805
中庸叢説(許謙)　2824
中庸簡明傳(劉惟思)　2820
中庸類編(陳雅言)　2827
中庸繹(樊長卿)　2849
中庸釋論(吴應賓)　2848
中庸續説(黄幹)　2805
中庸續説(熊以寧)　2805
中庸讀法(黄焯)　2838
中説(王通)　5035
中説辨妄(戴良齊)　5044
内外服制通釋(車垓)　2536
内讖解説(楊統)　4802
水月令(王士正)　4959
水村易鏡(林光世)　622
毛詩六帖(徐光啓)　2144
毛詩十五國風義(梁簡文帝)　2190
毛詩人物志(林世陞)　2118
毛詩大義(梁武帝)　1920
毛詩大義(蘇子材)　1943
毛詩小疏(亡名氏)　2051
毛詩小傳(梅堯臣)　1945
毛詩口義(張孝直)　2015
毛詩引辨(孫暢之)　1919
毛詩孔子經圖(亡名氏)　1931
毛詩末喻(韓邦奇)　2096
毛詩正宗(陳推)　2125
毛詩正紀(宋咸)　1942
毛詩正義(孔穎達等)　1932
毛詩正義(錢龍珍)　2175
毛詩正數(亡名氏)　2052
毛詩正論(劉孝孫)　1919
毛詩世本古義(何楷)　2148
毛詩古音考(陳第)　2120
毛詩古音考辨(唐達)　2156
毛詩古聖賢圖(亡名氏)　1931
毛詩本義(歐陽修)　1943
毛詩叶韻補音(吴棫)　1964
毛詩句解(李公凱)　2068
毛詩外義(宋咸)　1942
毛詩玄談(亡名氏)　2052
毛詩考正(李先芳)　2111
毛詩名物解(蔡卞)　1960
毛詩多識篇(林兆珂)　2135
毛詩見小録(歐志學)　2114
毛詩別集正義(亡名氏)　2051
毛詩別録(張訢)　1938
毛詩删翼(王志長)　2132
毛詩序考(史記事)　2212
毛詩序注(阮珍之)　2203
毛詩序注(陶弘景)　2204
毛詩序義(周續之)　2202
毛詩序義(孫暢之)　2203
毛詩序義(雷次宗)　2203

毛詩序義注(劉獻之)　2205
毛詩序義索隱(王商範)　2209
毛詩序義疏(劉瓛)　2204
毛詩序説(吕柟)　2210
毛詩序説(郝敬)　2211
毛詩判篇(劉泉)　1956
毛詩附説(薛騰蛟)　2108
毛詩表隱(陳統)　1911
毛詩述義(劉炫)　1928
毛詩或問(袁仁)　2117
毛詩明序篇(范處義)　2206
毛詩注(王玄度)　1936
毛詩注(王肅)　1903
毛詩注(江熙)　1916
毛詩注(馬融)　1896
毛詩注(謝沉)　1914
毛詩注并音(魯世達)　1927
毛詩定見(袁煒)　2110
毛詩奏事(王肅)　1904
毛詩拾遺(郭璞)　1915
毛詩指説(成伯璵)　1937
毛詩草木鳥獸蟲魚疏(陸璣)　1908
毛詩草木鳥獸蟲魚
　廣疏(王應麟)　2037
毛詩草木蟲魚疏廣要(毛晉)　2174
毛詩草木蟲魚圖(楊嗣復等)　1938
毛詩草蟲經(亡名氏)　1931
毛詩要義(魏了翁)　2023
毛詩背隱義(徐廣)　1918
毛詩音(干寶)　1912
毛詩音(王肅)　1904
毛詩音(孔氏)　1917
毛詩音(江惇)　1917
毛詩音(阮侃)　1914
毛詩音(李軌)　1913
毛詩音(徐爰)　1919
毛詩音(徐邈)　1914
毛詩音(蔡氏)　1917
毛詩音(鄭玄)　1901
毛詩音訓(李恕)　2060
毛詩音義(令狐氏)　1939
毛詩前説(項安世)　2002
毛詩原解(郝敬)　2138
毛詩訓解(李撰)　1955
毛詩旁注(李恕)　2061
毛詩通旨(何逢原)　2049
毛詩通義(亡名氏)　2053
毛詩通義(朱鶴齡)　2176
毛詩問難(王肅)　1904
毛詩異同評(孫毓)　1910
毛詩異義(楊乂)　1912
毛詩略(郭璞)　1916
毛詩略(虞喜)　1917
毛詩鳥獸草木疏(吴雨)　2130
毛詩章句(張思伯)　1927
毛詩章句義疏(魯世達)　1927
毛詩章疏(亡名氏)　2053
毛詩粗通(趙若燭)　2020
毛詩提綱(亡名氏)　1939
毛詩答雜問(韋昭等)　1908
毛詩筆義(陳駿)　2012
毛詩集小序注(劉炫)　2205
毛詩集疏(熊禾)　2050
毛詩集傳(朱熹)　2004

毛詩集解(陳鳳梧) 2092
毛詩集解序義(顧歡) 2203
毛詩詁訓(李恕) 2060
毛詩詁訓傳(晁公武) 1978
毛詩發題序義(梁武帝) 2204
毛詩統論(郭友直) 1953
毛詩傳(譚世選) 2019
毛詩傳旨一貫(薛志學) 2124
毛詩微言(唐汝諤) 2131
毛詩解(劉垕) 2021
毛詩解詁(陳傅良) 1994
毛詩解義(鄭諤) 1980
毛詩詳解(李樗) 1964
毛詩新臺圖(陸探微) 2196
毛詩義(張譏) 1925
毛詩義(雷次宗) 1918
毛詩義(劉璠) 1906
毛詩義(闞康之) 1925
毛詩義方(洪林範) 1956
毛詩義注(亡名氏) 1930
毛詩義問(劉楨) 1905
毛詩義疏(亡名氏) 1930
毛詩義疏(全緩) 1928
毛詩義疏(沈重) 1922
毛詩義疏(張氏) 1929
毛詩義疏(舒援) 1922
毛詩義疏(劉執思) 1928
毛詩義疏(劉焯) 1928
毛詩義疏(劉醜) 1928
毛詩義疏(謝沉) 1913
毛詩義疏(顧越) 1922
毛詩義駁(王肅) 1903
毛詩瑣言(黄宗裔) 2180
毛詩駁(王基) 1905
毛詩圖(亡名氏) 1931
毛詩圖(馬和之) 1988
毛詩箋(鄭玄) 1896
毛詩箋音證(劉芳) 1926
毛詩箋傳是非(劉璠) 1906
毛詩箋傳辨誤(周軾) 1947
毛詩疑字(蔡謨) 1916
毛詩説(許奕) 2012
毛詩説略(余端禮) 1983
毛詩鄭箋(屠本畯) 2118
毛詩演聖論(胡旦) 1941
毛詩緒説(陳褒) 2105
毛詩稽古編(陳啓源) 2179
毛詩篇次義(劉瓛) 1920
毛詩餘辨(亡名氏) 2051
毛詩諸家音(亡名氏) 1931
毛詩誼府(元延明) 1926
毛詩寫官記(毛奇齡) 2180
毛詩駮(王伯輿) 1929
毛詩辨(郭金臺) 2115
毛詩辨異(楊乂) 1912
毛詩辨疑(吴曾) 1986
毛詩辨學(王居正) 1962
毛詩隱義(何胤) 1921
毛詩檢漏義(謝曇濟) 1921
毛詩講義(林岊) 1985
毛詩講義(周紫芝) 1958
毛詩講義(黄邦彦) 1984
毛詩講義(喬執中) 1952
毛詩講義(趙令滑) 1955

毛詩翼傳(顧秉禮)　2169
毛詩翼説(徐常吉)　2137
毛詩總集(何胤)　1920
毛詩雜義(殷仲堪)　1916
毛詩雜義(楊乂)　1912
毛詩雜義注(亡名氏)　1930
毛詩雜義難(賈逵)　1894
毛詩斷章(成伯璵)　1937
毛詩闕言(黄君俞)　1947
毛詩譜(徐整)　1907
毛詩譜(鄭玄)　1898
毛詩譜注(太叔裘)　1907
毛詩譜注(劉炫)　1929
毛詩譜鈔(謝氏)　1929
毛詩纂義(許叔牙)　1935
毛詩釋(何偃)　1919
毛詩釋文(陸德明)　1935
毛詩釋義(謝沉)　1913
毛詩釋疑(亡名氏)　1930
毛詩釋篇目疏(亡名氏)　2052
毛詩釋題(亡名氏)　2051
毛鄭詩學(亡名氏)　2053
反古詩説(薛季宣)　1993
介之推不受禄論(孔武仲)　3840
父母生之章衍義(吴從周)　4162
今文孝經　4021
今文孝經説(虞淳熙)　4143
今文尚書(唐孝明皇帝)　1467
今文尚書　1387
今文尚書音(顧彪)　1464
今文周易演義(徐師曾)　1006
今易詮(鄧伯羔)　1067
今易圖學心法釋義(容若春)　1163
凶禮(孔衍)　2512
公子翬弑隱公論(蘇軾)　3837
公至自唐論(楊簡)　3838
公羊外傳(亡名氏)　3111
公羊春秋注(王接)　3179
公羊春秋注(殷侑)　3241
公羊記(顔安樂)　3122
公羊章句(亡名氏)　3112
公羊新例(陳德寧)　3509
公羊穀梁二傳評(江熙)　3181
公羊穀梁傳類(楊泰之)　3468
公羊雜記(亡名氏)　3112
公羊難答論(王愆期)　3180
公食大夫義(劉敞)　2503
公穀總例(成玄)　3251
月令并時訓詩(李林甫)　2752
月令明義(黄道周)　2758
月令采奇(李巨川)　2758
月令通考(盧翰)　2756
月令通纂(黄諫)　2755
月令章句(景鸞)　2743
月令章句(蔡邕)　2744
月令解(張虙)　2754
月令詩(杜仲連)　2753
月令圖(王涯)　2753
月令圖(劉先之)　2754
月令説(錢駅)　2759
月令廣義(馮應京)　2757
月令論(范浚)　2754
月令纂要(亡名氏)　2753
月令纂要(陳經邦)　2757

六十四卦火珠林(亡名氏) 740
六十四卦相生圖(李之才) 292
六十四卦圖(俞琰) 706
六爻原意(金瑶) 1032
六宗論(羅泌) 1729
六官析微論(吴沆) 2281
六官述(盧辯) 4952
六官疑辨(包恢) 2301
六家詩名物疏(馮復京) 2128
六象論(何氏) 212
六義辨(顔鼎受) 2194
六經口義拾遺(鄭伯熊) 4373
六經天文編(王應麟) 4410
六經以俟録(瞿九思) 4478
六經正誤(毛居正) 4392
六經外傳(劉敞) 4340
六經考(馬定國) 4421
六經字原(金世龍) 4464
六經法言(韋處厚、路隋) 4347
六經注疏(蔡毅中) 4490
六經指南(黄開) 4373
六經音考(牟巘) 4414
六經師律(吴沈) 4436
六經通數(鮑泉) 4327
六經問答(唐懷德) 4433
六經章句(任文薦) 4374
六經集傳(馬廷鸞) 4410
六經奥論(亡名氏) 4419
六經補注(黄澤) 4428
六經發明(潘迪) 4425
六經解(毛璞) 4385
六經解(華鏜) 4388
六經解(鄒首) 4368
六經解圍(凌準) 4342
六經圖(亡名氏) 4435
六經圖(葉仲堪) 4380
六經圖(楊甲) 4375
六經圖(趙元輔) 4415, 4492
六經圖考(陳仁錫) 4499
六經圖全集(胡賓) 4463
六經圖碑(楊甲) 5274
六經圖説(俞言) 4400
六經疑義(胡應麟) 4478
六經疑難(亡名氏) 4419
六經説(王奕) 4405
六經精義(張卿弼) 4413
六經確論(張綱) 4369
六經篆文(陳鳳梧) 4450
六經論(李清臣) 4362
六經論(楊萬里) 4380
六經審問(余浙) 4415
六經舉要(李晟) 4448
六經辨疑(梁南一) 4401
六經辨疑(張綱) 4369
六經講解(陳光) 4369
六經講解(張布) 4384
六經講義(王廷珪) 4369
六經講義(徐存) 4383
六經講義(陳普) 4418
六經講義(黄幹) 4389
六經類雅(徐常吉) 4481
六經蠡測(胡仲雲) 4412
六説(劉迅) 5068
六龍剖疑(管志道) 1282

六藝流別(黄佐)　5068
六藝綱目(舒天民)　4426
六藝論(鄭玄)　4315
文王幡音(亡名氏)　218
文公詩傳遺説(朱鑑)　2009
文言會粹(沈進)　1291
文言説内外(沈束)　1291
文兹堂易解(龐承穎)　1210
方山詩説(薛應旂)　2108
心傳書院經義(薛甲)　4461
尺木堂學易志(馬權奇)　1188
孔子三朝記(亡名氏)　4017
孔子正言(梁武帝)　5024
孔子弟子別傳(蘇過)　4019
孔子馬頭易卜書(臨孝恭)　211
孔子徒人圖法(亡名氏)　4018
孔子家語　5018
孔子家語解(王肅)　5020
孔子閒居解(楊簡)　2763
孔子集語(薛據)　5025
孔門大學述(吴肅公)　2951
孔門弟子傳略(夏洪基)　4020
孔易(孫承澤)　1189
孔易彀(陳履祥)　1156

五　畫

玉井易説(楊氏)　865
玉茗堂尚書兒訓(湯顯祖)　1690
玉泉易解(亡名氏)　727
玉泉論語學(喻樗)　3943
玉海藝文經解(王應麟)　4410
刊正儀禮纂疏(何澄)　2478
正易心法(麻衣道者)　264
正易學啓蒙(曾士傳)　1030
正孟子章句(高誘)　4179
正書(范鎮)　1484
甘誓論(薛應旂)　1770
古大學注(蔡士嗜)　2929
古大學測(湛若水)　2911
古五子傳(亡名氏)　124
古今尚書(郭忠恕)　1478
古今易總志(洪興祖)　430
古今春秋盟會地圖(嚴彭祖)　3121
古文孝經　4024
古文孝經序贊(洪興祖)　4086
古文孝經注(蔡毅中)　4144
古文孝經指解(司馬光)　4075
古文孝經指解詳説(季氏)　4102
古文孝經集義(吴從敬)　4124
古文孝經傳(孔安國)　4027
古文孝經解(楊簡)　4088
古文孝經義疏(劉炫)　4058
古文孝經説(范祖禹)　4079
古文孝經説(孫本)　4153
古文尚書　1393
古文尚書大義(任孝恭)　1458
古文尚書石刻(張㚟)　5282
古文尚書字(亡名氏)　1498
古文尚書注(亡名氏)　1446
古文尚書音(李軌)　1452
古文尚書音(徐邈)　1450
古文尚書音義(顧彪)　1464
古文尚書寃詞(毛奇齡)　1723
古文尚書通論別

僞例(姚際恆)　1722
古文易(李譔)　120
古文易(錢士馴)　1230
古文周易(薛季宣)　474
古文論語注(鄭玄)　3861
古本四書訓測(湛若水)　4590
古本大學附録(王畿)　2922
古本大學後語(鄒守益)　2915
古本大學解(魯邦彦)　2924
古本大學義(蔣信)　2922
古本大學説(張岐然)　2949
古本大學釋論(吴應賓)　2936
古孝經輯注(馮椅)　4092
古易(王洙)　301
古易(吕祖謙)　528
古易(杜慜)　963
古易(林叔清)　600
古易口義(方公權)　672
古易中説(盧翰)　994
古易世學(豐坊)　982
古易古法(程迥)　496
古易叶韻(蔡淵)　555
古易考(王應麟)　616
古易攷原(梅鷟)　943
古易攷義(洪興祖)　429
古易便覽(昝如思)　995
古易音訓(吕祖謙)　531
古易音訓(朱熹)　535
古易補音(趙共父)　602
古易解(何默仙)　1240
古易彙編意辭集(李本固)　1109
古易論(鄧伯羔)　1066
古易辯(季本)　952
古周易(吴仁傑)　521
古周易(邵雍)　331
古周易訂詁(何楷)　1176
古周禮補正(胡一桂)　2319
古周禮釋評(孫攀)　2371
古春秋極論(劉熙)　3331
古書世學(豐坊)　1659
古深衣訂(許判)　2770
古微書(孫瑴)　4802
古詩　1829
古論語　3848
古論語訓(孔安國)　3856
古論語義注譜(徐氏)　3892
古雜傳(亡名氏)　125
丙子學易編(李心傳)　587
左氏(劉之遴)　3200
左氏二十國年表(環中)　3406
左氏九六編(鄭剛中)　3405
左氏刊例(張思伯)　3210
左氏正傳(王柏)　3499
左氏正鑑(王日休)　3436
左氏世系本末(陳琰)　3469
左氏本末(曹元博)　3597
左氏本末(劉伯証)　3465
左氏兵法(王世德)　3738
左氏兵法測要(宋徵璧)　3767
左氏兵略(陳禹謨)　3745
左氏君子議(楊維楨)　3600
左氏奇説(彭汪)　3151
左氏始末(徐鑒)　3737
左氏始末(唐順之)　3677

左氏春秋年表(楊彦齡) 3317
左氏春秋事類(孫調) 3459
左氏春秋集說(朱鶴齡) 3776
左氏春秋傳雜論(晁補之) 3355
左氏春秋講義(時瀾) 3465
左氏指歸(李譔) 3153
左氏音(亡名氏) 3218
左氏音(魏高貴鄉公) 3154
左氏條例(賈徽) 3131
左氏討論□釋(馮時可) 3721
左氏常談(趙崇度) 3466
左氏問(樂詳) 3155
左氏國語要略(沈虚中) 3813
左氏國語類編(吕祖謙) 3813
左氏國類(陳持) 3438
左氏章指(陳傅良) 3424
左氏博議(吕祖謙) 3429
左氏博議綱目(吕祖謙) 3432
左氏鈔(亡名氏) 3218
左氏評(亡名氏) 3218
左氏發揮(吴曾) 3410
左氏鼓吹(吴元緒) 3326
左氏蒙求(吴化龍) 3547
左氏蒙求(楊彦齡) 3317
左氏傳引帖新義(蹇遵品) 3278
左氏傳例苑(梁簡文帝) 3199
左氏傳注(延篤) 3148
左氏傳注解(許淑) 3152
左氏傳解詁(賈逵) 3131
左氏牒例(劉寔) 3176
左氏微(亡名氏) 3111
左氏解(王安石) 3337
左氏解釋(謝該) 3152
左氏摘元(楊希範) 3327
左氏摘奇(胡元質) 3437
左氏說(孔嘉) 3129
左氏說(吕祖謙) 3431
左氏說(李光) 3383
左氏說(李孟傳) 3442
左氏編紀(張傳靖) 3327
左氏駁妄(姚文安) 3209
左氏辨(曹宗儒) 3717
左氏辨證(謝鑰) 3496
左氏窺斑(葉正道) 3546
左氏聯璧(葉儀鳳) 3468
左氏譜學(黎良能) 3507
左氏類編(胡維寧) 3467
左氏釋義評苑(王錫爵) 3698
左氏釋疑(裴安時) 3250
左氏釋疑(黎良能) 3507
左氏釋謬(李崇祖) 3209
左氏讀(李舜臣) 3670
左史傳(唐閲) 3438
左紀(錢應奎) 3710
左記(章大吉) 3753
左逸(王世貞) 5014
左傳十辨(萬鎮) 3492
左傳人名録(劉城) 3773
左傳手記(吕祖謙) 3432
左傳分紀(汪克寬) 3625
左傳分記(吴迂) 3558
左傳百論(石朝英) 3439
左傳抄(黄容) 3196
左傳杜解補正(顔炎武) 3773

左傳附注(陸粲) 3673
左傳事類(徐安道) 3542
左傳事類(第五泰) 3250
左傳奇字古字音釋(傅遜) 3705
左傳叙略(石琚) 3680
左傳音(王元規) 3207
左傳音(徐文遠) 3225
左傳約説(石朝英) 3438
左傳紀事本末(劉淵) 3541
左傳参同(王震) 3734
左傳義例(吴迂) 3558
左傳義疏(徐文遠) 3225
左傳經世(魏禧) 3780
左傳摘議(楊伯珂) 3730
左傳綱目定注(李廷機) 3728
左傳闕疑(吴思齊) 3505
左傳類要(亡名氏) 3524
左傳類對賦(毛友) 3515
左傳類編(吕祖謙) 3429
左傳纂(吴從周) 3749
左粹類纂(施仁) 3676
左觿(邵寶) 3650
石林春秋(葉夢得) 3369
石刻三體孝經(句中正) 5290
石刻孝經(亡名氏) 5292
石刻孝經(李師德) 5291
石刻易繫辭(劉槩) 1301
石刻孟子(席益) 5293
石刻春秋通例(韓滉) 5286
石刻魯頌駉篇 5283
石渠春秋議奏(閔因) 3126
石渠意見(王恕) 4444
石渠意見補遺(蘇濂) 4470
石渠禮論 3026
石鼓孟子答問(戴溪) 4227
石鼓論語答問(戴溪) 3969
石經大學(唐伯元) 2931
石經大學(豐坊) 2920
石經大學補(袁黄) 2936
石經大學疏旨(吴極) 2943
石經大學質疑(瞿稷) 2945
石經舊本大學(錢一本) 2935
石潭易傳撮要(劉髦) 887
石藥爾雅(梅彪) 5059
北山讀易記(王夢麟) 1038
北風圖(衛協) 2196
北風圖(劉褒) 2196
北魏石經 5235
占易考(程迥) 496
田間易學(錢澂之) 1217
田間詩學(錢澂之) 2170
四民月令(崔寔) 4956
四百家尚書集解(成申之) 1575
四先生洪範解要(劉彝、曾鞏、蘇轍、吕吉甫) 1792
四尚易編(牟子才) 590
四易(徐善) 1245
四易(樊志張) 1162
四易(鍾繼元) 1015
四思堂説書(傅維鱗) 4645
四家春秋集解(師協等) 3326
四書一得(郭矤) 4584
四書一貫(黄清老) 4564
四書一貫編(羅汝芳) 4601

四書一貫録(楊維楨) 4574
四書三説(管大勳) 4603
四書十一經通考(顧夢麟) 4640
四書人名考(周良佐) 4549
四書人物考(薛應旂) 4597
四書大全(胡廣等) 4581
四書大全節要(楊彝) 4639
四書大全辨(張自烈) 4642
四書大全纂(倪晉卿) 4641
四書大全纂補(華允誠) 4632
四書大旨(黄淳耀) 4635
四書大指(于孔兼) 4613
四書大義(解觀) 4552
四書口授(李文纘) 4602
四書口義(李廷機) 4613
四書口義(沈璋) 4586
四書口義(馬森) 4598
四書不倦録(張嘉猷) 4627
四書日衷(徐學顔) 4636
四書内外傳(易道暹) 4636
四書文字引證(何文淵) 4565
四書心旨(樊問仁) 4607
四書引經節解圖(吴繼仕) 4624
四書引證(薛延年) 4547
四書正蒙(陳祥麟) 4595
四書正義(宋繼澄) 4641
四書正義(林兆恩) 4606
四書正義(薛甲) 4597
四書正誤(王復禮) 4649
四書正學衍説(陶廷奎) 4593
四書正學輯要(徐即登) 4614
四書正體(林茂槐) 4618
四書古今文註發(楊時喬) 4603
四書古義補(梁格) 4598
四書本旨(陳樵) 4567
四書本義(徐獻忠) 4595
四書石堂附語(王材) 4599
四書申注(潘游龍) 4630
四書句解鈐鍵(陳普) 4531
四書永業(張維機) 4629
四書考異(陳櫟) 4548
四書考證(衛富益) 4536
四書存疑(林希元) 4592
四書因問(吕柟) 4591
四書朱陸會同注釋(龔霆松) 4532
四書批點(王侗) 4590
四書見聖編(譚貞默) 4633
四書困勉録(陸隴其) 4647
四書别解(姜垚) 4650
四書私存(季本) 4593
四書私旨(陳榮選) 4625
四書私抄(楊守陳) 4585
四書私記(王雲鳳) 4588
四書近指(孫奇逢) 4618
四書近指(孫應鰲) 4601
四書初問(徐爌) 4601
四書附録(亡名氏) 4575
四書附纂(黄寬) 4574
四書直解(張居正) 4600
四書直解(馮皐) 4567
四書直説(葉儀) 4579
四書直説(楊範) 4584
四書析疑(陳仁錫) 4631
四書松陽講義(陸隴其) 4646

四書述(郭陛)　4544
四書述(葛紹體)　4518
四書述義(朱謐)　4581
四書或問(朱熹)　4513
四書事實(張爾禎)　4635
四書明音(王覺)　4609
四書明辨(祝堯)　4566
四書知新日録(鄭維嶽)　4608
四書垂世宗意(李廷機)　4613
四書性理窟(喻樗)　4514
四書宗旨(周汝登)　4611
四書宗解(劉元卿)　4606
四書定本(馮去疾)　4529
四書定解(陸在新)　4646
四書拾遺(張淳)　4544
四書指要(鄭樸翁)　4532
四書指掌圖(林處恭)　4551
四書要義(沈貴瑶)　4521
四書貞義(濮陽淶)　4598
四書待問(蕭鎰)　4563
四書衍注(李心)　4645
四書衍義(邱漸)　4534
四書衍義(周焱)　4534
四書衍説(胡泳)　4517
四書訂疑(吴璉)　4588
四書庭訓(韓宗琦)　4629
四書音考(李果)　4585
四書音考(周寅)　4589
四書音考(周賓)　4586
四書音釋(王廷熠)　4626
四書紀聞(黄光昇)　4596
四書紀聞(黄幹)　4514
四書原(張綸)　4608
四書脈望(趙台鼎)　4607
四書訓詁(王桂)　4565
四書訓詁(江默)　4516
四書訓解(張文選)　4584
四書訓解(童伯羽)　4515
四書訓録(楊世恩)　4608
四書旁注(朱升)　4576
四書旁訓(童品)　4589
四書浴鑑篇(李經綸)　4607
四書家訓(石鵬)　4545
四書家説(戴侗)　4518
四書通(胡炳文)　4542
四書通考補遺(蘇濂)　4603
四書通旨(朱公遷)　4530
四書通紀(梁志道)　4536
四書通義(王逢)　4577
四書通義(魯論)　4632
四書通辨(陳剛)　4565
四書通證(張存中)　4550
四書通釋(朱潤)　4596
四書救弊編(賈明孝)　4637
四書副墨(殷大白)　4622
四書問目(劉炳)　4515
四書問答(來斯行)　4622
四書問答(商惠)　4627
四書問答(趙遷)　4573
四書問録(唐樞)　4595
四書章圖(程復心)　4556
四書望洋編(姚光祚)　4626
四書淺説(陳琛)　4592
四書啓鑰(朱篁)　4608

四書參考(萬表)　4603
四書參同(管一德)　4609
四書參解(樊良樞)　4618
四書紹聞編(王樵)　4601
四書提要(劉彭壽)　4548
四書提鈎(馬廣軨)　4626
四書提綱(胡一桂)　4536
四書程朱繹旨(莫如忠)　4599
四書答疑(馬瑩)　4567
四書備考(陳仁錫)　4632
四書備遺(陶宗儀)　4577
四書集成(吴真子)　4523
四書集成(劉爚)　4515
四書集注(亡名氏)　4574
四書集注附録(祝洙)　4528
四書集注章句(朱熹)　4512
四書集注補(王復禮)　4648
四書集注辨疑(陳天祥)　4541
四書集略(盧孝孫)　4522
四書集疏(汪炎昶)　4572
四書集疏(蔡模)　4523
四書集解(陳尚德)　4565
四書集解(陳舜中)　4514
四書集意(陳臣忠)　4621
四書集義(盧孝孫)　4522
四書集義精要(劉因)　4540
四書集説(周華)　4593
四書集説(徐養元)　4635
四書集説(黄襄)　4602
四書集説啓蒙(景星)　4577
四書集編(真德秀)　4518
四書評(楊起元)　4612
四書道一編(王大用)　4591
四書測(萬尚烈)　4617
四書測(廖暹)　4596
四書補注(朱綬)　4588
四書補注(何磻)　4644
四書補注(陳焕)　4535
四書疏義(董鼎)　4534
四書發明(陳櫟)　4548
四書發揮(吴梅)　4535
四書發微(馮珵)　4590
四書蒙引(蔡清)　4586
四書節義(邊昌)　4574
四書傳注正(潘府)　4588
四書傳翼(陸鍵)　4622
四書微言(唐汝諤)　4625
四書微響(葉樹聲)　4633
四書會解(毛尚忠)　4620
四書解(史于光)　4592
四書解(徐渭)　4604
四書解(張九成)　4514
四書解(曾子良)　4535
四書解(諸葛泰)　4520
四書解(謝升賢)　4400
四書解義(王遇)　4517
四書解義(張洪)　4580
四書解醒(薛東海)　4602
四書解疑(劉醇)　4580
四書解説(何逢原)　4536
四書詳説(王廉)　4579
四書新義(葛承杰)　4642
四書義府(王肯堂)　4617
四書群言折衷(白翔)　4644

四書彙解(史以徵)　4644
四書彙解(陸弘銘)　4627
四書經正録(張雲鶱)　4637
四書經疑問對(董彝)　4586
四書經疑貫通(王充耘)　4551
四書經學攷(徐邦佐)　4637
四書摘訓(邱檞)　4602
四書圖(吴成大)　4567
四書圖攷(吴蒼舒)　4643
四書箋惑(蔣玄)　4566
四書箋義纂要(趙悳)　4536
四書管天(熊熙)　4590
四書管見(章允崇)　4523
四書管窺(史伯璿)　4570
四書管闚(胡仲雲)　4529
四書管闚(廖紀)　4589
四書疑(金瑶)　4605
四書疑思録(馮從吾)　4615
四書疑問(史記事)　4618
四書疑問(姚舜牧)　4611
四書疑略(王復春)　4598
四書疑節(袁俊翁)　4573
四書疑義(石麐)　4521
四書疑義(牟楷)　4548
四書疑義(吴觀)　4520
四書疑義(張津)　4520
四書疑義(程永奇)　4516
四書語録(吴存)　4562
四書語録(陳仁錫)　4631
四書語録(張睿卿)　4629
四書語録(鄭佐)　4592
四書語類(朱熹)　4512
四書説(王時敏)　4517
四書説(何安子)　4546
四書説(葉味道)　4515
四書説(劉伯諶)　4517
四書説(魏天祐)　4528
四書説約(田疇)　4518
四書説約(洪氏)　4651
四書説約(鹿善繼)　4623
四書説約(趙新)　4578
四書説約(顧夢麟)　4640
四書説乘(張嵩)　4627
四書説槩(沈懋嘉)　4606
四書精要考異(安熙)　4555
四書精華(冉庸)　4580
四書精解(周灝)　4585
四書精意(高尚賢)　4593
四書精義(黄鼎)　4580
四書粹言(姚之鳳)　4628
四書漢注疏引(李先芳)　4600
四書演注(陸弘銘)　4627
四書演義(蕭元益)　4545
四書增釋(胡升)　4529
四書標注(韓信同)　4572
四書標指(陸鰲)　4596
四書膚見(侯君擢)　4636
四書遺旨(楊以任)　4634
四書遺説(黄績)　4522
四書儀對(戚崇僧)　4563
四書質言(牛應元)　4614
四書質疑(李遜)　4600
四書選注(陳天祥)　4541
四書輯訓(饒彝)　4609

四書輯義(馬豫)　4572
四書輯語(陳應隆)　4521
四書輯釋(倪士毅)　4568
四書穅粃(張楷)　4584
四書獨證(許有聲)　4625
四書辨問録(高拱)　4599
四書辨疑(孟夢恂)　4573
四書辨疑(胡炳文)　4544
四書辨疑(陳紹大)　4547
四書辨疑(楊琦)　4585,4638
四書辨證(樊良樞)　4619
四書贅説(陰秉陽)　4600
四書邇言(王漸逵)　4591
四書點本(張宣)　4579
四書鍼(黄尊素)　4624
四書臆解(唐達)　4648
四書講述(盧一誠)　4614
四書講解(鄭濟)　4578
四書講義(丁徵)　4590
四書講義(江愷)　4529
四書講義(邵大椿)　4553
四書講義(陳元大)　4530
四書講義(陳普)　4531
四書講義(黄士毅)　4516
四書講義(黄智)　4624
四書講義(程嗣光)　4607
四書講義(鄒元標)　4612
四書講義(費世奇)　4648
四書講義(蔡元鼎)　4523
四書講義(劉龍)　4589
四書講義(潘柄)　4515
四書講義(薛大猷)　4563
四書講稿(黄淵)　4532
四書講稿(傅定保)　4567
四書翼(陳履祥)　4609
四書翼箋(洪啓初)　4623
四書闕疑(瞻思)　4566
四書雜言(郝敬)　4617
四書斷疑(涂溍生)　4566
四書鏡(蘇濬)　4612
四書識大録(王豫)　4612
四書證義合编(錢大復)　4612
四書證疑(顔曄)　4591
四書證學録(宋鳳翔)　4623
四書類編(汪九成)　4551
四書類辨(曾貫)　4574
四書纂注大全(張溥)　4633
四書纂疏(趙順孫)　4523
四書纂箋(詹道傳)　4549
四書纂類(蔣允汶)　4576
四書纂釋(劉霖)　4545
四書覺參符(莊元臣)　4621
四書釋地(閻若璩)　4650
四書釋要(何英)　4577
四書釋義(李鳳翔)　4636
四書釋義(張睿卿)　4629
四書釋疑(歐陽侁)　4564
四書攝提(郝敬)　4616
四書攟囊集(施鳳來)　4622
四書鐸(申嘉胤)　4634
四書續經學攷(陳鵬霄)　4638
四書讀(馬廣軨)　4626
四註孟子(揚雄等)　4173
四道發明(胡允)　808

四聖一心(程直方)　788
四聖一心録(錢一本)　1091
四傳權衡(來集之)　3766
四詩表傳(楊慎)　2097
四經表義(杜本)　4427
四經稂秕(張楷)　4442
四經歸極(張頴)　4425
四德説(范仲淹)　1279
四學淵源論(郭忠孝)　379
四營十八變解(蘇軾)　1325
矢魚于棠説(俞成)　3837
白氏易　5122
白石詩傳(錢文子)　2023
白虎通德論(班固等)　4307
白鷺洲主客説詩(毛奇齡)　2181
印古詩説(朱得之)　2116
句命决圖　4801
外易(胡方平)　700
冬官考工記(王應電)　2388
冬官補(王應電)　2387
冬官補亡(錢鼒)　2405
冬官解(尹躬)　2387
玄晏春秋(皇甫謐)　5004
玄測(亡名氏)　4859
玄幹(劉琯)　4857
玄解(許翰)　4850
玄圖發微(林共)　4846
玄曆(許翰)　4851
玄鑒(師望)　4840
永明諸王講義　4048
加年堂講易(周漁)　1260
幼老春秋(亡名氏)　5006

六　畫

匡繆正俗(顔師古)　4339
吉日圖(無名氏)　2201
吉凶五服儀(李隨)　2534
吉禘莊公説(周氏)　3839
考工記句詁(陳深)　2399
考工記句解(陳仁錫)　2403
考工記述注(林兆珂)　2400
考工記注(鄭宗顔)　2399
考工記後定(朱襄)　2406
考工記通(徐昭慶)　2403
考工記備考(張睿卿)　2404
考工記集説(吴治)　2404
考工記評(周夢暘)　2402
考工記註(杜牧)　2396
考工記補圖(張鼎思)　2401
考工記解(王炎)　2397
考工記解(林亦之)　2397
考工記解(焦竑)　2400
考工記標義(徐應曾)　2399
考工記輯注(陳與郊)　2401
考工記辨疑(葉皆)　2398
考工解(陳祥道)　2397
考正大學古本(史朝富)　2925
考正古易(嚴福孫)　1211
考正武成(胡洵直)　1775
考正武成次序月日譜(朱熹)　1775
考仲子之宫義(陳普)　3837
考定大學傳(蔡清)　2901
考定古今孝經節文(周木)　4127
考定古文孝經(何楷)　4152

考定古本周禮(馬應龍) 2369
考定孝經古文(柯遷之) 4130
考定武成(歸有光) 1776
考定深衣古制(黄潤玉) 2775
考定樂記(金履祥) 3062
考信録(賈鑄) 4401
考異(朱鶴齡) 1717
老子河洛讖 4746
地理八卦圖(亡名氏) 740
芝卦(曠宗舜) 4917
西山讀書記(真德秀) 4396
西伯戡黎辨(金履祥) 1774
西河圖傳(李平) 361
西溪易説(李過) 578
西疇易稿(顧樞) 1166
百官春秋(王道彦) 5005
百家尚書彙解(俞鯤) 1677
百國春秋 3084
百篇之序 1382
百篇尚書 1375
百獸率舞説(王惲) 1732
存古易(鄭厚) 453
存羊録(何廷矩) 2354
存齋易説(陽枋) 623
成齋孝經説(亡名氏) 4120
曲臺記(后蒼) 2550
曲禮(鄧元錫) 2731
曲禮口義(戴溪) 2730
曲禮全經類釋(柯尚遷) 2661
曲禮删注(劉永澄) 2731
曲禮注(周夢華) 2732
曲禮注釋(吴桂森) 2732
曲禮解(邵囦) 2730
曲禮講義(上官均) 2729
同人卦説(傅耆) 1283
朱子易 5128
朱子詩傳辨正(戴亨) 2048
朱子經説(陳龍正) 4502
朱文公易説(朱熹) 544
先天易鈐(牛師德) 394
先天後天圖學考正(楊廉) 905
先天圖正誤(朱載堉) 1062
先天圖注(鄭東卿) 450
先天圖義(嚴養晦) 801
先天圖説(陳易) 380
先後天圖(司馬子已) 597
先聖大訓(楊簡) 5027
竹西論語感發(王居正) 3932
竹書易經 59
竹書師春(劉城) 3817
竹書論易(公孫段、邵陟) 60
竹溪易説(范氏) 866
伏羲俯仰畫卦圖(彭汝礪) 370
伏羲圖讚(陳第) 1064
仲氏易(毛奇齡) 1264
伊川詩説(程頤) 1952
伊訓論(范浚) 1772
行軍月令(王洪暉) 4958
行軍月令(符彦卿) 4958
名字同異録(馮繼先) 3278
交廣春秋(王範) 4988
次論語(王勃) 5015
字溪易説(陽岊) 624
艮園易説(諸葛説) 453

艮齋定齋二先生書説(薛季宣、謝鍔)　1539

七　畫

赤雅(鄺露)　5066
孝經(王勉)　4114
孝經(虞翻)　4040
孝經　4708
孝經大全(吕維祺)　4146
孝經大全(畢懋康)　4144
孝經大義(王守仁)　4128
孝經大義(董鼎)　4098
孝經口授圖　4798
孝經口義(張堃)　4111
孝經元辰　4800
孝經元命苞　4794
孝經中契　4796
孝經中黄讖　4800
孝經内事　4795
孝經内事星宿講堂七十二弟子圖　4798
孝經内事圖　4798
孝經内記星圖　4800
孝經分野圖　4798
孝經引證(楊起元)　4141
孝經孔子圖(亡名氏)　4061
孝經刊誤(朱熹)　4089
孝經刊誤(余芑舒)　4112
孝經刊誤(晏璧)　4124
孝經刊誤(劉閔)　4141
孝經刊誤集注(應綱)　4126
孝經刊誤説(余息)　4130
孝經正文(陳合)　4101
孝經正義(邢昺等)　4073
孝經正義(姜安節)　4161
孝經正義(陸山)　4148
孝經正誤(潘府)　4127
孝經古文注(劉邵)　4040
孝經古祕援神　4795
孝經古祕圖　4795
孝經本文説(褚相)　4130
孝經本旨(黄幹)　4092
孝經本義(吕維祺)　4146
孝經本説(何備)　4085
孝經本讚(黄道周)　4151
孝經左右契圖　4796
孝經左右握　4796
孝經句命決　4792
孝經句義(方揚)　4139
孝經外傳(江直方)　4108
孝經外傳(楊起元)　4141
孝經玄(亡名氏)　4060
孝經考異(瞿罕)　4155
孝經考誤集解(汪宇)　4129
孝經存餘(瞿罕)　4154
孝經列傳(胡時化)　4140
孝經攷注(朱鼎材)　4155
孝經攷注(陳堯道)　4144
孝經攷異(江旭奇)　4157
孝經同異(王行)　4100
孝經全書(鄧以誥)　4141
孝經全解(林椿齡)　4084
孝經孝則(蔡悉)　4136
孝經求蒙(陳咨範)　4155

孝經別傳(李槩) 4142
孝經私抄(楊守陳) 4126
孝經私記(亡名氏) 4060
孝經私記(周弘正) 4055
孝經序(諸葛循) 4053
孝經序論(樂遜) 4057
孝經附録(吴迂) 4112
孝經直解(貫雲石) 4111
孝經直解(錢天祐) 4110
孝經直説(許衡) 4105
孝經述解(曹端) 4125
孝經或問(吕維祺) 4146
孝經明解(亡名氏) 4120
孝經河圖 4799
孝經注(王玄載) 4049
孝經注(尹知章) 4070
孝經注(孔光) 4046
孝經注(江杞) 4082
孝經注(江係之) 4054
孝經注(江遜) 4054
孝經注(宇文弢) 4058
孝經注(李廷機) 4142
孝經注(車胤) 4046
孝經注(何承天) 4047
孝經注(何晏) 4040
孝經注(明僧紹) 4049
孝經注(荀昶) 4047
孝經注(胡子實) 4101
孝經注(馬融) 4031
孝經注(袁宏) 4045
孝經注(殷仲文) 4045
孝經注(唐明皇) 4062
孝經注(陳奇) 4057
孝經注(陳選) 4126
孝經注(孫熙) 4040
孝經注(曹思文) 4053
孝經注(費沈) 4047
孝經注(楊泓) 4044
孝經注(虞喜) 4044
孝經注(虞槃佑) 4045
孝經注(蔡子高) 4101
孝經注(鄭玄) 4031
孝經注(鄭衆) 4031
孝經注(龍昌期) 4074
孝經注(魏克己) 4068
孝經注(蘇林) 4039
孝經注(嚴植之) 4052
孝經注(釋慧始) 4059
孝經注(釋慧琳) 4058
孝經注疏(劉子立) 4139
孝經注疏大全(葉鉁) 4161
孝經注解(朱申) 4100
孝經注解(胡時化) 4140
孝經注解(孫吾與) 4124
孝經宗旨(羅汝芳) 4135
孝經定本(蔡烈) 4130
孝經指要(李嗣真) 4070
孝經指解(林獨秀) 4084
孝經故(衛覬) 4039
孝經要旨(孟化鯉) 4142
孝經要語(吕公著) 4074
孝經威嬉拒 4794
孝經秋訂(龍文光) 4152
孝經皇義(宋均) 4038

孝經皇義 4799
孝經衍義(吕維祺) 4147
孝經衍義(清康熙皇帝) 9
孝經衍義(張有譽) 4152
孝經衍義(葉瓚) 4123
孝經衍義(程㬎道) 4108
孝經衍義(蔡景默) 4158
孝經衍義(劉元剛) 4096
孝經訂注(程廷策) 4136
孝經訓注(何休) 4031
孝經旁注(朱升) 4121
孝經旁訓(沈易) 4113
孝經通義(張師尹) 4086
孝經通箋(薛正平) 4160
孝經問業(張夏) 4161
孝經問對(陳曉) 4131
孝經異本雌雄圖 4797
孝經敘録(歸有光) 4137
孝經章句(方逢辰) 4096
孝經章句(吴澂) 4106
孝經貫注(瞿罕) 4154
孝經援神契 4793
孝經敬愛義(蕭子顯) 4051
孝經筆旨(鄒期相) 4158
孝經備考(王復禮) 4162
孝經集注(李應龍) 4102
孝經集注(余本) 4129
孝經集善(孫蕡) 4122
孝經集傳(黄道周) 4149
孝經集解(朱鴻) 4153
孝經集解(劉實) 4125
孝經集義(余時英) 4131
孝經集義(龔栗) 4093
孝經集説(亡名氏) 4118
孝經集靈(虞淳熙) 4143
孝經疏(賈公彦) 4067
孝經疏(蘇彬) 4071
孝經疏秒(梅鼎和) 4156
孝經疏義(江旭奇) 4157
孝經疏義(李材) 4136
孝經節要(宋綬) 4074
孝經傳(白賁) 4105
孝經傳(吕惠卿) 4080
孝經傳(晉元帝) 4042
孝經傳(趙克孝) 4080
孝經傳(魏文侯) 4026
孝經傳(嚴畯) 4041
孝經傳贊(胡一桂) 4102
孝經會通(沈淮) 4134
孝經解(王安石) 4078
孝經解(王炎) 4088
孝經解(王肅) 4038
孝經解(王綯) 4085
孝經解(史繩祖) 4094
孝經解(何初) 4123
孝經解(何執中) 4082
孝經解(沈處厚) 4085
孝經解(高誘) 4038
孝經解(唐仲友) 4087
孝經解(張九成) 4087
孝經解(程全一) 4083
孝經解(費希冉) 4126
孝經解(劉養晦) 4097
孝經解(韓世能) 4139

孝經解詁(陳深)　4130
孝經解義(王俳)　4083
孝經解義(家滋)　4083
孝經解讚(韋昭)　4041
孝經詳解(王文獻)　4084
孝經新義(吉觀國)　4083
孝經新説(宋濂)　4121
孝經新説(陳樵)　4112
孝經義(亡名氏)　4060
孝經義(王漸)　4069
孝經義(太史叔明)　4054
孝經義(平貞賚)　4071
孝經義(陸澄)　4050
孝經義(張沖)　4056
孝經義(張譏)　4055
孝經義(趙湘)　4085
孝經義(熊安生)　4057
孝經義記(王元規)　4056
孝經義記(孝明帝翮)　4051
孝經義記(沈文阿)　4055
孝經義記(釋靈裕)　4059
孝經義疏(孔穎達)　4067
孝經義疏(李玉之)　4049
孝經義疏(李孝光)　4113
孝經義疏(何妥)　4058
孝經義疏(周顒)　4049
孝經義疏(皇侃)　4052
孝經義疏(梁武帝)　4050
孝經義疏(馮從吾)　4143
孝經義疏(賀瑒)　4053
孝經義疏(趙景韶)　4055
孝經義疏(蕭子顯)　4051
孝經義疏(簡文帝)　4051
孝經義疏(顧越)　4056
孝經彙注(江元祚)　4156
孝經彙注(馮夢龍)　4154
孝經雌雄圖　4796
孝經對問(瞿罕)　4155
孝經圖(亡名氏)　4060
孝經圖(李公麟)　4081
孝經圖(謝稚)　4048
孝經圖解(林起宗)　4111
孝經箋注(顧蘭)　4162
孝經管見(亡名氏)　4115
孝經疑(樊深)　4057
孝經誡俗(方孝孺)　4124
孝經説(后蒼)　4030
孝經説(江翁)　4029
孝經説(長孫氏)　4029
孝經説(姜氏)　4115
孝經説(袁甫)　4094
孝經説(張禹)　4030
孝經説(項安世)　4092
孝經説(鄒元標)　4141
孝經説(翼奉)　4029
孝經緒箋(宫偉鏐)　4160
孝經嘿注(徐整)　4043
孝經質疑(朱鴻)　4153
孝經質疑(吴炯)　4143
孝經審問(俞浙)　4100
孝經錯緯　4800
孝經邇言(虞淳熙)　4142
孝經講疏(任奉古)　4071
孝經講疏(徐孝克)　4056

孝經講義(張元老) 4080
孝經講義(張雲鸞) 4156
孝經講義(賀瑒) 4052
孝經應瑞圖 4799
孝經翼(吕維祺) 4148
孝經翼(陳仁錫) 4149
孝經雜緯 4790
孝經類解(吴之騄) 4162
孝經類鑑(俞觀能) 4096
孝經繹(方學漸) 4138
孝經繹(陳三槐) 4156
孝經闡注(鄭若曾) 4148
孝經釋(胡侁) 4097
孝經釋文(姜融) 4101
孝經釋文(陸德明) 4067
孝經釋文(陳鄂) 4102
孝經釋疑(孫本) 4153
孝經讖圖 4791
投壺引(王惲) 2724
投壺考正(亡名氏) 2725
投壺格(鍾唐卿) 2720
投壺道(郝冲) 2718
投壺新式(何宗姚) 2725
投壺新律(卜恕) 2719
投壺新格(司馬光) 2721
投壺義(劉敞) 2720
投壺經(上官儀) 2718
投壺經(亡名氏) 2718
投壺圖(方承賚) 2723
投壺説(詹景鳳) 2728
投壺説(熊朋來) 2723
投壺賦(邯鄲淳) 2717
投壺儀制(周履靖) 2728
投壺儀節(汪禔) 2725
投壺禮格(王趯) 2723
投壺譜(李孝先) 2725
投壺譜(周賀) 2728
投壺譜拾遺(李孝先) 2727
投壺變(虞潭) 2717
坊記集傳(黄道周) 2764
芸閣禮記解(吕大臨) 2613
杜子春秋(杜崧) 5004
李氏説書(李贊) 4604
求己齋説書(李竑) 4628
更正大學經傳定本(林希元) 2916
更定禮記(張岳) 2659
否泰一十八卦論(柯述) 1283
夾谷論(席書) 3844
夾漈春秋傳(鄭樵) 3400
吴越春秋(趙曅) 4969
吴越春秋外紀(張遐) 4970
吴越春秋削繁(楊方) 4970
吴越春秋傳(皇甫遵) 4970
吴園易解(張根) 390
見易篇(王埜翁) 696
呆卦(劉定之) 4915
私記制旨中庸義(梁武帝) 2782
兵春秋(亡名氏) 5005
兵家月令(劉先之) 4958
兵書論語(符彦卿) 5016
作邱甲辨(黄澤) 3843
身易實義(沈廷勱) 1258
佛孝經 5048
删存論語解(趙秉文) 3996

刪定易圖序論(李覯) 288
刪定嚴氏春秋章句(樊儵) 3134
刪孟子(馮休) 4189
刪集孟子解(趙秉文) 4235
刪集禮記(杜寬) 2581
刪補書經註(蔡立身) 1687
彤弓考(方回) 2201
序例(倪淵) 794
序洪範(明宣宗皇帝) 1805
序説(郝敬) 2138
羌爾雅(劉温潤) 5058
宋大明中東宮講義(孔光) 4046
宋太學御書石經 5266
宋石刻草書孝經 5288
宋休陽縣磨崖兑卦 5280
宋吴郡石刻御書六經 5273
宋昌州石刻六十四卦象碑 5281
宋建康府學御書孝經 5289
宋春秋(王琰) 4989
宋春秋(鮑衡卿) 4989
宋高宗御書乾卦 5278
宋國子監石經 5261
宋道州石刻太極圖 5281
宋臨安府磨崖家人卦 5279
初學尚書詳解(胡士行) 1579
君子大居正論(張方平) 3836
君牙冏命吕刑論(范浚) 1827
君陳辨(胡銓) 1826
君道洪範(盧鴻) 1810
君臨臣喪辨(劉敞) 2738
即位書元非春秋始立法論(羅泌) 3836
改正武成(程頤) 1774
改正洪範(余燾) 1790
邵窩易詁(文翔鳳) 1129
忍默恕退四卦辭(邵桂子) 4914

八 畫

玩易手抄(毛友誠) 654
玩易意見(王恕) 890
武王戒書(方孝孺) 2709
武成考(張日炳) 1776
武孝經(李遠) 5046
武孝經(郭良輔) 5045
武孝經(燕君) 5044
青宫直講(羅倫) 4448
青宫進講經義(唐文獻) 4481
青霞尚書集解(劉甄) 1571
表記集傳(黄道周) 2765
卦爻要圖(韓邦奇) 934
卦爻象占分類(俞琰) 706
卦爻辭旨(蔡淵) 555
卦玩(屠本畯) 1040
卦氣圖(李溉) 274
卦畫圖(沈亨) 1030
卦義一得(來集之) 1202
卦德通論(劉牧) 277
卦贊(鄭伉) 964
卦變考略(董守諭) 1175
卦變解(徐庸) 291
拙齋論孟説(孫繪) 3977
苑洛先生易學疏(周一敬) 1185
述古易(耿氏) 1270
述衍(鄭滁孫) 1320

述禮新説(陸佃) 2616
述釋葉氏易説(袁聘儒) 575
東山易解(郭㫤) 861
東皐老人百一易略(陳櫟) 795
東宫春秋講義(王葆) 3386
東宫進講尚書義(郭正域) 1691
東宫詩解(劉爚) 2012
東宫講義(焦竑) 4485
東萊易説(吕祖謙) 530
東溪易傳(劉熊) 463
東齋書傳會通(陳大猷) 1566
或問(俞元燮) 1606
刺刺孟(劉章) 4235
刺孟(王充) 4173
郁溪易紀(郁文初) 1238
奇偶陰陽消息圖(贍思) 822
非子産論(劉敞) 3844
非非國語(江端禮) 3813
非非國語(曾于乾) 3816
非非國語(虞槃) 3815
非非國語(劉章) 3814
非周禮辨(王應電) 2365
非國語(柳宗元) 3808
非國語辨(戴仔) 3814
非鄭樵詩辨妄(周孚) 1977
叔孫昭子譏叔輒論(劉敞) 3844
尚書(謝沈) 1451
尚書一覽(周聞孫) 1619
尚書二典義(文彦博) 1725
尚書四代圖(范雍) 1481
尚書大傳(伏勝) 1416
尚書大傳注(鄭玄) 1443
尚書大傳音(顧彪) 1465
尚書大傳雜説(李燾) 1529
尚書大意(馮夢禎) 1688
尚書大意(滕鉛) 1564
尚書大義(吴孜) 1482
尚書大義(沈瓚) 1692
尚書大義(時少章) 1563
尚書大義(梁武帝) 1456
尚書小疏(馮繼先) 1477
尚書小傳(上官愔) 1500
尚書小傳(王炎) 1523
尚書小傳(李舜臣) 1514
尚書小傳(姜如晦) 1572
尚書小傳(張震) 1571
尚書口義(周灝) 1648
尚書口義(張孝直) 1569
尚書口義發題(洪興祖) 1512
尚書亡篇序(劉叔嗣) 1457
尚書日記(王樵) 1668
尚書中候 4754
尚書文外義(顧彪) 1464
尚書心鏡(潘士藻) 1691
尚書孔傳目(劉炫) 1462
尚書正宗(林雲同) 1659
尚書正義(孔穎達等) 1470
尚書正經(荀爽) 1445
尚書正説(陸相儒) 1671
尚書世義(揭其大) 1649
尚書古文同異(賈逵) 1439
尚書古文疏證(閻若璩) 1721
尚書古經(朱熹) 1541
尚書古學并圖(陳知柔) 1519

尚書本旨(費希冉) 1642
尚書本義(林夔孫) 1551
尚書本義(徐椿年) 1513
尚書申義(徐寀) 1573
尚書印(沈濈) 1716
尚書句解(朱祖義) 1619
尚書句解(劉敩) 1642
尚書句讀(汪應魁) 1706
尚書主説(陸光宅) 1684
尚書刑德倣 4752
尚書考(陳騤) 1539
尚書考(鄭曉) 1658
尚書考翼(梅鷟) 1653
尚書考靈曜 4749
尚書百家彙解(袁儼) 1711
尚書百問(顧歡) 1453
尚書百篇義(劉炫) 1461
尚書百篇圖(李燾) 1529
尚書百篇講解(趙氏) 1587
尚書百釋(巢猗) 1459
尚書存疑録(汪玉) 1652
尚書血脈(亡名氏) 1498
尚書全解(胡瑗) 1480
尚書旨(劉應秋) 1690
尚書旨授(錢大復) 1704
尚書名數索至(亡名氏) 1588
尚書折衷(余懋學) 1681
尚書困學(穆孔暉) 1648
尚書别録(屠本畯) 1678
尚書作義要訣(倪士毅) 1617
尚書君臣事迹圖(唐文宗皇帝) 1469
尚書附傳(王柏) 1581
尚書表注(金履祥) 1584
尚書直指(徐善述) 1638
尚書直解(吕椿) 1614
尚書述義(劉炫) 1461
尚書卓躍(陳雅言) 1633
尚書制度圖纂(王文澤) 1620
尚書注(王孝籍) 1463
尚書注(李充) 1448
尚書注(范寧) 1449
尚書注(金履祥) 1584
尚書注(洪咨夔) 1570
尚書注(馬融) 1440
尚書注(張楷) 1442
尚書注(董銖) 1547
尚書注(輔廣) 1547
尚書注(鄭玄) 1442
尚書注(鄭翔) 1622
尚書注(劉叔嗣) 1456
尚書注考(陳泰來) 1688
尚書治要圖(亡名氏) 1496
尚書定解(姚之鳳) 1716
尚書糾繆(王元感) 1475
尚書括旨(徐僑) 1551
尚書要旨(王肯堂) 1695
尚書要記名數(亡名氏) 1495
尚書要略(吕造) 1589
尚書要略(李顒) 1451
尚書要略(吾邱衍) 1618
尚書要略(應璋) 1649
尚書要義(魏了翁) 1566
尚書砭蔡篇(袁仁) 1676
尚書是正(羅敦仁) 1680

尚書便蒙纂註(劉文卿)　1679
尚書敘録(歸有光)　1673
尚書音(亡名氏)　1434
尚書音(鄭玄)　1444
尚書音義(王儉)　1453
尚書帝命驗　4752
尚書帝驗期　4752
尚書洪範五行記(孟先)　1793
尚書洪範辨圖(吴仁傑)　1794
尚書洛罪級　4753
尚書祕旨(洪翼聖)　1699
尚書祕省(來宗道)　1701
尚書約義(程穆)　1574
尚書約義(應鏞)　1560
尚書訓旨(衛宏)　1439
尚書訓詁大旨(莫如忠)　1666
尚書訓傳(王時會)　1558
尚書訓釋(董夢程)　1569
尚書記難(張奐)　1442
尚書衷引(沈自邠)　1688
尚書旁注(朱升)　1629
尚書家說(李守鏞)　1576
尚書家說(戴侗)　1564
尚書通考(黄鎮成)　1614
尚書通旨(何逢原)　1580
尚書通解(王希旦)　1613
尚書副墨(楊肇芳)　1706
尚書晚訂(史惟堡)　1703
尚書略義(樂敦逸)　1481
尚書略義(劉炫)　1462
尚書過庭雅言(胡瓚)　1698
尚書逸篇(亡名氏)　1466
尚書逸篇注(徐邈)　1450
尚書章句(牟長)　1437
尚書章句(牟卿)　1434
尚書章句(歐陽生)　1419
尚書章句(盧植)　1445
尚書章句訓解(尹洪)　1647
尚書啓蒙(李儒烈)　1670
尚書貫言(張爾嘉)　1703
尚書揀珠(洪禹功)　1707
尚書揆一(鄒期楨)　1714
尚書葦籥(潘士遴)　1707
尚書極(陳履祥)　1681
尚書雅言(盧廷選)　1697
尚書閏義(亡名氏)　1466
尚書筆指(鄒期相)　1714
尚書筆記(沈位)　1683
尚書集思通(朱道行)　1703
尚書集疏(熊禾)　1587
尚書集傳(俞元燮)　1606
尚書集傳或問(陳大猷)　1567
尚書集傳纂疏(陳櫟)　1596
尚書集解(方揚)　1685
尚書集解(林之奇)　1502
尚書集解(陸又機)　1715
尚書集解(孫承澤)　1711
尚書集解(顧臨等)　1483
尚書集義(邵光祖)　1622
尚書集義(董琮)　1559
尚書集義(鄭若曾)　1704
尚書集說(羅惟一)　1528
尚書鈎命決　4753
尚書詁訓傳(晁公武)　1512

尚書評注(金鏡) 1716
尚書運期授 4753
尚書補注(余日強) 1619
尚書補傳(張洪) 1637
尚書補微(陳普) 1578
尚書補遺(周敬孫) 1578
尚書疏(顧彪) 1464
尚書疏衍(陳第) 1679
尚書疏義(馬理) 1656
尚書疏義(馬道貫) 1620
尚書發題(孫調) 1551
尚書節文(元明善) 1607
尚書傳(孔安國) 1422
尚書傳(沈嗣選) 1721
尚書傳(陳長方) 1514
尚書傳心録(鍾庚陽) 1682
尚書傳問(王氏) 1465
尚書傳翼(江旭奇) 1713
尚書傳翼(陸鍵) 1702
尚書會解(亡名氏) 1496
尚書解(王十朋) 1520
尚書解(文彦博) 1483
尚書解(李經) 1519
尚書解(范純仁) 1485
尚書解(袁默) 1480
尚書解(夏僎) 1526
尚書解(柴元祐) 1570
尚書解(陳研) 1622
尚書解(孫泌) 1571
尚書解(孫覺) 1485
尚書解(黄景星) 1701
尚書解(康聖任) 1571
尚書解(張淑堅) 1521
尚書解(舒津) 1570
尚書解(趙敦臨) 1512
尚書解(蔡卞) 1494
尚書解(樊光遠) 1521
尚書解(劉安世) 1514
尚書解(潘柄) 1547
尚書解(薛肇朗) 1495
尚書解義(包沐) 1649
尚書解義(汪革) 1517
尚書解義(胡伸) 1494
尚書解説(上官公裕) 1495
尚書解題(亡名氏) 1497
尚書詮註(孫弘祖) 1714
尚書該義(郭元亮) 1634
尚書詳解(陳經) 1560
尚書詳説(張九成) 1515
尚書資講(黄瀾) 1647
尚書新修義疏(尹恭初) 1482
尚書新集序(劉叔嗣) 1457
尚書新説(王建中) 1699
尚書新篇(亡名氏) 1497
尚書新編目(亡名氏) 1497
尚書新釋(李顒) 1451
尚書意解(孫繼皐) 1687
尚書義(孔子袪) 1457
尚書義(范順、劉毅) 1448
尚書義(張譏) 1459
尚書義(巢猗) 1458
尚書義注(吕文優) 1452
尚書義宗(亡名氏) 1496
尚書義問(孔晁) 1449

尚書義疏(亡名氏)　1466
尚書義疏(伊説)　1449
尚書義疏(費甝)　1459
尚書義疏(蔡大寶)　1458
尚書義疏(劉焯)　1460
尚書義解(方通)　1623
尚書義粹(王若虛)　1589
尚書裨傳(朱鶴齡)　1717
尚書經傳別解(陳錫)　1671
尚書經義(林遜)　1634
尚書蔡氏傳正誤(黄景昌)　1587
尚書蔡傳音釋(鄒季友)　1621
尚書蔡傳會編(馬廷鸞)　1576
尚書暢旨(楊明復)　1573
尚書暢訓(伏勝)　1416
尚書圖(鄭東卿)　1517
尚書圖詩(宋真宗皇帝)　1478
尚書圖説(章潢)　1679
尚書劄記(夏寅)　1641
尚書疑問(史記事)　1698
尚書疑義(馬明衡)　1650
尚書説(余檣)　1558
尚書説(秦恭)　1435
尚書説(馬之純)　1537
尚書説(陳振孫)　1560
尚書説(黄榦)　1547
尚書説(程瑀)　1500
尚書説(鄭彦明)　1623
尚書説(蕭孟景)　1649
尚書説意(杜偉)　1677
尚書説意(錢應揚)　1663
尚書説義(歐陽生)　1420
尚書説準(莊日思)　1717
尚書説疑(吕柟)　1651
尚書廣疏(張譏)　1460
尚書廣疏(馮繼先)　1476
尚書廣録(陳弘緒)　1715
尚書精萃(冉庸)　1632
尚書精義(黄佗)　1705
尚書精義(黄倫)　1556
尚書精藴(林俊)　1646
尚書演聖通論(胡旦)　1479
尚書演義(章元崇)　1570
尚書演義(劉元剛)　1577
尚書演義(錢時)　1562
尚書演範(崔良佐)　1781
尚書璇璣鈐　4748
尚書撮義(傅元初)　1709
尚書標説(吴萊)　1606
尚書遺意(姜得平)　1558
尚書審是(方公權)　1623
尚書審是(吴文光)　1667
尚書緯　4748
尚書駮(程秉)　1448
尚書駮議(王肅)　1446
尚書輯説(馮椅)　1550
尚書輯録纂注(董鼎)　1597
尚書録(湯日新)　1670
尚書辨解(郝敬)　1695
尚書辨疑(丘迪)　1620
尚書辨疑(趙杞)　1624
尚書辨疑(韓性)　1621
尚書辨學(王居正)　1499
尚書臆見(鍾化民)　1690

尚書臆解(唐達) 1716
尚書講略(陸萬達) 1715
尚書講略(張位) 1682
尚書講義(史浩) 1513
尚書講義(宋蘊) 1557
尚書講義(陳言) 1672
尚書講義(黄艾) 1623
尚書講義(許奕) 1552
尚書講義(張仲實) 1602
尚書講義(張綱) 1501
尚書講義(曾旼等) 1493
尚書講義(曾肇) 1490
尚書講義(楊時) 1492
尚書叢説(錢福) 1647
尚書雜記(周防) 1437
尚書斷章(成伯璵) 1476
尚書闕言(黄君俞) 1482
尚書類數(卞大亨) 1494
尚書類編(陳文蔚) 1548
尚書繹(鄧元錫) 1678
尚書纂注(袁宗道) 1692
尚書纂要(史煒) 1712
尚書纂傳(王天與) 1610
尚書釋(鄭思忱) 1563
尚書釋文(陸德明) 1474
尚書釋問(王粲) 1447
尚書釋問(虞氏) 1465
尚書釋傳(方逢辰) 1577
尚書釋疑(胡誼) 1563
尚書議奏(歐陽地餘等) 1434
尚書蠡(趙維寰) 1699
尚書體要(錢肅潤) 1721
昆命元龜説(倪思) 1730
昌州石刻古文孝經 5291
明三傳例(敬鉉) 3528
明太僕寺石刻同命 5282
明易論(應貞) 169
明淩雲山石刻易圖 5281
明堂大享議(馮宗) 2712
明堂月令(高誘) 2743
明堂告朔議(王方慶) 2713
明堂位辨(方回) 2761
明堂序(李襲譽) 2713
明堂制度論(李謐) 2711
明堂定制圖(李覯) 2714
明堂定制圖序(姚舜仁) 2716
明堂訓解(姚舜哲) 2715
明堂記紀要(亡名氏) 2714
明堂陰陽(方孝孺) 2710
明堂陰陽説(方孝孺) 2711
明堂問(陳藻) 2716
明堂圖説(朱熹) 2716
明堂儀(張大頤) 2713
明堂儀注(姚璠等) 2713
明堂議(王炎) 2716
明堂議(孔穎達) 2712
明堂議(魏徵) 2712
明堂議(顔師古) 2712
明國子監石刻孝經 5293
明儒經翼(杜質) 4477
易八墳文 4720
易九厄讖 4721
易九卦衍義(包希魯) 1290
易 4652

易十三傳(亡名氏) 1273
易八卦斗内圖(亡名氏) 221
易八卦命録斗内圖(郭璞) 165
易三備(亡名氏) 218
易三圖(謝仲直) 812
易大象林(亡名氏) 745
易大象測(萬尚烈) 1107
易大象歌(亡名氏) 744
易大象説(崔銑) 922
易大傳(陳知柔) 454
易大傳雜説(李燾) 1308
易大義(李承恩) 900
易小帖(毛奇齡) 1265
易口義(方泳之) 665
易元(陸基仁) 1148
易元命包 4726
易互體例(方舟先生) 724
易中正考(方回) 669
易内三圖注(程觀生) 1211
易内戒 4727
易内神筮(費直) 100
易爻用九六説(張昇) 896
易爻變義(王太沖) 585
易文言注(范述曾) 1291
易斗圖(郭璞) 165
易心(王愷) 658
易心學(任直翁) 600
易引(方時化) 1073
易正誤(亡名氏) 728
易古占法(俞琰) 705
易本旨(陳知柔) 454
易本傳(李舜臣) 559
易占(亡名氏) 219
易占(吴繼仕) 1147
易占(劉朔) 461
易占經緯(韓邦奇) 933
易史(胡世安) 1186
易史(黎遂球) 1180
易外别傳(林兆恩) 1070
易外别傳(俞琰) 706
易外傳(方逢辰) 620
易外傳(胡宏) 460
易主意(涂潸生) 834
易立成(亡名氏) 218
易立成林(郭璞) 164
易玄星紀譜(晁説之) 4848
易玄圖(亡名氏) 747
易吉凶(於陵欽) 103
易考靈緯 4719
易攷圖義(談綱) 897
易旨(汪玠) 1061
易旨歸義(亡名氏) 730
易抄(桑悦) 895
易抄(薛舜俞) 656
易志(劉莊孫) 809
易芥(陸振奇) 1126
易吟(方回) 670
易含文嘉 4720
易含靈孕 4720
易序圖説(秦鏞) 1194
易忘象(崔良佐) 247
易決(許峻) 108
易究(史蒙卿) 675
易附覆(亡名氏) 219

易災條(許峻) 109
易卦八具(亡名氏) 127
易卦方位次序圖(葉應) 899
易卦辱言(李舜臣) 979
易卦氣圖 4726
易卦通義(孫承恩) 942
易卦象賦(黄宗旦) 404
易卦補遺(張掄) 435
易卦疑難圖(鄭東卿) 448
易卦説(倪淵) 794
易卦緯論(張大雅) 1015
易卦類選四成(張其湜) 1045
易坤靈圖 4725
易英(馮誠之) 561
易直解(胡祗遹) 759
易林(胡謙) 596
易林(崔篆) 105
易林(庾詵) 195
易林(梁簡文帝) 188
易林(焦延壽) 76
易林(費直) 100
易林(樊直卿) 1158
易林(魯弘度) 200
易林要決(亡名氏) 219
易林祕林(亡名氏) 745
易林推用(韓邦奇) 935
易林疑説(楊啓新) 1087
易林疑説(楊瞿崍) 1127
易林説疑(亡名氏) 1273
易林説疑(鄒德泳) 1095
易林變占(焦延壽) 76
易述古言(林起鰲) 662
易或(徐在漢) 1236
易易(李乾德) 4912
易制靈圖 4719
易知齋易説(李登) 1087
易徵(周晏) 1162
易法(亡名氏) 746
易注(包天麟) 676
易注(唐伯元) 1082
易注(陶元幹) 835
易注(鄭起) 628
易注(劉邠) 131
易注解義(方濯) 614
易宗集注(孫宗彝) 1249
易狀圖 4728
易春秋(郭績) 476
易指攷辨(談綱) 898
易故(歐陽守道) 619
易軌(蒲乾貫) 262
易要決(亡名氏) 217
易要義(潘鯁) 373
易研(顔素) 1081
易是類謀 4722
易則(薛紱) 571
易思得録(潘葵) 965
易修墨守(唐樞) 984
易係(徐世溥) 1215
易俟(喬萊) 1266
易衍(何夢桂) 672
易衍(劉宗周) 1119
易律曆(虞翻) 149
易音(李悦之) 178
易音(荀柔之) 182

易音(徐爰) 183
易音(顧炎武) 1226
易音訓(李恕) 793
易説(魯訔) 458
易韋(朱襄) 1269
易索(張汝明) 372
易索隱(柴翼) 459
易索隱(鄭廷芬) 397, 666
易索藴(楊繪) 304
易酌(刁包) 1204
易原(丘巽之) 563
易原(姜垚) 1269
易原(陳冲飛) 612
易原(陳錫) 1011
易原(戚雄) 941
易原(葉暗) 1247
易原(萬廷言) 1014
易原(程大昌) 476
易原(楊忱中) 586
易原(趙振芳) 1236
易訓(宋咸) 280
易訓(倪思) 560
易旁通(徐㘵) 1150
易旁通手鑑(亡名氏) 742
易粃補注(張從征) 1079
易流演(成玄英) 260
易書(吕凝之) 567
易書(裴通) 251
易通(王幼孫) 669
易通(吴紳) 998
易通(周惇頤) 328
易通(唐元竑) 1208
易通(趙以夫) 592
易通(錢貴) 918
易通(謝昇賢) 613
易通卦驗 4724
易通統圖(亡名氏) 220
易通統圖 4725
易通微説(楊剛中) 810
易通解(王希旦) 806
易通解(胡居仁) 969
易通解(程克俊) 427
易通論(洼丹) 106
易通釋(丁鍨) 574
易規(晁説之) 364
易萌氣樞 4727
易問(林震) 393
易問大旨(汪必東) 942
易問難(張簡) 325
易略(任慶雲) 1038
易略(陸夢龍) 1128
易敘録(吴澂) 762
易象(樊良樞) 1122
易象四編(甯威) 1037
易象大旨(張伯樞) 1144
易象大旨(薛甲) 987
易象正(黄道周) 1167
易象占(周敬孫) 716
易象旨(周滿) 993
易象妙于見形論(孫盛) 167
易象通(朱謀瑋) 1062
易象通義(馮去非) 618
易象異義(李吉甫) 247
易象鉤玄(惠希孟) 836

易象發揮(陳宏) 716
易象鉤解(陳士元) 1001
易象解(劉濂) 963
易象意言(蔡淵) 555
易象彙解(陳士元) 1001
易象圖説(許天篪) 835
易象圖説(張理) 814
易象圖説(嚴福孫) 1214
易象管窺(黄正憲) 1055
易象數解(李直方) 1044
易象影(龔持憲) 1035
易象龜鑑(□準) 975
易象寶鑑(王鎡) 655，1043
易訣(許季山) 406
易訣雜頌(亡名氏) 745
易章句(吕大臨) 376
易章句(袁太伯) 107
易章句(程迥) 495
易章句(樊英) 108
易參(徐世淀) 1242
易參(喻安性) 1116
易參(劉思敬) 1248
易揆(錢士升) 1135
易雅(趙汝楳) 632
易鼎三然(朱天麟) 1185
易剩義(姚世勳) 1175
易筏(張燧) 1041
易筌(王述古) 1104
易筌(阮逸) 300
易筌(焦竑) 1097
易筌蹄(胡維寧) 655
易答問(李廷機) 1089
易集注(陳允士) 1044
易集解(趙彦真) 472
易集義(何鎬) 547
易集圖(盧觀) 840
易詁訓傳(晁公武) 451
易就(徐世淳) 1141
易童子問(袁樞) 493
易童子問(陳宏) 715
易童子問(歐陽修) 313
易測(曾朝節) 1082
易渡(俞墨華) 1194
易運期 4727
易補注(宋咸) 280
易補注(龔鼎臣) 306
易疏(黄端伯) 1183
易疏精義(令狐揆) 310
易發(董説) 1227
易發揮(徐端方) 651
易發微(趙令湑) 383
易統(劉贊) 662
易統卦驗玄圖(亡名氏) 220
易統論(李象) 658
易彀通(鄒元標) 1083
易蓍(史通) 369
易筮通變(雷思齊) 864
易筮謀類 4722
易傳(丁寬) 68
易傳(于房) 304
易傳(王同) 67
易傳(王逢) 340
易傳(王朗) 129
易傳(王巖叟) 345

易傳(毛璞) 583
易傳(田何) 66
易傳(朱玠) 375
易傳(朱熹) 534
易傳(芮燁) 459
易傳(李郁) 444
易傳(林震) 393
易傳(易道暹) 1207
易傳(服光) 69
易傳(周王孫) 68
易傳(京房) 86
易傳(胡瑗) 298
易傳(段嘉) 97
易傳(徐人傑) 462
易傳(徐霖) 437
易傳(陳天麟) 453
易傳(陳文蔚) 557
易傳(陳禾) 388
易傳(孫覺) 346
易傳(黄賁) 369
易傳(許翰) 416
易傳(張志道) 616
易傳(彭宣) 107
易傳(程頤) 351
易傳(傅子雲) 605
易傳(楊何) 70
易傳(蔡公) 69
易傳(戴仔) 619
易傳(戴崇) 108
易傳(韓嬰) 70
易傳(蘇軾) 348
易傳(關注) 438
易傳(關朗) 204
易傳(羅之紀) 591
易傳(譚世勣) 394
易傳(譙定) 379
易傳(釋一行) 261
易傳(龔原) 356
易傳太初篇 4728
易傳考證(俞琰) 706
易傳因革(董真卿) 832
易傳宗(陳焕) 684
易傳拾遺(胡銓) 428
易傳通釋(汪思敬) 966
易傳庸言(饒宗魯) 682
易傳集疏(熊凱) 767
易傳集解(蔡模) 619
易傳發微(陳德1) 575
易傳解義(袁樞) 492
易傳義大意(唐元) 792
易傳僞本(卜商) 60
易傳積算法雜占條例(京房) 90
易傳雜説(周南老) 877
易傳闡庸(姜震陽) 1060
易傳覺(董氏) 721
易傭(文安之) 1171
易會(姜應麟) 1092
易會(鄒德溥) 1089
易腦經(鄭氏) 215
易解(王世懋) 1012
易解(王存) 319
易解(王安石) 338
易解(王庭珪) 420
易解(王端禮) 370

易解(王鑄) 1076
易解(尹彥頤) 723
易解(尹躬) 424
易解(石牧之) 318
易解(江泳) 662
易解(李文纘) 1012
易解(李開) 403
易解(沈括) 375
易解(宋聞禮) 584
易解(林萬頃) 606
易解(林學蒙) 557
易解(卓得慶) 612
易解(周瑞豹) 1173
易解(皇甫泌) 309
易解(皇甫謐) 160
易解(侯峒曾) 1177
易解(徐直方) 671
易解(徐珦) 452
易解(徐常吉) 1092
易解(徐雄) 584
易解(高元之) 595
易解(郭伸) 434
易解(郭長孺) 666
易解(陳義宏) 664
易解(孫調) 550
易解(曹粹中) 426
易解(許升) 547
易解(章服) 437
易解(張巨) 315
易解(張氏) 752
易解(彭宗茂) 327
易解(葉皆) 577
易解(程逵) 398
易解(鄒浩) 347
易解(鄒巽) 660
易解(楊慎) 939
易解(雷思) 749
易解(蔡國熙) 1012
易解(蔡戡) 561
易解(鄭守道) 985
易解(鄧皾) 1038
易解(劉禹偁) 660
易解(劉翔) 432
易解(劉藻) 438
易解(薛玄) 761
易解(錢佃) 595
易解(齋博士) 721
易解(蘇竦) 578
易解(羅大經) 611
易解(羅志沖) 381
易解(羅洪先) 985
易解(羅適) 318
易解(陳易) 380
易解大全(孟文龍) 673
易解通義(李授之) 431
易解發題(鄒安道) 570
易解義(邱葵) 680
易解義(耿南仲) 395
易詮(李翱) 249
易詮古本(吳中立) 1057
易新林(許峻) 108
易新圖序(亡名氏) 220
易意(方大鎮) 1103
易意(朱長文) 319

易意(金旅) 895
易意(陳中州) 1035
易義(于龠) 327
易義(亡名氏) 1274
易義(王宏) 158
易義(白勳) 326
易義(邢融) 169
易義(朱氏) 155
易義(米芾) 371
易義(杜育) 168
易義(李畋) 318
易義(李賁) 360
易義(何維翰) 325
易義(汪沿) 327
易義(沈瑞臨) 1083
易義(范仲淹) 302
易義(金君卿) 323
易義(周希孟) 307
易義(周孟陽) 306
易義(祖沖之) 184
易義(袁建) 326
易義(莊氏) 212
易義(陳文佐) 326
易義(黄通) 309
易義(黄晞) 307
易義(許適) 169
易義(庾運) 161
易義(張氏) 155
易義(張軌) 170
易義(張輝) 168
易義(彭汝礪) 370
易義(喻樗) 443
易義發明(鄭伉) 964
易義(楊藻) 169
易義(楊瓚) 169
易義(解季通) 839
易義(趙友士) 886
易義(趙仲鋭) 661
易義(裴藻) 169
易義(翟玄) 154
易義(鄧至) 327
易義(衛瓘) 157
易義(劉緯) 325
易義(薛温其) 322
易義(薄洙) 326
易義(盧行超) 255
易義(盧穆) 326
易義(謝湜) 378
易義文圖(彭輿) 457
易義折衷(劉穩) 1010
易義指歸(陳廷言) 657
易義敷言(錢受祺等) 1250
易義臆解(吴道昇) 1029
易義雜言(談綱) 898
易義類(亡名氏) 731
易羨(馮洪業) 1135
易源(常豫) 324
易源奥義(保八) 817
易裨傳(林至) 545
易經三注粹抄(許順義) 1157
易經四測(金鏡) 1242
易經十翼章圖藴義(張廷芳) 965
易經大旨(唐龍) 930
易經大旨(戴圭) 969

易經大意(陳際泰)　1192
易經比類(沈瑶)　893
易經去疑(舒士諤)　1210
易經考證(俞琰)　706
易經存疑(林希元)　958
易經全圖(胡賓)　995
易經合疏(唐大章)　1148
易經安玩録(王大用)　938
易經初解(黄國鼎)　1116
易經卦變(劉黻)　957
易經或問(姚麒)　974
易經明訓(吴從周)　1152
易經兒説(蘇濬)　1085
易經要旨(張嘉猷)　1157
易經要略(沈驎士)　185
易經庭訓(李應辰)　1061
易經破愚(朱自强)　1032
易經記蒙(黄中)　991
易經旁註(韓信同)　839
易經通旨(趙良震)　848
易經通典(陳琛)　960
易經從正録(洪受)　1039
易經象訣(胡東)　943
易經淺説(林性之)　986
易經參同、廣變、象告(于琳)　1258
易經集解(吕大圭)　667
易經集解(余本)　941
易經集説(衛富益)　682
易經集説(諸葛駿)　913
易經奥義(林大同)　879
易經淵源(胡易)　912
易經疏義(李天植)　1058
易經發明(方太古)　968
易經發明(何英)　879
易經發微(程嗣光)　1076
易經發鑰(貢珊)　942
易經微言(許聞至)　1029
易經會義(殷子義)　1058
易經解(何垕)　916
易經解注(陳普)　683
易經解惑(王立極)　1157
易經解酲(薛東海)　1015
易經詳解(吴伯先)　1163
易經新義(劉子立)　1078
易經意言(鄭維岳)　1146
易經羨記(葉素)　1029
易經聚正(蔡元偉)　992
易經圖考(鄭敷教)　1187
易經圖解(桑日昇)　1256
易經疑問(姚舜牧)　1080
易經説(劉爚)　549
易經精藴(朱綬)　907
易經精藴(解蒙)　838
易經精藴(繆主一)　780
易經隨筆(李逢期)　1037
易經增注(張鏡心)　1172
易經選注(王達)　886
易經辨疑(毛仲)　1035
易經辨疑(張問達)　1243
易經講意(童器)　919
易經講義(張文選)　887，1043
易經講義(張辰)　943
易經講義(蔣經)　984
易經翼注(湯賓尹)　1112

易經繹(鄧元錫) 1009
易經纂注(李廷機) 1088
易經辯疑(張四知) 1004
易經觀理說(林有桂) 1155
易勸說(邱維屏) 1229
易摭卦總論(朱承祖) 660
易蔡(蔡鼎) 1206
易圖(吕中) 629
易圖(沈束) 1002
易圖(陳知柔) 454
易圖(黄庶先) 381
易圖(程新恩) 651
易圖合璧連珠(俞琰) 706
易圖書注(劉朔) 461
易圖通變(雷思齊) 862
易圖集覽(任慶雲) 1038
易圖補(程龍) 779
易圖說(吕洙) 852
易圖說(余誠) 964
易圖說(周坦) 1059
易圖說(倪淵) 794
易圖說(鄭儀孫) 676
易圖說億言(顧允成) 1094
易圖親見(來集之) 1201
易圖識漏(黄芹) 970
易圖纂要(俞琰) 705
易箝精義(亡名氏) 732
易箋(吕光洵) 994
易箋問(舒芬) 951
易管見(吴霞舉) 674
易領(郝敬) 1100
易疑(方時化) 1073
易疑(陳言) 996
易疑(樊良樞) 1122
易疑初筮告蒙約(何孟春) 913
易疑問答(趙善佐) 546
易疑擬題(亡名氏) 869
易說(亡名氏) 1273
易說(王昇) 400
易說(王俊乂) 401
易說(王剛中) 455
易說(王師心) 421
易說(王萬) 590
易說(王結) 804
易說(王義朝) 434
易說(申孝友) 607
易說(丘義) 506
易說(司馬光) 341
易說(吕豫) 750
易說(朱隱老) 854
易說(米榮) 993
易說(江一麟) 1008
易說(杜紘) 390
易說(李起渭) 578
易說(李楗) 1044
易說(吴悌) 992
易說(吴福) 1011
易說(吴綺) 664
易說(吴默) 1108
易說(余闕) 859
易說(汪天任) 397
易說(林子雲) 611
易說(林師說) 390
易說(林慮) 382

易説(林偁) 430
易説(林應辰) 566
易説(金鉉) 1182
易説(周聿) 436
易説(周秩) 382
易説(胡説) 1043
易説(侯果) 211
易説(施師點) 464
易説(馬元調) 1155
易説(袁楠) 823
易説(倪元) 1044
易説(倪思) 560
易説(徐良能) 453
易説(徐君平) 666
易説(徐即登) 1094
易説(殷子義) 1058
易説(高相) 102
易説(高曇) 478
易説(郭檟) 877
易説(郭鏜) 841
易説(陳子肩) 861
易説(陳造) 563
易説(陳樑) 1226
易説(孫纘宗) 1150
易説(黄以翼) 653
易説(黄定子) 787
易説(黄祖舜) 426
易説(黄顔榮) 472
易説(曹説) 807
易説(張邦奇) 926
易説(張栻) 494
易説(葉秀發) 577
易説(萬廷言) 1014
易説(景鸞) 106
易説(程珙) 809
易説(喬執中) 368
易説(馮大受) 664
易説(馮時可) 1052
易説(游酢) 376
易説(楊大法) 564
易説(楊炳) 565
易説(楊時) 377
易説(虞剛簡) 601
易説(趙善譽) 504
易説(蔣以誠) 974
易説(鄭東卿) 450
易説(鄭思) 1043
易説(熊棟) 795
易説(劉傳) 807
易説(劉澤) 663
易説(潘植) 663
易説(錢俣) 456
易説(鮑觀白) 1144
易説(戴蒙) 556
易説(儲泳) 664
易説(謝枋得) 684
易説(謝顯) 970
易説(蘇轍) 349
易説(羅泌) 476
易説(譚大經) 665
易説(饒魯) 653
易説(龔焕) 715
易説(胡謙) 596
易説拾遺(尹天民) 392

易説指圖(王宗道) 585
易説發揮(嚴用父) 838
易説精義(亡名氏) 730
易説綱要(楊□龍) 806
易説醒(洪守美) 1151
易説舉要(朱質) 575, 1043
易説辨譌(張鶚翼) 1000
易旗(任良) 98
易演義(胡經) 991
易璇璣(吴沆) 432
易蕩(方鯤) 1143
易樞(李見) 282
易膚説(高斯得) 671
易數(吴繼仕) 1147
易數大略(亡名氏) 1323
易數鈎隱圖(劉牧) 277
易數稽疑(王炎) 482
易稽命圖 4720
易稽覽圖 4721
易稿(劉彌邵) 607
易範(林巽) 283
易範(鄭畊老) 455
易牖(安磐) 925
易餘(方以智) 1197
易餘閑記(胡方平) 701
易論(王昭素) 271
易論(王義朝) 435
易論(方汝一) 655
易論(李清臣) 368
易論(李覯) 288
易論(吴袛) 556
易論(范浚) 386
易論(陳皐) 321
易論(馮當可) 451
易論(趙賓) 103
易論(裴秀) 157
易論(鄭善夫) 927
易論(劉不疑) 405
易論要纂(尹天民) 392
易談(徐鐸) 382
易談(張綸) 1034
易潤(饒可久) 1045
易編(林齊聖) 1130
易緯 4714
易輯(徐幾) 654
易曆 4727
易曆決疑(亡名氏) 220
易舉正(郭京) 241
易學(王湜) 367
易學(李燾) 517
易學(吴極) 1138
易學(沈一貫) 1050
易學(徐纘高) 1194
易學三述(王含光) 1251
易學正言(蔡潤宗) 983
易學四同(季本) 952
易學全書(卓爾康) 1130
易學直指本源(盛象翁) 810
易學指南(施鉉) 1242
易學指要(史彌大) 562
易學指掌(趙鳳翔) 1209
易學索隱(袁樞) 492
易學理窟(艾謙) 584
易學象數論(黄宗羲) 1221

易學象數舉隅(汪思敬) 966
易學象辭二集(高捷) 1125
易學啓蒙(朱熹) 535
易學啓蒙(吴迂) 803
易學啓蒙小傳(税與權) 636
易學啓蒙述解(朱謐) 880
易學啓蒙或問(鄭文遹) 550
易學啓蒙注(黄瑞節) 853
易學啓蒙通釋(胡方平) 700
易學啓蒙疏(沈亨) 1030
易學啓蒙發揮(何基) 685
易學啓蒙意見(韓邦奇) 932
易學啓蒙翼傳(胡一桂) 774
易學啓蒙類編(程璹) 811
易學啓蔽(楊簡) 480
易學提綱(趙撝謙) 878
易學集成(彭文煒) 1256
易學集解(郭氏) 1272
易學集説(王天鐸) 750
易學須知(劉淵) 792
易學會通(胡璉) 878
易學義(何維柏) 994
易學義林(顔鯨) 1010
易學源流(彭復初) 810
易學圖(常氏) 865
易學説約(孫振宗) 1013
易學舉隅(易祓) 572
易學舉隅(戴廷槐) 1059
易學講義(伊伯熊) 928
易學濫觴(黄澤) 851
易學歸趣(任經) 1041
易學闡一(黄與堅) 1262
易學纂言(傅立) 804
易學釋疑(鄭昇) 303
易學辯疑(王緒) 912
易學蠡測(魏新之) 677
易學變通(亡名氏) 869
易塵(樊氏) 1271
易辨(王弼) 144
易辨(何萬) 558
易辨(范飛卿) 563
易辨(盛德瑞) 853
易辨(豐坊) 983
易辨证(李氏) 721
易辨終備 4723
易辨疑(金華先生) 726
易辨説(郭彦逢) 472
易龍圖(陳摶) 268
易贅(王艮) 1159
易臆(鄭圭) 1042
易賸(王應遴) 1042
易講義(林希逸) 612
易講義(陳炳) 561
易講義(陳普) 683
易講義(陳襄) 307
易翼傳(鄭汝諧) 602
易總(王遠知) 260
易總(楊廷筠) 1111
易藴(劉邦采) 985
易藴解(章顗) 250
易轆轤圖頌(亡名氏) 744
易簣(錢繼登) 1138
易雜占(許峻) 109
易雜説(張獻翼) 1026

易斷(钱述) 430
易難記(袁京) 107
易繫集傳(柴中行) 1303
易繫辭(朱熹) 5280
易繫辭解(倪復) 1307
易繫辭説(柴元祐) 1305
易繫辭説(劉因) 1306
易贊(樊良樞) 1124
易贊測(萬尚烈) 1107
易鏡(王鄯) 407
易鏡玄要(袁天綱) 230
易辭述旨(吴繼仕) 1146
易證詩(彭輿) 456
易證墜簡(范諤昌) 293
易韻(毛奇齡) 1265
易韻補遺(董守諭) 1175
易類(楊泰之) 599
易類象(何中) 789
易類辨疑(吕濬) 1242
易纂(宿夢鯉) 1127
易纂言(吴澂) 762
易纂圖(劉整) 715
易釋(舒濟) 629
易釋解(孫載) 316
易釋義(鄒守愚) 984
易議(丘礪) 435
易囈語(顧起經) 1036
易髓 215
易髓(李鼎祚) 241
易髓(陶弘景) 192
易髓(張璞) 969
易蠡(方學漸) 1075
易蠡(薛三省) 1119
易鑑(亡名氏) 745
易鑑(陳舜申) 570
易顯(楊廷筠) 1111
易變體(都潔) 441
易鑰(彭好古) 1072
易讃林(亡名氏) 218
典謨遺旨(劉謨) 4927
固易繹旨(吴炯) 1104
忠勤廉慎四卦辭(何喬新) 4916
忠經(馬融) 5049
制器尚象論(陳希亮) 305
垂皇策 4715
季子來歸説(章如愚) 3839
季友歸獄論(張方平) 3839
季札觀樂説(楊簡) 3843
兒易(倪元璐) 1169
佩韋齋輯聞詩説(俞德鄰) 2041
金太學石經 5274
金華四先生四書正學淵源(章一陽) 4604
金縢圖(顔直之) 1821
金縢圖説(樓鑰) 1820
金縢辨(王廉) 1821
金縢辨疑(張孚敬) 1821
服制(韓挺) 2534
周子易 5125
周公居東二年辨(汪叡) 1822
周氏本義翼(仇二常) 1060
周正考(冷逢震) 3831
周正如傳考(黄景昌) 3824
周正辨(周洪謨) 3830

周正釋經(劉淵) 3828
周易 33
周易(亡名氏) 126
周易三十八章(亡名氏) 737
周易四聖象詞(沈懋孝) 1047
周易四德例(劉瓛) 1277
周易六龍解(管志道) 1280
周易十二論(亡名氏) 727
周易十門要訣(亡名氏) 735
周易卜法(天門子) 726
周易卜筮斷(幹道冲) 748
周易卜經(亡名氏) 735
周易八仙詩(亡名氏) 734
周易八仙經疏(邢朝宗) 407
周易八卦五行圖(亡名氏) 221
周易八帖(亡名氏) 740
周易八龍山水論(亡名氏) 746
周易三十六占(亡名氏) 743
周易三空訣(亡名氏) 743
周易三略經(亡名氏) 741
周易三備雜機要(亡名氏) 733
周易大全纂附(倪晉卿) 1214
周易大衍通統(顔氏) 1309
周易大衍論(唐孝明皇帝) 1310
周易大傳附注(鄭玉) 857
周易大義(時少章) 624
周易大義(陸德明) 227
周易大義(梁武帝) 186
周易小傳(沈該) 417
周易口訣(王錡) 325
周易口訣(陸太易) 661
周易口訣開題(亡名氏) 742
周易口訣義(史證) 258
周易口義(亡名氏) 729
周易口義(徐甘來) 1237
周易口義(張孝直) 607
周易口義(雷度) 403
周易子夏十八章僞本 65
周易王道小疏(張弧) 233
周易元統(白雲子) 725
周易无互體論(鍾會) 132
周易不我解(徐體乾) 977
周易太清易經訣(王曉) 406
周易太極傳外傳因説(晁説之) 1333
周易互言總論(石一鼇) 681
周易日月變例(虞翻、陸績) 149
周易日抄(沈孚聞) 1086
周易内卦神筮法(亡名氏) 267
周易化源圖(高志寧) 276
周易爻(馬楷) 197
周易爻物當名(黎遂球) 1178
周易爻詠(亡名氏) 743
周易爻義(干寶) 172
周易爻變易藴(陳應潤) 843
周易分注(王埜翁) 697
周易分野星圖(亡名氏) 221
周易六十四卦歌(亡名氏) 735
周易六十四卦賦(陳氏) 722
周易六神頌(亡名氏) 734
周易文句義(亡名氏) 216
周易文句義疏(陸德明) 227
周易文句義疏(梁蕃) 198
周易火竅(亡名氏) 746

周易斗中八卦推游年圖（亡名氏） 221
周易斗中八卦絶命圖（亡名氏） 221
周易孔子通覆決（顔氏） 215
周易孔義（高攀龍） 1099
周易玉鑑頌（阮兆） 407
周易末義（董期生） 1191
周易正例（李勃） 404
周易正訓（劉績） 911
周易正解（郝敬） 1100
周易正義（孔穎達等） 223
周易正義補闕（邢璹） 255
周易甘棠正義（任正一） 262
周易古今文全書（楊時喬） 1016
周易古今考異釋疑（洪興祖） 429
周易古文鈔（劉宗周） 1118
周易古本（羅大紘） 1096
周易古象通（魏濬） 1121
周易古經（吕大防） 343
周易古經（李燾） 517
周易本義（朱熹） 534
周易本義附説（左輔） 918
周易本義附録集注（張清子） 799
周易本義直講（李鳴盛） 967
周易本義音釋（鄭禧） 921
周易本義通釋（胡炳文） 777
周易本義通釋增纂（鄭觀） 881
周易本義集成（熊良輔） 825
周易本義翼（吴曰愼） 1153
周易本説（齊履謙） 765
周易可説（曹學佺） 1115
周易占（張浩） 183
周易占林（王宇） 1071
周易占事（京房） 87
周易占例（汪深） 677
周易四時候（京房） 89
周易句解（朱祖義） 840
周易句解（李公凱） 839
周易句解（汪有訓） 882
周易外傳（方逢時） 1000
周易外傳（郝經） 754
周易外傳（高定） 254
周易外傳（樊煒） 1074
周易外義（亡名氏） 728
周易外義（蔡廣成） 250
周易外編（程迥） 495
周易立成占（顔氏） 214
周易玄品（干寶） 172
周易玄理歌（亡名氏） 744
周易玄義（李淳風） 229
周易玄義經（郭璞） 164
周易玄談（孔穎達） 227
周易玄鑑林（亡名氏） 735
周易考異（都穆） 919
周易存言（楊士顯） 1076
周易灰神壽命歷（亡名氏） 739
周易因指（張汝霖） 1115
周易先天流衍圖（孫份） 462
周易先儒遺論九事（劉牧） 277
周易竹木經（亡名氏） 737
周易竹書（謝憲） 1033
周易自得編（王寅） 1218
周易自得編圖説（王寅） 1220

周易全解(李彦章等)　401
周易旨要(代淵)　285
周易守林(京房)　88
周易如是編(黄渾)　1148
周易折衷(趙采)　785
周易折衷録(李先芳)　1003
周易見一(胡仲雲)　621
周易私記(何晏)　145
周易私録(王樵)　1003
周易言不盡意論(嵇康)　147
周易言象外傳(王洙)　300
周易宏綱(劉文郁)　469
周易初學筮要法(亡名氏)　219
周易附説卦變圖(齊夢龍)　630
周易附録纂疏(胡一桂)　774
周易妖占(京房)　87
周易災異(孟喜)　72
周易玩辭(王拱東)　972
周易玩辭(洪垣)　993
周易玩辭(項安世)　499
周易玩辭困學記(張次仲)　1164
周易卦序論(楊乂)　163
周易卦林(亡名氏)　220
周易卦氣圖(樂洪)　463
周易卦象賦(陳正中)　404
周易卦象數旨(李顒)　176
周易卦頌(黄景元)　407
周易卦義(徐奇)　1154
周易卦圖(朱震)　422
周易卦説(吴鍾巒)　1192
周易卦斷(丘鑄)　405
周易卦贊(時少章)　624
周易卦類(亡名氏)　730
周易卦纂神妙決(亡名氏)　736
周易直指(楊士奇)　885
周易直解(胡持)　841
周易直説(徐相)　601
周易林(亡名氏)　217
周易林(郭璞)　164
周易林(張滿)　121
周易林(管輅)　132
周易析微通説(楚泰)　406
周易析蘊(孫坦)　284
周易述(許孚遠)　1014
周易述衍(張行成)　1314
周易述解(郝氏)　408
周易述解(蔡齊基)　586
周易述解(潘迪)　767
周易述釋(葉適)　565
周易或問(李義壯)　981
周易或問(黄超然)　717
周易或問(趙善湘)　608
周易兩繫訓注(沈驎士)　1297
周易尚占(保八)　818
周易明文(郭思永)　405
周易明洛義纂述(孫慎行)　1112
周易明堂(亡名氏)　126
周易明疑録(亡名氏)　730
周易易簡編(陸起龍)　1152
周易罔象成名圖(張杲)　659
周易物象釋疑(東鄉助)　245
周易委化(京房)　89
周易例(孫炎)　145
周易版詞(亡名氏)　128

周易金鑑歌(亡名氏) 743
周易服藥法(亡名氏) 267
周易河圖術(靈隱子) 726
周易注(干寶) 171
周易注(王又玄) 210
周易注(王正中) 1197
周易注(王玄度) 228
周易注(王凱沖) 210
周易注(王弼) 136
周易注(王肅) 133
周易注(王廙) 162
周易注(尹濤) 196
周易注(伏曼容) 191
周易注(任希古) 229
周易注(吴鄹) 796
周易注(何胤) 193
周易注(宋衷) 120
周易注(范長生) 179
周易注(荀爽) 116
周易注(荀煇) 146
周易注(姚信) 153
周易注(姚規) 196
周易注(馬融) 110
周易注(陸績) 151
周易注(黄穎) 174
周易注(崔浩) 201
周易注(崔覲) 197
周易注(傅氏) 213
周易注(費元珪) 196
周易注(費直) 99
周易注(雷次宗) 182
周易注(虞翻) 147
周易注(趙承慶) 315
周易注(鄭玄) 111
周易注(鄭鑑) 574
周易注(魯真) 837
周易注(劉昞) 202
周易注(劉彝) 309
周易注(盧氏) 214
周易注(盧景裕) 203
周易注(龍昌期) 275
周易注(謝氏) 212
周易注(權會) 207
周易注疏大全合纂(張溥) 1188
周易注解(丁徵) 968
周易注解(張公裕) 303
周易注解(雷杭) 856
周易宗孔篇(亡名氏) 1274
周易宗旨(寧欽) 965
周易宗義(程汝繼) 1120
周易宗塗(干寶) 171
周易宗經(喻唐) 403
周易括世應頌(亡名氏) 743
周易括囊大義(亡名氏) 731
周易拾遺(馬永卿) 397
周易指要(方社昌) 1040
周易指迷(蒲乾貫) 263
周易指問(趙善湘) 609
周易枯骨經(亡名氏) 737
周易軌限算(亡名氏) 739
周易要言(葛承杰) 1226
周易要決占法(亡名氏) 739
周易要削(王隱) 234
周易要語(張元禎) 894

周易眇説(俞士瑛) 1134
周易思齋口義(翁泳) 665
周易骨髓決(嚴遵) 104
周易重注(鮑極) 316
周易鬼谷林(亡名氏) 734
周易鬼御算(亡名氏) 745
周易鬼鎮林(亡名氏) 743
周易鬼靈經(亡名氏) 737
周易衍注(王晢) 317
周易衍義(王埜) 1033
周易衍義(包瑜) 891
周易衍義(胡震) 790
周易衍義(許復) 860
周易衍辭(劉誠) 893
周易訂疑(吴璉) 900
周易訂疑(董養性) 1246
周易音(王肅) 133
周易音(李充) 162
周易音(李軌) 177
周易音(范氏) 214
周易音(徐邈) 175
周易音注(虔薛) 211
周易逆刺占災異(京房) 89
周易洞林(郭璞) 163
周易神鏡鬼谷林(亡名氏) 741
周易陣圖(羅喻義) 4910
周易飛候(京房) 88
周易飛候六日七分(京房) 88
周易飛燕轉關林竅(亡名氏) 738
周易飛燕繞樑歌(亡名氏) 738
周易約説(方獻夫) 961
周易約説(張獻翼) 1025
周易馬鄭二王四家集解(亡名氏) 156
周易真文(亡名氏) 1272
周易連珠論(亡名氏) 744
周易原旨(保八) 818
周易時論(方孔炤) 1139
周易師訓(董銖) 548
周易訓注(劉兆) 158
周易訓傳(王時會) 562
周易訓解(江默) 549
周易記(葉登龍) 853
周易記玩(鄭滁孫) 769
周易旁通歷(亡名氏) 746
周易旁註(朱昇) 870
周易旁註(李恕) 792
周易旁註前圖(朱昇) 870
周易旁註會通(姚文蔚) 1109
周易流演遁甲圖(掌禹錫) 308
周易家訓(畢午明) 1158
周易家説(戴侗) 620
周易容光(姜應麟) 1092
周易冥冥篇(蘇濬) 1084
周易通(浦龍淵) 1251
周易通神(吴秘) 286
周易通神歌(王鄯) 408
周易通真(亡名氏) 742
周易通真釋例(亡名氏) 732
周易通解(朱星) 972
周易通解(徐棉) 1033
周易通解(沈束) 1002
周易通義(洪興祖) 429
周易通義(黄超然) 716

周易通義(黄鎮成) 842
周易通義(嚴福孫) 1212
周易通論(曹學佺) 1114
周易通變(張行成) 465
周易通靈決(管輅) 131
周易通靈要決(管輅) 131
周易理數通考(郭淡) 1045
周易探玄(王守一) 407
周易探玄(崔憬) 232
周易乾坤三象(亡名氏) 1278
周易乾坤義(李玉之) 1277
周易乾坤義(劉瓛) 1276
周易乾坤義(釋法通) 1278
周易問(亡名氏) 216
周易問卜(亡名氏) 733
周易問答(徐伯珍) 186
周易問答(董燧) 991
周易問辨(歐陽貞) 879
周易問難(干寶) 172
周易異議論(劉遵) 273
周易略例(王弼) 143
周易略例(桂詢) 304
周易略例補釋(陳禧) 825
周易略例疏(邢璹) 255
周易略例疏(莊道名) 405
周易略義(劉一焜) 1111
周易略説(五鹿充宗) 75
周易略譜(袁宏) 167
周易象旨決録(熊過) 988
周易象罔玄珠(亡名氏) 736
周易象注(王三善) 1120
周易象義(丁易東) 780
周易象義(唐鶴征) 1054
周易象義(章潢) 1076
周易象數總義(詹體仁) 548
周易象論(欒肇) 162
周易象辭(黄宗炎) 1222
周易象變述旨(吴繼仕) 1146
周易章句(京房) 86
周易章句(孟喜) 71
周易章句(施讎) 71
周易章句(梁丘賀) 74
周易章句(劉表) 119
周易敝書(王祚昌) 1158
周易清本(梁夫漢) 1253
周易混沌(京房) 89
周易啓玄(張轅) 256
周易啓蒙(余端禮) 477
周易啓蒙通釋正誤(章文禄) 1030
周易啓蒙輯録(程時登) 776
周易啓源(蔡廣成) 250
周易參同契(魏伯陽) 121
周易參微録(程仲賢) 968
周易參義(李鏡) 1268
周易參義(梁寅) 873
周易參疑(王廉) 878
周易參疑(孫從龍) 1049
周易提綱(陸持之) 591
周易博義(沈懋孝) 1048
周易開玄關(蘇鶚) 257
周易開奥圖(趙克顔) 383
周易開題義(梁蕃) 198
周易剩義(汪于沚) 1207
周易程朱異同(羅璟) 894

周易程朱傳義音考(汪克寬)　874
周易程朱傳義箋(沈懋孝)　1046
周易筆旨(鄒期相)　1209
周易筆記(伊在庭)　1017
周易筆意(陶廷奎)　972
周易備考(陳弘緒)　1230
周易備忘(張延)　807
周易備要(亡名氏)　736
周易集二王注(楊氏)　156
周易集林(伏曼容)　192
周易集林(伏萬壽)　104
周易集林(虞翻)　149
周易集注(來知德)　1018
周易集注(義太初)　565
周易集註(韓大寧)　461
周易集注繫辭(徐爰)　1296
周易集疏(熊禾)　699
周易集傳(紇石烈希元)　820
周易集傳(程汝器)　883
周易集傳(劉庭直)　463
周易集傳(龍仁夫)　768
周易集解(李鼎祚)　234
周易集解(凌唐佐)　389
周易集解(張璠)　170
周易集解(葉儀)　877
周易集解(掌禹錫)　308
周易集解(鄭以仁)　883
周易集解(應撝謙)　1232
周易集義(蔣宗簡)　837
周易集義(潘柄)　547
周易集義(魏了翁)　579
周易集説(林誌)　888
周易集説(俞琰)　704
周易集説(倪淵)　794
周易集説(黄洪憲)　1055
周易集説(張特立)　752
周易奥義(袁顥)　966
周易然疑(陳深)　984
周易註(董遇)　129
周易就正略義(陳嘉謨)　1003
周易童答(周循)　1029
周易補傳(袁黄)　1096
周易尋門餘論(黄宗炎)　1223
周易疏略(張沐)　1255
周易發例(黄超然)　717
周易發揮(王勃)　231
周易發微(徐琦)　1044
周易發義(蕭偉)　190
周易發隱(陳良獻)　324
周易發題(任奉古)　257
周易絶筆書(龍昌期)　275
周易統例(崔覲)　197
周易統略(鄒湛)　158
周易幾義(蕭偉)　190
周易聖斷(鮮于侁)　345
周易蒙引(蔡清)　900
周易筮占(徐苗)　161
周易筮占林(費直)　100
周易筮傳(湯建)　606
周易節略正義(亡名氏)　730
周易傳(亡名氏)　729
周易傳(王蘋)　378
周易傳(袁準)　161
周易傳(陸希聲)　252

周易傳(鄭夬)　335
周易傳疏(王嵒)　906
周易傳義(鄭佐)　950
周易傳義大全(胡廣等)　884
周易傳義折衷(吴存)　840
周易傳義附録(董楷)　648
周易傳義補疑(姜寶)　1006
周易傳義會同(吾冔)　894
周易傳義會通(張洪)　882
周易傳義會通(游震得)　999
周易微旨(陸希聲)　254
周易會元紀(徐復、林瑀)　296
周易會占(程鴻烈)　974
周易會通(吴文光)　1002
周易會通(汪邦柱)　1141
周易會通(范守己)　1082
周易會通(葉味道)　555
周易會通(董真卿)　829
周易會通(繆昌期)　1131
周易會通正義(縱康乂)　283
周易會粹(楊明復)　654
周易會釋記(釋希覺)　263
周易頌(方時化)　1073
周易解(石介)　312
周易解(石嶅)　506
周易解(史于光)　956
周易解(吴淵)　586
周易解(何執中)　374
周易解(宋大明)　458
周易解(邵古)　283
周易解(金安節)　427
周易解(黄龜朋)　583
周易解(曾元忠)　392
周易解(蔣夔)　461
周易解(謝理)　899
周易解(饒子儀)　393
周易解詁(陳謙)　855
周易解微(亡名氏)　729
周易解微(徐畸)　462
周易解義(安泳)　661
周易解義(胡有開)　564
周易解義(蘇伯材)　375
周易解疑(洪貫)　899
周易解説(何逢原)　464
周易解頤(劉季裴)　455
周易詳解(吴潄)　436
周易詳解(徐元氣)　1013
周易詳藴(顧曾唯)　1008
周易新林(亡名氏)　217
周易新林(郭璞)　164
周易新注本義(薛仁貴)　229
周易新義(沈季長)　340
周易新義(徐鄖)　251
周易新圖(亡名氏)　216
周易新論傳疏(陰弘道)　231
周易意學(陸秉)　285
周易意藴凡例總論(徐庸)　291
周易義(王濟)　160
周易義(向秀)　159
周易義(沈林)　197
周易義(范歆)　184
周易義(張譏)　199
周易義(魏徵)　222
周易義证總要(亡名氏)　732

周易義例(李鉉) 206
周易義訓(任惟賢) 1024
周易義記(蕭巋) 191
周易義海(房審權) 370
周易義海撮要(李衡) 468
周易義略(李含光) 259
周易義略(張簡) 324
周易義略(冀震) 323
周易義疏(周弘正) 199
周易義疏(蕭子政) 191
周易義解(彭輿) 456
周易義說(李呂) 505
周易義叢(葉良佩) 982
周易義類(顧棠) 339
周易彙解(饒伸) 1092
周易經傳訓解(蔡淵) 552
周易經傳通解(汪標) 788
周易經傳集解(林栗) 487
周易經類(亡名氏) 731
周易摘(程秉) 153
周易歌(杜令賁) 404
周易圖(亡名氏) 747
周易圖(陳林) 1041
周易圖解(王潤孫) 882
周易圖解(金潤) 889
周易圖義(葉昌齡) 317
周易圖說(左輔) 918
周易圖說(吳仁傑) 521
周易圖說(黃開) 458
周易圖說(錢義方) 848
周易圖說述(王弘撰) 1233
周易圖釋(劉定之) 889
周易箋注(華時亨) 1147
周易箋疏(萬純忠) 1096
周易管見(田君右) 663
周易管闚(倪公晦) 803
周易管闚(陳幼學) 1104
周易管闚(梅繼勳) 1004
周易疑通(何譔之) 183
周易疑問(李椿年) 398
周易疑略(王春復) 999
周易說(李贊) 659
周易說(趙汝談) 571
周易說旨(羅倫) 896
周易說約(趙善湘) 608
周易說約(黎立武) 670
周易說統(張振淵) 1215
周易說義(馬森) 995
周易說義(都潔) 443
周易說翼(吕枏) 928
周易廣筌(沈瑞鍾) 1155
周易廣疏(勾微) 322
周易廣義(潘元懋) 1239
周易精微(周鎮) 405
周易演音(程玉潤) 1134
周易演聖通論(胡旦) 273
周易演說(石伯元) 846
周易察微經(亡名氏) 744
周易盡神論(鍾會) 133
周易隨曲射匿(亡名氏) 127
周易綱旨(王哲) 317
周易樞(亡名氏) 729
周易稽頤圖(亡名氏) 734
周易億(王道) 940

周易質疑卜傳(楚泰) 406
周易餘義(楊幅) 974
周易論(阮渾) 160
周易論(宋岱) 175
周易論(周顒) 186
周易論難(范宣) 176
周易窮寂圖(成玄英) 260
周易窮微論(王弼) 144
周易耨義(林胤昌) 1172
周易薪冥軌(李淳風) 230
周易輯解(丘富國) 675
周易輯義(潘恩) 980
周易輯聞(趙汝楳) 631
周易輯説(曾子良) 673
周易曆(亡名氏) 219
周易錯卦(京房) 87
周易塵談(孫應龍) 1248
周易辨(浦龍淵) 1252
周易辨志(張習孔) 1250
周易辨異(袁樞) 493
周易辨惑(邵伯温) 359
周易辨疑(施氏) 1270
周易辨録(楊爵) 986
周易澶州講義(黄裳) 373
周易窺餘(鄭剛中) 444
周易隱訣(亡名氏) 731
周易藁説(趙秉文) 749
周易講疏(何氏) 722
周易講疏(何妥) 207
周易講疏(梁元帝) 188
周易講疏(梁武帝) 187
周易講疏(賀瑒) 194
周易講疏(褚仲都) 193
周易講義(周聰) 1035
周易講義(夏休) 452
周易講義(陳淳) 544
周易講義(商飛卿) 564
周易講義(湯煥) 665
周易講義(湯羲) 660
周易講義(熊采) 682
周易講説(何晏) 145
周易翼(王豫) 1085
周易翼注(王納諫) 1128
周易翼注(徐日仁) 1108
周易翼義(洪氏) 1272
周易翼義(童品) 917
周易翼簡捷解(陳際泰) 1193
周易總義(易祓) 572
周易總説(戴溪) 566
周易轆轤關雜占(亡名氏) 738
周易叢説(朱震) 422
周易雜占(亡名氏) 217
周易雜占(武靖) 198
周易雜占(尚廣) 154
周易雜占(葛洪) 166
周易雜占筮訣文(梁運) 258
周易雜音(沈熊) 178
周易雜筮占(亡名氏) 737
周易雜圖序(亡名氏) 267
周易雜論(亡名氏) 215
周易竅書(亡名氏) 746
周易繚繞詞(張胥) 408
周易斷卦例頭(亡名氏) 738
周易斷卦夢江南(亡名氏) 738

周易難王輔嗣義(顧夷等) 177
周易難答論(阮咸) 159
周易繫辭注(卞伯玉) 1295
周易繫辭注(宋褰) 1298
周易繫辭注(荀柔之) 1295
周易繫辭注(謝萬) 1292
周易繫辭義疏(梁武帝) 1298
周易繫辭義疏(劉瓛) 1296
周易繫辭義疏(蕭子政) 1298
周易繫辭精義(吕祖謙) 1302
周易讚義(馬理) 945
周易譜(亡名氏) 217
周易譜(沈熊) 178
周易證義(王大寶) 436
周易韻叶(程元初) 1075
周易類纂(亡名氏) 732
周易懸鏡(喻有功) 1148
周易闡微詩(冀珍) 659
周易纂(朱之俊) 1175
周易纂義(田汝耔) 926
周易釋文(陸德明) 228
周易釋序義(梁蕃) 198
周易釋略(袁從義) 752
周易釋象(曾幾) 420
周易釋蒙(黄超然) 717
周易釋傳(章元崇) 654
周易釋傳(錢時) 615
周易釋疑(亡名氏) 731
周易釋疑(葉瑞) 808
周易議卦(王崇慶) 930
周易髓要雜訣(亡名氏) 741
周易髓腦(亡名氏) 221
周易續問(趙善湘) 609
周易讀(余叔純) 1152
周易變卦傳(夏良勝) 937
周易變通(曾貫) 856
周易麟解(梅士昌) 1153
周易觀畫(李椿) 473
周易靈祕諸關歌(亡名氏) 741
周易靈真述(亡名氏) 735
周易讚頌(亡名氏) 741
周官小集(陳汪) 2294
周官分職(亡名氏) 2259
周官考(臧夢解) 2326
周官吕刑講義(滕仲禮) 1826
周官私録(王樵) 2353
周官或問(毛應龍) 2327
周官制度精華(陳傅良) 2284
周官郊祀圖(亡名氏) 2407
周官注(杜子春) 2245
周官注(聶氏) 2258
周官官名急就章(王褘) 2331
周官荒政十二解(吴龍徵) 2409
周官音詁(楊慎) 2348
周官音義(宋氏) 2255
周官訓詁(張衡) 2248
周官通解(聞人宏) 2274
周官復古編(俞庭椿) 2285
周官傳 2243
周官解(高崇) 2290
周官解故(賈逵) 2247
周官解詁(鄭衆) 2246
周官解詁(鄭興) 2246
周官解詁(衛宏) 2248

周官經　2213
周官寧朔新書(司馬伷)　2252
周官論評(傅玄)　2252
周官駁難(虞喜)　2254
周官辨非(萬斯大)　2381
周官辨略(徐焕)　2278
周官辨疑(董濬)　2277
周官講義(周必大)　2281
周官講義(黄碩)　2285
周官講義(曹叔遠)　2293
周官禮注(干寶)　2254
周官禮注(王肅)　2251
周官禮注(伊説)　2255
周官禮注(馬融)　2248
周官禮注(鄭玄)　2249
周官禮異同評(陳邵)　2252
周官禮義疏(亡名氏)　2258, 2259, 2259
周官禮義疏(沈重)　2257
周官禮圖(亡名氏)　2259
周官禮圖(俞言)　2328
周官禮駁難(孫略)　2256
周官類編(胡維寧)　2285
周官議(章綍)　2272
周南講義(張綱)　2195
周書　1405
周書王會解(王應麟)　1827
周書克殷度邑解(董斯張)　1828
周書注(亡名氏)　1450
周書音訓(王曙)　1479
周書補亡(蘇伯衡)　4929
周詩(夏侯湛)　4944
周詩集解(邱鑄)　1948
周詩義(茅知至)　1946
周禮五官集傳(曹津)　2384
周禮五官説(黄度)　2383
周禮九(王廷相)　2386
周禮大□(吴任臣)　2379
周禮井田圖説(魏了翁)　2408
周禮井田譜(夏休)　2407
周禮井田議(程霆)　2409
周禮天地二官講義(史浩)　2385
周禮天官沿革傳(魏校)　2385
周禮中義(劉彝)　2269
周禮文物大全圖(陳林)　2370
周禮正義(王申子)　2326
周禮古本訂注(郭良翰)　2370
周禮本制圖論(吴沆)　2281
周禮丘乘圖説(項安世)　2409
周禮句解(朱申)　2310
周禮句解(周京)　2369
周禮句解(陳仁錫)　2375
周禮考次目録(方孝孺)　2331
周禮考注(吴澂)　2323
周禮考注(梁寅)　2330
周禮考疑(樂思忠)　2291
周禮考誤(余本)　2349
周禮地官講義(曹叔遠)　2386
周禮因論(唐樞)　2353
周禮全書(丘葵)　2314
周禮全經釋原(柯尚遷)　2355
周禮合訓(陳鳳梧)　2343
周禮合解(張采)　2376
周禮折衷(税與權)　2309

周禮別說(馮時可) 2367
周禮序官考(薛衡) 2289
周禮完解(郝敬) 2369
周禮附音重言重意互註(亡名氏) 2329
周禮直解(袁表) 2372
周禮述注(金瑤) 2359
周禮明解(何喬新) 2336
周禮庖人講義(周必大) 2386
周禮沿革傳(魏校) 2344
周禮注(趙汝談) 2291
周禮注疏删翼(王志長) 2372
周禮注解(馬理) 2349
周禮定本(舒芬) 2349
周禮要義(魏了翁) 2301
周禮秋官講義(江與山) 2387
周禮訂義(王與之) 2302
周禮音(王肅) 2251
周禮音(王曉) 2257
周禮音(李軌) 2253
周禮音(徐邈) 2253
周禮音(戚衮) 2258
周禮音(鄭玄) 2250
周禮音(劉昌宗) 2256
周禮音釋(吴昂) 2344
周禮約注(張睿卿) 2375
周禮致太平論(李覯) 2266
周禮訓注(陳深) 2351
周禮訓雋(陳深) 2351
周禮記(劉恕) 2269
周禮通今續論(亡名氏) 2328
周禮通義(施天麟) 2367
周禮略(史守道) 2290
周禮開方圖說(鄭景炎) 2409
周禮答問(王奕) 2308
周禮答疑(錢槷) 2378
周禮備檢(孫奇) 2278
周禮集注(何喬新) 2335
周禮集注(宋濂) 2330
周禮集傳(毛應龍) 2326
周禮集解(黄鐘) 2310
周禮集說(亡名氏) 2321
周禮補注(丁禮) 2335
周禮疏(賈公彦) 2260
周禮疏義(王啓) 2337
周禮發微(徐畸) 2295
周禮傳(王應電) 2361
周禮傳(胡銓) 2279
周禮傳(戴仔) 2290
周禮微言(徐筠) 2292
周禮會注(李如玉) 2355
周禮解(江致堯) 2308
周禮解(周諝) 2269
周禮解(陳兢) 2294
周禮解義(黄穎) 2277
周禮解義(鄭鍔) 2282
周禮詳集(亡名氏) 2329
周禮詳解(王昭禹) 2271
周禮詳說(王十朋) 2282
周禮詳說(王氏) 2320
周禮義(何夢中等) 2325
周禮義(程瑀) 2278
周禮義決(王玄度) 2265
周禮義疏(韓邦奇、魏校) 2347

周禮義釋(桑悦) 2337
周禮彙編(沈羽明) 2378
周禮彙斷(吴治) 2380
周禮經傳(吴澂) 2324
周禮摭説(林椅) 2293
周禮圖(龔原) 2270
周禮圖説(亡名氏) 2320
周禮圖説(王應電) 2364
周禮疑(羅洪先) 2353
周禮疑答(金叔明) 2311
周禮説(徐即登) 2368
周禮説(陳傅良) 2283
周禮説(陳謙) 2295
周禮説(孫之宏) 2294
周禮説(葉秀發) 2292
周禮説(錢鄴) 2378
周禮精意(李叔寶) 2289
周禮隨釋類編(馬之純) 2290
周禮綱目(林椅) 2293
周禮輯説(應廷育) 2372
周禮舉要(孫承澤) 2377
周禮辨(楊雲翼) 2322
周禮辨義(尤袤) 2282
周禮辨疑(陳汲) 2295
周禮辨疑(楊恪) 2295
周禮辨疑(楊時) 2276
周禮辨疑(薛季宣) 2283
周禮辨學(王居正) 2277
周禮講義(林之奇) 2274
周禮講義(徐庚) 2273
周禮講義(陳普) 2314
周禮講義(黄裳) 2273
周禮講義(許奕) 2289
周禮講義(湯彌昌) 2325
周禮講義(楊杰) 2267
周禮講義(鄭宗顏) 2328
周禮禮器圖(王洙) 2266
周禮總義(易祓) 2284
周禮總説(喬行簡) 2291
周禮題辭(黄潤玉) 2336
周禮類例義斷(亡名氏) 2320
周禮類要(汪克寬) 2330
周禮類編(孫元化) 2374
周禮纂言(吴當) 2327
周禮纂圖(陳祥道) 2271
周禮釋(俞嘉) 2290
周禮釋文(陸德明) 2265
昏記(楊簡) 2486
昏問(羅願) 2487
昏禮用中(王承裕) 2488
昏禮節要(陰秉衡) 2487
昏禮圖(王廷相) 2488
昏禮辨正(毛奇齡) 2488
京氏易式(晁説之) 364
京氏易考(張敔) 888
京房易圖(俞汝言) 1230
庖易(彭絲) 797
放齋詩説(曹粹中) 1962
法言(揚雄) 5027
法言注(辛德源) 5030
法言注(宋衷) 5029
法言注(侯芭) 5029
法言微旨(趙秉文) 5034
法言解(李軌) 5029

河南經説(程頤) 4364
河洛内記 4731
河洛春秋(包諝) 4995
河圖八文 4740
河圖 4729,4731
河圖天靈 4741
河圖内元經 4739
河圖玉版 4742
河圖叶光圖 4743
河圖考曜文 4738
河圖合古篇 4743
河圖赤伏符 4734
河圖卦版(董説) 1229
河圖易象本義(陳訥) 861
河圖始開篇 4743
河圖挺佐輔 4734
河圖括地象 4732
河圖括地象圖 4733
河圖要元篇 4743
河圖皇參持 4738
河圖衍義(盧璣) 894
河圖帝紀通 4737
河圖帝視萌 4737
河圖帝覽嬉 4734
河圖洛書解(袁黄) 1096
河圖祕微篇 4743
河圖真鈎 4741
河圖記(陳謙) 855
河圖記命符 4736
河圖著命 4741
河圖提劉 4741
河圖握矩起 4735
河圖期運授 4737
河圖會昌符 4736
河圖解(康平) 402
河圖説徵示 4737
河圖稽命曜 4735
河圖稽曜鈎 4735
河圖緯象 4742
河圖録運法 4733
河圖龍文 4740
河圖闓苞受 4738
注二繫(顧歡) 1296
注王弼易(顧歡) 185
注太玄經(宋衷) 4827
注孝經(王元感) 4068
注尚書(王玄度) 1475
注尚書序(陶弘景) 1828
注京氏易(郭琦) 161
注京氏易(陸績) 151
注春秋公羊經傳(王愆期) 3180
注春秋左氏傳(王玄度) 3226
注春秋左氏傳序(陰弘道) 3226
注春秋經傳(虞溥) 3193
注解四書人物考(朱焯) 4610
注解儀禮(陳祥道) 2435
注穀梁春秋(聶熊) 3195
注論語(李磎) 3901
注禮記(王玄度) 2599
注關子明易傳(趙蕤) 232
注釋古周禮(郎兆玉) 2377
泣麟圖説(金寔) 3846
泮林講義(張貴謨) 4400
治親書(戴石玉) 2540

定正洪範集説(胡一中) 1798
定次孝經古今文(薛瑄) 4125
定武成錯簡(牟楷) 1776
官職會通(魏校) 2346
居易齋讀易雜言(朱篁) 1060
居家儀禮(張一棟) 4954
孟子 4163, 4708
孟子大全纂(陳一經) 4244
孟子大義(時少章) 4226
孟子手音(丁公著) 4183
孟子正義(孫奭) 4186
孟子古今四體文(楊時喬) 4240
孟子生卒年月考(閻若璩) 4258
孟子考證(金履祥) 4232
孟子因問(吕枏) 4240
孟子年譜(吴迂) 4246
孟子旨義(王自申) 4224
孟子旨義(譙仲午) 4228
孟子私抄(楊守陳) 4239
孟子弟子列傳(吴萊) 4259
孟子或問(朱熹) 4217
孟子事蹟圖譜(季本) 4246
孟子明解(孫奕) 4224
孟子注(王雱) 4198
孟子注(陸善經) 4181
孟子注(綦淵) 4220
孟子注(鄒補之) 4221
孟子注(綦毋邃) 4180
孟子注(鄭玄) 4179
孟子注(劉熙) 4180
孟子注解(劉砥) 4221
孟子拾遺(張九成) 4213
孟子指義(傅子雲) 4226
孟子要略(朱熹) 4217
孟子要義(魏了翁) 4228
孟子思問録(亡名氏) 4237
孟子衍義(亡名氏) 4237
孟子衍義(林士元) 4240
孟子訂釋(管志道) 4241
孟子音義(孫奭) 4188
孟子音義(張鎰) 4182
孟子師説(黄宗羲) 4244
孟子師説(羅從彦) 4208
孟子訓釋(鄭耕老) 4211
孟子記(李承恩) 4240
孟子記蒙(陳耆卿) 4225
孟子記聞(饒魯) 4231
孟子旁注(李恕) 4236
孟子旁解(亡名氏) 4238
孟子冢記(吴迂) 4258
孟子通旨(王柏) 4232
孟子通解(亡名氏) 4237
孟子通義(葉夢得) 4206
孟子問答(倪思) 4216
孟子問答(張顯父) 4221
孟子問辨(朱熹) 4217
孟子略解(上官愔) 4206
孟子章句(程迥) 4211
孟子章句(程曾) 4179
孟子貫義(陳懿典) 4243
孟子答問(輔廣) 4219
孟子筆義(陳駿) 4224
孟子集注(朱熹) 4216
孟子集注附録(吴迂) 4236

孟子集注旁通(杜瑛)　4235
孟子集疏(蔡模)　4229
孟子集義(朱熹)　4217
孟子詁(李鼎)　4241
孟子評(蘇洵)　4191
孟子註(趙岐)　4174
孟子尊周辨(王豫)　4242
孟子道性善編(李栻)　4241
孟子發題(施德操)　4213
孟子節文(劉三吾等)　4238
孟子節解(司馬康等)　4192
孟子傳(陳禾)　4207
孟子傳贊(錢文子)　4228
孟子會編(馬廷鸞)　4231
孟子解(王安石)　4193
孟子解(尹焞)　4204
孟子解(沈括)　4202
孟子解(袁甫)　4223
孟子解(夏良規)　4226
孟子解(徐存)　4222
孟子解(徐珣)　4223
孟子解(陳易)　4224
孟子解(陳櫄)　4225
孟子解(陳藻)　4225
孟子解(黄宙)　4227
孟子解(章服)　4222
孟子解(張九成)　4212
孟子解(張載)　4195
孟子解(程頤)　4195
孟子解(趙敦臨)　4211
孟子解(趙善湘)　4226
孟子解(蔣之奇)　4196
孟子解(鄭剛中)　4209
孟子解(劉季裴)　4212
孟子解(蘇轍)　4196
孟子解(龔原)　4196
孟子解義(周諝)　4199
孟子解義(陳暘)　4199
孟子解義(章甫)　4200
孟子解義(鄒浩)　4196
孟子解義(游酢)　4203
孟子詳説(張栻)　4210
孟子新義(許允成)　4200
孟子義(史通)　4199
孟子義(楊時)　4203
孟子摘義(萬表)　4241
孟子圖(馮椅)　4221
孟子箋(朱申)　4231
孟子疑問(姚舜牧)　4242
孟子疑難(王居正)　4207
孟子説(王奕)　4230
孟子説(王萬)　4228
孟子説(汪琦)　4207
孟子説(徐時動)　4212
孟子説(許升)　4220
孟子説(潘好古)　4223
孟子説(魏天祐)　4227
孟子説解(郝敬)　4242
孟子廣義(蔡參)　4201
孟子演義(劉元剛)　4231
孟子餘義(黄敏)　4201
孟子編年略(譚貞默)　4254
孟子編類、鄒書(童品)　4240
孟子辨志(黄開)　4211

孟子辨惑(王若虛)　4234
孟子辨疑(王汝猷)　4231
孟子講義(王令)　4193
孟子講義(吕大臨)　4203
孟子講義(李象)　4223
孟子講義(李撰)　4207
孟子講義(林之奇)　4205
孟子講義(黄幹)　4219
孟子講義(程俱)　4206
孟子講義(蔡元鼎)　4228
孟子雜記(陳士元)　4242
孟子雜解(游酢)　4203
孟子纂要(陳普)　4232
孟子權衡遺説(李衎)　4236

九　畫

春王正月考(張以寧)　3828
春王正月説(周孚)　3820
春王正月説(陳普)　3824
春王正月説(楊簡)　3821
春王正月論(王守仁)　3831
春王正月辨(亡名氏)　3835
春王正月辨(王鏊)　3831
春王正月辨(史孟麟)　3834
春王正月辨(周原誠)　3830
春王正月辨(俞汝言)　3835
春王正月辨(徐應聘)　3834
春王正月辨(翁金堂)　3833
春王正月辨(黄澤)　3828
春王正月辨(湯斌)　3835
春王正月辨(霍韜)　3832
春谷讀書記(季仁壽)　1624
春秋(吕不韋)　5000
春秋(李氏)　5000
春秋(冥都)　3124
春秋(陳欽)　3125
春秋(虞卿)　4999
春秋(劉絢)　3370
春秋二十編(周廷求)　3756
春秋二傳異同(李鉉)　3210
春秋三家集解(劉兆)　3179
春秋三家經本訓詁(賈逵)　3133
春秋三書(張溥)　3761
春秋三傳(王長文)　3180
春秋三傳分門事類(亡名氏)　3525
春秋三傳分國紀事本末(句龍傳)　3411
春秋三傳正附論(林希逸)　3478
春秋三傳合璧要覽(蕭之美)　3515
春秋三傳抄(陳宓)　3464
春秋三傳例論(孫立節)　3300
春秋三傳要義(蔣宗簡)　3559
春秋三傳通議(趙善湘)　3474
春秋三傳異同字(丁副)　3292
春秋三傳略例(劉獻之)　3208
春秋三傳集注(辛德源)　3211
春秋三傳集説分紀(單庚金)　3549
春秋三傳評(胡訥)　3183
春秋三傳節注(陳櫟)　3541
春秋三傳鳧乙集(顧起經)　3706
春秋三傳會考(王應麟)　3496
春秋三傳會同(陳思謙)　3464
春秋三傳會例(胡箕)　3442
春秋三傳會要(黄智)　3719

春秋三傳說(晁說之) 3355
春秋三傳論(韓益) 3157
春秋三傳辨疑(程端學) 3563
春秋三傳總(辛子馥) 3208
春秋三傳總例(韋表微) 3246
春秋三傳歸一義(張樞) 3575
春秋三傳纂玄(戴良) 3626
春秋四傳合論(夏允彝) 3764
春秋四傳糾正(俞汝言) 3784
春秋四傳通辭(陳士芳) 3757
春秋四傳辨疑(陳肇曾) 3759
春秋四譜(鄧名世) 3407
春秋五十凡義疏(亡名氏) 3217
春秋五始五禮論(任續) 3402
春秋五傳(曾震) 3574
春秋五傳平文(張岐然) 3754
春秋五傳會義(范隱之) 3300
春秋五傳論辨(吴儀) 3586
春秋五論(吕大圭) 3500
春秋五論(金居敬) 3638
春秋五論(蔡沆) 3459
春秋五辨(沈宏) 3201
春秋十二公名(鄭玄) 3148
春秋十二公明辨(唐大章) 3748
春秋十二國年歷(亡名氏) 3281
春秋十二國年歷(劉英) 3513
春秋十賦(李宗道) 3308
春秋卜郊說(章如愚) 3841
春秋人表(韓璜) 3406
春秋人譜(孫子平、練明道) 3315
春秋土地名(京相璠) 3189
春秋大夫辭(亡名氏) 3216
春秋大成(馮如京) 3789
春秋大旨(黄東) 3464
春秋大旨(章元崇) 3515
春秋大旨(錢時) 3477
春秋大旨(魏謙吉) 3684
春秋大旨(蘇壽元) 3572
春秋大意(劉之遴) 3200
春秋大義(汪汝懋) 3575
春秋大義(周聿) 3420
春秋大義(馮翼翁) 3568
春秋大義(虞知方) 3463
春秋口義(胡瑗) 3285
春秋口義(劉祥) 3644
春秋凡例(王樵) 3688
春秋凡例(曾元生) 3506
春秋王侯世系(亡名氏) 3523
春秋王霸列國世紀編(李琪) 3486
春秋王霸總論(李奈) 3644
春秋井田記(亡名氏) 3219
春秋元命包 4772
春秋不書即位說(楊時) 3836
春秋比事(沈棐) 3443
春秋比事(張國經) 3761
春秋少陽篇 4786
春秋日録(黄乾行) 3672
春秋中的(張復) 3639
春秋中論(劉本) 3416
春秋内事 4785
春秋内傳列國語(許應元) 3679
春秋内傳國語(劉攽) 3307
春秋手鏡(陳大倫) 3599
春秋分記(程公說) 3472

春秋公子譜(楊藴) 3254
春秋公羊文謚例(何休) 3142
春秋公羊例序(刁氏) 3161
春秋公羊問答(荀爽) 3149
春秋公羊達義(劉寔) 3177
春秋公羊傳(嚴彭祖) 3121
春秋公羊傳注(高龍) 3195
春秋公羊傳注(唐固) 3159
春秋公羊傳音(李軌) 3192
春秋公羊傳音(汪惇) 3195
春秋公羊傳條例(何休) 3143
春秋公羊傳集解(孔氏) 3215
春秋公羊傳集解(孔衍) 3182
春秋公羊傳疏(徐彦) 3245
春秋公羊解序(鮮于公) 3160
春秋公羊解詁(何休) 3137
春秋公羊穀梁二傳評(亡名氏) 3217
春秋公羊穀梁傳解詁(劉兆) 3178
春秋公羊墨守(何休) 3140
春秋公穀考異(楊士勛) 3225
春秋公穀舉傳(黄景昌) 3560
春秋氏族名謚譜(亡名氏) 3525
春秋文苑(沈宏) 3201
春秋文義 4784
春秋文曜鈎 4774
春秋文權(劉敞) 3306
春秋心傳(周臣) 3668
春秋孔義(李攀龍) 3687
春秋孔義(高攀龍) 3730
春秋孔録法 4771
春秋玉版讖 4783
春秋玉鑰匙(陳植) 3599
春秋正月辨(章潢) 3833
春秋正月辨(楊元祥) 3833
春秋正旨(高拱) 3685
春秋正名頤隱要旨(朱振) 3334
春秋正朔辨(吴任臣) 3835
春秋正朔辨(商季文) 3822
春秋正傳(湛若水) 3657
春秋正解(鄧鏶) 3718
春秋正義(毛邦彦) 3514
春秋正義(孔穎達等) 3221
春秋正義(楊昇) 3636
春秋正經句釋(劉彭壽) 3557
春秋正論(龍昌期) 3293
春秋正辭(畢良史) 3414
春秋世本圖(崔表) 3254
春秋世次圖(鄭壽) 3326
春秋世家(陳氏) 3520
春秋世論(江休復) 3298
春秋世學(豐坊) 3671
春秋世譜(杜預) 3169
春秋世譜(吴國倫) 3691
春秋世變圖(吴萊) 3583
春秋古經(謝疇) 3447
春秋古經 3067
春秋古器圖(傅遜) 3705
春秋本末(傅藻等) 3632
春秋本末(范士衡) 3458
春秋本旨(何涉) 3439
春秋本旨(洪興祖) 3416
春秋本旨(劉永之) 3627
春秋本例(崔子方) 3352

春秋本義(王居正) 3379
春秋本義(沈堯中) 3726
春秋本義(胡纘宗) 3662
春秋本義(黄光昇) 3679
春秋本義(程端學) 3563
春秋本義(劉莊孫) 3550
春秋左氏人物譜(張事心) 3712
春秋左氏分野(鄭玄) 3148
春秋左氏全綜(劉兆) 3179
春秋左氏刪(孔奇) 3128
春秋左氏長經(賈逵) 3132
春秋左氏事類(黄穎) 3374
春秋左氏函傳義(干寶) 3194
春秋左氏音(曹躭) 3158
春秋左氏紀傳(沈括) 3361
春秋左氏區别(何始真) 3197
春秋左氏國紀(徐得之) 3446
春秋左氏達義(王玢) 3151
春秋左氏鈎玄(王廉) 3630
春秋左氏發微(趙彦秬) 3465
春秋左氏傳 4706
春秋左氏傳口音(韓台) 3509
春秋左氏傳立義(崔靈恩) 3202
春秋左氏傳述義(劉炫) 3212
春秋左氏傳法語(洪邁) 3415
春秋左氏傳注(王朗) 3154
春秋左氏傳注(王肅) 3156
春秋左氏傳音(李軌) 3192
春秋左氏傳音(荀訥) 3192
春秋左氏傳音(徐邈) 3190
春秋左氏傳音(嵇康) 3156
春秋左氏傳條例(亡名氏) 3216
春秋左氏傳訓故(賈誼) 3111
春秋左氏傳章句(董遇) 3155
春秋左氏傳評(杜預) 3172
春秋左氏傳補注(趙汸) 3615
春秋左氏傳賈服異同略(孫毓) 3190
春秋左氏傳解(杜寬) 3158
春秋左氏傳解(張昭) 3160
春秋左氏傳解義(服虔) 3144
春秋左氏傳義注(孫毓) 3190
春秋左氏傳類編(魏德剛) 3598
春秋左氏傳鑑(亡名氏) 3523
春秋左氏義略(亡名氏) 3217
春秋左氏經傳别行(李景元) 3706
春秋左氏經傳通解(王延之) 3199
春秋左氏經傳集解(杜預) 3161
春秋左氏經傳義略(沈文阿) 3204
春秋左氏圖(梁簡文帝) 3200
春秋左氏圖(嚴彭祖) 3121
春秋左氏膏肓(何休) 3140
春秋左氏膏肓釋痾(服虔) 3144
春秋左氏綱目(安熙) 3557
春秋左氏遺意(李袘) 3571
春秋左氏講義(朱震) 3408
春秋左氏講義(范沖) 3408
春秋左氏講義(謝諤) 3437
春秋左氏鐫(陸粲) 3674
春秋左氏釋駁(王朗) 3155
春秋左傳(包瑜) 3648
春秋左傳今注(龔持憲) 3716
春秋左傳分國紀事(孫範) 3752
春秋左傳句解(林堯叟) 3491

春秋左傳考例(李舜臣)　3670
春秋左傳地名録(劉城)　3772
春秋左傳杜預序集解(劉炫)　3212
春秋左傳直解(郭登)　3647
春秋左傳典略(陳許廷)　3782
春秋左傳注評測義(凌穉隆)　3709
春秋左傳注解辨誤(傅遜)　3704
春秋左傳音(杜預)　3172
春秋左傳紀事(馬之純)　3445
春秋左傳評林測義(穆文熙)　3699
春秋左傳統箋(姜希轍)　3791
春秋左傳節文(汪道昆)　3690
春秋左傳節解(朱申)　3493
春秋左傳標釋(戴文光)　3750
春秋左傳編類(周武仲)　3374
春秋左傳類事始末(章沖)　3440
春秋左傳類解(劉績)　3652
春秋左傳釋附(黄洪憲)　3722
春秋左傳屬事(傅遜)　3701
春秋左傳續辨(謝翱)　3504
春秋左翼(王氏)　3796
春秋平義(俞汝言)　3784
春秋目録(王錫爵)　3698
春秋申先儒傳論(崔靈恩)　3202
春秋用周正辨(章如愚)　3821
春秋句命決　4783
春秋外傳(王汝猷)　3514
春秋外傳(郝經)　3530
春秋外傳(楊終)　3135
春秋外傳國語(左邱明)　3799
春秋外傳國語人名録(劉城)　3817
春秋外傳國語地名録(劉城)　3816
春秋外傳國語注(孔晁)　3807
春秋外傳國語注(韋昭)　3805
春秋外傳國語注(唐固)　3805
春秋外傳國語注(虞翻)　3804
春秋外傳章句(王肅)　3804
春秋包命　4774
春秋主意(王相)　3601
春秋加減(亡名氏)　3278
春秋幼學記(傅實之)　3483
春秋匡解(鄒德溥)　3729
春秋邦典(唐既)　3314
春秋考(葉夢得)　3366
春秋考(鄭樵)　3400
春秋考異(亡名氏)　3521
春秋考異(吴曾)　3410
春秋考異郵　4777
春秋考義(李心傳)　3442
春秋考曜文　4782
春秋地名考(楊慎)　3664
春秋地名譜(亡名氏)　3525
春秋地名譜(鄭樵)　3401
春秋地里原委(杜瑛)　3527
春秋地例增釋紀年續編(余嘉)　3437
春秋地譜(楊湜)　3357
春秋臣傳(鄭昂)　3331
春秋百問(萬思恭)　3573
春秋存俟(余光、余颺)　3764
春秋存疑(鄭良弼)　3714
春秋列國世家(龔持憲)　3716
春秋列國臣子表(環中)　3406
春秋列國事目(楊泰之)　3468

春秋列國圖(劉英) 3513
春秋列國圖説(稅安禮) 3378
春秋列國諸臣傳(王當) 3329
春秋列國類纂(宋敏修) 3296
春秋列傳(張氏) 3520
春秋列傳(劉節) 3658
春秋成長説(服虔) 3145
春秋成套(潘淑虔) 3206
春秋攷義(梁寅) 3626
春秋至當集(李鼒) 3408
春秋曲言(姜綱) 3665
春秋因是(梅之熉) 3751
春秋年表(楊蘊) 3255
春秋自得篇(王寅) 3786
春秋合誠圖 4777
春秋旨要(王惟賢) 3572
春秋旨要(黄澤) 3586
春秋旨要(楊如山) 3562
春秋旨要(齊賢良) 3299
春秋旨通(王延之) 3198
春秋旨義終始論(北海王劉睦) 3127
春秋名臣傳(姚咨) 3708
春秋名系彙譜(孫和鼎) 3774
春秋名例(陳嵩) 3642
春秋名號歸一圖(馮繼先) 3276
春秋名義(周彦熠) 3514
春秋守鑑(王叡) 3512
春秋字源賦(尹玉羽) 3275
春秋扶懸(亡名氏) 3520
春秋攻味(劉炫) 3212
春秋折衷(吴孜) 3332
春秋折衷論(陳岳) 3257
春秋志(湯秀琦) 3792
春秋志(戴培父) 3517
春秋志在(來集之) 3765
春秋志表日記(時少章) 3478
春秋志疑(胡世寧) 3653
春秋志禮(錢鞅) 3787
春秋杜林合注(王道焜等) 3758
春秋夾氏(亡名氏) 3521
春秋見微(范柔中) 3333
春秋別典(薛虞畿) 3707
春秋私考(季本) 3667
春秋私記(朱臨) 3313
春秋兵法(黎遂球) 3761
春秋佐助期 4779
春秋伸義(馬森) 3681
春秋作義要决(汪克寬) 3625
春秋含文嘉 4783
春秋删(鄭衆) 3130
春秋序(田元休) 3203
春秋序(崔靈恩) 3203
春秋序(賀道養) 3203
春秋序事本末(曹宗儒) 3716
春秋序義(樂遜) 3210
春秋序論(干寶) 3194
春秋序論(樂遜) 3210
春秋决事(董仲舒) 3119
春秋決疑(皮日休) 3252
春秋决疑論(董仲舒) 3120
春秋妙旨(黄開) 3419
春秋災異 4786
春秋災異(劉羲叟) 3294
春秋災異應録(亡名氏) 3525

春秋表正(黄道周) 3760
春秋表記(亡名氏) 3522
春秋直指(亡名氏) 3522
春秋直指(金幼孜) 3641
春秋直音(方淑) 3413
春秋直解(王氏) 3519
春秋直解(赦敬) 3733
春秋述解(潘迪) 3557
春秋或問(方九思) 3516
春秋或問(吕大圭) 3499
春秋或問(袁祥) 3670
春秋或問(程端學) 3563
春秋或問(鄭良弼) 3714
春秋或問(歐陽修) 3294
春秋事要(元保宗) 3328
春秋事義考(姜寶) 3694
春秋事對(李塗) 3328
春秋事緯(馬驌) 3791
春秋非左(郝敬) 3733
春秋門例通解(王鎡) 3475
春秋明志録(熊過) 3679
春秋明例(王日休) 3435
春秋明例櫽括圖(王晳) 3297
春秋明微(吴希哲) 3762
春秋明經(劉基) 3634
春秋明辨(任公輔) 3507
春秋易義(林胤昌) 3760
春秋易簡發明(湯廸) 3669
春秋例(亡名氏) 3522
春秋例(孫炎) 3158
春秋例苑(齊晉安王蕭子懋) 3198
春秋例要(崔子方) 3352
春秋例統(啖助) 3227
春秋例義(劉淵) 3541
春秋卑論(馮厚) 3643
春秋所見所聞所傳聞(陸曾畢) 3751
春秋金鎖匙(趙汸) 3620
春秋命曆序 4782
春秋周正考(汪衢) 3832
春秋周正論(羅泌) 3821
春秋法度編(趙孟何) 3495
春秋注(鄒補之) 3459
春秋注解(張公裕) 3293
春秋宗族名謚譜(亡名氏) 3280
春秋宗傳(郭恕) 3643
春秋定是録(楊維楨) 3600
春秋定衡(吴主一) 3764
春秋建正辨(牟楷) 3822
春秋始隱公説(洪氏) 3820
春秋奏議(趙與權) 3516
春秋括甲子(亡名氏) 3525
春秋括地象 4784
春秋括義(邵川) 3513
春秋括囊賦集注(□玉霄) 3254
春秋指元(張傑) 3250
春秋指南(翁夢得) 3501
春秋指南(張根) 3362
春秋指要(朱振) 3333
春秋指要(梅鷟) 3669
春秋指要(薛季宣) 3422
春秋指要總例(葉夢得) 3369
春秋指掌(李瑾) 3248
春秋指掌圖(亡名氏) 3280

春秋指掌圖(徐梅龜) 3483
春秋指微(魯有開) 3296
春秋指蹤(鄧驥) 3360
春秋指蹤(羅棐恭) 3374
春秋指歸(朱寀) 3296
春秋指歸(李格) 3335
春秋指歸(羅從彦) 3376
春秋故訓傳(晁公武) 3417
春秋胡氏傳附辨雜説(吴師道) 3579
春秋胡氏傳標注(張宣) 3630
春秋胡傳附録纂疏(汪克寬) 3621
春秋胡傳童子教(龔持憲) 3716
春秋胡傳補正(楊維楨) 3600
春秋胡傳辨疑(陸粲) 3674
春秋胡傳辨疑(張以寧) 3635
春秋胡傳翼(錢時俊) 3740
春秋胡諍(何其偉) 3783
春秋要旨(方一木) 3696
春秋要旨(吕奎) 3332
春秋要旨(金幼孜) 3642
春秋要旨(滕克恭) 3631
春秋要解(丁鋑) 3468
春秋要義(魏了翁) 3470
春秋要論(翁夢得) 3502
春秋要論(湯璹) 3451
春秋要論(賈昌朝) 3287
春秋要録(唐章懷太子賢) 3220
春秋要類(馬擇言) 3326
春秋要類(袁希政) 3510
春秋科義雄覽(塗昭良) 3512
春秋便考(賀仲軾) 3741
春秋保乾圖 4778
春秋衍義(王炎) 3433
春秋衍義(虞知方) 3463
春秋衍義(謝鑰) 3496
春秋後國語(孔衍) 5007
春秋後傳(陸佃) 3362
春秋後傳(陳傅良) 3424
春秋後傳(樂資) 4971
春秋後傳補遺(陸宰) 3378
春秋叙(閔因) 3126
春秋叙説(華時亨) 3751
春秋叙鑑(黄彬) 3511
春秋訂疑(林命) 3696
春秋音(王儉) 3198
春秋音義賦(尹玉羽) 3275
春秋音隱(服虔) 3145
春秋前傳(何承天) 4963
春秋前雜傳(何承天) 4963
春秋前議(馮瑛) 3755
春秋祕事 4785
春秋約説(熊慶胄) 3492
春秋紀詠(宇文虚中) 3385
春秋紀詠(洪皓) 3385
春秋素志(夏沐) 3411
春秋振滯(王元感) 3226
春秋索隱(朱定) 3299
春秋索隱(陳師道) 3291
春秋索隱論(陳洙) 3318
春秋夏時考正(陽恪) 3822
春秋原要(王曉) 3327
春秋時國語(孔衍) 5007
春秋時論(李棠) 3402

春秋透天關(亡名氏)　3604
春秋條例(荀爽)　3149
春秋條例(胡毋生)　3113
春秋條例(劉陶)　3148
春秋條例(劉寔)　3176
春秋條例章句訓詁(鄭興)　3129
春秋條貫篇(毛奇齡)　3796
春秋師説(趙汸)　3616
春秋訓詁(陳元)　3127
春秋訓傳(江洙)　3335
春秋訓義(蔡芳)　3654
春秋記要(翁夢得)　3502
春秋記愚(金賢)　3654
春秋案斷(魯真)　3599
春秋案斷補遺(鍾伯紀)　3576
春秋書法(孔氏)　3519
春秋書法大旨(高允憲、楊磐)　3634
春秋書法紀原(皇甫涍)　3680
春秋書法鈎玄(石光霽)　3637
春秋孫復解三傳辨失(王日休)　3436
春秋通天竅(亡名氏)　3604
春秋通旨(尹用和)　3559
春秋通旨(胡寧)　3398
春秋通旨(劉聞)　3570
春秋通志(朱長文)　3319
春秋通例(胡安國)　3397
春秋通例(畢良史)　3414
春秋通例(陸希聲)　3249
春秋通例(韓滉)　3240
春秋通訓(張大亨)　3358
春秋通略全義(惠簡)　3328
春秋通解(余克濟)　3467
春秋通解(林之奇)　3364
春秋通解(胡居仁)　3669
春秋通解(馮山)　3336
春秋通解(熊禾)　3506
春秋通義(亡名氏)　3282
春秋通義(王晳)　3297
春秋通義(邱葵)　3506
春秋通義(家安國)　3317
春秋通義略(邵弁)　3710
春秋通説(黄仲炎)　3480
春秋規過(劉炫)　3213
春秋捷徑(徐文鳳)　3505
春秋排門顯義(張幹)　3510
春秋探微(馬駢)　3643
春秋救日論(席書)　3845
春秋野篇(羅喻義)　3744
春秋問(陳藻)　3433
春秋異義(王晳)　3297
春秋國君名例(亡名氏)　3523
春秋國華(嚴訥)　3686
春秋得法忘例論(馮正符)　3316
春秋逸傳(曹宗儒)　3717
春秋章句(鍾興)　3128
春秋啓蒙(李萱)　3642
春秋啓鑰(熊釗)　3631
春秋貫玉(顔鯨)　3696
春秋貫串(季立道)　3540
春秋貫珠(瞿佑)　3638
春秋琢瑕(鞏嶔)　3327
春秋提要(賀仲軾)　3743
春秋提綱(胡直)　3642
春秋博議(鄭可學)　3458

春秋握成圖　4779
春秋揆(劉克莊)　3480
春秋無賢臣論(孫郃)　3253
春秋程傳補(孫承澤)　3763
春秋策問(亡名氏)　3521
春秋筆削本旨(黄澤)　3586
春秋筆削發微圖(陳林)　3706
春秋筆記(鄒氏)　3520
春秋筆意(王崇儉)　3686
春秋備考(陳宗之)　3750
春秋備忘(敬鉉)　3528
春秋備義(馬理)　3665
春秋備對(謝子房)　3333
春秋備論(王葆)　3386
春秋備覽(魏謙吉)　3684
春秋集三師難(胡訥)　3184
春秋集三傳經解(胡訥)　3184
春秋集注(張洽)　3454
春秋集注(舒津)　3493
春秋集要(鍾芳)　3662
春秋集善(胡銓)　3385
春秋集傳(王沿)　3286
春秋集傳(王葆)　3386
春秋集傳(王漸逵)　3666
春秋集傳(陳友沅)　3497
春秋集傳(桑悦)　3651
春秋集傳(啖助)　3226
春秋集傳(張洽)　3453
春秋集傳(楊時秀)　3682
春秋集傳(趙汸)　3605
春秋集傳(鄧淳翁)　3569
春秋集傳(樊宗師)　3243
春秋集傳大全(胡廣等)　3640
春秋集傳釋義大成(俞皐)　3544
春秋集解(方氏)　3518
春秋集解(吕本中)　3379
春秋集解(吕祖謙)　3428
春秋集解(李起渭)　3444
春秋集解(李鼐)　3409
春秋集解(馮翼翁)　3568
春秋集解(鄭文遹)　3459
春秋集解(蘇轍)　3347
春秋集解(胡炳文)　3541
春秋集義(李明復)　3475
春秋集義(金鏡)　3787
春秋集義(胡翰)　3631
春秋集説(王受益)　3632
春秋集説(李衡)　3636
春秋集説(趙涯)　3479
春秋集論(王挺)　3784
春秋集録(劉實)　3644
春秋集釋(方道叡)　3571
春秋集議(張君立)　3561
春秋集議略論(李堯俞)　3288
春秋奥論(張震)　3420
春秋復道論(龍昌期)　3293
春秋然疑(陳深)　3673
春秋詞命(王鏊)　3648
春秋尊王發微(孫復)　3288
春秋測(廖暹)　3676
春秋温故管闚(許謙)　3559
春秋運斗樞　4775
春秋補傳(江曉)　3661
春秋補傳(張銓)　3739

春秋補傳(董啓)　3718
春秋疏義(丁鉷)　3705
春秋發微(羊永德)　3419
春秋發微(徐人傑)　3419
春秋發微(臧夢解)　3558
春秋發題(梁簡文帝)　3199
春秋發題辭、義記(王元規)　3207
春秋統例(朱臨)　3313
春秋統微(章拱之)　3309
春秋統解(王乘)　3323
春秋統論(陳禾)　3383
春秋蒙求(亡名氏)　3524
春秋蒙求(王鄉彦)　3254
春秋感精符　4776
春秋鄙見(徐泰)　3656
春秋愚謂(徐允禄)　3753
春秋盟會圖(羅棐恭)　3375
春秋稗傳(吴儀)　3585
春秋節要(孫應鰲)　3696
春秋節傳(魯淵)　3601
春秋節傳(饒魯)　3492
春秋節解(賈昌朝)　3287
春秋傳(王文貫)　3467
春秋傳(毛奇齡)　3793
春秋傳(公羊高)　3100
春秋傳(左邱明)　3086
春秋傳(夾氏)　3108
春秋傳(汪應召)　3748
春秋傳(林拱辰)　3466
春秋傳(林尊賓)　3766
春秋傳(胡安國)　3388
春秋傳(俞漢)　3548
春秋傳(施士丐)　3242
春秋傳(馬定國)　3527
春秋傳(袁顥)　3647
春秋傳(耿秉)　3329
春秋傳(陳禾)　3382
春秋傳(陳長方)　3409
春秋傳(張砥)　3315
春秋傳(葉夢得)　3365
春秋傳(程迥)　3412
春秋傳(程頤)　3345
春秋傳(鄒氏)　3107
春秋傳(穀梁赤)　3105
春秋傳(劉敞)　3302
春秋傳(龍淼)　3478
春秋傳注(士燮)　3159
春秋傳紀(王綽)　3471
春秋傳授譜(吴萊)　3582
春秋傳略(張睿卿)　3789
春秋傳解(陳琰)　3469
春秋傳義(鄭佐)　3665
春秋傳彙(董漢策)　3789
春秋傳疑(余本)　3664
春秋傳語(郭正子)　3478
春秋傳説集略(單庚金)　3549
春秋傳論(郭隚)　3552
春秋傳駁(賈思同)　3205
春秋傳類(張德昌)　3510
春秋傳類音(張冒德)　3509
春秋傳類編(朱右)　3629
春秋微(張氏)　3111
春秋微(戴銓)　3517
春秋微(鐸椒)　3108

春秋微旨(陸質) 3239
春秋微傳(虞卿) 3109
春秋微意發端(包文舉) 3636
春秋會元(鄭招慶) 3325
春秋會正論(賀升卿) 3466
春秋會同(畢濟川) 3652
春秋會要(廖德明) 3458
春秋會通(程直方) 3543
春秋會傳(熊復) 3542
春秋會傳(饒秉鑑) 3645
春秋會義(杜諤) 3309
春秋解(王十朋) 3420
春秋解(王彦休) 3418
春秋解(朱由義) 3516
春秋解(林萬頃) 3469
春秋解(胡定) 3514
春秋解(柴元祐) 3475
春秋解(陳震) 3451
春秋解(張浚) 3383
春秋解(馮良亨) 3675
春秋解(楊景隆) 3477
春秋解(楊簡) 3434
春秋解(趙敦臨) 3436
春秋解(蔡幼學) 3387
春秋解(霍韜) 3664
春秋解(謝理) 3706
春秋解(蘇權) 3451
春秋解問(丁裔昌) 3512
春秋解義(徐俯) 3382
春秋解義(陳氏) 3520
春秋解義(鄭杓) 3568
春秋誅意讜告(胡康) 3493
春秋詳節(許孚遠) 3698
春秋詳説(家鉉翁) 3502
春秋新傳(余安行) 3335
春秋新解(陸綰) 3312
春秋新意(宋堂) 3295
春秋新義(亡名氏) 3281
春秋新義(宋宜春) 3515
春秋新義(家勤國) 3318
春秋意(皮元) 3325
春秋意見(許誥) 3654
春秋意林(劉敞) 3304
春秋義(葉萱) 3646
春秋義(謝湜) 3357
春秋義(顧懋樊) 3754
春秋義林(亡名氏) 3216
春秋義例(亡名氏) 3216，3524
春秋義例(陳知柔) 3415
春秋義宗(高元之) 3471
春秋義略(曹學佺) 3737
春秋義略(張沖) 3204
春秋義略(董敦逸) 3330
春秋義章(徐遵明) 3209
春秋義解(王棐) 3313
春秋義囊(劉炫) 3213
春秋義鑑(郭翔) 3252
春秋塞難(服虔) 3145
春秋群疑辨(朱悜) 3420
春秋經世(蘇壽元) 3572
春秋經世書(魏校) 3660
春秋經合三傳(潘淑虔) 3206
春秋經旨(徐氏) 3518
春秋經旨(黄清老) 3567

春秋經社要義(孫覺) 3344
春秋經例(方範) 3192
春秋經筌(趙鵬飛) 3488
春秋經傳(許瑾) 3505
春秋經傳長歷(杜預) 3172
春秋經傳集注(程闡) 3183
春秋經傳集解(林栗) 3435
春秋經傳解(沈宏) 3201
春秋經傳解(崔靈恩) 3202
春秋經傳説例疑隱(吴略) 3199
春秋經傳辨疑(童品) 3653
春秋經傳闕疑(鄭玉) 3591
春秋經傳類事(陳可言) 3749
春秋經傳類對賦(徐晉卿) 3307
春秋經解(江琦) 3375
春秋經解(孫覺) 3338
春秋經解(崔子方) 3352
春秋經解(黎錞) 3296
春秋經解(劉易) 3324
春秋經解(薛季宣) 3422
春秋經解義例(趙瞻) 3310
春秋經解摘録(楊循吉) 3649
春秋經説(張氏) 3602
春秋經辨(蕭楚) 3371
春秋嘉語(沈宏) 3202
春秋摭要(羅昕) 3649
春秋摭實(翁夢得) 3501
春秋摘微(盧仝) 3243
春秋圖(黄敬密) 3251
春秋圖(張傑) 3249
春秋圖(謝莊) 3197
春秋圖鑑(洪勳) 3511
春秋管見(田君右) 3516
春秋管見(瞿世壽) 3790
春秋管闚(李奈) 3644
春秋疑(陳言) 3682
春秋疑問(姚舜牧) 3724
春秋疑義(舒芬) 3665
春秋説(石介) 3286
春秋説(江氏) 3519
春秋説(吾邱衍) 3572
春秋説(周堯卿) 3293
春秋説(房氏) 3517
春秋説(俞師魯) 3567
春秋説(洪咨夔) 3483
春秋説(袁楠) 3569
春秋説(華允誠) 3759
春秋説(徐即登) 3729
春秋説(陳氏) 3518
春秋説(黄顔瑩) 3409
春秋説(張邦奇) 3660
春秋説(張載) 3347
春秋説(楊時) 3371
春秋説(潘好古) 3467
春秋説志(吕柟) 3661
春秋説苑(張氏) 3798
春秋説例(劉敞) 3306
春秋説要(麇信) 3156
春秋説約(周淳中) 3445
春秋説約(張洪) 3638
春秋説題辭 4771
春秋廣微(謝逸) 3382
春秋廣誨蒙(李浹) 3452
春秋精義(亡名氏) 3279

春秋精義(吕椿) 3551
春秋漢含孳 4778
春秋漢議(何休) 3142
春秋漢議駮(服虔) 3144
春秋演孔圖 4770
春秋演例(劉熙) 3332
春秋演聖通論(胡旦) 3284
春秋演聖統例(丁副) 3291
春秋實録(鄧來鸞) 3760
春秋綱(秦沅) 3775
春秋綱常(張鑑) 3543
春秋綱領(文濟道) 3318
春秋綴英(謝璧) 3513
春秋穀梁傳(尹更始) 3124
春秋穀梁傳(孔衍) 3182
春秋穀梁傳例(范甯) 3189
春秋穀梁傳注(段肅) 3152
春秋穀梁傳注(徐乾) 3182
春秋穀梁傳注(徐邈) 3191
春秋穀梁傳注(唐固) 3158
春秋穀梁傳指訓(孔氏) 3215
春秋穀梁傳集解(沈仲義) 3214
春秋穀梁傳集解(范甯) 3184
春秋穀梁傳集解(胡訥) 3183
春秋穀梁傳疏(楊士勛) 3224
春秋穀梁傳義(徐邈) 3191
春秋穀梁廢疾(何休) 3141
春秋撰(黄道周) 3760
春秋撰命篇 4786
春秋樞宗(李融) 3328
春秋輪輻(牟子才) 3495
春秋膚説(宋佳) 3649
春秋賞析(楊時偉) 3748
春秋墨説(郭瑀) 3193
春秋稽傳録(徐獻忠) 3672
春秋億(王道) 3664
春秋億(徐學謨) 3691
春秋質疑(任桂) 3699
春秋質疑(吴炯) 3731
春秋質疑(林希元) 3666
春秋質疑(楊于庭) 3727
春秋質疑(楊氏) 3798
春秋質疑(魏時應) 3737
春秋諸君子贊(方孝孺) 3639
春秋諸侯取女立子通考(黄澤) 3587
春秋諸國統紀(齊履謙) 3553
春秋諸傳考正(程直方) 3543
春秋諸傳提要(汪克寬) 3625
春秋諸傳會通(李廉) 3595
春秋諸傳辨疑(朱睦㮮) 3719
春秋論(王世貞) 3690
春秋論(李清臣) 3309
春秋論(吴仁傑) 3415
春秋論(林維屏) 3472
春秋論(徐尊生) 3630
春秋論(唐順之) 3677
春秋論(陸圻) 3780
春秋論(趙瞻) 3311
春秋論(歐陽修) 3294
春秋論斷(林泉生) 3570
春秋調人(劉兆) 3179
春秋談虎(周希令) 3745
春秋褒貶志(劉夔) 3325

春秋潛潭巴 4780
春秋編類(梅致) 3576
春秋緯 4770
春秋機括(沈括) 3361
春秋機要(亡名氏) 3523
春秋機要賦(裴光輔) 3253
春秋機闗(李蘩) 3408
春秋輯略(陸釴) 3668
春秋輯傳(王樵) 3687
春秋歷代郡縣地里沿革表(張洽) 3453
春秋曆法(曾元忠) 3375
春秋舉要(黄琢) 3559
春秋興亡圖鑑(沈滋仁) 3335
春秋學(李燾) 3439
春秋學講(戚崇僧) 3567
春秋學纂(孫覺) 3344
春秋衡庫(馮夢龍) 3747
春秋録圖 4785
春秋録疑(趙恒) 3683
春秋諫類(沈緯) 3511
春秋辨要(楊氏) 3519
春秋辨要(楊繪) 3295
春秋辨惑(劉羲叟) 3294
春秋辨義(卓爾康) 3744
春秋辨疑(李先芳) 3690
春秋辨疑(馬森) 3681
春秋辨疑(陸質) 3237
春秋辨疑(陳錫) 3697
春秋辨疑(彭絲) 3540
春秋辨疑(程龍) 3546
春秋辨證(亡名氏) 3217
春秋澤存(劉彭壽) 3557
春秋澤書(堵胤錫) 3764
春秋鞫説(倪元璐) 3759
春秋繁露(董仲舒) 3114
春秋繁露節解(吴廷舉) 3650
春秋龜鑑(亡名氏) 3280
春秋龜鑑圖(張暄) 3256
春秋鍼胡編(袁仁) 3700
春秋臆説(王介) 3458
春秋講義(吕祖謙) 3432
春秋講義(朱振) 3334
春秋講義(延陵先生) 3517
春秋講義(周孚) 3436
春秋講義(黄叔敖) 3412
春秋講義(黄裳) 3360
春秋講義(張九成) 3418
春秋講義(劉夙) 3444
春秋講義(劉弇) 3356
春秋講義(戴溪) 3474
春秋講義(繆烈) 3482
春秋應判(塗昭良) 3512
春秋翼附(黄正憲) 3724
春秋翼傳(湯氏) 3798
春秋總例(周希孟) 3292
春秋總要(李撰) 3334
春秋總義(謝湜) 3358
春秋總鑑(董自任) 3416
春秋叢志(陸震發) 3492
春秋叢林(李謚) 3214
春秋歸(費氏) 3603
春秋歸正書(張承祚) 3749
春秋歸義(賀仲軾) 3741

春秋雜義難(亡名氏)　3219
春秋雜説(狄遵度)　3336
春秋雜議難(孔融)　3151
春秋斷例(范氏)　3519
春秋斷義(王崇慶)　3662
春秋斷獄(應劭)　3147
春秋難記條例(鄭衆)　3130
春秋闕言(黄君俞)　3292
春秋辭苑(亡名氏)　3218
春秋類(亡名氏)　3522
春秋類考(林氏)　3518
春秋類例(石公孺)　3401
春秋類例(周敬孫)　3502
春秋類例(胡維寧)　3467
春秋類傳(王申子)　3551
春秋類聚(王仲孚)　3511
春秋類對(鄧埏)　3508
春秋類論(趙震揆)　3508
春秋類編(吴儀)　3585
春秋類編(秦淪)　3750
春秋類編傳集(陳氏)　3603
春秋繹通(鄧元錫)　3719
春秋繹聖新傳(任伯雨)　3355
春秋闡微纂類義統(趙匡)　3229
春秋闡義(曹學佺)　3737
春秋纂(蔡深)　3601
春秋纂言(吴澂)　3552
春秋纂例(李應龍)　3558
春秋纂例(姜虔嗣)　3276
春秋纂例原旨(戚崇僧)　3567
春秋纂要(高重)　3247
春秋纂傳(蕭良有)　3725
春秋纂説(張應霖)　3516
春秋纂類(葉清臣)　3285
春秋纂類義統(亡名氏)　3282
春秋釋(王當)　3329
春秋釋文(陸德明)　3221
春秋釋例(杜預)　3169
春秋釋例(潁容)　3150
春秋釋例引序(杜乾光)　3198
春秋釋幽(許洞)　3284
春秋釋訓(賈逵)　3133
春秋釋疑(亡名氏)　3521
春秋釋疑(王莊)　3597
春秋釋疑(氾毓)　3178
春秋釋滯(殷興)　3193
春秋釋難(范堅)　3194
春秋議(何休)　3143
春秋權衡(劉敞)　3302
春秋屬辭(趙汸)　3611
春秋屬辭比事(辛次膺)　3386
春秋蠡測(余懋學)　3720
春秋續傳記(劉淵)　3541
春秋續義(鄭良弼)　3715
春秋讀傳解略(姜寶)　3695
春秋讀意(唐樞)　3673
春秋竊義(章潢)　3719
春秋竊論(方孔炤)　3745
春秋顯微例目(程迥)　3413
春秋麟臺獨講(夏沐)　3411
春秋讞(葉夢得)　3367
春秋讞義(王元杰)　3588
春臺易圖(黄氏)　866
封辭旨要(郭雍)　441

指掌圖(胡炳文)　3541
胡氏詩識(胡纘宗)　2096
南州詩説(徐必達)　2140
南京國子監石刻大學　5285
南軒論語解(張栻)　3957
南塘書説(趙汝談)　1556
軌革易贊(亡名氏)　739
要雅(劉杳)　5057
咸有一德論(范浚)　1772
咸有一德論(張九成)　1773
厚齋易學(馮椅)　550
是國語(葉真)　3815
昭代易宗(李呈英)　1162
畏齋經學(游桂)　4384
拜山齋春秋手抄(朱國盛)　3743
科斗書孝經(李陽冰)　4070
重正卦氣(吾丘衍)　836
重耳天賜論(陳普)　3840
重刻漢石經(胡元質)　5263
重刻漢石經(洪适)　5264
重刻魏三體石經遺字(蘇望)　5265
重注論語(劉正叟)　3910
重定大學(顧憲成)　2931
重定孝經列傳(吴撝謙)　4141
重定孝經傳注(童品)　4128
重輯詩譜(鄭若曾)　2166
修復古易經傳訓測(湛若水)　923
信卦(鄒魯)　4916
信書(文軫)　4906
皇王大學通旨舉要(劉迪簡)　2891
皇帝春秋要言(宋真宗)　3283
皇極引用(杜瑛)　4891
皇極書體要(王豫)　4883
皇極解(貢珊)　4901
皇極經世内外篇解(邵伯温)　4885
皇極經世攷(方回)　4891
皇極經世抄(郁文初)　4904
皇極經世指要(蔡元定)　4888
皇極經世衍數(蔡仁)　4892
皇極經世索隱(張行成)　4884
皇極經世書(邵雍)　4877
皇極經世書内篇注(童品)　4896
皇極經世書注(余嘉謨)　4902
皇極經世書鈐(祝泌)　4889
皇極經世書傳(黄畿)　4896
皇極經世書解(朱隱老)　4894
皇極經世書類要(亡名氏)　4904
皇極經世書續(鄭松)　4891
皇極經世通解(倪復)　4896
皇極經世啓鑰(楊廉)　4896
皇極經世集解(葉良佩)　4901
皇極經世鈐解(吴琉)　4903
皇極經世發微(徐驤)　4893
皇極經世解(吕賢)　4902
皇極經世解(朱本)　4893
皇極經世義(耶律楚材)　4891
皇極經世圖纂(鍾芳)　4901
皇極經世管鑰(周瑛)　4895
皇極經世聲音譜(張敔)　4902
皇極經世觀物外篇釋義(余本)　4900
皇極經緯(周正)　4902
皇極圖韻(陳藎謨)　4903
皇極疑事(杜瑛)　4892

皇極觀物外編解(馬廷鸞) 4890
皇綱論(王晳) 3298
皇靈孝經 4797
禹治水譜(鄭瑶) 1751
禹貢三江辨(朱鶴齡) 1769
禹貢九州山水考(孫承澤) 1763
禹貢山川名急就章(王禕) 1749
禹貢凡例(朱右) 1749
禹貢手抄(陳剛) 1748
禹貢古今合注(夏允彝) 1764
禹貢本末(張朝瑞) 1755
禹貢考(余喬) 1745
禹貢地域圖(裴秀) 1733
禹貢長箋(朱鶴齡) 1766
禹貢沿革圖(張性善) 1749
禹貢注(徐常吉) 1756
禹貢注(陸敷樹) 1767
禹貢注(蔣之驎) 1762
禹貢注(鄭鄤) 1760
禹貢注删(黄翼登) 1762
禹貢注解(劉龍、徐縉等) 1752
禹貢治水圖(孟先) 1745
禹貢指南(毛晃) 1735
禹貢要略(葛大紀) 1751
禹貢便讀(張睿卿) 1766
禹貢後論(程大昌) 1737
禹貢訂傳(張能恭) 1762
禹貢逆志(王綱振) 1761
禹貢華末(陸大礽) 1758
禹貢通考(高秉藁) 1763
禹貢通解(邵璜) 1767
禹貢略(全天叙) 1756
禹貢集解(傅寅) 1745
禹貢集説(鄒近仁) 1748
禹貢匯疏(茅瑞徵) 1758
禹貢節要(林洪) 1749
禹貢傳注詳節(郭餘) 1751
禹貢解(李方子) 1744
禹貢解(何樾) 1757
禹貢解(焦竑) 1757
禹貢詳略(韓邦奇) 1753
禹貢詳節(姜逢元) 1758
禹貢詳節(夏寅) 1752
禹貢詳節(褚效善) 1757
禹貢新書(趙洄) 1768
禹貢溯洄(劉天民) 1755
禹貢瑶琨(戚里貴) 1757
禹貢圖(王柏) 1748
禹貢圖(無名氏) 1735
禹貢圖注(艾南英) 1760
禹貢圖注(何模) 1759
禹貢圖説(黄千能) 1745
禹貢圖説(鄭曉) 1754
禹貢疑誤辨(張吉) 1752
禹貢論(孔武仲) 1735
禹貢論(程大昌) 1736
禹貢論圖(程大昌) 1736
禹貢輯要(嚴觀) 1768
禹貢錐指(胡渭生) 1768
禹貢辨(王炎) 1743
禹貢辨(徐常吉) 1756
禹貢辨(陳埴) 1744
禹貢辨(戴蒙) 1748
禹貢簡傳(曾于乾) 1755

禹貢疆理記(易祓) 1747
禹跡九州圖(桂萼) 1753
禹誥(陳黯) 4928
待軒詩記(張次仲) 2154
衍極圖説(史彌大) 1316
後定喪服(劉表) 2505
後梁春秋(姚士粦) 4990
後梁春秋(蔡允恭) 4990
後蜀石經 5253
後漢尚書(孔衍) 4922
後漢春秋(孔衍) 4974
後魏尚書(孔衍) 4923
勉思齋尚書解(徐允禄) 1705
風雅比興義(許懋) 2193
風雅合注(趙宧光) 2194
訂正大學格物傳(郎瑛) 2953
訂正孝經(郎瑛) 4129
訂正復古易(王雲鳳) 903
訂古中庸(王柏) 2816
帝王曆紀譜(荀況) 3109
洪範五行星曆(亡名氏) 1780
洪範五行傳記(劉向) 1777
洪範五行説(晁補之) 1791
洪範五事説(蘇轍) 1790
洪範五福論(孔武仲) 1790
洪範九疇數解(熊宗立) 1807
洪範小傳(晁説之) 1791
洪範口義(胡瑗) 1782
洪範日月變(亡名氏) 1780
洪範内外篇(蔡沈) 4930
洪範内篇釋(程宗舜) 4941
洪範手抄(陳剛) 1797
洪範正誤(丁璣) 1808
洪範本傳(潘葵) 1810
洪範占(亡名氏) 1780
洪範外傳(穆元休) 1780
洪範考訂(胡希是) 1797
洪範考疑(吴世忠) 1809
洪範序略(明世宗皇帝) 1805
洪範災異論(劉羲叟) 1784
洪範直解(羅喻義) 1815
洪範述(陳希聖) 1803
洪範或問(徐獻忠) 1811
洪範明義(黄道周) 1817
洪範政鑒(宋仁宗皇帝) 1781
洪範則洛書辨(徐常吉) 1815
洪範衍義(謝章) 1801
洪範衍義(瞿九思) 1813
洪範洛書辨(田澤) 1803
洪範訓釋(鄭耕老) 1794
洪範集解(盧璣) 1807
洪範集説(亡名氏) 1819
洪範奥旨(劉漢傳) 1797
洪範補傳(馮去非) 1796
洪範統紀(趙善湘) 1795
洪範傳(王安石) 1788
洪範傳(陳樵) 1802
洪範傳(曾致) 1792
洪範傳(歸有光) 1812
洪範會元(蔡元鼎) 1796
洪範會傳(孫諤) 1787
洪範解(吕賢) 1811
洪範解(陳埴) 1795
洪範解(張景) 1783

洪範解(蔡元定)　1794
洪範解(廖偁)　1786
洪範解(劉彝)　1786
洪範解訂正(徐驥)　1807
洪範解義(鄭思孟)　1794
洪範福極奥旨(鄒元佐)　1797, 1816
洪範彙義(羅輔)　1816
洪範經世要語(鄒期禎)　1818
洪範經傳集義(孫承澤)　1818
洪範圖(趙孟頫)　1798
洪範圖章(盧碩)　1792
洪範圖解(葉良珮)　1811
洪範圖解(韓邦奇)　4940
洪範圖論(蘇洵)　1784
洪範圖輯(曾俊)　1811
洪範敷言(傅淳)　1806
洪範論(范浚)　1793
洪範論(林維屏)　1795
洪範論(徐復)　1783
洪範論(曾鞏)　1787
洪範論(鄭善夫)　1809
洪範辨疑(劉天民)　1810
洪範講章(顧鼎臣)　1809
洪範疇解(俞深)　4940
洪範纂要(楊廉)　1808
洪範釋義(游日章)　1812
洪範讜議(王氏)　1779
洞林(梁元帝)　189
洞極經(關朗)　4861
洗心齋讀易述(潘士藻)　1092
洛書　4729
洛書五事圖(宋仁宗皇帝)　1782
洛書成卦圖(楊南)　1268
洛書非洪範辨(王褘)　1806
洛書甄曜度　4744
洛書摘六辟　4746
洛書稽命曜　4746
洛書録運期　4745
洛書寶號命　4745
洛書靈準聽　4745
恆星不見論(羅泌)　3839
室中記師隱訣(黄黎獻)　287
冠昏禮(錢時)　2486
冠記(楊簡)　2486
冠儀(陳選)　2487
冠儀約制(何休)　2485
冠禮儀(王堪)　2486
神授易圖(彭與)　456
神農重卦經(亡名氏)　218
神輸(亡名氏)　125
韋編微言(蘇濬)　1085
癸巳孟子説(張栻)　4210

十　畫

泰誓論(王十朋)　1774
泰誓論(歐陽修)　1774
秦風説(茅坤)　2197
素臣翼(顧起經)　3706
素冠説(胡銓)　2199
桂林書響(顧懋樊)　1713
桂林點易丹(顧懋樊)　1215
桂林禮約(顧懋樊)　2691
格物訓(沈朝焕)　2957

格物説(劉黻) 2953
校正耶律文獻公大衍揲蓍説(盧氏) 1321
校正周易古經(税與權) 635
校定大學經傳(陸深) 2912
校定古禮(張淳) 2436
校訂孝經大全(張鼎延) 4152
校訂孝經本義大全(吴甡) 4148
校勘五經正義(孔維等) 4355
校復大學古本(羅大紘) 2935
校録古禮(王樵) 2479
連山(梁元帝) 189
連山 12
夏小正集解(王廷相) 2706
夏小正集解(趙有桂) 2704
夏小正補解(顧起經) 2708
夏小正傳(朱申) 2703
夏小正傳(金鏡) 2708
夏小正傳 2700
夏小正解(楊慎) 2707
夏小正經傳考(史季敷) 2703
夏小正輯注(王猷定) 2708
夏小正戴氏傳(傅崧卿) 2701
夏小正辯(吴觀萬) 2703
夏周正辨疑會通(李濂) 3832
夏禹治水圖(顧愷之) 1734
夏時考異(張方) 2703
夏時周月論(董穀) 3832
破禮記(夏休) 2620
原孟(夏侯尚玄) 4237
致知在格物論(司馬光) 2952
晉文公守原論(柳宗元) 3841
晉石經 5235
晉史乘僞本(何承天) 4963
晉春秋略(杜延業) 4987
晉陽秋(孫盛) 4982
晉陽秋(鄧粲) 4984
逍遥公易解(李椿年) 398
畢命論(方孝孺) 1827
晏子春秋(晏嬰) 4998
乘輿月令(裴澄) 4957
射禮直指(姚坤) 2503
射禮集要(陳鳳梧) 2499
射禮集解(朱縉) 2501
射禮圖注易覽(林文奎) 2502
射禮儀節(楊道賓) 2500
射禮輯説(吴霞) 2502
射禮纂(彭良臣) 2499
射禮纂要(謝少南) 2500
息齋春秋集注(高閌) 3402
師卦解(王軫) 1282
訓蒙易門(朱日濬) 1257
訓蒙經解(彭龜年) 4384
高麗投壺儀(劉仁敏) 2724
高麗別叙孝經(任奉古) 4071
唐太學壁經 5294
唐石臺孝經 5286
唐春秋(吴兢) 4992
唐春秋(韋述) 4993
唐春秋(郭昭慶) 4994
唐春秋(陸長源) 4994
唐春秋(趙瞻) 4994
唐國子學石經 5236
唐御注孝經雙石幢記 5288

唐蕪湖縣篆書易謙卦　5278
旅獒圖(李郡)　1820
兼山易解(郭忠孝)　378
兼明書(邱光庭)　4352
兼講書(亡名氏)　4418
酒孝經(皇甫松)　5049
酒孝經(劉炫)　5048
涇野經説(吕柟)　4454
海蠡前編(袁士瑜)　4493
浠南易解(程轍)　975
家人卦解義(范祖禹)　1287
家人經傳衍義(□德亮)　1288
家人噬嗑二卦圖(陳希亮)　1287
家語句解(王廣謀)　5022
家語考(王柏)　5021
家語注(陸治)　5024
家語傳(何孟春)　5022
家説(項安世)　4388
家塾編次論語(李舜臣)　3964
家塾讀詩記(吕祖謙)　1995
書五誥解(楊簡)　1771
書九意(楊繪)　1479
書　4656
書小傳(宋若水)　1540
書口義(雷度)　1495
書今古文集注(趙孟頫)　1590
書古文訓(薛季宣)　1537
書抄(陳傅良)　1534
書私抄(楊守陳)　1642
書易詩孝經春秋河洛緯祕要　4801
書旁注(李恕)　1614
書略(史孟傳)　1559
書略(賀燦然)　1698
書帷別記(王樵)　1669
書集傳(柴中行)　1560
書集傳發揮(朱右)　1630
書集解(胡炳文)　1597
書集解(梅教授)　1587
書鈔(姚三錫)　1574
書疏叢抄(王祖嫡)　1685
書傳(于世封)　1490
書傳(亡名氏)　1497
書傳(吕大臨)　1490
書傳(吴福)　1671
書傳(黄力行)　1623
書傳(康伯成)　1573
書傳(葉夢得)　1493
書傳(馮誠之)　1558
書傳(蔡沈)　1542
書傳(戴仔)　1564
書傳(蘇軾)　1486
書傳大全(胡廣等)　1635
書傳上下篇(劉莊孫)　1597
書傳折衷(蔣騰蛟)　1664
書傳通(陳煥)　1578
書傳通證(陳濟)　1639
書傳通釋(彭勗)　1637
書傳略説(亡名氏)　1446
書傳集義(黄諫)　1641
書傳補正輯註(朱升)　1629
書傳補注(陳濟)　1638
書傳補遺(王原)　1637
書傳補遺(何中)　1601
書傳補遺(陳普)　1578

書傳統論(張九成) 1515
書傳會衷(曹學佺) 1697
書傳會選(劉三吾等) 1625
書傳解(余芑舒) 1601
書傳詳説(齊履謙) 1593
書傳説(謝景平) 1481
書傳敷言(馬森) 1664
書傳釋疑(程龍) 1603
書解(王大寶) 1521
書解(王日休) 1557
書解(丘葵) 1580
書解(朱弁) 1510
書解(何逢原) 1521
書解(胡銓) 1510
書解(唐仲友) 1522
書解(陳鵬飛) 1511
書解(孫懲) 1519
書解(黄預) 1493
書解(霍韜) 1656
書解(謝諤) 1539
書解折衷(陳櫟) 1594
書義(張庭堅) 1491
書義十述(孫覺) 1485
書義主意(王充耘) 1608
書義卓見(龔勉) 1684
書義庭訓(何文淵) 1639
書義矜式(王充耘) 1609
書義旁通(羅倫) 1645
書義精要(劉朴) 1635
書義辨疑(楊時) 1491
書義斷法(陳悦道) 1610
書裨傳(吴棫) 1508
書經三要(明世宗皇帝) 1724
書經大全纂(項儒) 1704
書經日抄(王問) 1663
書經日録(林鴻儒) 1678
書經心法(王達) 1636
書經以俟録(瞿九思) 1685
書經正旨(龐招俊) 1715
書經正蒙(吴寬) 1645
書經主意(黄紹烈) 1634
書經全圖(胡賓) 1664
書經旨略(王大用) 1647
書經見解(姜鏡) 1692
書經近指(孫奇逢) 1700
書經直解(張居正) 1667
書經定説(吕獻) 1646
書經拾蔡(李承恩) 1646
書經虹臺講義(程弘賓) 1675
書經便註(黄鏓) 1662
書經便蒙詳節(陸穩) 1666
書經衍義(劉欽) 1569
書經約言(鄒龍光) 1690
書經素言(鍾鳴陛) 1696
書經原旨(董其昌) 1694
書經旁通(黄瑜) 1644
書經章句(王柏) 1581
書經貫言(徐可期) 1709
書經提要(章陬) 1640
書經筆授(黄宗羲) 1720
書經集意(陳臣忠) 1702
書經集説(張瀾) 1641
書經補註(徐大儀) 1708
書經疎見(曹大章) 1671

書經疏(李天篪)　1609
書經發隱(沈朝宣)　1663
書經節傳(張業)　1644
書經會注(趙鶴)　1648
書經會通(陳謨)　1630
書經詳節(譚綸)　1666
書經義(姚誠)　1645
書經彙解(秦繼宗)　1702
書經箋註惼通(趙若燭)　1579
書經疑問(姚舜牧)　1687
書經説略(王崇慶)　1652
書經廣説(韓綱)　1678
書經質疑(吴烱)　1694
書經講解(鄭濟)　1634
書經講意(吕穆)　1670
書經講義(劉縉)　1644
書經講義(韓信同)　1614
書經講義會編(申時行)　1672
書經翼注(謝廷讚)　1699
書經纂言(吴澄)　1591
書經釋(何喬遠)　1692
書經釋義旁通撮要(詹鳳翔)　1635
書經體要(徐蘭)　1633
書蔡氏傳考(方傳)　1622
書蔡傳訂誤(張葆舒)　1576
書蔡傳旁通(陳師凱)　1616
書箋(張睿卿)　1707
書疑(王柏)　1580
書疑(吴從周)　1704
書疑(陳言)　1665
書説(王宗道)　1569
書説(王萬)　1570
書説(孔武仲)　1484
書説(史仲午)　1572
書説(史漸)　1572
書説(吕祖謙)　1530
書説(朱熹)　1541
書説(李相祖)　1548
書説(吴昶)　1548
書説(吴桂森)　1705
書説(胡一桂)　1593
書説(徐即登)　1691
書説(陳梅叟)　1576
書説(黄度)　1535
書説(張邦奇)　1648
書説(張沂)　1559
書説(張栻)　1525
書説(張景)　1480
書説(程頤)　1488
書説(鄒補之)　1553
書説(鄭伯熊)　1516
書説(潘衡)　1571
書説(戴蒙)　1550
書説(戴溪)　1557
書説(韓邦奇)　1651
書説(繆主一)　1577
書説(嚴畯)　1601
書説精義(真德秀)　1565
書億(王道)　1653
書論(范浚)　1508
書論(舒芬)　1656
書編大旨(吴迂)　1618
書録(楊起元)　1688
書辨(楊炎正)　1573

書辨訛（鄭樵）　1510
書辨疑（丁鍨）　1559
書講義（陳普）　1578
書雜説（吴師道）　1618
書贊（鄭玄）　1444
書譜（程大昌）　1515
書繹（楊文彩）　1719
書繹（樊良樞）　1701
書纂義（梁寅）　1629
書鑑（陸世儀）　4927
陸詩別傳（陸奎章）　2114
恕齋四書解（謝升賢）　4520
通玄經（王長文）　4861
通易象論（宣舒）　168
通易論（阮籍）　146
通易論（宋處宗）　178
通雅（方以智）　5067
通禮義纂（亡名氏）　3053

十一畫

理何氏漢議（麋信）　3157
推易始末（毛奇齡）　1264
埤雅（陸佃）　5059
埤雅廣要（牛衷）　5065
授經圖（亡名氏）　4418
授經圖（朱睦㮮）　4474
執齋易圖説（劉玉）　917
勘定曲禮（王劭）　2729
乾元序制記　4728
乾文緯　4716
乾生歸一圖（石汝礪）　310
乾坤二卦集傳（亡名氏）　1278
乾坤別解（史通）　1278
乾坤氣法（許辯）　1277
乾坤微言（劉遷）　1279
乾坤纂遺（錢貴）　1279
乾坤鑿度　4718
乾乾篇（龍文光）　1171
乾德指説（王逢）　1279
乾鑿度　4716
雪園易義（李奇玉）　1173
虚谷子解卦周易（劉烈）　467
常州學御書孝經　5290
常語（李覯）　4190
問易補（郝敬）　1100
問穀梁義（薄叔玄）　3196
問禮俗（董子弘）　3041
問禮俗（董勛）　3041
晦庵經説（黄大昌）　4401
略例義（黄黎獻）　286
略注喪服經傳（雷次宗）　2515
略論（張璠）　170
國子講易議（宋明帝）　181
國風省篇（毛奇齡）　2192
國風演連珠（顔鼎受）　2192
國風辨（董穀）　2191
國概（穆文熙）　3816
國語音略（亡名氏）　3815
國語音義（魯有開）　3812
國語章句（鄭衆）　3803
國語補音（宋庠）　3810
國語解詁（賈逵）　3804
進呈大學講章（張位）　2928

象不盡意論(殷融)　174
象刑解(沈顏)　1729
象刑説(程大昌)　1730
象像述(吴桂森)　1145
象數發揮(史公珽)　835
象數餘論(蔡淵)　555
逸亭易論(徐繼恩)　1231
斛峰經義(李伯玉)　4394
祭法小傳(劉敞)　2763
許世子弑君説(楊簡)　3844
康王之誥論(王炎)　1827
庸學十一圖(饒魯)　2967
庸學通旨(黄潤玉)　2971
庸學緒言(熊慶胄)　2962
庸學標注(曾貫)　2966
庸齋易義(徐三重)　1084
鹿鳴二十二篇樂歌考(方回)　2200
章句(大、小夏侯)　1420
清全齋讀易編(陳深)　714
清全齋讀春秋編(陳深)　3506
清全齋讀詩編(陳深)　2048
清署經談(王啓元)　4499
淮海易談(孫應鰲)　1008
涼國春秋(索綏)　4988
淳化鄉飲酒詩(邱光庭)　4949
淡然齋易測(張維樞)　1116
淙山讀周易記(方實孫)　638
深衣小傳、外傳(金履祥)　2770
深衣刊誤(牟楷)　2774
深衣吉凶通服説(文天祥)　2769
深衣考(朱右)　2775
深衣考(夏言)　2778
深衣考(夏時正)　2777
深衣考(劉莊孫)　2771
深衣考正(左贊)　2776
深衣考正(馮公亮)　2768
深衣考正(楊暹)　2779
深衣制度(王普)　2768
深衣制度(朱熹)　2768
深衣書(鄭起)　2769
深衣圖考(汪汝懋)　2773
深衣圖説(吴顯)　2779
深衣圖説(舒岳祥)　2769
深衣圖説(鄭瓘)　2777
深衣圖論(王廷相)　2777
深衣圖辨(王幼孫)　2770
深衣疑義(車垓)　2770
深衣説(陳櫟)　2771
深衣説(潘葵)　2777
深衣辨(侯一元)　2778
深衣翼(程時登)　2772
深衣纂要(楊廉)　2776
深衣纂疏(岳正)　2776
涵古易説(王柏)　688
梁月令圖(蔡邕)　2746
梁谿易傳内外篇(李綱)　410
啓蒙翼傳(程直方)　788
啓新齋易象鈔、續鈔(錢一本)　1090
張山拊弟子　5139
習學記言序目(葉適)　4385
習齋論語講義(亡名氏)　3994
鄉射疑誤(朱熹)　2497
鄉射禮圖注(王廷相)　2497
鄉飲序次圖説(駱問禮)　2495

鄉飲酒書(鄭起)　2494
鄉飲酒儀(王炎)　2493
鄉飲酒儀(史定之)　2494
鄉飲酒儀(高閌)　2493
鄉飲酒樂譜(朱載堉)　2495
鄉飲酒禮會通(許孚遠)　2495
鄉飲酒禮辨疑(王時會)　2494
鄉飲圖考(何棟如)　2494
鄉飲圖説(馮應京)　2495
鄉飲禮(鄭樵)　2493
絃歌毛詩譜(俞琰)　2049

十二畫

堯典中星考(陳欅)　1727
堯典星日歲考(晁説之)　1726
堯典舜典解(程頤)　1725
堯典説(羅欽順)　1726
堯典論(范浚)　1726
揲著法(畢中和)　248
揲蓍古法(鄭克)　437
揲蓍考(張掄)　1034
揲蓍法(不爲子)　726
揲蓍法(青城山人)　724
揲蓍新譜(莊綽)　320
越王孝經新義(任希古)　4068
越絶書(袁康、吴平)　4965
賁卦義(文天祥)　1284
揚子大義(劉絳)　5033
揚子法言義(張數)　5034
揚子法言廣注(宋咸)　5030
揚子新注(柳宗元)　5030
揚子義(徐君平)　5033
博陽春秋(辛邕之)　5006
博雅(曹憲)　5056
援神句命解詁　4794
壺説(朱熹)　2723
萬形經　4715
葆光易解(張弼)　383
葩經或問(魯穆)　2085
葩經約説(趙琮)　2144
葩經旁意(喬中和)　2166
敬和堂大學述(許孚遠)　2925
喪服五要(嚴氏)　2528
喪服五家要記圖譜(戴氏)　2529
喪服天子諸侯圖(射慈)　2509
喪服文句義疏(皇侃)　2521
喪服正要(孟詵)　2526
喪服世行要記(王逸)　2518
喪服世要(庾蔚之)　2514
喪服古今集記(王儉)　2517
喪服加減(亡名氏)　2533
喪服君臣圖儀(亡名氏)　2531
喪服長編(鄭文通)　2535
喪服或問(汪琬)　2546
喪服制(龐景昭)　2527
喪服制要(徐氏)　2528
喪服注(周續之)　2515
喪服治禮儀注(何循)　2521
喪服要紀(賀循)　2510
喪服要記(王肅)　2506
喪服要記(庾蔚之)　2514
喪服要記(蔣琬)　2506
喪服要記(劉逵)　2510
喪服要記注(謝徽)　2524

喪服要問(亡名氏) 2532
喪服要問(張耀) 2516
喪服要問(劉德明) 2513
喪服要略(亡名氏) 2530
喪服要略(環濟) 2512
喪服要集(杜預) 2509
喪服後傳(沈括) 2535
喪服記(王氏) 2528
喪服祥禫雜議(亡名氏) 2530
喪服假寧制(亡名氏) 2532
喪服極議(殷价) 2526
喪服答要難(袁祈) 2519
喪服答問目(皇侃) 2522
喪服集議(費沈) 2515
喪服發題(沈文阿) 2523
喪服傳(裴子野) 2520
喪服傳解(劉績) 2544
喪服義(張沖) 2523
喪服義(謝嶠) 2522
喪服義鈔(亡名氏) 2529
喪服義疏(賀瑒) 2520
喪服經傳注(王肅) 2508
喪服經傳注(馬融) 2504
喪服經傳注(袁準) 2509
喪服經傳注(陳銓) 2513
喪服經傳注(鄭玄) 2505
喪服經傳注(劉道拔) 2516
喪服經傳義疏(司馬瓛) 2518
喪服經傳義疏(何佟之) 2521
喪服經傳義疏(沈文阿) 2523
喪服經傳義疏(沈麟士) 2519
喪服經傳義疏(樓幼瑜) 2518
喪服經傳義疏(劉瓛) 2519
喪服經傳隱義(亡名氏) 2530
喪服圖(王儉) 2517
喪服圖(崔逸) 2520
喪服圖(崔游) 2510
喪服圖(賀游) 2520
喪服疑問(樊氏) 2529
喪服儀(衛瓘) 2509
喪服總類(張氊) 2542
喪服雜記(伊氏) 2528
喪服雜議故事(亡名氏) 2530
喪服難問(崔凱) 2516
喪服譜(賀循) 2511
喪服譜(蔡謨) 2512
喪服譜注(鄭玄) 2505
喪服釋疑(孔智) 2522
喪服變除(葛洪) 2512
喪服變除(戴德) 2504
喪服變除圖(射慈) 2508
喪禮(梁觀國) 2534
喪禮(馮椅) 2536
喪禮五服(袁憲) 2522
喪禮吾説篇(毛奇齡) 2547
喪禮酌宜(蔡芳) 2544
喪禮家記(楊簡) 2536
喪禮書(姜璉) 2543
喪禮備纂(王廷相) 2546
喪禮鈔(王隆伯) 2523
喪禮會記(葉起) 2539
喪禮會經(葉起) 2536
喪禮論(王廷相) 2544
喪禮舉要(周南老) 2542

喪禮雜記(毛先舒)　2546
棲鳳春秋(臧嚴)　5004
極學(杜瑛)　4892
紫巖易傳(張浚)　414
閏月不告朔論(蘇軾)　3842
閏月定四時成歲講義(吴觀萬)　1728
無逸直解(趙秉文)　1825
無逸傳(胡寅)　1824
無逸解(張栻)　1824
無逸圖(王洙、蔡襄)　1823
無逸圖(宋璟)　1822
無逸説(程鳴鳳)　1825
無逸講義(司馬光等)　1824
無逸講義(吴安詩等)　1823
犍爲文學爾雅注　4267
程朱易契(鄭玉)　857
程易發(成勇)　1178
黍離圖(衛協)　2197
答周官駮難(干寶)　2254
答春秋穀梁義(徐邈)　3191
答問雜儀(任預)　3034
筆卦(宇文材)　4914
集王朗易傳(闞駰)　202
集古易(吴仁傑)　522
集左氏傳(許康佐等)　3247
集永嘉先生尚書精意(蕭彧)　1539
集百家孟子解(亡名氏)　4234
集注毛詩(崔靈恩)　1921
集注孝經(陶弘景)　4053
集注尚書(孔子袪)　1457
集注周易(元載)　247
集注周易(朱异)　194
集注周官禮(崔靈恩)　2257
集注春秋(陸質)　3230
集注揚子(司馬光)　5033
集注喪服經傳(孔倫)　2511
集注喪服經傳(蔡超宗)　2516
集注喪服經傳(裴松之)　2513
集注爾雅(沈旋)　4276
集定古易(陳鳳梧)　916
集程氏論語説(湯烈)　3968
集傳春秋纂例(陸質)　3234
集解孝經(謝萬)　4043
集解尚書(李顒)　1451
集解春秋序(劉寔)　3177
集解喪服經傳(田僧紹)　2518
集義孝經(袁敬仲)　4044
集群臣講易義疏(宋明帝)　181
集釋古禮(李如圭)　2438
集釋尚書(姜道盛)　1452
集議孝經(荀勗)　4043
焦氏易林補(喬中和)　1209
遁言(孫宜)　4459
御刊定禮記月令(唐明皇)　2746
御注孝經(清順治皇帝)　1
御注孝經疏(元行沖)　4069
御注洪範(明太祖皇帝)　1804
復月令奏議(亡名氏)　2753
復古易(沈爚)　971
復古蓍法(孫義伯)　658
復見天心解(李沂)　1286
復卦大要(蔡沆)　1285
復卦説(真德秀)　1285

復書(王逢)　1284
復庵讀論語(馮誠之)　3973
復齋易説(趙彦肅)　498
舒王詩義外傳(王安石)　1948
鈎易圖辨(陳希亮)　305
爲人後者三十六難(甯成)　2548
爲人後解(薛蕙)　2549
舜典孔傳(姚方興)　1454
舜典象刑説(朱熹)　1730
飲射圖解(聞人詮)　2496
飲射輯略(張敔)　2496
鄒子學庸商求(鄒元標)　2977
評孟(黄次伋)　4222
詆孟(晁説之)　4201
就正録(宗周)　4462
童溪易傳(王宗傳)　567
尊孟辨(余允文)　4202
尊經傳(范士衡)　3458
尊聞堂易説(陳廷敬)　1262
道孝經(綦師元)　5048
道訓(劉安)　65
曾子天圓篇注(梅文鼎)　2728
湛源子三讀易(鄒德泳)　1095
湖州學御書孝經　5289
減定嚴氏春秋章句(張霸)　3135
測靈(張慶之)　4907
湯誓仲虺之誥論(范浚)　1772
淵源録(何萬)　558
渾灝發旨(陳舜申)　1522
寒燈隨筆(張京元)　4621
補大戴禮祭法(皮日休)　4955
補亡詩(束皙)　4945
補亡詩(潘岳)　4944
補亡樂書(房庶)　4960
補正三禮圖(楊傑)　2997
補正太玄經(范諤昌)　4832
補正孝經本義(曹于汴)　4144
補白華詩(鄭僖)　4950
補茅鴟詩(邱光庭)　4948
補周易集義(吴夢炎)　841
補周禮九夏歌(皮日休)　4952
補注春秋繁露(章樵)　3479
補注皇極經世(劉誠)　4895
補南陔詩(鄭剛中)　4950
補笙詩(朱載堉)　4951
補湯征(白居易)　4929
補新宫詩(邱光庭)　4947
補樂經(湛若水)　4961
補齋口授易説(周佐)　976
裕堂先生諸經講義(梅寬夫)　4403
巽説(釋契嵩)　1289

十三畫

損益象説(朱熹)　1288
聖門傳詩嫡冢(凌濛初)　2122
聖筆全經(潘著)　3578
聖學格物通(湛若水)　2953
聖證論(王肅)　4321
蓍卦考誤(朱熹)　535
蓍卦辨疑(郭雍)　441
蓍法别傳(季本)　952
蓍書(亡名氏)　126
蓬廬學易衍義(史公珽)　835
蒹葭説(李因篤)　2198

楚書檮杌僞本(何承天)　4964
楚漢春秋(陸賈)　4973
虞書大旨(袁黄)　1728
虞書解(來汝賢)　1728
虞書箋(茅瑞徵)　1728
業詩(業遵)　1920
當家語(張融)　5021
愚谷易解(李舜臣)　979
愚庵易注(沈氏)　722
嗣孟(徐積)　4200
蜀國春秋(苟廷詔)　4997
蜀爾雅(李商隱)　5058
稗編經説(唐順之)　4462
筮述(王弘撰)　1234
筮易(吴霞舉)　674
筮法(程龍)　779
筮宗(趙汝楳)　633
筮草研幾(鮑雲龍)　808
筮經(梁元帝)　190
與爲人後議(劉敞)　2982
傳　3854
傳家易説(郭雍)　438
鼠序卜黄(亡名氏)　127
牒例章句(鄭衆)　3131
傾壺集(劉仁敏)　2724
像象管見(錢一本)　1090
微言注集(裴僑卿)　4340
解故(大、小夏侯)　1421
解疑論(戴宏)　3136
解頤新語(范處義)　1981
詩二南義(游酢)　2194
詩　4679
詩大義(李承恩)　2091
詩大義(時少章)　2015
詩小序集成(周是修)　2209
詩小序解(包希魯)　2209
詩小序論(陶安)　2209
詩口義(孫調)　2012
詩口義(劉翔)　2086
詩之序義(韓愈)　2205
詩之序論(晁説之)　2205
詩内傳　1882
詩正義(丘葵)　2049
詩正義(張洪)　2083
詩正變論(張方平)　1950
詩古音辨(鄭庠)　2039
詩本旨(顧炎武)　2172
詩本義補遺(吴氏)　2050
詩札(毛奇齡)　2181
詩可言集(王柏)　2043
詩外傳　1883
詩氾曆樞　4759
詩考(王樵)　2111
詩考(王應麟)　2033
詩考(許詁)　2093
詩考(梁寅)　2078
詩地理考(王應麟)　2032
詩名物編(楊泰之)　2014
詩艸木鳥獸名急就章(王褘)　2082
詩折衷(劉宇)　1942
詩志(范王孫)　2169
詩私抄(楊守陳)　2088
詩含神霧　4758
詩序(卜商)　1842

詩序考(李舜臣) 2210
詩序折衷(陳顧正) 2211
詩序傳(陳言) 2109
詩序解(李樗) 2206
詩序解(段昌武) 2208
詩序解(黃櫄) 2208
詩序解頤(邵弁) 2211
詩序辨説(朱熹) 2206
詩序證(鍾淵映) 2212
詩直解(吕椿) 2021
詩林伐柯(勞堪) 2111
詩物性門類(陸佃) 1960
詩采(張星懋) 2164
詩注(洪咨夔) 2038
詩注(袁喬) 1915
詩注(趙汝談) 2017
詩故(朱謀瑋) 2121
詩故訓傳(毛亨) 1886
詩重文説(吴良輔) 1956
詩衍義(湯建) 2020
詩律表(董説) 2175
詩音釋(韓性) 2072
詩逆(凌濛初) 2123
詩原(張彩) 2139
詩原始(章潢) 2119
詩訓詁(錢文子) 2026
詩訓釋(董夢程) 2021
詩記(方道壡) 2074
詩旁注(朱升) 2078
詩通(陸化熙) 2146
詩推度災 4759
詩教考(李經綸) 2116
詩略(史守道) 2019
詩國風小雅説(黃祖舜) 2193
詩商(樊良樞) 2144
詩細(趙曄) 1894
詩晷正(黃道周) 2147
詩答(蔣宗簡) 2061
詩牋辨疑(胡渭) 2185
詩集(毛漸) 1954
詩集(魯有開) 1947
詩集善(胡維寧) 1985
詩集傳(李澤民) 2115
詩集傳大全(胡廣等) 2084
詩集傳名物鈔(許謙) 2063
詩集傳音義會通(汪克寬) 2078
詩集傳音釋(羅復) 2066
詩集傳解(高頤) 2014, 2082
詩集解(胡炳文) 2057
詩集説(盧觀) 2070
詩童子問(輔廣) 2010
詩補注(貢師泰) 2072
詩補傳(范處義) 1981
詩疏(張睿卿) 2156
詩疏要義(亡名氏) 2052
詩統解序(亡名氏) 2206
詩稗説(舒芬) 2098
詩傳(王巖叟) 1951
詩傳(毛萇) 1887
詩傳(李常) 1947
詩傳(沈銖) 1954
詩傳(林拱辰) 2013
詩傳(荀爽) 1902
詩傳(陳寅) 2019

詩傳(董鼎) 2039
詩傳(鄭樵) 1972
詩傳(漢楚王交) 1875
詩傳(鮮于侁) 1950
詩傳存疑(陸埏) 2106
詩傳名物類考(楊璲) 2070
詩傳注疏(謝枋得) 2043
詩傳音指補(劉莊孫) 2057
詩傳旁通(王彦文) 2092
詩傳旁通(梁益) 2062
詩傳書例(郭子章) 2114
詩傳通解(黄佐) 2100
詩傳通證(陳濟) 2087
詩傳通釋(劉瑾) 2061
詩傳衆説(吴迂) 2060
詩傳補注(范百禄) 1949
詩傳疏義(朱公遷) 2066
詩傳疏釋(朱近禮) 2061
詩傳微(陳焕) 2049
詩傳詩説駁義(毛奇齡) 2181
詩傳僞本(端木賜) 1873
詩傳精要(安熙) 2058
詩傳演(金鏡) 2156
詩傳演説(顧文英) 2039
詩傳闡(鄒忠胤) 2145
詩傳纂疏附録(胡一桂) 2057
詩傳釋疑(程龍) 2057
詩頌解(鮮于戣) 2202
詩解(丁徵) 2092
詩解(王大覺) 2119
詩解(王大寶) 1984
詩解(吴駿) 1955
詩解(宋徽宗皇帝) 1941
詩解(范祖禹) 1951
詩解(姚隆) 2041
詩解(唐仲友) 2003
詩解(陳鵬飛) 1963
詩解(黄櫄) 2013
詩解(張淑堅) 1984
詩解(項安世) 2003
詩解(馮誠之) 2013
詩解(楊簡) 1990
詩解(謝諤) 1985
詩解(羅從彦) 1963
詩解(羅維藩) 1983
詩解集傳(蘇轍) 1951
詩解詁(陳謙) 2015
詩解義(邱税) 1963
詩解頤(朱善) 2081
詩解頤録(朱統鐕) 2122
詩意(方大鎮) 2139
詩義(吴簡) 2071
詩義(彭汝礪) 1952
詩義(楊禹錫) 2083
詩義(趙仲鋭) 1956
詩義指南(段昌武) 2028
詩義指南(雷光霆) 2056
詩義矜式(林泉生) 2072
詩義集説(孫鼎) 2087
詩義發揮(曹居貞) 2069
詩義解(韓惇) 2021
詩義解(韓謹) 2020
詩義斷法(亡名氏) 2054
詩義斷法(謝升孫) 2022

詩義纂(安氏)　2189
詩義權輿(何淑)　2081
詩經弋獲解(丘九奎)　2167
詩經内傳(陸曾羣)　2127
詩經毛朱二傳删補(徐奮鵬)　2123
詩經引躍(吴瑞登)　2125
詩經以俟録(瞿九思)　2133
詩經正葩(瞿佑)　2083
詩經正義(許天贈)　2112
詩經世業(瞿汝説)　2143
詩經叶韻(程元初)　2126
詩經句解(陳櫟)　2058
詩經册義(馬理)　2098
詩經外傳(陸曾羣)　2128
詩經主意(彭奇)　2084
詩經考定(韋調鼎)　2166
詩經存旨(高鼎熺)　2165
詩經存固(葉朝榮)　2117
詩經朱註考(劉慶孫)　2157
詩經朱傳翼(孫承澤)　2158
詩經折衷(鄒泉)　2124
詩經直指(易貴)　2090，2115
詩經注疏大全纂(陶其情)　2125
詩經注解(熊剛大)　2038
詩經注解(霍韜)　2098
詩經定(楊文奎)　2125
詩經胡傳(胡紹曾)　2167
詩經面墻解(李經綸)　2116
詩經衍義(王崇慶)　2096
詩經音考(夏泰亨)　2069
詩經音釋(程元初)　2126
詩經逢源(莊廷臣)　2145
詩經訓注(劉應登)　2020
詩經理解(趙一元)　2126
詩經埤傳(黄一正)　2127
詩經偶箋(萬時華)　2163
詩經淺義(謝氏)　2188
詩經集思通(朱道行)　2146
詩經集解(范理)　2086
詩經註疏大全合纂(張溥)　2157
詩經童訓辯疑(李淮)　2098
詩經補傳(蔡毅中)　2143
詩經疏解(殷子義)　2114
詩經發揮(楊舟)　2071
詩經發鑰(劉銓)　2091
詩經會意(趙鼒)　2102
詩經會説(劉憲寵)　2141
詩經詳釋(何英)　2083
詩經群義(陳弘緒)　2170
詩經摘玉(高尚賢)　2099
詩經箋疏(江彦明)　2128
詩經疑問(姚舜牧)　2135
詩經説約(顧夢麟)　2170
詩經説通(沈守正)　2143
詩經廣大全(王夢白、陳曾)　2187
詩經演疏(陳謨)　2078
詩經質疑(吴炯)　2138
詩經質疑(曹學佺)　2141
詩經魯、齊、韓三家　1876
詩經課子衍義(謝台卿)　2137
詩經輯説(潘恩)　2102
詩經辨正(周鼎)　2073
詩經臆言(丁奉)　2097
詩經講義(江愷)　2048

詩經講義(陳經)　2014
詩經講義(廖剛)　1962
詩經講義(鄭滿)　2092
詩經講説(王逢)　2086
詩經講説(程楷)　2091
詩經講説(顔達)　2069
詩經翼傳(林甫任)　2119
詩經總旨(鄭旭)　2084
詩經類考(沈萬鈳)　2141
詩經類疏(蔣之驎)　2174
詩經纂例(秦玉)　2073
詩經纂注(沈一貫)　2113
詩經鐸(申佳胤)　2158
詩箋(吕光洵)　2107
詩箋(堵維常)　2127
詩箋(蔡夢説)　2040
詩劄(朱汝礪)　2173
詩劄(黄淳耀)　2162
詩疑(陳言)　2109
詩疑大鳴録(曾堅)　2080
詩疑問(朱倬)　2074
詩説(王萬)　2022
詩説(孔武仲)　1950
詩説(吕叔玉)　1890
詩説(朱長文)　1950
詩説(余希聲)　2073
詩説(周堯卿)　1946
詩説(施士丐)　1936
詩説(馬元調)　2163
詩説(徐即登)　2137
詩説(高元之)　2017
詩説(黄度)　1986
詩説(黄應春)　2018
詩説(張耒)　1953
詩説(張邦奇)　2094
詩説(張貴謨)　2018
詩説(張載)　1952
詩説(惠周惕)　2185
詩説(趙敦臨)　1983
詩説(劉克)　2030
詩説(潘好古)　1986
詩説解頤(季本)　2100
詩説僞本　1878
詩説闕疑(徐熙)　2127
詩演義(梁寅)　2077
詩演義(劉元剛)　2039
詩緒餘(梁益)　2063
詩膚説(高斯得)　2038
詩牖(錢天錫)　2147
詩億(王道)　2097
詩論(李清臣)　1949
詩論(陸圻)　2171
詩緯　4757
詩緯圖　4758
詩輯(嚴粲)　2028
詩學(范處義)　1981
詩學全書(卓爾康)　2145
詩學備忘(李簡)　2056
詩學發微(舒璘)　2014
詩學發微(楊明復)　2018
詩學管見(俞遠)　2070
詩辨妄(鄭樵)　1972
詩辨疑(陳錫)　2111
詩辨疑(張忠)　2107

詩辨疑(楊時) 1960
詩辨説(王柏) 2045
詩辨説(趙悳) 2050
詩贅説(時少章) 2015
詩聲譜(陳知柔) 1986
詩臆(馮時可) 2113
詩講義(李象) 2039
詩講義(沈季長) 1949
詩講義(柴中行) 2017
詩講義(陳普) 2048
詩講義(黄三陽) 2119
詩講義(程朝光) 2123
詩講疑(焦悦) 2069
詩總(焦巽之) 2022
詩總聞(王質) 1977
詩釐正(湛若水) 2095
詩題約義通(杜撫) 1894
詩雜説(吴師道) 2070
詩關雎義解(亡名氏) 2195
詩鏡(申佳胤) 2158
詩譜(李燾) 1983
詩譜補闕(歐陽修) 1944
詩類(楊泰之) 2015
詩繹(鄧元錫) 2118
詩議(程大昌) 1978
詩權(趙起元) 2166
詩辯考證(何宗魯) 2110
詩鑑(陸世儀) 4952
誠齋易傳(楊萬里) 507
新易林占(杜氏) 262
新注周易(劉牧) 277
新書對張論(虞喜) 3874
新國語(劉向) 5007
新添毛詩(沈朗) 4946
新經毛詩義(王安石) 1948
新經尚書義(王雱) 1488
新經周禮義(王安石) 2269
義決(釋一行) 1311
慈湖易解(楊簡) 479
準齋易説(吴如愚) 614
準繫易象(王日休) 471
福卦、壽卦(邵經邦) 4917
福極對義圖(亡名氏) 1819
群臣講易疏(張該等) 182
群書考索經説(章如愚) 4392
群經正論(吴沆) 4373
群經指要(范祖幹) 4440
群經音辨(賈昌朝) 4356
群經索蘊(楊繪) 4362
群經感發(俞亨宗) 4383
群經義(李舜臣) 4382
群經輔易説(陳際泰) 1192
群經滯穗(宋藻) 4373
群經講義(李大同) 4389
群經類要(孔克表等) 4436
群經類纂(楊聯芳) 4490
羣經講義(傅芷) 4386
經子法語(洪适) 4374
經子要言(戚雄) 4456
經子鈎玄(朱存理) 4453
經子臆解(王世懋) 4469
經子難字(楊慎) 4456
經正堂易闡(顧胤) 1210
經世外篇微旨(齊履謙) 4893

經世紀年(張栻)　4885
經世書義式(齊履謙)　4893
經世略意(詹景鳳)　4903
經世補遺(朱中)　4889
經世補遺(邱富國)　4889
經世節要(周奭)　4888
經世續卦(張芝初)　4902
經史子要(葉夢鱻)　4417
經史要録(鄭澣)　4351
經史通譜(楊豫孫)　4467
經史辨疑(黄仲元)　4407
經史釋題(李肇)　4350
經生塵(秦駿生)　4508
經抄(王惟儉)　4489
經言枝指(陳禹謨)　4605
經序録(朱睦㮮)　4475
經典大義(沈文阿)　4328
經典玄儒大義序録(沈文阿)　4328
經典集音(劉鎔)　4351
經典稽疑(陳耀文)　4468
經典質疑(胡順之)　4361
經典徽言(孫奭)　4355
經典釋文(陸德明)　4337
經括(周士貴)　4400
經原宗統(吴繼仕)　4477
經書一得録(虞守愚)　4460
經書要義(蕭岐)　4441
經書原古(黄綰)　4457
經書問難(李本)　4441
經書答問(鄭世威)　4461
經書補注(黄潤玉)　4443
經書疑辨録(周洪謨)　4443
經書講義(費宏)　4449
經進易解(朱知常)　720
經術源流(王應山)　4497
經筵孟子講義(陳傅良)　4214
經筵經史直解(殷士儋)　4465
經筵講章(于慎行)　4472
經筵講章(朱賡)　4472
經筵講義(徐溍)　4452
經筵講義(張位)　4473
經筵講義(程敏政)　4447
經筵講義(馮琦)　4479
經筆(馬森)　4463
經詁(李鼎)　4483
經傳正譌(王應電)　4473
經傳考注(俞琰)　4416
經傳考異(余國輔)　4425
經傳補遺(俞酉發)　4417
經傳發明(吴仲迂)　4429
經傳蒙求(應翔孫)　4410
經傳辨疑(李彦華)　4398
經傳臆言(丁奉)　4455
經解(任希夷)　4386
經解(吴獵)　4399
經解(汪琬)　4506
經解(徐大受)　4388
經解(陳樵)　4430
經解(張邦彦)　4368
經解(蔣至)　4354
經解(戴厚)　4387
經解(羅無競)　4372
經解正訛(曾巽申)　4432
經解佩觿録(蕭志仁)　4425

經解緒言(郝敬) 4487
經義進講録(趙貞吉) 4464
經疑(王義端) 4412
經疑(葉氏) 4433
經疑問對(董彝) 4439
經語協韻(黄彬) 4403
經説(王庠) 4363
經説(吴梅卿) 4391
經説(林觀過) 4392
經説(姚文灝) 4449
經説(高定子) 4398
經説(陳公懋) 4450
經説(楊汝南) 4374
經説(趙居信) 4433
經説(颜宗道) 4415
經説萃編(李材) 4469
經説叢抄(楊慎) 4456
經學分毫正字(歐陽融) 4347
經學要義(卜大有) 4466
經學理窟(張載) 4364
經學啓蒙(戴冠) 4453
經禮補逸(汪克寬) 2470
經籍考(馬端臨) 4412
經辯(蕭楚) 4370

十四畫

碧里疑存(董穀) 4594
駁春秋繁露(釋贊寧) 3526
趙鞅入晉陽論(張方平) 3846
聚所先生易教(鄒德涵) 1058
聚疑(夏侯尚玄) 2821
蘊書(余檟) 4907
蔡仲行權論(張方平) 3838
蔡傳説意(俞時及) 1670
蔡傳辨疑(程直方) 1594
榕臺易論(林維屏) 471
爾雅(王雱) 4283
爾雅 4262，4713
爾雅注(李巡) 4270
爾雅注(郭璞) 4272
爾雅注(孫炎) 4271
爾雅注(裴瑜) 4279
爾雅注(鄭樵) 4284
爾雅注(樊光) 4269
爾雅注(劉歆) 4269
爾雅便音(薛敬之) 4295
爾雅音(江灌) 4274
爾雅音(施乾) 4276
爾雅音(孫炎) 4272
爾雅音(謝嶠) 4277
爾雅音(顧野王) 4277
爾雅音訓(亡名氏) 4296
爾雅音略(毋昭裔) 4280
爾雅音義(郭璞) 4274
爾雅音義(陸德明) 4278
爾雅音義(曹憲) 4278
爾雅音義(釋智騫) 4279
爾雅兼義(亡名氏) 4296
爾雅堂詩説(顧起元) 2142
爾雅略義(危素) 4295
爾雅補(唐達) 5067
爾雅疏(邢昺) 4281
爾雅疏(高璉) 4279
爾雅發題(亡名氏) 4297

爾雅新義(陸佃)　4284
爾雅圖讚(江灌)　4275
爾雅圖讚(郭璞)　4274
爾雅廣義(譚吉璁)　4295
爾雅餘(羅日褧)　4295
爾雅翼(羅願)　4287
爾雅翼音釋(洪焱祖)　4294
爾雅翼節本(陳櫟)　4294
爾雅韻語(胡炳文)　4294
爾雅釋(潘翼)　4287
爾雅釋文(陸德明)　4277
對制談經(葉時)　4406
圖文餘辯(季本)　952
圖卦臆言(賀泚)　1052
圖書考(張綸)　1034
圖書作範宗旨(亡名氏)　1820
圖書易指(金隆)　1039
圖書定則(金隆)　1039
圖書紀愚(阮琳)　1039
圖書秘記　4731
圖書就正録(魯邦彦)　1004
圖書解(龐嵩)　1034
圖書管見(許誥)　918
圖學淺見(姜玉潔)　1042
圖學辨惑(黄宗炎)　1224
箋太玄贊(趙秉文)　4853
箋經寓意(馬中錫)　4448
管仲相齊論(蘇軾)　3840
僞尚書(張霸)　4921
遯甲月令(劉孝恭)　4957
疑孟(司馬光)　4191
疑經(司空圖)　3838
説玄(王涯)　4831
説命三篇論(范浚)　1773
説命講義(顔復、范祖禹)　1773
説經(楊南)　1268
説經下　5386
説經上　5329
説經千慮愚得(黄百家)　4509
説經中　5346
説經劄記(蔡汝楠)　4463
説緯　5394
説齋六經解(唐仲友)　4381
説禮(閻有章)　2690
誦詩弋獲(顔鼎受)　2176
誦詩訓(李心傳)　2017
廣川易學(董逌)　394
廣川詩故(董逌)　1961
廣孝經(沈若)　5044
廣易通(許子偉)　1095
廣孟子説養氣論(李撰)　4208
廣禹貢楚絶書(陳士元)　4929
廣雅(張揖)　5055
廣演太極圖(周是修)　1348
端本堂經訓要義(李好文)　4432
齊人歸魯侵田説(亡名氏)　3845
齊人歸魯侵田説(林氏)　3845
齊永明東宫講義　4048
齊民月令(孫思邈)　4957
齊春秋(吴均)　4989
齊故(后蒼)　1880
齊故(孫氏)　1881
齊國學周易講疏　184
齊梁春秋(裴子野)　4990

齊詩章句(伏恭) 1893
齊詩章句解説(伏黯) 1891
齊詩傳(轅固) 1880
齊詩傳 1881, 1881
齊詩解(景鸞) 1893
齊論語 3852
齊論語説 3853
齊雜記 1881
鄭志(鄭小同) 4318
鄭伯以璧假許田論(蘇軾) 3837
鄭風説(茅坤) 2197
鄭記 4318
漢一字石經 5202
漢上易集傳(朱震) 421
漢中庸説 2780
漢今文太誓 4919
漢月令記 2742
漢石渠五經雜議 4298
漢石渠議奏 3027, 3859
漢尚書(孔衍) 4922
漢易中孚義(釋契嵩) 1289
漢春秋(孔衍) 4974
漢春秋(胡旦) 4975
漢春秋(梁固) 4976
漢春秋問答(胡旦) 4975
漢禹貢圖(王惲) 1733
漢後春秋(凌準) 4978
漢晉陽秋(習鑿齒) 4983
漢德春秋(何英) 4974
漢儒授經圖(程俱) 4371
漢魏春秋(孔衍) 4975
漆書古文尚書(杜林) 1437
漁樵易解(蘭廷瑞) 473
演左氏傳謚族圖(亡名氏) 3279
演玄(陳漸) 4837
演玄(許洞) 4839
演孝經(張士儒) 5045
演易圖説(潘士龍) 1150
演聖通論(胡旦) 4353
演詩蠡測(黄光昇) 2107
演經雜論(曹褒) 2552
賓之初筵講義(汪廣洋) 2201
隳三都論(蘇軾) 3845
緒言(周禄) 2919
綱目(李如圭) 2438
緇衣集傳(黄道周) 2767
緇衣圖(李公麟) 2197
緇衣説(錢馴) 2768

十五畫

慧眼山房説書(陳天定) 4634
增注孝經(晏鐸) 4127
增修東萊書説(時瀾) 1533
增集論語説約(單庚金) 4000
增補六經圖(毛邦翰) 4375
穀梁三例(李舜臣) 3671
穀梁外傳(亡名氏) 3112
穀梁合經論(鄭綺) 3421
穀梁章句(亡名氏) 3112
穀梁傳四家集解(張氏、程氏、孫氏、劉氏) 3215
穀梁傳注(張靖) 3181
穀梁傳注(劉瑶) 3184
穀梁傳注(麋信) 3157

穀梁傳義(蕭邕) 3215
穀梁新例(陳德寧) 3509
蕃爾雅(亡名氏) 5058
橫舟尚書講業(劉臾) 1572
橫渠易説(張載) 337
標注四書(王柏) 4531
標注國語類編(張九成) 3813
標題四書(熊禾) 4539
敷言大旨(鍾化民) 1814
醉經樓經傳雜解(唐伯元) 4478
閫外春秋(李筌) 5006
踐阼篇集解(王應麟) 2709
遺經四解(徐常吉) 4480
範衍(錢一本) 1814
範通(葉世奇) 1806
範數贊詞(包萬有) 1817
範疇解(俞深) 1806
儀禮 2412
儀禮正義(孔穎達) 2433
儀禮本義(趙魏史) 2482
儀禮本經疏會(馬廷鸞) 2456
儀禮考(方回) 2457
儀禮考(張睿卿) 2483
儀禮合抄(高斯得) 2457
儀禮名物考(譚貞良) 2481
儀禮注(丁璣) 2477
儀禮注(王肅) 2425
儀禮注(孔倫) 2426
儀禮注(田僧之) 2427
儀禮注(袁準) 2426
儀禮注(陳銓) 2427
儀禮注(程敏政) 2477
儀禮注(蔡超) 2427
儀禮注(鄭玄) 2424
儀禮注(顧諒) 2469
儀禮注疏羽翼(王志長) 2479
儀禮要義(魏了翁) 2456
儀禮音(王肅) 2425
儀禮音(李軌) 2426
儀禮音(鄭玄) 2425
儀禮音(劉昌宗) 2428
儀禮旁通圖(楊復) 2454
儀禮敘録(何喬新) 2475
儀禮逸經(吴澂) 2462
儀禮逸經 2423
儀禮章疏(李孟悊) 2430
儀禮章疏(黄慶) 2430
儀禮商(萬斯大) 2483
儀禮雲莊經解(劉爚) 2450
儀禮集解(李黼) 2479
儀禮集説(敖繼公) 2459
儀禮補逸經傳測(湛若水) 2477
儀禮疏(賈公彦) 2430
儀禮節要(亡名氏) 2484
儀禮節解(郝敬) 2479
儀禮傳(吴澂) 2468
儀禮傳(張沖) 2429
儀禮會通圖(陳林) 2480
儀禮解(葉味道) 2449
儀禮解詁(亡名氏) 2483
儀禮詳解(周燔) 2439
儀禮義(陸佃) 2436
儀禮義疏(亡名氏) 2429
儀禮義疏(沈重) 2429

儀禮義疏見(亡名氏) 2429
儀禮經傳考次(劉宗周) 2480
儀禮經傳通解(朱熹) 2439
儀禮經傳通解續(楊復) 2455
儀禮經解(阮琳) 2478
儀禮圖(楊復) 2450
儀禮説(陳普) 2457
儀禮説(錢軹) 2483
儀禮鄭注附逸禮(胡纘宗) 2478
儀禮戴記附注(黄潤玉) 2475
儀禮類例(亡名氏) 2458
儀禮釋文(陸德明) 2433
儀禮釋宫(朱熹) 2445
樂五鳥圖 4769
樂 4705
樂元語(河間獻王劉德) 3060
樂叶圖徵 4768
樂記 3058
樂記補説(李文察) 3064
樂記解(邵囦) 3062
樂記解(黄佐) 3063
樂記論(黄裳) 3062
樂動聲儀 4766
樂經(李玄楚) 4960
樂經(陽成脩) 4960
樂經 3054
樂經元義(劉濂) 3063
樂經以俟録(瞿九思) 3065
樂經集注(張鳳翔) 3065
樂經新説(朱載堉) 3064
樂經管見(黄積慶) 3065
樂稽耀嘉 4767
樂緯 4766
質疑(樊深) 4334
餘學齋易説(胡次焱) 672
魯史分門屬類賦(楊均) 3284
魯史春秋卦名(亡名氏) 3524
魯安昌侯説(張禹) 3857
魯故(申培) 1877
魯後春秋(劉允濟) 4972
魯詩世學(豐坊) 2103
魯詩章句(韋賢) 1892
魯經(童品) 4006
魯經章句(王柏) 3989
魯説 1880
魯鄭易田説(亡名氏) 3838
魯論口義(歐陽溥) 4002
魯論明微(張演) 3981
魯論集議(向子愚) 3932
魯論語 3854
魯論語説(王駿) 3858
魯論語説(夏侯勝) 3857
魯隱公不書即位義(黄澤) 3836
魯齋大學詩解(許衡) 2884
劉鄭注周易(亡名氏) 727
諸家易林(亡名氏) 742
諸經正典(許奕) 4391
諸經考疑(王炎) 4382
諸經私抄(楊守陳) 4445
諸經衍義(李仁壽) 4432
諸經紀數(徐鑒) 4490
諸經解(隗禧) 4320
諸經義樞(尹思貞) 4351
諸經講義(史堯輔) 4399

諸經講義(吴之巽)　4399
諸經講義(胡埜)　4368
諸經講義(喻良能)　4383
諸經講義集解(危稹)　4387
諸經纂要(崔鄖、高重)　4349
諸經釋疑(王士奇)　4394
論喪服決(亡名氏)　2532
論語(周惇頤)　3905
論語(梁武帝)　3886
論語　4706
論語人物志(黄補)　3966
論語大意(李材)　4011
論語大意(趙善湘)　3974
論語大義(卞圜)　3946
論語大義(時少章)　3970
論語小義(幹道沖)　3996
論語口義(亡名氏)　3992
論語口義(王雱)　3906
論語口義(王賓)　3941
論語口義(史浩)　3945
論語井田義圖(亡名氏)　3991
論語比考讖　4790
論語少學(薛季宣)　3958
論語分篇(羅喻義)　4014
論語心義(萬表)　4007
論語孔子弟子目録(鄭玄)　4018
論語刊誤(李涪)　3900
論語正義(邢昺)　3902
論語世譜(亡名氏)　3993
論語本旨(姜得平)　3967
論語本義(鄭奕夫)　3986
論語石洞紀聞(饒魯)　3988
論語句解(劉豈嶓)　4003
論語外書(戴良齊)　5016
論語外篇(潘士達)　5017
論語外編(李栻)　4009
論語玄義(亡名氏)　3992
論語考異(吴棫)　3935
論語全解(陳祥道)　3911
論語全解(龔原)　3911
論語旨序(繆播)　3871
論語別義(范廙)　3884
論語私抄(楊守陳)　4004
論語近指(孫奇逢)　4015
論語近説(王承裕)　4006
論語言仁通旨(齊履謙)　3999
論語直解(朱震)　3935
論語直解(汪革)　3927
論語直解(薛季宣)　3959
論語述(許孚遠)　4009
論語述義(劉炫)　3890
論語述議(戴詵)　3886
論語或問(朱熹)　3953
論語或問臆説(李頻)　4013
論語知新(林栗)　3945
論語注(王令)　3905
論語注(王肅)　3865
論語注(王鞏)　3908
論語注(孔澄之)　3884
論語注(宋纖)　3881
論語注(范甯)　3876
論語注(周生烈)　3865
論語注(孟整)　3877
論語注(盈氏)　3891

論語注(陳奇) 3889
論語注(曹思文) 3885
論語注(曹宻) 3981
論語注(許容) 3885
論語注(麻達) 3863
論語注(張昭) 3869
論語注(張憑) 3880
論語注(鄒補之) 3956
論語注(虞遐) 3885
論語注(虞翻) 3869
論語注(蔡謨) 3883
論語注(鄭玄) 3861
論語注(盧氏) 3892
論語注(韓愈) 3896
論語注(譙周) 3864
論語注訓(何休) 3860
論語注義問答(陳宓) 3971
論語注義問答通釋(黄幹) 3954
論語注辨(張籍) 3899
論語注釋(尹毅) 3879
論語注釋(袁喬) 3878
論語注釋(梁覬) 3878
論語孟子類(楊泰之) 3968
論語拾遺(張涚) 3967
論語拾遺(蘇轍) 3907
論語指南(胡宏) 3939
論語指要(任士林) 4002
論語要義(亡名氏) 3992
論語要義(魏了翁) 3974
論語品類(陳蜕) 3896
論語修鄭錯(王氏) 3892
論語衍言(章潢) 4009
論語衍義(王柏) 3989
論語衍義(林士元) 4006
論語衍説(胡泳) 3968
論語後傳(陳知柔) 3963
論語訂釋(管志道) 4010
論語音(徐邈) 3873
論語洙泗萬一本旨(黄省曾) 4006
論語約説(鍾宏) 3982
論語紀滑讖 4789
論語素王受命讖 4789
論語剔義(亡名氏) 3901
論語訓注(沈驎士) 3885
論語訓蒙(俞杰) 4003
論語訓蒙口義(陳櫟) 4000
論語訓傳(王時會) 3970
論語訓解(劉懋) 3947
論語訓釋(鄭耕老) 3940
論語記蒙(陳耆卿) 3971
論語旁訓(沈易) 4003
論語展掌疏(亡名氏) 3992
論語陳説(釋贊寧) 3995
論語陰嬉讖 4789
論語通旨(王柏) 3989
論語通鄭(郄原) 3882
論語通類(王安石) 3905
論語探古(畢良史) 3942
論語探古(章良史) 3971
論語問(侯喜) 3899
論語問答(吴英) 3956
論語問答(陳如晦) 3982
論語略解(上官愔) 3929
論語略解(宋蘊) 3967

論語崇爵讖 4789
論語偶見(蔡國熙) 4007
論語逸編(鍾韶) 4012
論語章句(包咸) 3859
論語章句(周氏) 3863
論語章指(劉莊孫) 3999
論語商(周宗建) 4014
論語貫義(陳懿典) 4013
論語提要(吴簡) 4002
論語答問(輔廣) 3955
論語筆解(韓愈) 3896
論語筆義(劉教) 4007
論語集注(朱熹) 3951
論語集注(李充) 3875
論語集注(陶弘景) 3886
論語集注(衛瓘) 3870
論語集注考證(金履祥) 3989
論語集疏(蔡模) 3983
論語集傳(傅子雲) 3973
論語集解(王蘋) 3923
論語集解(太史叔明) 3887
論語集解(江熙) 3879
論語集解(杜莘老) 3903
論語集解(何晏、鄭沖等) 3866
論語集解(何逢原) 3944
論語集解(余象) 3904
論語集解(胡公武) 3961
論語集解(孫綽) 3876
論語集解(梁億) 3963
論語集解辨誤(周式) 3903
論語集義(王鶚) 3999
論語集義(朱熹) 3948
論語集義(崔豹) 3871
論語集説(孔元龍) 3984
論語集説(蔡節) 3986
論語集編(真德秀) 3974
論語童蒙説(柴中行) 3980
論語湖南講(葛寅亮) 4014
論語測(李頻) 4013
論語測疑(李弘明) 4016
論語弼(程秉) 3869
論語疏(張略) 3883
論語疏(賈公彦) 3895
論語發揮(何基) 3989
論語發揮(黄開) 3942
論語發微(吴沆) 3945
論語發微(陳孜) 3978
論語蒙讀(王承裕) 4006
論語傳(陳禾) 3931
論語傳(程迥) 3943
論語傳(鄭衆) 3860
論語傳(劉輔) 3859
論語傳習(虞世愷) 4015
論語傳説補(李春叟) 3988
論語傳贊(錢文子) 3980
論語會義(胡憲) 3940
論語解(王安石) 3905
論語解(王炎) 3947
論語解(王端禮) 3907
論語解(王絢) 3933
論語解(尹焞) 3921
論語解(吕大臨) 3915
論語解(李用) 3984
論語解(沈文柄) 3961

論語解(宋徽宗皇帝) 3901
論語解(林文昭) 3985
論語解(林亦之) 3963
論語解(周氏失名) 3991
論語解(馬融) 3861
論語解(夏良規) 3972
論語解(柴元祐) 3982
論語解(倪登) 3930
論語解(徐存) 3966
論語解(徐珣) 3943
論語解(徐椿年) 3943
論語解(高元之) 3966
論語解(陳士元) 4007
論語解(陳易) 3955
論語解(陳羣) 3864
論語解(陳藻) 3970
論語解(黄宙) 3972
論語解(許文瑞) 3934
論語解(許翰) 3933
論語解(章服) 3966
論語解(張九成) 3944
論語解(張浚) 3931
論語解(程瑀) 3930
論語解(曾元忠) 3929
論語解(楊泰之) 3968
論語解(楊時) 3920
論語解(趙敦臨) 3943
論語解(鄭剛中) 3934
論語解(劉安世) 3933
論語解(劉砥) 3955
論語解(錢觀復) 3927
論語解(謝良佐) 3915
論語解(謝諤) 3944
論語解(藺敏修) 3942
論語解(蘇軾) 3907
論語解(蘇總龜) 3945
論語解(羅維藩) 3971
論語解(釋智略) 3891
論語解義(黄祖舜) 3941
論語解義(葉隆古) 3946
論語解義(鄒浩) 3909
論語詩(林子充) 3926
論語詳解(郝敬) 4011
論語詳説(朱熹) 3950
論語詳説(李綱) 3931
論語詳説(胡寅) 3936
論語新義(金仁存) 3995
論語意原(亡名氏) 3993
論語意原(鄭汝諧) 3975
論語義(王濛) 3879
論語義(吕惠卿) 3906
論語義(伏曼容) 3884
論語義(郭好德) 4001
論語義(張譏) 3889
論語義(曾幾) 3934
論語義(湯巖起) 3927
論語義府(王肯堂) 4011
論語義注(亡名氏) 3893
論語義注(暢惠明) 3881
論語義注圖(亡名氏) 3894
論語義疏(孔鮒) 3856
論語義疏(皇侃) 3888
論語義疏(張沖) 3889
論語義疏(褚仲都) 3887

論語義疏(顧越) 3889
論語義證(倪思) 3965
論語駁異(王衡) 4012
論語摘科辨解(紀亶) 3903
論語摘衰聖 4788
論語摘輔象 4787
論語對偶(亡名氏) 4017
論語圖(林起宗) 4001
論語箋疏(袁黄) 4011
論語語類(潘墀) 3984
論語説(王萬) 3973
論語説(孔武仲) 3906
論語説(史通) 3907
論語説(江奇) 3930
論語説(何鎬) 3956
論語説(沈大廉) 3964
論語説(范祖禹) 3914
論語説例(吴棫) 3935
論語説(侯仲良) 3919
論語説(洪興祖) 3941
論語説(馬之純) 3966
論語説(孫應時) 3969
論語説(程頤) 3914
論語説(趙燮) 3979
論語説(滕璘) 3956
論語説(諸葛説) 3964
論語説(潘好古) 3969
論語説(魏天祐) 3980
論語精義(勾微) 3904
論語演義(劉元剛) 3987
論語增注(阮逸) 3904
論語增注(宋咸) 3902
論語撰人名(亡名氏) 3993
論語撰考讖 4790
論語樞要(亡名氏) 3994
論語樞要(馬總) 3900
論語標指(司馬氏) 3891
論語膚義(楊惟相) 4012
論語閱義疏(亡名氏) 3993
論語稽求篇(毛奇齡) 4016
論語論釋(姜處道) 3882
論語駮序(欒肇) 3873
論語輯説(馮椅) 3955
論語學案(劉宗周) 4013
論語辨(朱申) 3929
論語辨惑(王若虚) 3996
論語隱(郭象) 3872
論語隱義(亡名氏) 3892
論語隱義注(亡名氏) 3893
論語贅言(徐焕) 3981
論語藏集解(應琛) 3875
論語講疏文句義(徐孝充) 3890
論語講義(王庭珪) 3933
論語講義(吕中) 3986
論語講義(何執中) 3907
論語講義(林之奇) 3931
論語講義(晁説之) 3913
論語講義(黄方子) 3985
論語講義(許奕) 3967
論語講義(葉秀發) 3970
論語講義(傅蒙) 3985
論語講義(蔡元鼎) 3980
論語講義(劉弇) 3924
論語講義(戴表元) 4000

論語講説(蕭山)　3985
論語翼(梁椅)　3980
論語歸趣(王汝猷)　3983
論語雜問(亡名氏)　3894
論語雜解(游酢)　3920
論語雜義(亡名氏)　3901
論語難鄭(亡名氏)　3894
論語類求(沈懋孝)　4009
論語類編(周是脩)　4004
論語類編(羅用俊)　4005
論語類觀(黄鍰)　3929
論語纂(葉由庚)　3981
論語纂(蔡申)　3906
論語纂訓(邱義)　3964
論語纂遺(葉由庚)　5015
論語釋(丁明)　3972
論語釋(李充)　3876
論語釋(胡侊)　3982
論語釋(曹毗)　3874
論語釋(庾翼)　3875
論語釋(張憑)　3880
論語釋(張隱)　3882
論語釋(蔡系)　3881
論語釋文(陸德明)　3895
論語釋言(葉夢得)　3928
論語釋義(鄭玄)　3862
論語釋疑(王弼)　3868
論語釋疑(欒肇)　3873
論語釋駮(王肅)　3865
論語續注(宋明帝)　3882
論語續解(吴棫)　3935
論語體略(郭象)　3872
論語讖　4787
論語讚鄭氏注(虞喜)　3873
談經彙草(趙宦光)　4495
談經録(馮時可)　4472
潔齋家塾書鈔(袁燮)　1554
潮州春秋解(徐定)　3449
潛初子易説(岳元聲)　1093
潛虚(司馬光)　4867
潛虚易説(朱德潤)　4875
潛虚注釋(謝諤)　4874
潛虚衍義(張行成)　4875
潛虚發微論(張敦實)　4873
潛虚圖説(吴霞舉)　4875
潛虚精語(林希逸)　4875
窮理盡性經(亡名氏)　732
緱山論語旁通(杜瑛)　3998
編次孝經(蔡復賞)　4156
編定古文孝經(黄金色)　4139
編詩經古注(李鼎)　2119
編禮(吕大臨)　2535

十六畫

駮何氏漢議(鄭玄)　3149
駮何氏漢議叙(鄭玄)　3149
駮喪服經傳(卜氏)　2529
駢雅(朱謀㙔)　5065
燕射古禮(葉良佩)　2498
燕射禮儀(徐樾)　2499
燕傳説(無名氏)　3859
樸山易説(嚴肅)　674
樵坡書説(吴時可)　1574
輯周易鄭注(王應麟)　616

融堂四書管見(錢時) 4398
歷代善惡春秋(亡名氏) 4997
歷神泉(趙曄) 1895
慮齋考工記解(林希逸) 2398
戰國春秋(李概) 4973
學易枝言(郝敬) 1101
學易述談(方時化) 1073
學易宗孔(劉應元) 1160
學易記(李簡) 760
學易記(何榮祖) 805
學易記(金賁亨) 948
學易記(馮延登) 750
學易堂隨筆(程直方) 788
學易飲河(張納陛) 1102
學易補過(趙善湘) 609
學易管見(吕大圭) 667
學易疑義(鍾芳) 936
學易説(周方) 625
學易説約(丘富國) 676
學易隨筆(王立極) 1157
學易蹊徑(田疇) 594
學周禮法(王應電) 2365
學弢經籍説(沈堯中) 4479
學記口義(戴溪) 2763
學庸大旨(李鼎) 2979
學庸大旨(吴中立) 2976
學庸大義辨疑(童品) 2973
學庸口義(馬森) 2975
學庸口義(章袞) 2975
學庸日箋(陳元綸) 2980
學庸句解(張翥) 2970
學庸志略(萬表) 2976
學庸私録(熊釗) 2971
學庸初問(徐爌) 2975
學庸宗釋(鄒德溥) 2977
學庸要旨(王綸) 2972
學庸衍義(林士元) 2974
學庸庭訓(葉挺) 2972
學庸約説(倪公晦) 2968
學庸通旨(吴世忠) 2973
學庸問辨(程珮) 2980
學庸略(董應舉) 2978
學庸達解(王振熙) 2978
學庸答問(李渭) 2975
學庸蒙筏(沈漸) 2980
學庸傳宗參補(王養性) 2979
學庸圖説(朱文簡) 2974
學庸圖説(朱諫) 2973
學庸精義(童品) 2973
學庸緒言(金鏡) 2981
學庸敷言(程先民) 2972
學庸臆説(施儒) 2974
學庸歸旨(鄒德泳) 2977
學庸識大録(王豫) 2977
學庸釋義(游日章) 2976
學庸議(金賁亨) 2974
學詩舟楫(周聞孫) 2061
學詩多識(黄洪憲) 2114
學詩略(汪應蛟) 2136
學詩筆記(程直方) 2057
學詩管見(錢時) 2017
學禮質疑(萬斯大) 2694
儒行集解(黄道周) 2981
儒行解(蘇總龜) 2981

録古周易(晁説之)　361
獲麟解(羅泌)　3846
獲麟説(王鏊)　3847
獲麟説(胡銓)　3846
獲麟説(唐順之)　3847
獲麟論(席書)　3847
辨易九六論(劉禹錫)　248
辨虚(張漢)　4874
辨國語(林概)　3812
辨經正義(張沂)　4417
辨論譜説(鄧名世)　3407
辨靈命圖　4801
龍坡書解(孫調)　1550
龍魚河圖　4739
龍舒易解(王日休)　470
羲文易論微(樂只道人)　726
羲易正元(劉半千)　662
羲畫管闚(陳廷謨)　1173
羲經十一翼(傅文兆)　1068
羲經易簡録(陳仁錫)　1166
羲經要旨(滕伯輪)　1015
濂洛論語(劉黻)　5016
壁書辨疑(錢煌)　1722
壁業(范應賓)　1696
壁經要略(鮑麒)　1645
隱公是攝論(蘇軾)　3820
隱卦(文德翼)　4918

十七畫

戴記心法(徐畸)　2632
戴記存疑(陳塏)　2654
擬大誥(蘇綽)　4942
擬周易義疏(亡名氏)　216
擬春秋文辭(王褘)　5014
擬鄉飲酒禮(楊廉)　4954
擬肆夏詩(王韶之)　4953
擬詩(荀勗)　4946
擬詩外傳(黄省曾)　4943
鞠小正僞本(陶潛)　4954
韓故(韓嬰)　1882
韓詩章句(杜瓊)　1903
韓詩章句(張匡)　1895
韓詩章句(薛漢)　1891
韓詩圖(亡名氏)　1932
韓詩説　1883
韓詩翼要(侯包)　1902
檀弓別疏(顧起經)　2735
檀弓述注(林兆珂)　2735
檀弓注(鄭圭)　2735
檀弓記通(徐昭慶)　2736
檀弓問(張習孔)　2737
檀弓章句(謝枋得)　2733
檀弓評(陳騤)　2732
檀弓傳(徐人傑)　2732
檀弓詮釋(江旭奇)　2736
檀弓標義(徐應曾)　2734
檀弓輯注(陳與郊)　2735
檀弓辨(陳普)　2733
檀弓叢訓(楊慎)　2733
臨戎孝經(員半千)　5045
豳風七月圖(司馬昭)　2199
豳風圖(林子奐)　2200
豳風圖(趙孟頫)　2199
豳風説(茅坤)　2200

點四書凡例(包希魯)　4553
點注孟子(張簡)　4200
魏三字石經　5231
魏氏春秋(孫盛)　4980
魏正始石經大學　5283
魏春秋(鄭如幾)　4980
魏國語孝經(亡名氏)　4061
魏陽秋異同(孫壽)　4980
軀津易傳(何兑)　421
臆易(錢龍珍)　1257
講孝經義(昭明太子統)　4050
講春秋左氏傳疏(蔡襄)　3301
講幄集(廖道南)　4459
講讀録(李東陽)　4447
謙齋周易詳解(李杞)　656
謙齋書解(李杞)　1575
襄陵春秋集傳(許翰)　3383
邃卦(彭澤)　4916
寱言(樊良樞)　4491
禮　4695
禮大義(無名氏)　2593
禮大義(簡文帝)　2588
禮大義章(無名氏)　2594
禮元命包　4765
禮斗威儀　4763
禮古經　2410
禮考(吴嶽)　3048
禮考(張睿卿)　2692
禮志(丁公著)　3043
禮含文嘉　4761
禮捃遺(樓幼瑜)　3039
禮秘義(亡名氏)　3052
禮倫(陸隴其)　2693
禮記(慶普)　2551
禮記(戴聖)　2565
禮記(戴德)　2553
禮記大全(胡廣等)　2651
禮記大旨(童品)　2656
禮記大義(梁武帝)　2587
禮記大義(蔣繼周)　2621
禮記小疏(亡名氏)　2617
禮記口義(楊畿)　2631
禮記日鈔(魯穆)　2652
禮記日録(黄乾行)　2664
禮記中庸傳(戴顒)　2782
禮記中義(劉彝)　2609
禮記中説(馬翰如)　2673
禮記文外大義(褚暉)　2590
禮記文解(許升)　2624
禮記正訓(劉績)　2655
禮記正蒙(陳褒)　2665
禮記正義(孔穎達)　2594
禮記正義(鄒元標)　2674
禮記正義(鄭樸翁)　2634
禮記平要(亡名氏)　2648
禮記申惑(錢馭)　2692
禮記外傳(成伯璵)　2603
禮記外傳名數(亡名氏)　2618
禮記幼學(吴懷賢)　2687
禮記名義(亡名氏)　2617
禮記名數要記(亡名氏)　2617
禮記字例異同(亡名氏)　2605
禮記別解(葛承杰)　2692
禮記明訓(曹學佺)　2677

禮記注(王肅) 2579
禮記注(何炎) 2632
禮記注(高誘) 2575
禮記注(孫炎) 2580
禮記注(業遵) 2586
禮記注(趙汝談) 2624
禮記注(鄭玄) 2576
禮記注(盧植) 2577
禮記拾遺(余本) 2658
禮記要旨(戈九疇) 2671
禮記要旨補(聞人德潤) 2668
禮記要鈔(緱氏) 2592
禮記要義(王安石) 2610
禮記要義(魏了翁) 2626
禮記貞義(濮陽涞) 2668
禮記省度(彭頤) 2694
禮記訂補(鄧廷曾) 2686
禮記訂義(竺大年) 2630
禮記庭説(李文纘) 2671
禮記音(王肅) 2580
禮記音(尹毅) 2583
禮記音(沈重) 2590
禮記音(范宣) 2584
禮記音(徐爰) 2585
禮記音(徐邈) 2584
禮記音(孫毓) 2582
禮記音(曹耽) 2583
禮記音(蔡謨) 2583
禮記音(鄭玄) 2577
禮記音(劉昌宗) 2585
禮記音(謝楨) 2581
禮記音(繆炳) 2582
禮記音訓指説(楊逢殷) 2604
禮記音義隱(射慈) 2581
禮記音義隱(無名氏) 2592
禮記約言(王應井) 2693
禮記約述(陳有元) 2681
禮記約蒙(王崇慶) 2657
禮記捃拾(樓幼瑜) 2587
禮記陳氏集説補正(納蘭成德) 2697
禮記通考(繆主一) 2634
禮記通解(郝敬) 2676
禮記略解(庾蔚之) 2586
禮記偶箋(萬斯大) 2695
禮記章句(張孚敬) 2659
禮記章句(橋仁) 2575
禮記粕説(葉瑞齡) 2661
禮記貫屬(堵景濂) 2691
禮記超解(黄啓蒙) 2693
禮記敬業(楊鼎熙) 2688
禮記集成(王傑) 2654
禮記集注(徐師曾) 2670
禮記集注(陳榮選) 2685
禮記集注(羅倫) 2653
禮記集思通(朱道行) 2682
禮記集傳(連伯聰) 2650
禮記集傳(薛敬之) 2655
禮記集解(張應辰) 2635
禮記集義(周尚之) 2646
禮記集義詳解(陳櫟) 2645
禮記集説(陳澔) 2644
禮記集説(彭絲) 2643
禮記集説(衛湜) 2627

禮記集説(劉懋) 2619
禮記集説辨疑(戴冠) 2660
禮記評(劉雋) 2591
禮記評析(鄧廷曾) 2686
禮記評要(亡名氏) 2618
禮記裒言(李天植、王圻、古之賢) 2671
禮記補注(王翼明) 2685
禮記補注(程時登) 2645
禮記疏(無名氏) 2593
禮記疏意(秦繼宗) 2681
禮記疏義(顔曄) 2657
禮記發明(王安石) 2609
禮記節要(宋佳) 2654
禮記節疏(張業) 2653
禮記傳(吕大臨) 2614
禮記傳(何述) 2614
禮記傳(胡銓) 2619
禮記傳(陳長方) 2619
禮記會要(宗周) 2688
禮記解(王氏) 2636
禮記解(王炎) 2622
禮記解(王夢松) 2647
禮記解(方慤) 2611
禮記解(吕椿) 2643
禮記解(吴仁傑) 2620
禮記解(宋聞禮) 2631
禮記解(范鍾) 2631
禮記解(周諝) 2610
禮記解(馬晞孟) 2612
禮記解(莊夏) 2622
禮記解(陸佃) 2615
禮記解(陳伯春) 2643
禮記解(黄樵仲) 2623
禮記解(葉夢得) 2616
禮記解(楊炳) 2622
禮記解(楊訓) 2614
禮記解(慕容彦達) 2615
禮記解(輔廣) 2624
禮記解(劉爚) 2624
禮記解(顔棫) 2623
禮記解義(何文淵) 2652
禮記解義(陳暘) 2611
禮記詳節(吕祖謙) 2622
禮記詳解(朱申) 2634
禮記資記(汪鏜) 2669
禮記新義(湯三才) 2684
禮記新義疏(賀瑒) 2588
禮記意評(朱泰禎) 2682
禮記義(李夔) 2617
禮記義(何氏) 2592
禮記義(何佟之) 2587
禮記義(戚衮) 2590
禮記義林(汪自明) 2636
禮記義例(亡名氏) 2648
禮記義疏(沈重) 2589
禮記義疏(皇侃) 2588
禮記義疏(無名氏) 2593
禮記義疏(雷肅之) 2585
禮記義疏(熊安生) 2591
禮記義解(韓謹) 2632
禮記義證(劉芳) 2591
禮記滌除(阮峻) 2691
禮記群儒疑義(戴聖) 2575

禮記經學(游桂) 2621
禮記摭遺别説(樓幼瑜) 2587
禮記摘注(李上林) 2683
禮記摘訓(丘檞) 2669
禮記箋(堵維常) 2686
禮記箋説(戴士鰲) 2691
禮記劄言(章潢) 2672
禮記管見(楊維相) 2676
禮記疑問(俞安國) 2689
禮記疑問(姚舜牧) 2672
禮記説(徐即登) 2675
禮記説(黄以翼) 2631
禮記説(黄祖舜) 2620
禮記説(張載) 2607
禮記説(韓性) 2647
禮記説義(楊氏) 2698
禮記精義(李格非) 2609
禮記精義(曾光祖) 2623
禮記寧朔新書(司馬伷) 2582
禮記遺説(張泳) 2632
禮記課兒述注(沈一中) 2674
禮記擇言(王崇獻) 2656
禮記輯解(賈蒙) 2635
禮記默房 4760
禮記辨證(程龍) 2646
禮記隱(無名氏) 2592
禮記講疏(皇侃) 2589
禮記講解(周維昭) 2690
禮記講義(陳祥道) 2611
禮記講義(陳普) 2635
禮記講義(張氏) 2636
禮記講義(樊光遠) 2621
禮記翼宗録(靳於中) 2677
禮記總類(張洪) 2652
禮記斷章(韓邦奇) 2656
禮記類聚(無名氏) 2594
禮記類説(余復) 2625
禮記繩愆(王元感) 2599
禮記纂言(吴澂) 2637
禮記纂注(王萓) 2675
禮記纂要(王經) 2653
禮記纂義(應鏞) 2626
禮記纂圖(亡名氏) 2649
禮記覺言(葉遇春) 2647
禮記釋(陳焕) 2635
禮記釋文(陸德明) 2599
禮庫(亡名氏) 2321
禮書(陳祥道) 3045
禮通義(曹褒) 2552
禮問(范甯) 3031
禮問(林震) 2625
禮問内外篇(吕柟) 3048
禮略(杜肅) 3044
禮略(汪應蛟) 2674
禮略(景鸞) 3031
禮象(陸佃) 2616
禮章句辨難(曹充) 2551
禮答問(王儉) 3037
禮答問(何佟之) 3036
禮答問(郭鴻) 3040
禮答問(庾蔚之) 3036
禮測(樊良樞) 2681
禮疏(褚暉) 3041
禮統(邱季彬) 3039

禮統(賀述)　3042
禮瑞命記　4765
禮傳(鄭節)　2653
禮解(邵囦)　2625
禮解(舒璘)　2625
禮意大全(何廷矩)　2354
禮義(鄭小同)　2580
禮義解(韓惇)　2632
禮經大義(王華)　2654
禮經内解(徐鑒)　2678
禮經正義(王方慶)　2599
禮經考次(劉宗周)　2678
禮經私録(祝萃)　2655
禮經約(楊維楨)　2648
禮經通旨(閻繩芳)　2669
禮經博約(黄克)　2651
禮經搜義(余心純)　2676
禮經會元(葉時)　2312
禮經解義(傅永淳)　2688
禮經圖(胡賓)　2481
禮經疑(郭叔雲)　2623
禮經緝正(李如一)　2690
禮經辨(何維柏)　2666
禮經類記(祝啓同)　2683
禮經類説(余復)　2292
禮經纂要(周昌)　2469
禮經纂要(侯君擢)　2687
禮經讀(李舜臣)　2478
禮圖(許判)　3048
禮疑(陳言)　2667
禮疑義(周捨)　3040
禮説(方大鎮)　2676
禮粹(張頻)　3044
禮樞(亡名氏)　2618
禮稽命徵　4764
禮稽命曜　4765
禮儀答問(王儉)　3038
禮樂從宜集(鄭鼎新)　3045
禮樂舉要(鄭鼎新)　3045
禮樂議(亡名氏)　3052
禮質疑(李公緒)　3044
禮論(王通)　3042
禮論(李清臣)　2606
禮論(李敬玄)　3043
禮論(邱季彬)　3038
禮論(何承天)　3032
禮論(何洵直)　3045
禮論(周續之)　3035
禮論(章望之)　2608
禮論帖(任預)　3034
禮論要鈔(亡名氏)　3051
禮論要鈔(王儉)　3037
禮論要鈔(賀瑒)　3040
禮論條牒(任預)　3033
禮論區分(亡名氏)　3053
禮論答問(徐廣)　3033
禮論鈔(亡名氏)　3051
禮論鈔(任預)　3034
禮論鈔(庾蔚之)　3036
禮論鈔略(亡名氏)　3053
禮論鈔略(荀萬秋)　3038
禮選(邢昺)　2606
禮編(唐伯元)　3049
禮編(陳普)　3046

禮緯　4760
禮學幼範(汪汝懋)　2730
禮辨(李心傳)　2624
禮辨(戴良齊)　2630
禮辨名記(蔡氏)　2578
禮雜問(亡名氏)　3051
禮雜問(范甯)　3031
禮雜問答(王方慶)　3042
禮雜問答(何佟之)　3037
禮雜答問(亡名氏)　3051, 3052
禮雜義(吴商)　3032
禮難(吴商)　3031
禮類聚(亡名氏)　3052
禮釋疑(何承天)　3033
禮議(邱季彬)　3039
禮議(傅隆)　3035
禮議雜記故事(吴商)　3032
禮鑰(亡名氏)　2618
翼玄(張行成)　4847
翼孟(李惟正)　4227
翼孟(劉軻)　4185
翼孟音解(陸筠)　4214
翼經罪言(黄澤)　4429
翼範(陳伯達)　1793
翼禮(程榮秀)　4953
總明館孝經講義(晉孝武帝)　4042

十八畫

鬆陰堂學易(賈必選)　1247
覲禮辨(方回)　2503
醫孝經(亡名氏)　5049
齕骨林(亡名氏)　740
叢桂毛詩集解(段昌武)　2026
題旅獒圖(貢師泰)　1820
鵝湖讀易編(笪繼良)　1107
簡端録(邵寶)　4448
歸愚子大衍圖(羅泌)　1316
歸藏　22
雜災異(亡名氏)　126
雜禮義問答(戚壽)　3040
斷章别義(蔣之驎)　2174

十九畫

難左氏義(李育)　3135
難孫氏毛詩評(陳統)　1911
警心易贊(孟珙)　610
繫辭十篇書(陳仁錫)　1307
繫辭旨略(齊履謙)　1307
繫辭字訓(張習孔)　1307
繫辭注(明僧紹)　1297
繫辭注(荀諝)　1299
繫辭注(袁悦之)　1295
繫辭注(桓玄)　1294
繫辭注(韓康伯)　1293
繫辭要旨(亡名氏)　1306
繫辭發揮(何基)　1305
繫辭傳(韓元吉)　1301
繫辭傳解(黄幹)　1303
繫辭解(王之佐)　1304
繫辭解(胡瑗)　1299
繫辭解(蔣之奇)　1301
繫辭義疏(杜弼)　1298
繫辭説(司馬光)　1299

繫辭説(鄧傳之)　1302
繫辭纂義(鄒浩)　1299
繫辭釋(舒濟)　1305
麗澤論説(喬年)　4492
麗澤論説集録(吕祖謙)　4380
關雎解(崔銑)　2195
嚴氏春秋章句(馮氏)　3123
鏗鏗齋易郵(朱篁)　1061
識誤(張淳)　2437
類左傳(桂績)　3419
類注儀禮(黄士毅)　2449
類禮(陸質)　3043
類禮(梁寅)　2650
類禮(魏徵)　2598
類禮義疏(元行沖)　2600
繪孟(戴君恩)　4244

廿　畫

騶虞解(周紫芝)　2195
藺江考工記解(趙溥)　2398
藺易十二翼(馮京第)　4914
獻帝春秋(袁曄)　4976
蠙衣生易解(郭子章)　1056
纂禹元經(白告)　4928
纂集柯山尚書句解(李公凱)　1618
纂圖互注毛詩(亡名氏)　2053
釋文(張淳)　2436
釋文玄説(張齊)　4839
釋宫(李如圭)　2438
釋國語(張邦奇)　3815
饋食禮圖(趙彦肅)　2549
繼春秋機要賦(李象)　3253

廿一畫

攝生月令圖(姚稱)　4958
儼山詩微(陸深)　2094
鐵山先生春秋提綱(陳則通)　3550
竈觚餘談(顧起經)　3707
顧命朝會考(方回)　1826
顧命説(汪琬)　1826
屬辭比事紀(毛奇齡)　3795
續大學衍義(吴瑞登)　2946
續大學衍義(劉洪謨)　2939
續大學衍義補(鄒觀光)　2934
續文獻通考經籍考(王圻)　4469
續曲臺禮(王彦威)　4953
續朱异集註周易(孔子袪)　195
續汲冢師春(顧起經)　5011
續孝經衍義(楊少愚)　4112
續投壺經(史玄道)　2719
續東溪易傳(劉光祖)　562
續尚書(陳正卿)　4925
續注論語(史辟原)　3890
續定周禮全經集注(王圻)　2353
續孟子(林慎思)　5049
續春秋左氏傳義略(王元規)　3207
續春秋明經(黄佐)　3669
續春秋經傳(裴光庭等)　4972
續皇極經世書(安熙)　4893
續屏山杜氏春秋遺説(敬鉉)　3530
續晉陽秋(檀道鸞)　4984
續書(王通)　4923
續國語(王柏)　5008
續越絶書(錢馭)　4968

續鈎隱圖(黄黎獻) 286
續解易義(龔原) 356
續詩(王通) 4943
續爾雅(劉伯莊) 5057
續漢春秋(王希聖) 4978
續演雅詩發揮(白珽) 5066
續儀禮經傳通解(黄榦) 2446
續讀詩紀(戴溪) 2016

廿二畫

體尚書(明仁宗皇帝) 4927
讀三傳日抄(黄震) 3498
讀四書叢説(許謙) 4553
讀毛詩(黄仲昭) 2090
讀左日抄(朱鶴齡) 3778
讀左氏贅言(王升) 3705
讀孝經雜記(胡銓) 4086
讀余氏尊孟辨説(朱熹) 4218
讀尚書(黄仲昭) 1644
讀尚書考(張元忭) 1684
讀易(尤彬) 613
讀易十字樞(夏氏) 864
讀易日抄(黄震) 625
讀易日記(周用) 920
讀易日録(高暐) 887
讀易内篇問篇外篇(羅喻義) 1131
讀易老人解説(李光) 415
讀易攷原(蕭漢中) 828
讀易別記(殷子義) 1058
讀易私抄(楊守陳) 891
讀易私言(許衡) 761
讀易私記(胡世寧) 916
讀易私記(黄光昇) 987
讀易近解(湯秀琦) 1267
讀易析疑(方回) 669
讀易述餘(李公柱) 1269
讀易指南(徐良) 889
讀易便解(毛澄) 1162
讀易便解(屠隆) 1086
讀易紀聞(吕祖謙) 533
讀易紀聞(張獻翼) 1025
讀易索隱(洪肅) 938
讀易記(王柏) 688
讀易記(王漸逵) 957
讀易記(李賢) 888
讀易記(徐僑) 548
讀易記(陳沂) 653
讀易記(張汝謙) 1151
讀易記(趙氏) 867
讀易記(劉淵) 792
讀易略記(朱朝瑛) 1198
讀易偶見(潘鳴時) 1059
讀易偶記(余芑舒) 809
讀易隅通(來集之) 1200
讀易蒐(鄭賡唐) 1181
讀易筆記(王炎) 482
讀易備忘(余本) 941
讀易備忘(黄潛翁) 975
讀易備忘(劉肅) 758
讀易須知(俞琰) 706
讀易鈔(鍾化民) 1088
讀易鈔(董守諭) 1175
讀易夢覺(史記事) 1115
讀易愚得(顧應祥) 924

讀易愚慮(談綱) 897
讀易瑣言(程廷策) 1007
讀易圖記(劉宗周) 1118
讀易劄記(李貴) 1009
讀易管見(邵困) 506
讀易管見(周積) 970
讀易管見(孫嶸叟) 668
讀易管見(潘溯) 834
讀易管見(蕭山) 613
讀易管見(鄭伉) 964
讀易管窺(衛謙) 840
讀易寤言(來知德) 1023
讀易寤言(孟化鯉) 1088
讀易緒言(錢棻) 1202
讀易餘言(崔銑) 921
讀易舉要(俞琰) 705
讀易録(穆孔暉) 925
讀易臆説(張獻翼) 1026
讀易雜記(吴師道) 833
讀易韻考(張獻翼) 1026
讀易類編(鄧文原) 805
讀易纂(張元蒙) 1075
讀易蠡測(徐之祥) 800
讀周禮日抄(黄震) 2313
讀孟子日抄(黄震) 4232
讀孟子法(吴迂) 4236
讀孟私箋(顧起元) 4243
讀春秋(黄仲昭) 3647
讀春秋日抄(黄震) 3497
讀春秋記(王柏) 3499
讀書日鈔(黄震) 1577
讀書拙見(汪在前) 1684
讀書記(王漸逵) 1657
讀書記(袁覺) 1555
讀書記(葉良珮) 1659
讀書略記(朱朝瑛) 1712
讀書愚管(黄光昇) 1662
讀書管見(王充耘) 1607
讀書叢説(許謙) 1604
讀書譜(梅鷟) 1653
讀曾子問、文王世子(熊過) 2760
讀鳧鷖假樂篇(熊過) 2202
讀詩一得(黄震) 2042
讀詩私記(章叔平) 2040
讀詩記(王漸逵) 2099
讀詩記(李賢) 2087
讀詩記(范祖幹) 2080
讀詩記(徐僑) 2013
讀詩略記(朱朝瑛) 2161
讀詩疑問(蘇天爵) 2071
讀詩録(胡胤嘉) 2146
讀詩臆説(王宗道) 2018
讀詩總説(段昌武) 2027
讀經典大義(王元規) 4328
讀經録、附録(林士元) 4457
讀蔡傳疑(余芑舒) 1601
讀範内篇(羅喻義) 1815
讀論勿藥(余懋學) 4010
讀論語日抄(黄震) 3988
讀儒行(李覯) 2981
讀禮三録(趙佐) 2692
讀禮日抄(黄洪憲) 2672
讀禮抄(馮子咸) 2673
讀禮附論(萬斯同) 2696

讀禮表微(程曒) 2684
讀禮記(王漸逵) 2658
讀禮記日抄(黄震) 2633
讀禮通考(徐乾學) 2546
讀禮問(趙宧光) 2687
讀禮備忘(吴性) 2667
讀禮疑圖(季本) 2350
讀禮類編(吾翕) 2658

廿三畫

變卦天道大備書(林偹) 430
變卦反對圖(李之才) 292
變卦纂集(林偹) 431
麟傳統宗(夏元彬) 3751
麟經淵源論(徐端卿) 3415
麟經賦(吴曒) 3570
麟經總論(黄開) 3419

廿四畫

靈命本圖 4801

廿六畫

讚易(王通) 208

□□易外(屈□□) 1244

作者索引

1. 本索引依作者姓氏筆畫之順序排列，姓氏筆畫相同者，按第二字筆畫順序排列。
2. 佛門人物，排在廿畫釋字之下。
3. 姓字有闕的，排在本索引之末尾。第二字有闕者，排在該姓字筆畫的末尾。

二畫

丁公著　3043，4183
丁奉　2097，4455
丁明　3972
丁易東　780，1318
丁副　3291，3292
丁鈇　3705
丁裔昌　3512
丁寬　68
丁徵　968，2092，4590
丁璣　1808，2477，2894
丁錟　574，1559，3468
丁禮　2335
卜大有　4466
卜氏　2529
卜恕　2719
卜商　60，1842
刁氏　3161
刁包　1204

三畫

干寶　171，172，1912，2254，3194
于孔兼　4613
于正封　3333
于世封　1490
于房　304
于弇　327
于琳　1258
于慎行　4472
士燮　3159
大、小夏侯　1420，1421
上官公裕　1495
上官均　2729
上官愔　1500，3929，4206
上官儀　2718
亡名氏　124，125，126，127，128，156，215，216，217，218，219，220，221，267，727，727，728，729，730，731，732，733，734，735，736，737，738，739，740，

741, 742, 743, 744, 745, 746, 747, 869, 1272, 1273, 1274, 1278, 1306, 1323, 1434, 1446, 1450, 1466, 1495, 1496, 1497, 1498, 1588, 1780, 1819, 1820, 1930, 1931, 1932, 1939, 2051, 2052, 2053, 2054, 2194, 2195, 2198, 2206, 2258, 2259, 2320, 2321, 2328, 2329, 2407, 2429, 2458, 2483, 2484, 2529, 2530, 2531, 2532, 2533, 2605, 2617, 2618, 2648, 2649, 2714, 2718, 2725, 2753, 3024, 3025, 3051, 3052, 3053, 3111, 3112, 3216, 3217, 3218, 3219, 3278, 3279, 3280, 3281, 3282, 3520, 3521, 3522, 3523, 3524, 3525, 3604, 3815, 3835, 3838, 3842, 3845, 3892, 3893, 3894, 3901, 3991, 3992, 3993, 3994, 4017, 4018, 4060, 4061, 4115, 4118, 4120, 4234, 4237, 4238, 4296, 4297, 4335, 4336, 4418, 4419, 4435, 4510, 4574, 4575, 4858, 4859, 4904, 4997, 5005, 5006, 5049, 5058, 5292

四　畫

王三善　1120
王十朋　1520, 1774, 2282, 3420
王又玄　210
王士正　4959
王士奇　4394
王大用　938, 1647, 4591
王大覺　2119
王大寶　436, 1521, 1984
王之士　1011
王之佐　1304
王天與　1610
王天鐸　750
王元杰　3588
王元規　3207, 4056, 4328
王元感　1475, 2599, 3226, 4068
王太沖　585
王日休　470, 471, 1557, 3435, 3436
王升　3705
王仁　2830
王介　3458
王氏　1465, 1779, 2320, 2528, 2636, 3519, 3796, 3892, 4335
王文煥　2878
王文貫　3467
王文澤　1620
王文獻　4084
王方慶　2433, 2599, 2713, 3042
王正中　1197
王世貞　3690, 5014
王世德　3738
王世懋　1012, 4469
王申子　797, 2326, 3551
王令　3905, 4193
王立極　1157, 2950
王玄度　228, 1475, 1936, 2265,

2599, 3226
王玄載 4049
王弘撰 1233, 1234
王幼孫 669, 1341, 2770, 2964
王存 319
王同 67
王延之 3198, 3199
王廷相 1354, 2386, 2488, 2497, 2544, 2546, 2706, 2777
王廷珪 4369
王廷熠 4626
王仲孚 3511
王自申 4224
王行 4100
王充 4173
王充耘 1607, 1608, 1609, 4551
王汝猷 3514, 3983, 4231
王宇 1071
王守一 407
王守仁 2907, 2908, 3831, 4128, 4451
王安石 338, 1290, 1788, 1948, 2269, 2609, 2610, 3337, 3905, 4078, 4193, 4365
王艮 1159
王圻 2353,2671, 4469
王孝籍 1463
王志長 2132, 2372, 2479
王材 4599
王伯興 1929
王希旦 806, 1613, 4423
王希聖 4978
王含光 1251
王宏 158
王劭 2729
王玢 3151
王長文 3180, 4861
王若虛 1589, 3996, 4234, 4421
王述古 1104
王肯堂 1695, 4011, 4617
王昇 400
王侗 4590
王所 4414
王受益 3632
王炎 482, 1523, 1743, 1827, 2397, 2493, 2622, 2716, 3433, 3947, 4088, 4382
王沿 3286
王宗道 585, 1569, 2018, 2999
王宗傳 567
王建中 1699
王居正 1499, 1962, 2277, 3379, 3932, 4207, 4367
王承裕 1353, 2488, 4006
王春復 999
王拱東 972
王挺 3784
王荁 2675
王相 3601
王柏 688, 1341, 1580, 1581, 1748, 2043, 2045, 2816, 2876, 3499, 3989, 4232, 4531, 5008, 5021, 5063
王勃 231, 5015

王奎文 2823
王昭禹 2271
王昭素 271
王俊乂 401
王勉 4114
王奕 2308, 2812, 4230, 4405
王庭珪 420, 3933
王庠 4363
王彦文 2092
王彦休 3418
王彦威 4953
王洪暉 4958
王洙 300, 301, 1823,2266
王祖嫡 1685
王神貴 4331
王祚昌 1158
王振熙 2978
王華 2654
王恭 2989
王莊 3597
王桂 4565
王原 1637
王時敏 4517
王時會 562, 1558, 2494, 3970
王剛中 455
王乘 3323
王師心 421
王逢 340, 1279, 1284, 2086, 4577
王家屏 1286
王朗 129, 3154, 3155
王恕 890, 4444
王通 208, 3042, 4923, 4943, 5012, 5035
王納諫 1128
王哲 3297, 3298
王接 3179
王基 1905
王埜 1033
王埜翁 696, 697
王敕 4449
王問 1663
王崇儉 3686
王崇慶 930, 1652, 2096, 2657, 3662, 4455
王崇獻 2656
王逸 2518
王商範 2209
王煥 4329
王涯 2753, 4831
王悱 4083
王惟賢 3572
王惟儉 4489
王寅 1218, 1220, 3786
王啓 906, 2337, 2902
王啓元 4499
王隆伯 2523
王琰 4989
王堪 2486
王達 886, 1636
王萬 590, 1338, 1570, 2022, 2810, 3973, 4228
王葆 3386
王晳 317

王軫 4995
王雲鳳 903, 4588
王雱 1488, 3906, 4198, 4283
王棐 3313
王遇 4517
王景 1309
王凱沖 210
王喬桂 1286
王傑 2654
王復春 4598
王復禮 4162, 4509, 4648, 4649
王循吉 4470
王鄒彥 3254
王普 2768
王尊賢 2843
王道 940, 1653, 2097, 2915, 3664
王道彦 5005
王道焜 3758
王湜 367
王惲 1732, 1733, 2724
王弼 136, 143, 144, 3868
王結 804
王遠知 260
王夢白 2187
王夢松 2647
王夢麟 1038
王輅 1282
王粲 1447
王當 3329
王嗣槐 1364
王與之 2302
王慫期 3180
王諍 2924
王廉 878, 1821, 3009, 3630, 4579
王義朝 434, 435
王義端 4412
王猷定 2708
王愷 658
王禕 1749, 1806, 2082, 2331, 5014
王肅 133, 1446, 1903, 1904, 2251, 2425, 2506, 2508, 2579, 2580, 3156, 3804, 3865, 4038, 4321, 4827, 5020
王經 2653
王廣謀 5022
王廙 162
王韶之 4953
王端禮 370, 3907
王鄞 407, 408
王養性 2979
王漸 4069
王漸逵 957, 1657, 2099, 2658, 2839, 2916, 3666, 4591
王賓 3941
王緒 912
王綽 3471
王綱振 1761
王綸 2972
王絢 3933, 4085
王鞏 3908
王震 3734

王範　4988
王儉　1453，2517，3037，3038，3198
王質　1977
王潤孫　882
王豫　1085，2977，4242，4612，4883
王畿　992，2922
王樵　1003，1668，1669，2111，2353，2479，3687，3688，4601
王叡　3512
王曉　406，2257，3327
王衡　4012
王錡　325
王錫爵　3698
王濛　3879
王隱　234
王駿　3858
王曙　1479
王鎡　655，1043，3475
王應山　4497
王應井　2693
王應電　2361，2364，2365，2387，2388，4473
王應遴　1042
王應麟　616，1827，2032，2033，2037，2709，3496，4410
王鴻　4840
王濟　160
王翼明　2685
王鏊　3648，3831，3847
王蘋　378，3923
王鶚　3999
王覺　4464，4609
王耀　2723
王巖叟　345，1951
王鑄　1076
天門子　726
元延明　1926，2988，4330
元行沖　2600，4069
元明善　1607
元保宗　3328
元載　247
五鹿充宗　75
支立　4445
不爲子　726
太史叔明　3887，4054
太叔裘　1907
尤彬　613
尤袤　2282
戈九疇　2671
牛思純　1335
牛師德　394
牛衷　5065
牛應元　4614
毛友　3515
毛友誠　654
毛邦彦　3514
毛邦翰　4375
毛先舒　2546
毛仲　1035
毛亨　1886
毛奇齡　1264，1265，1723，2180，2181，2192，2488，2547，2952，

3793，3795，3796，4016
毛尚忠 4620
毛居正 4392
毛晉 2174
毛晃 1735
毛萇 1887
毛漸 1954
毛澄 1162
毛璞 583，4385
毛應龍 2326，2327
仇二常 1060
公羊高 3100
公孫段 60
勾微 322，3904
卞大亨 1494
卞伯玉 1295
卞圜 3946
文天祥 1284，2769
文安之 1171
文彥博 1483，1725
文軫 4906
文翔鳳 1129
文德翼 4918
文濟道 3318
方一木 3696
方九思 3516
方大鎮 1103，2139，2676
方太古 968
方公權 672，1623
方氏 3518
方孔炤 1139，3745
方以智 1197，5067
方禾 2876
方弘静 4468
方回 669，670，1826，2200，2201，2457，2503，2761，4891
方舟 724
方汝一 655
方孝孺 883，1827，2331，2709，2710，2711，3639，4124
方社昌 1040
方泳之 665
方承賚 2723
方時化 1073
方逢辰 620，1577，2813，2963，4096
方逢時 1000
方通 1623
方淑 3413
方揚 1685，4139
方道釐 2074,3571
方傳 1622
方實孫 638
方慤 2611
方範 3192
方學漸 1075，4138
方濯 614
方鯤 1143
方獻夫 961，2834，2914
尹天民 392
尹玉羽 3275
尹用和 3559
尹更始 3124
尹知章 4070

尹思貞　4351
尹彦頤　723
尹洪　1647
尹洙　4995
尹恭初　1482
尹躬　424, 2387
尹焞　3921, 4204
尹毅　2583, 3879
尹濤　196
孔子祛　195,1457
孔元龍　3984
孔氏　1917, 3215, 3519
孔光　4046
孔安國　1422, 3856, 4027
孔克表　4436
孔武仲　1484, 1735, 1790, 1950, 3840, 3906
孔奇　3128
孔旼　1313, 4838
孔衍　2512, 3182, 4922, 4923, 4974, 4975, 5007
孔晁　1449, 3807
孔倫　2426, 2511
孔智　2522
孔嘉　3129
孔維　4355
孔澄之　3884
孔融　3151
孔學周　1360
孔鮒　3856, 5054
孔穎達　223, 227, 1470, 1932, 2433, 2594, 2712, 3221, 4067
毋昭裔　4280

五　畫

艾南英　1760
艾謙　584
古之賢　2671
左邱明　3086, 3799
左輔　918, 1351
左贊　2776
石一鰲　681
石介　312, 3286
石公孺　3401
石光霽　3637
石汝礪　310
石伯元　846
石牧之　318
石恪　5047
石琚　3680
石朝英　3438, 3439
石憝　506, 2797
石賡　4521
石鵬　4545
平貞賚　4071
申孝友　607
申佳胤　2158
申時行　1672
申培　1877
申嘉胤　4634
田元休　3203
田汝耔　926
田何　66
田君右　663, 1339, 3516

田僧紹 2518
田澤 1803
田儁之 2427
田疇 594, 4518
史于光 956, 4592
史公珽 835
史以徵 4644
史玄道 2719
史仲午 1572
史守道 2019, 2290
史伯璿 4570
史季敷 2703
史定之 2494
史孟傳 1559
史孟麟 3834
史記事 1115, 1698, 2212, 4618
史浩 1513, 2385, 3945
史通 369, 1278, 3907, 4199
史惟堡 1703
史堯輔 4399
史朝富 2925
史蒙卿 675
史煒 1712
史辟原 3890
史漸 1572
史彌大 562, 1316
史證 258
史繩祖 4094
冉庸 1632, 4580
丘九奎 2167
丘迪 1620
丘葵 1580, 2049, 2314
丘巽之 563
丘義 506
丘樨 2669
丘濬 2896
丘礦 435
丘鑄 405
代淵 285
白告 4928
白良輔 2832
白居易 4929
白珽 5066
白賁 4105
白雲子 725
白翔 4644
白勳 326
令狐氏 1939
令狐揆 310
句中正 5290
句龍傳 3411
包天麟 676
包文舉 3636
包希魯 1290, 2209, 4553
包沐 1649
包咸 3859
包恢 2301
包萬有 1817, 4473
包瑜 891, 3648
包諝 4995
氾毓 3178
司空圖 3838
司馬子已 597
司馬氏 3891

司馬光　341，1299，1824，2721，2784，2854，2952，2959，4075，4191，4843，4867，5033
司馬佃　2252，2582
司馬昭　2199
司馬彪　4976
司馬康　4192
司馬瓛　2518
皮元　3325
皮日休　3252，4952，4955

六　畫

邢昺　2606，3902，4073，4281
邢朝宗　407
邢融　169
邢璹　255
吉觀國　4083
成申之　1575
成玄　3251
成玄英　260
成伯璵　1476，1937，2603
成勇　1178
吕大圭　667，3499，3500
吕大防　343
吕大臨　376，1490，2535，2613，2614，2786，2787，2856，3915，4203
吕不韋　5000
吕中　629，3986
吕公著　4074
吕文優　1452
吕本中　3379
吕吉甫　1792
吕光洵　994，2107
吕叔玉　1890
吕枏　928，1651，2210，3048，3063，3661，4240，4454，4591
吕奎　3332
吕洙　852，1346，2886
吕祖謙　528，530，531，533，1302，1530，1995，2622，2762，3428，3429，3431，3432，3813，4380
吕造　1589
吕惠卿　3906，4080
吕椿　1614，2021，2643，3551
吕溥　2886
吕維祜　4148
吕維祺　4146，4147
吕賢　1811，4902
吕豫　750
吕穆　1670
吕凝之　567
吕濬　1242
吕獻　1646
同谷子　1770
朱之俊　1175
朱天麟　1185
朱元昇　689
朱元弼　2844，2929
朱日濬　1257
朱中　1339，4889
朱升　870，1629，2078，2968，3009，4121，4576，5070

朱公遷　2066，4530
朱氏　155，721
朱文簡　2974
朱本　1347，4893
朱右　1630，1749，2775，3629
朱申　2310，2634，2703，3493，3929，4100，4231
朱由義　3516
朱弁　1510
朱存理　4453
朱自强　1032
朱汝礪　2173
朱异　194
朱近禮　2061
朱玠　375
朱長文　319，1950，3319
朱知常　720
朱定　3299
朱承祖　660
朱星　972
朱恮　3420
朱祖義　840，1619
朱泰禎　2682
朱振　3333，3334
朱倬　2074
朱國盛　3743
朱得之　2116
朱衮　2910
朱寀　3296
朱朝瑛　1198，1712，2161
朱焯　4610
朱鼎材　4155
朱善　2081
朱道行　1703，2146，2682
朱統鐕　2122
朱載堉　1062，2495，3064，4951
朱睦㮮　3719，4474，4475
朱綬　907，4588
朱震　421，422，3408，3935
朱篁　1060，1061，4608
朱質　575，1043
朱德潤　4875
朱賡　4472
朱潤　4596
朱熹　534，535，544，1280，1288，1335，1541，1730，1769，1775，2004，2206，2439，2445，2497，2716，2723，2739，2768，2800，2803，2859，2863，3948，3950，3951，3953，4089，4216，4217，4218，4512，4513，5280
朱謀垏　1062，2121，5065
朱諫　2973
朱謚　880
朱隱老　854，4894
朱縉　2501
朱臨　3313
朱謐　1348，4581
朱襄　1269，2406
朱應昇　2852
朱鴻　4153
朱鶴齡　1717，1766，1769，2176，3776，3778
朱鑑　2009

伏恭　1893
伏曼容　191，192，3884
伏萬壽　104
伏勝　1416
伏黯　1891
延陵　3517
延篤　3148
仲子陵　2527
任士林　823，4002
任公輔　3507
任文薦　4374
任正一　262
任孝恭　1458
任伯雨　3355
任希古　229，4068
任希夷　4386
任良　98
任奉古　257，4071
任直翁　600
任桂　3699
任惟賢　1024
任預　3033，3034
任經　1041
任慶雲　1038
任續　3402
伊氏　2528
伊在庭　1017
伊伯熊　928
伊説　1449，2255
向子懇　3932
向秀　159
后蒼　1880，2550，4030
全天叙　1756
全綏　1928
危素　4295
危稹　4387
羊永德　3419
米芾　371
米榮　993
江一麟　1008
江元祚　4156
江氏　3519
江休復　3298
江旭奇　1713，2736，4157
江杞　4082
江直方　4108
江奇　3930
江泳　662，2813
江係之　4054
江彦明　2128
江洙　3335
江致堯　2308
江翁　4029
江逢辰　4431
江惇　1917
江琦　3375
江與山　2387
江愷　2048，4529
江遜　4054
江熙　1916，3181，3879
江銓　2919
江端禮　3813
江曉　3661
江默　549，4516

江灌　4274，4275
宇文材　4914
宇文弢　4058
宇文虚中　3385
安氏　2189
安泳　661
安熙　2058，3557，4555，4893
安磐　925
阮兆　407
阮侃　1914
阮珍之　2203
阮咸　159
阮峻　2691
阮逸　300，2738，3904，5013
阮琳　1039，2478
阮渾　160
阮諶　2984
阮籍　146
牟子才　590，3495
牟少真　2962
牟長　1437
牟卿　1434
牟楷　1776，2774，3822，4548
牟巘　4414

七　畫

孝明帝翽　4051
邯鄲淳　2717
邯鄲綽　4329
芮燁　459
杜子春　2245
杜元穎　4832
杜氏　262
杜本　4427
杜令賁　404
杜延業　4987
杜仲連　2753
杜林　1437
杜牧　2396
杜育　168
杜莘老　3903
杜紘　390
杜乾光　3198
杜崧　5004
杜偉　1677
杜瑛　3527，3998，4235，4891，4892
杜弼　1298
杜肅　3044
杜預　2509，3161，3169，3172
杜寬　2581，3158
杜撫　1894
杜質　4477
杜慤　963
杜諤　3309
杜瓊　1903
李大同　4389
李上林　2683
李之才　292
李天植　1058
李天植　2671
李天篪　1609
李巨川　2758
李日華　2939

李仁壽　4432
李公柱　1269
李公凱　839，1618，2068
李公緒　3044
李公麟　2197，4081，5047
李氏　721，3278，5000
李文察　3064
李文纘　1012，2671，4602
李方子　1744
李心　4645
李心傳　587，2017，2624，3000，3442
李玉之　1277，4049
李本　4441
李本固　1109
李平　361
李用　3984
李玄植　2989
李玄楚　4960
李弘明　4016
李吉甫　247
李光　415，3383
李呂　505
李因篤　2198
李先芳　1003，2111，2923，3690，4600
李廷機　1088，1089，3728，4142，4613
李充　162，1448，3875，3876
李守鏞　1576
李如一　2690
李如玉　2355
李如圭　2438
李好文　4432
李巡　4270
李孝光　4113
李孝先　2725，2727
李材　2927，4011，4136，4469
李杞　656，1575
李呈英　1162
李見　282
李伯玉　4394
李希顔　2971
李含光　259
李沂　1286，4847
李直方　1044
李林甫　2752
李東陽　4447
李郁　444
李奈　3644
李奇玉　1173
李叔寶　2289
李果　2895，4585
李明復　3475
李育　3135
李宗道　3308
李承恩　900，1646，2091，2902，4240
李孟悊　2430
李孟傳　3442
李春叟　3988
李相祖　1548
李勃　404
李軌　177，1452，1913，2253，

2426，3192，5029
李畋　318
李思正　2820
李竑　4628
李彦華　4398
李彦章　401
李衵　3571，4236
李郡　1820
李彖　658，2039，4223
李起渭　578，2961，3444
李栻　2843，4009，4241
李格　3335
李格非　2609
李晟　4448
李師道　2888
李師德　5291
李逢期　1037
李浹　3452
李悦之　178
李恕　792，793，1614，2060，2061，4236，4424
李純甫　2819
李授之　431
李乾德　4912
李常　1947
李崇祖　3209
李過　578
李象　3253
李商隱　5058
李清　2851
李清臣　368，1949，2606，3309，4362
李淮　2098
李淳風　229，230
李涪　3900
李惟正　4227
李陽冰　4070
李琪　3486
李堯俞　3288
李貢　360
李敬玄　3043
李萱　3642
李朝佐　2887
李棠　3402
李鼎　2119，2979，4241，4483
李鼎祚　234，241
李開　403
李景元　3706
李貴　1009
李犍　1044
李筌　5006
李舜臣　559，979，1514，2210，2478，3670，3671，3964，4382，4460
李道純　1342
李渭　2975
李溉　274
李登　1087
李遠　5046
李椿　473
李椿年　398
李概　4973
李嗣真　4070
李鉉　206，3210

李廉　3595
李義壯　981
李塗　3328
李遜　4600
李經　1519
李經綸　2116，3020，4607
李鳴盛　967
李槩　2843，4142
李鳳翔　4636
李適　4341
李肇　4350
李隨　2534
李綱　410，3931
李瑾　3248
李撰　1955，3334，4207，4208
李樗　1964，2206
李賢　888，2087,3220
李磎　3901
李頴　2850
李融　3328
李頻　4013
李學遜　810
李儒烈　1670
李翺　249
李衡　468，3636
李澤民　2115
李濂　3832
李覯　288，2266，2714，2981，4190
李謐　2711，3214
李應辰　1061
李應龍　3558，4102
李贄　1005，4604
李燾　517，1308，1529，1983，3439，4387
李顒　176，1451
李簡　760，2056
李翺　2783
李攀龍　3687
李黼　2479，2740，3017
李贇　659
李鏡　1268
李譔　120，3153
李繁　3408，3409
李覺　1312
李夔　2617
李襲譽　2713，4349
車似慶　4416
車若水　2873
車垓　2536，2770
車胤　4046
束皙　4324，4945
吾丘衍　836
吾邱衍　1618，3572
吾冔　894
吾翕　2658
夾氏　3108
貝瓊　1727
吳三極　2844，2945
吳之巽　2811，4399
吳之騄　4162
吳元緒　3326
吳曰慎　1153
吳中立　1057，2976

吳仁傑　521，522，1794，2620，3415
吳化龍　3547
吳氏　2050
吳文光　1002，1667
吳世忠　1809，2973
吳平　4965
吳申　2190
吳主一　3764
吳迂　803，1618，2060，3558，4112，4236，4246，4258
吳存　840，4562
吳成大　4567
吳廷舉　3650
吳仲迂　4429
吳任臣　2379，3835，4996
吳安詩　1823
吳如愚　614
吳均　4989
吳伯先　1163
吳希哲　3762
吳沆　432，2281，3945，4373
吳沈　4436
吳良輔　1956
吳孜　1482，3332
吳英　3956
吳雨　2130
吳昂　2344
吳季子　2875
吳治　2380，2404
吳性　2667
吳思齊　3505
吳炯　1104，2138，2938，3731，4143
吳祕　4841
吳昶　556，1548
吳琉　4903
吳真子　4523
吳桂芳　2923
吳桂森　1145，1705，2732
吳時可　1574
吳甡　4148
吳秘　286
吳師道　833，1618，2070，3579，4431
吳浩　2872，2878
吳悌　992
吳純　1957
吳萊　1606，3582，3583，4259
吳梅　4535
吳梅卿　4391
吳略　3199
吳國倫　3691
吳從周　1152，1704，3749，4162
吳從敬　4124
吳商　3031，3032
吳烱　1694
吳紳　998
吳棫　1508，1964，3935
吳極　1138，2943
吳道昇　1029
吳曾　1986，3410
吳淵　586
吳瑞登　2125，2946

吴夢炎 841
吴蒼舒 4643
吴當 2327
吴源 2826
吴溶 2826
吴福 1011, 1671
吴肅公 2951
吴璉 900, 4588
吴兢 4992
吴適 1313
吴寬 1645
吴綺 664
吴儀 3585, 3586
吴澂 762, 2323, 2324, 2462, 2468, 2563, 2637, 3002, 3552, 4106
吴澄 1591
吴鄹 796
吴暾 3570
吴默 1108
吴龍徵 2409
吴駿 1955
吴撝謙 4141
吴霞 2502
吴霞舉 674, 4852, 4875
吴澂 436
吴嶽 3048
吴鍾巒 1192, 2949
吴應賓 2848, 2936
吴簡 2071, 4002
吴獵 4399
吴懷賢 2687
吴繼仕 1146, 1147, 3021, 4477, 4624
吴顯 2779
吴觀 4520
吴觀萬 1728, 2703
邱光庭 4352, 4947, 4948, 4949
邱季彬 3038, 3039
邱葵 680, 3506
邱税 1963
邱富國 675, 676, 4889
邱義 3964
邱漸 4534
邱維屏 1229
邱橓 4602
邱鑄 1948
何中 789, 1601
何氏 212, 722, 2592
何文淵 1639, 2652, 4565
何廷矩 2354
何休 2485, 3137, 3140, 3141, 3142, 3143, 3860, 4031
何安子 4546
何佟之 2521, 2587, 3036, 3037
何妥 207, 4058, 4334
何兑 421
何初 4123
何其偉 3783
何英 879, 2083, 4577, 4974
何述 2614
何炎 2632
何宗姚 2725
何宗魯 2110

何承天　3032，3033，4047，4963，4964
何孟春　913，5022
何始真　3197
何俌　2858，4085
何垕　916
何胤　193，1920，1921
何洵直　3045
何約之　4047
何晏　145，4040，4320，3866
何逢原　464，1521，1580，2049，3944，4536
何涉　3439
何執中　374，3907，4082
何基　685，1305，1341，2816，2876，3989
何異孫　4424
何偃　1919
何淑　2081
何萬　558
何棟如　2494
何喬遠　1692
何喬新　2335，2336，2475，4916
何夢中　2325
何夢桂　672，2816，2875，2965
何楷　1176，2148，4152
何模　1759
何榮祖　805
何維柏　994，1355，2666
何維翰　325
何澄　2478
何循　2521
何默仙　1240
何譿之　183
何櫆　1757
何礌　4644
何鎬　547，3956
余日強　1619
余心純　2676
余允文　4202
余本　941，2349，2658，3664，4129，4900
余芑舒　809，1601，4112
余光　3764
余安行　3335
余克濟　3467
余希文　2739
余希聲　2073
余叔純　1152
余時英　4131
余息　4130
余浙　4415
余國輔　4425
余象　2784，3904
余復　2292，2625
余童　1338
余載　4961
余誠　964
余嘉謨　4902
余端禮　477，1983
余檀　1558，4907
余學古　2871
余懋學　1681，3720，4010
余嚞　1745，3437

余燾　1790
余闕　859
余颺　3764
狄遵度　3336
冷逢震　3831
辛子馥　3208
辛次膺　3386
辛彦之　4334
辛邕之　5006
辛德源　3211, 5030
汪九成　4551
汪于沚　1207, 2851
汪天任　397
汪玉　1652
汪必東　942
汪邦柱　1141
汪在前　1684
汪有訓　882
汪自明　2636
汪汝懋　2730, 2773, 3575
汪宇　4129
汪克寬　874, 2078, 2330, 2470, 3621, 3625
汪玠　1061
汪炎昶　4572
汪沿　327
汪革　1517, 3927
汪思敬　966
汪深　677
汪惇　3195
汪琦　4207
汪琬　1726, 1826, 2546, 4506
汪道昆　3690
汪禔　2725
汪廣洋　2201
汪標　788
汪叡　1822
汪璪　2904
汪應召　3748
汪應蛟　2136, 2674
汪應魁　1706
汪鏜　2669
汪衢　3832
沈一中　2674
沈一貫　1050, 2113
沈大廉　3964
沈氏　722
沈文阿　2523, 3204, 4055, 4328
沈文柄　3961
沈廷勱　1258
沈仲義　3214
沈自邠　1688
沈守正　2143
沈羽明　2378
沈束　1002, 1291
沈位　1683
沈孚聞　1086
沈亨　1030, 1362
沈宏　3201, 3202
沈若　5044
沈林　197
沈易　2890, 4003, 4113
沈季長　340, 1949
沈括　375, 2535, 3361, 4202

沈重　1922，2257，2429，2589，2590
沈珩　4506
沈瑋　4586
沈朗　4946
沈虛中　3813
沈處厚　4085
沈進　1291
沈旋　4276
沈淮　4134
沈堯中　3726，4479
沈萬鈳　2141
沈朝宣　1663
沈朝煥　2957
沈棐　3443
沈貴瑤　4521
沈滋仁　3335
沈瑞臨　1083
沈瑞鍾　1155
沈嗣選　1721
沈該　417
沈瑶　893
沈銖　1954
沈賓國　1355
沈熊　178
沈緯　3511
沈澣　1716，2980
沈懋孝　1046，1047，1048，4009
沈懋嘉　4606
沈曙　2947
沈顏　1729
沈爚　971
沈驎士　185，1297，2519，3885
沈瓚　1692
宋大明　458
宋元翁　4429
宋仁宗　1781，1782
宋氏　2255
宋均　4038
宋若水　1540
宋明帝　181，3882
宋佳　2654，3649
宋岱　175
宋宜春　3515
宋咸　280，1942，3902，4835，5030
宋庠　3810
宋真宗　1478，3283，4353
宋衷　120，4827，5029
宋處宗　178
宋堂　3295
宋敏修　3296
宋惟幹　4833
宋聞禮　584，2631
宋鳳翔　4623
宋綬　4074
宋徵璧　3767
宋璟　1822
宋濂　2330，4121
宋褰　1298
宋徽宗　1941，3901
宋蘊　1557，3967
宋藻　4373
宋繼澄　4641

宋纖　3881
邵大椿　4553
邵川　3513
邵古　283
邵弁　2211，3710
邵光祖　1622
邵囦　506，2625，2730，2739，2810，2864，3062
邵伯溫　359，4885
邵陟　60
邵桂子　4914
邵雍　331，4842，4877
邵經邦　4917
邵璜　1767
邵寶　3650，4448

八　畫

武敏之　4985
武靖　198
青城山人　724
長孫氏　4029
耶律楚材　4891
苟廷詔　4997
范士衡　3458
范大性　793
范王孫　2169
范氏　214，866，3519
范百祿　1949
范仲淹　302，1279
范守己　1082
范沖　3408
范長生　179
范述曾　1291
范宣　176，2584
范祖禹　1287，1773，1951，2785，3914，4079
范祖幹　2080，2892，2970，4440
范飛卿　563
范柔中　3333
范浚　386，1508，1726，1772，1773，1793，1822，1827，2754
范純仁　1485
范理　2086
范堅　3194
范處義　1981，2206
范望　4829
范隆　2985
范順　1448
范甯　1449，3031，3184，3189，3876
范歆　184
范雍　1481
范廙　3884
范諤昌　293，4832
范隱之　3300
范鍾　2631
范應賓　1696
范鎮　1484
茅坤　2197，2200
茅知至　1946
茅瑞徵　1728，1758
林士元　2974，4006，4240，4457
林大同　879
林之奇　1502，2274，3364，3931，

4205
林子充 3926
林子奂 2200
林子雲 611
林日正 2849, 2948
林氏 3518, 3842, 3845
林文奎 2502
林文昭 3985
林世陞 2118
林共 4846
林有桂 1155
林至 545
林光世 622
林光朝 2796
林兆珂 2135, 2400, 2735
林兆恩 1070, 4606
林亦之 2397, 3963
林甫任 2119
林希元 958, 2916, 3666, 4592
林希逸 612, 2398, 3478, 4852, 4875
林岊 1985
林茂槐 4618
林叔清 600
林命 3696
林性之 986
林拱辰 2013, 3466
林泉生 2072, 3570
林俊 1646
林胤昌 1172, 3760
林洪 1749
林洪範 4409
林起宗 4001, 4111
林起鰲 662
林栗 487, 3435, 3945
林師説 390
林處恭 4551
林慮 382
林國華 2191
林堯叟 3491
林萬頃 606, 3469
林椅 2293
林雲同 1659
林尊賓 3766
林巽 283
林瑀 296,4832, 4833
林椿齡 4084
林概 3812
林慎思 5049
林遜 1634
林疑獨 402
林誌 888
林齊聖 1130
林維屏 471, 1795, 3472
林震 393, 2625
林學蒙 557
林獨秀 4084
林儵 430, 431
林應辰 566
林鴻儒 1678
林夔孫 1551, 2805
林觀過 4392
來汝賢 1728
來知德 1018, 1023, 2927

來宗道　1701
來斯行　4491，4622
來集之　1200，1201，1202，3765，3766
東鄉助　245
郁文初　1238，2853，2949，4904
郁禾　4504
卓得慶　612
卓爾康　1130，2145，3744
尚廣　154
明太祖　1804
明仁宗　4927
明世宗　1724，1805
明宣宗　1805
明僧紹　1297，4049
易祓　572，1747
易袚　2284
易貴　2090，2115
易道暹　1207，4636
季仁壽　1624
季氏　4102
季本　952，2100，2350，2918，3667，4246，4593
季可　625
季立道　3540
竺大年　2630
岳元聲　1093
岳正　2776
岳珂　2626，4395
金仁存　3995
金世龍　4464
金幼孜　3641，3642
金式玉　1258
金安節　427
金君卿　323
金叔明　2311
金居敬　3638
金華先生　726
金旅　895
金隆　1039
金賁亨　948，2974
金寔　3846
金鉉　1182
金瑶　1032，2359，4605
金賢　3654
金德玹　5071
金潤　889
金履祥　1584，1774，2770，2877，3062，3989，4232
金鏡　1242，1716，2156，2708，2981，3787
郄原　3882
服光　69
服虔　3144，3145
周一敬　1185
周士貴　4400
周山　1352
周王孫　68
周木　4127
周公恕　2887
周氏　3839，3863，3991
周方　625
周正　4902
周生烈　3865

周用 920
周必大 2281, 2386
周弘正 199, 4055
周弘起 1238
周式 3903
周臣 961, 3668
周廷求 3756
周汝登 4611
周安 4445
周聿 436, 3420
周防 1437
周佐 976
周希令 3745
周希孟 307, 3292
周孚 1977, 3436, 3820
周良佐 4549
周武仲 3374
周坦 1059
周尚之 2646
周昌 2469
周明辨 4418
周京 2369
周宗建 4014
周孟陽 306
周南老 877, 2542
周是修 1348, 2209, 4004
周彦熠 3514
周洪謨 3830, 4443
周華 4593
周原誠 1360, 3830
周晏 1162
周秩 382
周家相 4471
周捨 3040
周從龍 2847, 2930
周淳中 3445
周惇頤 328, 3905
周寅 4589
周瑛 4895
周堯卿 1946, 3293
周敬孫 716, 1578, 3502
周紫芝 1958, 2195
周鼎 2073
周循 1029
周敦頤 1326
周焱 4534
周禄 2919
周瑞豹 1173
周夢華 2732, 2851
周夢暘 2402
周楊 4326
周軾 1947
周聞孫 1619, 2061, 4424
周滿 993
周漁 1260
周賓 4586
周維昭 2690
周奭 4888
周履靖 2728
周積 970
周篔 2728
周謂 2269, 2610, 4199
周燔 518, 2439
周聰 1035

周應賓　4480
周顒　186, 4049
周鎮　405
周續之　2202, 2515, 3035
周灝　1648, 4585
京房　86, 87, 88, 89, 90
京相璠　3189
於陵欽　103
宗周　2688, 4462
宗珝　2844
郎兆玉　2377
郎瑛　2953, 4129
房氏　3517
房庶　4960
房景先　4330
房審權　370
屈□□　1244
孟化鯉　1088, 4142
孟文龍　673
孟先　1745, 1793
孟珙　610
孟淮　2922
孟喜　71, 72
孟夢恂　4573
孟詵　2526
孟整　3877

九　畫

郝氏　408
郝冲　2718
郝敬　1100, 1101, 1695, 2138, 2211, 2369, 2479, 2676, 3733, 4011, 4242, 4485, 4487, 4616, 4617
郝經　754, 1343, 3530
荀況　3109
荀昶　4047
荀柔之　182, 1295
荀爽　116, 117, 1445, 1902, 3149
荀勗　4043, 4946
荀訥　3192
荀萬秋　3038
荀煇　146
荀諺　1299
胡一中　1798
胡一桂　774, 1593, 2057, 2319, 4102, 4536
胡一愚　4493
胡士行　1579
胡子實　4101
胡元質　3437, 5263
胡升　4529
胡公武　3961
胡氏　2966
胡方平　700, 701
胡允　808
胡毋生　3113
胡世安　1186
胡世寧　916, 2906, 3653
胡旦　273, 1479, 1941, 3284, 4353, 4975
胡有開　564
胡仲雲　621, 4412, 4529
胡次和　4851

胡次猋　672
胡安國　3388, 3397
胡伸　1494
胡希是　1342, 1797, 2877
胡宏　460, 3939
胡直　3642
胡東　943
胡易　912
胡侁　3982, 4097
胡泳　3968, 4517
胡定　3514
胡居仁　969, 3669
胡持　841
胡胤嘉　2146
胡炳文　777 , 1597, 2057, 2885, 3541, 4294, 4422, 4542, 4544
胡洵直　1775
胡時化　2929, 4140
胡袛遹　759
胡埜　4368
胡訥　3183, 3184
胡康　3493
胡寅　460,1824, 3936
胡紹曾　2167
胡鼎金　1290
胡順之　4361
胡渭　2185
胡渭生　1768
胡瑗　298, 1299, 1480, 1782, 2783, 3285
胡經　991
胡璉　878
胡箕　3442
胡銓　428, 1314, 1510, 1826, 2199, 2279, 2619, 2999, 3385, 3846, 4086
胡説　1043
胡廣　884, 1635, 2084, 2651, 3640, 4581
胡賓　995, 1664, 2481, 4463
胡寧　3398
胡維寧　655, 1985, 2285, 3467
胡震　790
胡誼　1563
胡翰　3631
胡憲　3940
胡謙　596
胡應麟　4478
胡燿　2906
胡瓚　1698
胡纘宗　2096, 2478, 3662
柯述　1283
柯尚遷　2355, 2661, 3022
柯遷之　4130
柳申錫　599
柳宗元　3808, 3841, 5030
段昌武　2026, 2027, 2028, 2208
段肅　3152
段嘉　97
保八　817, 818
皇甫松　5049
皇甫泌　309
皇甫涍　3680
皇甫遵　4970

皇甫謐　160，5004
皇侃　2521，2522，2588，2589，3888，4052
侯一元　2778
侯包　1902
侯仲良　2792，3919
侯克中　812
侯芭　5029
侯君擢　2687，4636
侯果　211
侯峒曾　1177
侯喜　3899
俞士瑛　1134
俞元燮　1606
俞成　3837
俞汝言　1230，3784，3835
俞安國　2689
俞酉發　4417
俞言　2328，4400
俞亨宗　4383
俞杰　4003
俞昆　1355
俞庭椿　2285
俞時及　1670
俞師魯　3567
俞浙　4100
俞琇　4470
俞皐　3544
俞深　1806，4940
俞琰　704，705，706，707，2049，4416
俞遠　2070
俞漢　3548
俞墨華　1194
俞德鄰　2041
俞嚞　2290
俞鯤　1677
俞觀能　4096
昝如思　995
施士丐　1936，3242
施天麟　2367
施仁　3676
施氏　1270
施師點　464
施乾　4276
施鉉　1242
施鳳來　4622
施德操　4213
施儒　2838，2974
施讎　71
姜山斗　1135
姜氏　4115
姜玉潔　1042
姜安節　4161
姜如晦　1572
姜希轍　3791
姜垚　1269，4650
姜虔嗣　3276
姜逢元　1758
姜處道　3882
姜得平　1558，3967
姜道盛　1452
姜璉　2543
姜綱　3665

姚稱 4958
姚綬 895
姚樞 4421
姚璠 2713
姚麒 974
盈氏 3891
紇石烈希元 820
紀亶 3903

十 畫

秦玉 2073, 2968
秦沅 3775
秦重豐 4497
秦恭 1435
秦駿生 4508
秦鏞 1194
秦瀹 3750
秦繼宗 1702, 2681
班固 4307
敖繼公 2459
馬之純 1537, 2290, 2804, 3445, 3966
馬元調 1155, 2163
馬中錫 4448
馬永卿 397
馬光極 4351
馬廷鸞 1576, 2456, 4231, 4410, 4890
馬明衡 1650
馬和之 1988
馬定國 2563, 3527, 4421
馬理 945, 1656, 2098, 2349, 3665
馬晞孟 2612
馬森 995, 1664, 2975, 3681, 4463, 4598
馬貴 2829
馬道貫 1620
馬楷 197
馬廣軨 4626
馬端臨 2878, 4412
馬瑩 4426, 4567
馬豫 4572
馬駢 3643
馬擇言 3326
馬翰如 2673
馬融 110, 1440, 1896, 2248, 2504, 3136, 3861, 4031, 5049
馬應龍 2369
馬總 3900
馬權奇 1188
馬驌 3791
貢汝成 3013
貢珊 942, 4901
貢師泰 1820, 2072
袁士瑜 4493
袁天綱 230
袁太伯 107
袁仁 1036, 1676, 2117, 3019, 3700
袁以賢 4959
袁甫 2809, 4094, 4223
袁希政 3510
袁宏 167, 4045

袁表　2372
袁明善　2967
袁京　107
袁宗道　1692
袁祈　2519
袁建　326
袁俊翁　4573
袁悦之　1295
袁祥　3670
袁黄　1096，1728，2849，2936，4011
袁桷　823，3569
袁從義　752
袁康　4965
袁敬仲　4044
袁喬　1915，3878
袁聘儒　575
袁煒　2110
袁準　161，2426，2509
袁暈　4976
袁樞　492，493
袁默　1480
袁憲　2522
袁燮　1554
袁覺　1555
袁顥　966，3647
袁儼　1711
都潔　441，443
都穆　919
耿氏　1270
耿秉　3329
耿定向　2926
耿南仲　395
耿格　1313
華允誠　3759，4632
華時亨　1147，3751
華鎧　4388
莫如忠　1666，4599
真德秀　1285，1565，2865，3974，4396，4518
莊元臣　4621
莊日思　1717
莊氏　212
莊廷臣　2145
莊夏　2622
莊道名　405
莊綽　320
桂萼　1753
桂詢　304
桂績　3419
桓玄　1294
桓榮　1436
索綏　4988
連伯聰　2650
夏元彬　3751
夏氏　864
夏允彝　1764，3764
夏休　452，2407，2620
夏言　2778
夏沐　3411
夏良規　3972，4226，4409
夏良勝　937，2835
夏尚朴　2837
夏侯伏朗　2988

夏侯尚玄　2821，4237
夏侯勝　3857
夏侯湛　4944
夏洪基　4020
夏泰亨　2069
夏時正　2777，3010
夏唐老　1819
夏寅　1641，1752
夏僎　1526
夏璋　4504
晉元帝　4042
晉孝武帝　4042
柴元祐　1305
柴元祐　1570，2961，3475，3982
柴中行　1303，1560，2017，3980
柴翼　459
虔薛　211
時少章　624，1563，2015，3478，3970，4226
時瀾　1533，3465
畢中和　248
畢午明　1158
畢良史　3414，3942
畢懋康　4144
畢濟川　3652
晁公武　451，1512，1978，2795，3417
晁補之　1791，3355
晁説之　361，364，1333，1726，1791，2205，2788，3355，3913，4201，4848
晏嬰　4998
晏璧　4124
晏鐸　4127
員半千　4981，5045
員俶　4830
倪士毅　1617，4568
倪元　1044
倪元璐　1169，3759
倪公晦　803，2968
倪思　560，1730，2804，2863，3965，4216
倪晉卿　1214，4641
倪復　1307，2835，4896
倪淵　794
倪登　3930
射慈　2508，2509，2581
師協　3326
師望　4840
徐三重　1084
徐人傑　462，2732，3419
徐大受　4388
徐大儀　1708
徐之祥　800
徐元氣　1013
徐曰仁　1108
徐氏　2528，2879，3518，3892
徐文遠　3225
徐文鳳　3505
徐允禄　1705，3753
徐甘來　1237
徐世淳　1141
徐世淯　1242
徐世溥　1215

徐可期　1709
徐用檢　4469
徐必達　2140
徐邦佐　4637
徐在漢　1236
徐存　2796, 3966, 4222, 4383
徐光啓　2144
徐安道　3542
徐孝充　3890
徐孝克　4056
徐伯珍　186
徐良　889
徐良能　453
徐君平　666, 5033
徐即登　1094, 1691, 2137, 2368, 2675, 2935, 3729, 4614
徐苗　161, 4323
徐直方　671
徐奇　1154
徐庚　2273
徐定　3449
徐相　601
徐昭慶　2403, 2736
徐爰　183, 1296, 1919, 2585
徐彦　3245
徐泰　3656
徐珦　452, 3943, 4223
徐栻　2924
徐原　4442
徐晉卿　3307
徐時動　4212
徐俯　3382
徐師曾　1006, 2670
徐乾　3182
徐乾學　2546
徐棉　1033
徐梅龜　3483
徐常吉　1092, 1756, 1815, 2137, 4480, 4481
徐得之　3446
徐庸　291, 4835
徐焕　2278, 3981
徐宲　1573
徐琦　1044
徐雄　584
徐鄖　251
徐復　296,1783
徐善　1245
徐善述　1638
徐尊生　3630
徐熂　1150
徐渭　4604
徐寓　2807
徐幾　654
徐椿年　1513, 3943
徐畸　462, 2295, 2632
徐筠　2292
徐與老　2894
徐滑　4452
徐熙　2127
徐僑　548, 1551, 2013
徐廣　1918, 3033
徐端方　651
徐端卿　3415

徐養元　4635
徐遵明　3209
徐樾　2499
徐整　1907，4043
徐奮鵬　2123
徐霖　437，1340
徐積　4200
徐學謨　3691
徐學顔　4636
徐駿　2542
徐邈　175，1450，1914，2253，2584，3190，3191，3873，4325
徐應曾　2399，2734
徐應聘　3834
徐爌　2975，4601
徐藺　1633，4440
徐獻忠　1811，3672，4595，4959
徐繼恩　1231
徐鐸　382
徐鑒　2678，3737，4490
徐體乾　977
徐纘高　1194
徐驥　1807
徐驤　4893
殷士儋　4465
殷大白　4622
殷子義　1058，2114
殷仲文　4045
殷仲堪　1916
殷价　2526
殷侑　3241
殷融　174
殷興　3193
翁金堂　3833
翁泳　665
翁夢得　3501，3502
凌唐佐　389
凌準　4342，4978
凌濛初　2122，2123
凌穉隆　3709
高元之　595，2017，3471，3966
高允憲　3634
高世泰　2851
高志寧　276
高尚賢　2099，4593
高秉藻　1763
高定　254
高定子　4398
高承埏　2159
高拱　2842，2923，3685，4465，4599
高相　102
高重　3247,4349
高捷　1125
高崇　2290
高斯得　671，2038，2457
高鼎熺　2165
高閌　2493，3402
高暐　887
高璉　4279
高誘　2575，2743，4038，4179
高頤　2014，2082
高曇　478
高龍　3195

高攀龍　1098, 1099, 2937, 3730
郭山惲　2714
郭子章　1056, 2114
郭元亨　4836
郭元亮　1634
郭友直　1953
郭氏　1272
郭正子　3478
郭正域　1691, 4479
郭好德　4001
郭伸　434
郭良輔　5045
郭良翰　2370
郭長孺　666
郭叔雲　2623
郭忠孝　378, 379, 2792
郭忠恕　1478
郭金臺　2115
郭京　241
郭昺　861
郭昭慶　4994
郭思永　405
郭彦逢　472
郭恕　3643, 4584
郭象　3872
郭淡　1045
郭琦　161
郭翔　3252
郭登　3647
郭瑀　3193
郭雍　438, 441, 2794
郭隍　3552, 4544
郭楨　877
郭餘　1751
郭璞　163, 164, 165, 1915, 1916, 4272, 4274
郭縝　476
郭鴻　3040
郭鐙　841
席益　5293
席書　3652, 3844, 3845, 3847
唐大章　1148, 3748
唐元　792
唐元竑　1208
唐文宗　1469
唐文獻　4481
唐玄度　4344
唐仲友　1522, 2003, 4087, 4381
唐自明　2946
唐汝諤　2131, 4625
唐伯元　1082, 2931, 3049, 4478
唐明皇　1310, 1467, 2746, 4062
唐固　3158, 3159, 3805
唐既　3314
唐達　1716, 2156, 4648, 5067
唐順之　3677, 3847, 4462
唐樞　984, 1358, 2353, 3673, 4595
唐閲　3438
唐龍　930
唐懷德　4433
唐鶴徵　1054
浦龍淵　1251, 1252
涂溍生　834, 4566

家安國　3317
家滋　4083
家勤國　3318
家鉉翁　3502
容若春　1163
冥都　3124
陸九淵　3433
陸又機　1715
陸大礽　1758
陸山　1362, 4148
陸元輔　4505
陸太易　661
陸化熙　2146
陸正　4413
陸世儀　4927, 4952
陸弘銘　4627
陸在新　4646
陸光宅　1684
陸圻　2171, 3780
陸佃　1725, 1960, 2436, 2615, 2616, 3362, 4284, 5059
陸希聲　252, 254, 3249
陸長源　4994
陸秉　285
陸治　5024
陸垹　1359, 2106
陸持之　591
陸相儒　1671
陸奎章　2114
陸振奇　1126
陸起龍　1152
陸宰　3378
陸探微　2196
陸基仁　1148
陸釴　3668
陸深　2094, 2912
陸琪　2824
陸萬達　1715
陸凱　4829
陸善經　4181
陸曾𡸣　2127, 2128, 3751
陸夢龍　1128
陸賈　4973
陸粲　3673, 3674
陸銙　4214
陸綰　3312
陸敷樹　1767
陸震發　3492
陸質　3043, 3230, 3234, 3237, 3239
陸德明　227, 228, 1474, 1935, 2265, 2433, 2599, 3221, 3895, 4067, 4277, 4278, 4337
陸澄　4050
陸璣　1908
陸鍵　1702, 4622
陸績　149,151, 4828
陸隴其　2693, 4646, 4647
陸穩　1666
陸鰲　4596
陳一經　2900, 4244
陳三槐　4156
陳士元　1001, 4007, 4242, 4465, 4929

陳士芳 3757
陳大倫 3599
陳大猷 1566，1567
陳子肩 861
陳天定 4634
陳天祥 4541
陳天麟 453
陳元 3127
陳元大 4530
陳元綸 2980
陳友文 647
陳友沅 3497
陳中州 1035
陳仁錫 1166，1307，2375，2403，2850，4149，4499，4631，4632
陳公懋 4450
陳氏 722，1321，3518，3520，3603，4434
陳文佐 326
陳文蔚 557，1548
陳孔碩 2960
陳允士 1044
陳正中 404
陳正卿 4925
陳可言 3749
陳禾 388，3382，3383，3931，4207
陳弘緒 1230，1715，2170
陳幼學 1104
陳臣忠 1702，4621
陳有元 2681
陳光 4369
陳廷言 657
陳廷敬 1262
陳廷謨 1173
陳合 4101
陳冲飛 612
陳汲 2295
陳如晦 3982
陳伯春 2643
陳伯達 1793
陳希亮 305，1287
陳希聖 1803
陳言 996，1665，1672，2109，2667，3682
陳汪 2294
陳沂 653
陳宏 715，716
陳良獻 324
陳孜 3978
陳邵 2252
陳長方 1514，2619，3409
陳林 1041，2370，2480，3706
陳奇 3889，4057
陳尚德 4565
陳易 380，3955，4224
陳知柔 454，1519，1986，3415，3963
陳岳 3257
陳宗之 3750
陳宓 3464，3971
陳珂 4450
陳持 3438
陳研 1622

陳則通　3550
陳思謙　3464
陳禹謨　3745，4605
陳咨範　4155
陳炳　561
陳洪謨　4494
陳洙　3318
陳泰來　1688
陳振孫　1560
陳耆卿　3971，4225
陳華祖　2812，2872
陳剛　1748，1797，4433，4565
陳造　563
陳師凱　1616
陳師道　2492，3291
陳高　389
陳悦道　1610
陳祥道　2271，2397，2435，2611，3045，3911
陳祥麟　4595
陳埴　1744，1795，2739，4390
陳推　2125
陳梅叟　1576
陳鄂　4102
陳第　1064，1679，2120
陳皐　321
陳訥　861
陳許廷　3782
陳煥　684，1578，2049，2635，4535
陳淳　544，2960
陳深　714，984，2048，2351，2399，3506，3673，4130，4460
陳梁　4858
陳寅　2019
陳啓源　2179
陳紹大　4547
陳琰　3469
陳琛　960，4592
陳堯道　2811，2871，4144
陳植　3599
陳雅言　1633，2827，2893
陳傅良　1534，1994，2283，2284，3424，4214
陳欽　3125
陳舜中　4514
陳舜申　570，1522
陳普　683，1578，2048，2314，2457，2486，2635，2733，3046，3824，3837，3840，4232，4418，4531
陳道永　2950
陳曾　2187
陳淵　2797
陳統　1911
陳塏　2654
陳暘　2611，4199
陳蜕　3896
陳嵩　3642
陳與郊　2401，2735，3024
陳義宏　664，2813
陳羣　3864
陳際泰　1192，1193，2740，4503
陳經　1560，2014

陳經邦　2757
陳搏　268
陳嘉謨　1003
陳兢　2294
陳銓　2427，2513
陳鳳梧　916，2092，2343，2499，4450
陳榮選　2685，4625
陳漸　4837
陳肇曾　3759
陳維之　4452
陳樑　1226
陳震　3451
陳德一　575
陳德寧　3509
陳褒　2105，2665
陳澔　2644
陳履祥　1156，1681，4609
陳選　2487，4126
陳頤正　2211
陳樵　1347，1802，4112，4430，4567
陳曉　4131
陳錫　1011，1671，2111，3697
陳龍正　4502
陳禧　825
陳駿　2012，4224
陳藎謨　4903
陳謨　1630，2078
陳謙　855，2015，2295
陳襄　307，2783
陳應隆　4521
陳應潤　843
陳濟　1638，1639，2087
陳櫄　4225
陳騤　1539，2732
陳藻　2716，3433，3970，4225
陳櫟　795，1594，1596，1727，2058，2645，2771，2822，3541，4000，4294，4548
陳鵬飛　1511，1963
陳鵬霄　4638
陳耀文　4468
陳瓘　360
陳黯　4928
陳懿典　4013，4243
孫之宏　2294
孫子平　3315
孫元化　2374
孫氏　1881,3215
孫本　4153
孫立節　3300
孫弘祖　1714
孫份　462
孫吾與　4124
孫祚　2863
孫坦　284
孫奇　2278
孫奇逢　1700，4015，4618
孫和鼎　3774
孫郃　3253
孫炎　145，2580，3158，4271，4272
孫泌　1571

孫宗彝　1249
孫宜　4459
孫承恩　942
孫承澤　1189，1711，1763，1818，2158，2377，3763，4500
孫胄　4846
孫思邈　4957
孫奕　4224
孫振宗　1013
孫盛　167，4980，4982
孫略　2256
孫笵　3752
孫從龍　1049
孫鼎　2087
孫復　3288，3291
孫載　316
孫義伯　658
孫慎行　1112，1114
孫穀　4802
孫壽　4980
孫熙　4040
孫暢之　1919，2203，4328
孫毓　1910，2582，3190
孫銓　4464
孫緒　2973
孫綽　3876
孫奭　4186，4188，4355
孫蕡　4122
孫調　550，1550，1551，2012，2806，3459
孫諤　1787
孫羲　1339
孫嶸叟　668
孫應時　3969
孫應龍　1248
孫應鰲　1008，3696，4601
孫攀　2371
孫徵　1519
孫繪　3977
孫覺　346，1485，3338，3344
孫繼皐　1687
孫纘宗　1150
陰弘道　231，3226
陰秉陽　4600
陰秉衡　2487
陶元幹　835
陶弘景　192，1828，2204，2986，3886，4053
陶廷奎　972，4593
陶安　2209
陶其情　2125
陶宗儀　4577
陶凱　4439
陶潛　4954
桑日昇　1256
桑介　4470
桑悦　895，2337，3651
納蘭成德　1266，2697

十一畫

堵胤錫　3764
堵景濂　2691
堵維常　2127，2686，4494
赦敬　3733

黄一正　2127，4497
黄三陽　2119
黄力行　1623
黄士毅　2449，4516
黄大昌　4401
黄千能　1745
黄中　991
黄氏　866
黄文傑　2968
黄方子　3985
黄以翼　653，2631
黄正憲　1055，3724
黄艾　1623
黄必昌　2963
黄邦彦　1984
黄百家　4509
黄光昇　987，1662，2107，3679，4596
黄仲元　4407
黄仲炎　3480
黄仲昭　1644，2090，3647
黄次伋　4222
黄芹　970
黄克　2651
黄佐　2100，2853，3063，3669，5068
黄佗　1705
黄君俞　1482，1947，3292
黄東　3464
黄叔敖　3412
黄金色　4139
黄宗旦　404
黄宗炎　1222，1223，1224，1362
黄宗裔　2180
黄宗羲　1221，1720，4244
黄定子　787
黄宙　3972，4227
黄省曾　4006，4943
黄俊　4452
黄度　1535，1986，2383
黄彦遠　4368
黄洪憲　1055，2114，2672，3722
黄祖舜　426，2193，2620，3941
黄倫　1556
黄訓　2916
黄浚　4415
黄容　3196
黄通　309
黄乾行　2664，3672
黄彬　3511，4403
黄晞　307
黄國鼎　1116
黄敏　4201
黄敏求　4354
黄庶先　381
黄清老　3567，4564
黄淳耀　2162，4635
黄啓蒙　2693
黄紹烈　1634
黄琢　3559
黄超然　716，717
黄蕡　369
黄敬密　3251
黄鼎　4442，4580

黄開　458, 3419, 3942, 4211, 4373
黄景元　407
黄景昌　1587, 3560, 3824
黄景星　1701
黄智　3719, 4624
黄喬棟　4493
黄欽　4504
黄尊素　4624
黄道周　1167, 1169, 1817, 2147, 2758, 2764, 2765, 2767, 2981, 3760, 4149, 4151
黄焯　2838
黄淵　4532
黄渾　1148
黄補　3966, 4403
黄瑞節　853
黄瑜　1644
黄幹　1303, 2805, 2864, 3954, 4092, 4219, 4389, 4514
黄與堅　1262
黄預　1493
黄榦　1547, 2446
黄碩　2285
黄裳　373, 2273, 3062, 3360
黄端伯　1183
黄寬　4574
黄綰　2840, 4457
黄震　625, 1577, 2042, 2313, 2633, 3497, 3498, 3988, 4232, 4407
黄黎獻　286, 287
黄穎　3374
黄慶　2430
黄潛翁　975
黄潤玉　2336, 2475, 2775, 2971, 4443
黄畿　4896
黄樵仲　2623
黄積慶　3065
黄穎　174, 2277
黄諫　1641, 2755
黄澤　851, 3586, 3587, 3828, 3836, 3843, 4428, 4429
黄懋策　1042
黄龜朋　583
黄鍰　3929
黄襄　4602
黄應春　2018
黄翼登　1762
黄績　4522
黄櫄　2013, 2208, 2809
黄鎮成　842, 1614, 2824
黄顔榮　472
黄顔瑩　3409
黄鐘　2310
黄瀾　1647
黄瓚　2832
黄靉　1662
梅士昌　1153
梅之熉　3751
梅文鼎　2728
梅致　3576
梅教授　1587

梅彪　5059
梅堯臣　1945
梅鼎和　4156
梅寬夫　4403
梅繼勳　1004
梅籛　943，1653，3669
曹于汴　4144
曹大章　1671
曹元博　3597
曹充　2551
曹叔遠　2293，2386
曹宗儒　3716，3717
曹居貞　2069
曹毗　3874
曹思文　3885，4053
曹津　2384
曹涇　4409
曹躭　2583，3158
曹寀　3981
曹説　807
曹端　1348，4125
曹粹中　426，1962
曹褒　2552，4309
曹學佺　1114，1115，1697，2141，2677，3737，4488
曹憲　4278，5056
區大倫　2939
戚里貴　1757
戚崇僧　3567，4563
戚袞　2258，2590，2986
戚雄　941，4456
戚壽　3040
盛祥　4471
盛象翁　810
盛德瑞　853
盛璲　1336
常氏　865
常爽　4331
常豫　324
啖助　3226，3227
崔子方　3352
崔良佐　247，1781，4981
崔表　3254
崔師訓　1117
崔豹　3871
崔浩　201
崔郾　4349
崔逸　2520
崔凱　2516
崔游　2510
崔寔　4956
崔銑　921，922，2195，2833，2910，5063
崔篆　105
崔憬　232
崔鴻　4986
崔覲　197
崔靈恩　1921，2257，2986，3202，3203
笪繼良　1107
符彦卿　4958，5016，5017
第五泰　3250
許子偉　1095
許天篪　835

許天錫　2833
許天贈　2112
許升　547，2624，4220
許文瑞　3934
許允成　4200
許世卿　4858
許有聲　4625
許孚遠　1014，2495，2842，2925，3698，4009
許判　2770，3048
許叔牙　1935
許季山　406
許奕　1552，2012，2289，3967，4391
許洞　3284，4839
許峻　108，109
許容　3885
許康佐　3247
許商　1777
許淑　3152
許順義　1157
許復　860
許慎　4309
許聞至　1029
許誥　918，1353，2093，2833，3654
許適　169
許瑾　3505
許翰　416，3383，3933，4850，4851
許衡　761，2879，2884，3841，4105
許懋　2193
許謙　1604，2063，2824，2886，3559，4553
許應元　3679
許辯　1277
麻衣道者　264
麻達　3863
庾運　161
庾詵　195
庾蔚之　2514，2586，3036
庾翼　3875
康平　402
康伯成　1573
康聖任　1571
鹿亭翁　4913
鹿善繼　4623
章一陽　4604
章大吉　3753
章元崇　654，1570，3515
章文禄　1030
章允崇　4523
章如愚　1316，3821，3839，3841，4392
章甫　4200
章沖　3440
章良史　3971
章叔平　2040
章服　437，3966，4222
章拱之　3309
章陬　1640
章崇業　4359
章袞　2975

章望之 2608
章詧 4833，4834
章潢 1076，1679，2119，2672，3719，3833，4009
章樵 3479
章縡 2272
商季文 3822
商飛卿 564
商惠 4627
清康熙皇帝 3，5，7，9
清順治皇帝 1
淩堯輔 4422
梁夫漢 1253
梁元帝 188，189，190
梁斗輝 4496
梁正 2990
梁丘賀 74
梁宇 4492
梁志道 4536
梁武帝 186，187，1298，1456，1920，2204，2587，2782，3886，4050，4326，5024
梁固 4976
梁南一 4401
梁格 4598
梁益 2062，2063
梁寅 1629，2077，2078，2330，2650，3626
梁寅 873
梁椅 3980
梁運 258
梁蕃 198
梁億 3963
梁覬 3878
梁簡文帝 188，2190，3199，3200
梁觀國 2534
宿夢鯉 1127
屠本畯 1040，1678，2118，4857
屠隆 1086
張一棟 4954
張四知 1004
張九成 1515，1773，2761，2795，2859，3418，3813，3944，4087，4212，4213，4514
張士儒 5045
張大亨 3358，3359
張大雅 1015
張大頤 2713
張元老 4080
張元忭 1684
張元蒙 1075
張元禎 894，1349
張巨 315
張日炳 1776
張公裕 303，3293
張氏 155，752，1929，2636，3111，3215,3520，3602，3798
張文選 887，1043，4584
張方 2703
張方平 1950，2784，3836，3838，3839，3846
張以寧 3635，3828
張布 4384
張匡 1895

張耒 1953
張邦奇 926，1648，2094，2835，2913，3660，3815
張邦治 2844
張邦彦 4368
張吉 1752
張芝初 4902
張有譽 4152
張存中 4550
張廷芳 965
張延 807
張仲實 1602
張自烈 4642
張行成 465，1314，4847，4866，4875，4884
張次仲 1164，2154
張汝明 372
張汝霖 1115
張汝謙 1151
張宇初 1347
張孝直 607，1569，2015
張志和 4867
張志道 616
張辰 943
張岐然 2949，3754
張伯文 4404
張伯樞 1144
張位 1682，2928，4473
張希文 1290
張孚敬 1821，2659
張奐 1442
張沐 1255
張沖 2429，2523，3204，3889，4056
張沂 1559，4417
張宏圖 2647
張君立 3561
張其淣 1045
張事心 3712
張杲 659
張昇 896
張易 4832
張忠 2107
張岳 2659
張采 2376
張京元 4621
張泳 2632
張性善 1749
張居正 1667，4600
張弧 233
張承祚 3749
張軏 170
張冒德 3509
張星懋 2164
張昭 3160，3869
張思伯 1927，3210
張禹 3857，4030
張庭堅 1491
張洪 882，1637，2083，2652，2828，2893，3638，4580
張洽 3453，3454
張津 4520
張宣 3630，4441，4579
張胥 408

張振淵 1215
張栻 494, 1525, 1824, 3957, 4210, 4885
張根 390, 3362
張夏 4161
張砥 3315
张㬜 5282
張特立 752
張師尹 4086
張卿弼 4413
張浩 183
張浚 414, 2794, 3383, 3931
張家玉 1204
張能恭 1762
張納陛 1102
張理 814
張琡 3967
張掄 435
張敔 888, 2496, 4902
張虙 2754
張問達 1243
張略 3883
張國經 3761
張從徵 1079
張彩 2139
張訢 1938
張淸子 799
張淑堅 1521, 1984
張淳 2436, 2437, 4544
張習孔 1250, 1307, 2737
張參 4342
張揖 5055
張揆 4838
張葆舒 1576
張萱 4492
張朝瑞 1755
張雲鶱 4637
張雲鸞 4156, 4496
張鼎延 4152
張鼎思 2401
張景 1480, 1783
張貴謨 2018, 4400
張傑 3249, 3250
張復 3639
張敦實 4873
張遐 4315, 4970
張弼 383, 386
張瑄 4498
張載 337, 1952, 2607, 3347, 4195, 4364
張斡 3510
張楷 1442, 4442, 4584
張業 1644, 2653
張暄 3256
張嵩 4627
張傳靖 3327
張該 182
張靖 3181
張溥 1188, 2157, 3761, 4633
張嘉猷 1157, 4627
張爾禎 4635
張爾嘉 1703
張睿卿 1707, 1766, 2156, 2375, 2404, 2483, 2692, 3789, 4494,

4629
張銓　3739
張鳳　4332
張鳳翔　3065
張齊　4839
張漢　4874
張滿　121
張演　3981
張綱　1501，2195，4369
張維樞　1116
張維機　4629
張綸　1034，4608
張鼐　2827，2970
張樞　3575
張數　5034
張震　1571，3420
張輝　168
張德昌　3510
張慶之　4907
張璞　969
張璠　170
張薦　2527
張融　5021
張頻　3044
張衡　2248
張憑　3880
張燧　1041
張隱　3882
張翌　2542，4111,4425
張轅　256
張應辰　2635
張應霖　3516
張簡　324，325，4200
張鎰　2990，4182，4346
張鏡心　1172
張譏　199，1459，1460，1925，3889，4055
張獻翼　1025，1026
張耀　2516
張鶚翼　1000
張籍　3899
張瀾　1641
張霸　3135，4921
張鑑　3543
張顯父　4221
陽成脩　4960
陽岊　624
陽枋　623
陽恪　3822
隗禧　4320
習鑿齒　4983
貫雲石　4111
巢猗　1458，1459

十二畫

項安世　499，2002，2003，2409，2805，4092，4388
項儒　1704
揚雄　4173，4804，5027
揭其大　1649
彭文煒　1256
彭汝礪　370，1952
彭好古　1072
彭汪　3151

彭良臣　1361，2499
彭奇　2084
彭宗茂　327
彭宣　107
彭勗　1637
彭復初　810
彭絲　797，2643，3540
彭與　456，457，1335
彭頤　2694
彭澤　4916
彭龜年　4384
葉山　1031
葉子奇　4854
葉氏　4433
葉正道　3546
葉世奇　1806
葉由庚　3981，5015
葉仲堪　4380
葉秀發　577，2292，3970
葉良佩　982，2498，4901
葉良珮　1659，1811，4857
葉味道　555，2449，2864，4515
葉昌齡　317
葉挺　2972
葉皆　577，2398
葉素　1029
葉起　2536，2539
葉真　3815
葉時　2312，4406
葉清臣　3285
葉隆古　3946
葉萱　3646
葉朝榮　2117
葉遇春　2647
葉祺徧　2979
葉登龍　853
葉瑞　808，2966
葉瑞齡　2661
葉夢得　1493，2616，3365，3366，3367，3369，3928，4206
葉夢鱻　4417
葉暗　1247
葉鈐　4161
葉適　565，4385
葉儀　877，4579
葉儀鳳　3468
葉樹聲　4633
葉憲祖　1142
葉應　899，1349，2901
葉瓚　4123
萬人傑　2808
萬廷言　1014
萬表　2976，4007，4241，4603
萬尚烈　1107，4617
萬思恭　3573
萬思謙　2842，2924
萬時華　2163
萬純忠　1096
萬斯大　2381，2483，2694，2695
萬斯同　2696
萬鎮　3492
葛大紀　1751
葛承杰　1226，2692，4642
葛洪　166，2512

葛寅亮　2943，4014
葛紹體　4518
董子弘　3041
董氏　721
董仲舒　3114，3119，3120
董自任　3416
董守諭　1175
董其昌　1694
董真卿　829，832
董逌　394，1961
董啓　3718
董琮　1559
董斯張　1828
董期生　1191
董鼎　1597，2039，4098，4534
董遇　129，3155
董景道　2985
董勛　3041
董敦逸　3330
董夢程　1569，2021，5063
董楷　648
董槐　2869
董銖　548，1547
董説　1227，1229，2175
董養性　1246
董漢策　3789
董穀　2191，3832，4594
董燧　991
董應舉　2978
董濬　2277
董彝　3009，4439，4586
敬鉉　3528，3530
惠希孟　836
惠周惕　2185
惠簡　3328
掌禹錫　308
閔因　3126
景星　4577
景鸞　106，1893，2743，3031
單庚金　3549，4000
單渢　750
喻有功　1148
喻安性　1116
喻良能　4383
喻唐　403
喻樗　443，2858，3943，4514
無名氏　869，1735，2201，2592，2593，2594，2952，3859
嵇康　147，3156
程大昌　476，1515，1730，1736，1737，1825，1978
程元初　1075，2126
程公説　3472
程氏　3215
程玉潤　1134
程永奇　4516
程弘賓　1675
程存　1346
程先民　2972
程廷策　1007，1727，4136
程仲文　2885
程仲賢　968
程全一　4083
程汝器　883

程汝繼　1120
程克俊　427
程材　3011
程若庸　1340
程直方　788，1594，2057，3543
程昌　2914
程迥　495，496，3412，3413，3943，4211
程秉　153，1448，3869
程宗舜　4941
程珙　809
程珮　2980
程時登　776，1341，2645，2772，2853，2957
程俱　4206，4371
程逢午　2823
程逵　398
程敏政　2477，2900，4447
程賁　4845
程朝光　2123
程智　2852，2948
程復心　4556
程曾　4179
程瑀　1500，2278，3930
程楷　2091
程嗣光　1076，4607
程新恩　651
程霆　1359，2409
程鳴鳳　1825
程纍道　4108
程誥　2909
程端蒙　5062
程端學　3563
程榮秀　4953
程頤　351，1488，1725，1774，1952，2855，3345，3914，4195，4364
程暾　2684
程穆　1574
程龍　779，1603，2057，2646，3546
程鴻烈　974
程璹　811
程轍　975
程闡　3183
程顥　2786，2854
程觀生　1211
程□□　1324
税安禮　3378
税與權　635，636，2309
喬中和　1209，2166
喬年　4492
喬行簡　2291
喬執中　368，1952，2784
喬萊　1266
傅子雲　605，2965，3973，4226
傅元初　1709
傅氏　213
傅文兆　1068
傅立　804
傅玄　2252
傅永淳　2688
傅芷　4386
傅定保　4567

傅咸 4323
傅耆 1283
傅崧卿 2701
傅淳 1806, 2892
傅寅 1745
傅隆 3035
傅蒙 3985
傅遜 3701, 3704, 3705
傅實之 3483
傅維鱗 4645
傅璿 2980
傅藻 3632
焦延壽 76
焦竑 1097, 1757, 2400, 4485
焦悅 2069
焦巽之 2022
舒士諤 1210
舒天民 4426
舒芬 951, 1356, 1656, 2098, 2349, 2492, 3665
舒岳祥 2769
舒津 1570, 3493
舒援 1922
舒滸 629, 1305
舒璘 2014, 2625
鄒元佐 1797, 1816
鄒元標 1083, 2674, 2931, 2977, 4141, 4612
鄒氏 3107, 3520
鄒守益 2915
鄒守愚 984
鄒安道 570
鄒近仁 1748
鄒初基 4497
鄒忠胤 2145
鄒季友 1621
鄒泉 2124
鄒首 4368
鄒浩 347, 1299, 3909, 4196
鄒期相 1209, 1714, 4158
鄒期楨 1714,1818
鄒湛 158
鄒補之 1553, 3459, 3956, 4221
鄒巽 660
鄒德泳 1095, 2977
鄒德涵 1058
鄒德溥 1089, 2848, 2934, 2977, 3729
鄒魯 4916
鄒龍光 1690
鄒觀光 2934
馮一第 4500
馮大受 664
馮山 3336
馮子咸 2673
馮元 4840
馮公亮 2768
馮氏 3123
馮正符 3316
馮去非 618, 1796
馮去疾 4529
馮存貞 1150
馮休 4189
馮延登 750

馮伉　3242
馮如京　3789
馮良亨　3675
馮京第　4914
馮宗　2712
馮厚　3643
馮洪業　1135
馮時可　1052, 2113, 2367, 3721, 4472
馮崋　4567
馮珵　4452, 4590
馮從吾　4143, 4615
馮瑛　3755
馮琦　4479
馮椅　550, 1550, 2536, 3955, 4092, 4221
馮復京　2128
馮夢禎　1688
馮夢龍　3747, 4154
馮當可　451
馮誠之　561, 1558, 2013, 3973
馮應京　2495, 2757
馮翼翁　2485, 3568
馮繼先　1476, 1477, 3276, 3278
童伯羽　4515
童品　917, 2656, 2973, 3653, 4006, 4128, 4240, 4589, 4896
童器　919
曾于乾　1755, 3816
曾士傳　1030
曾子良　673, 4535
曾元生　2889, 3506
曾元忠　392, 3375, 3929, 4850
曾光祖　2623
曾旼　1493
曾俊　1811
曾致　1792
曾堅　2080
曾貫　856, 2966, 4574
曾朝節　1082
曾景修　2970
曾巽申　4432
曾幾　420, 3934
曾肇　1490
曾鞏　1787,1792
曾震　3574
曾穜　513
勞堪　2111
湛若水　923, 2095, 2477, 2833, 2911, 2953, 3011, 3012, 3657, 4590, 4961
湯三才　2684
湯日新　1670
湯氏　3798
湯秀琦　1267, 3792
湯建　606, 2020
湯虺　3669
湯烈　3968
湯煥　665
湯斌　3835
湯賓尹　1112
湯羲　660
湯彌昌　2325
湯璹　3451

湯巖起　3927
湯顯祖　1690
游日章　1812，2976
游桂　2621，4384
游酢　376，2194，2790，3920，4203
游震得　999
甯成　2548
甯威　1037
費元珪　196
費氏　3603
費世奇　4648
費希冉　1642，4126
費沈　2515，4047
費宏　4449
費直　99，100
費龃　1459
賀升卿　3466
賀仲軾　3741，3743
賀沚　1052
賀述　3042
賀循　2510，2511
賀道養　3203
賀游　2520
賀瑒　194，2520，2588，3040，4052，4053，4327
賀賢　4442
賀燦然　1698

十三畫

靳於中　2677
蒲乾貫　262，263
幹道沖　748，3996
楚泰　406
楊乂　163，1912
楊于庭　3727
楊士奇　885
楊士勛　3224，3225
楊士顯　1076
楊大法　564
楊元祥　3833
楊少愚　4112
楊氏　156，865，2698，3519，3798
楊文　2850
楊文昇　4495
楊文奎　2125
楊文彩　1719
楊文煥　628
楊文澤　2947
楊方　4324，4970
楊以任　4634
楊世恩　4608
楊甲　4375，5274
楊廷筠　1111
楊舟　2071
楊汝南　4374
楊守陳　891，1642，2088，2830，2895，3010，4004，4126，4239，4445，4446，4585
楊安國　4359
楊如山　3562
楊均　3284
楊何　70
楊伯珂　3730

楊伯喦　4402
楊希範　3327
楊忱中　586
楊杰　2267
楊叔方　4431
楊昇　3636
楊明復　654，1573，2018
楊忠輔　1316
楊炎正　1573
楊泓　4044
楊南　1268
楊南仲　5290
楊泉　4860
楊禹錫　2083
楊彦齡　3317
楊炳　565，2622
楊恪　2295
楊泰之　599，2014，2015，3468，3968
楊起元　1688，4141，4612
楊時　377，1491，1492，1960，2276，2791，3371，3836，3920，4203，4366
楊時秀　3682
楊時偉　3748
楊時喬　1016，2843，2926，4240，4603
楊剛中　810
楊逢殷　2604
楊訓　2614
楊惟休　4493
楊惟相　4012
楊啓新　1087
楊終　3135
楊琦　4585，4638
楊萬里　507，4380
楊雲翼　2322
楊鼎熙　2688
楊景隆　3477
楊幅　974
楊傑　2997
楊復　2450，2454，2455
楊循吉　3649
楊道賓　2500
楊淣　3357
楊統　4802
楊嗣復等　1938
楊廉　905，1352，1808，2776，2902，4896，4954
楊慎　939，2097，2348，2707，2733，3664，4456
楊肇芳　1706
楊維相　2676
楊維楨　2648，3600，4433，4574
楊遲　2779
楊範　4584
楊磐　3634
楊豫孫　4467
楊畿　2631
楊璲　2070
楊聯芳　4490
楊爵　986，2841
楊蘊　3254，3255
楊瞿崍　1127

楊簡 479, 480, 1771, 1990, 2486, 2536, 2763, 3434, 3821, 3838, 3843, 3844, 4088, 5027
楊彝 4639
楊藻 169
楊繪 304, 1479, 3295, 4362
楊瓚 169
楊□龍 806
賈元道 5047
賈公彦 2260, 2430, 3895, 4067
賈必選 1247
賈昌朝 3287, 4356
賈明孝 4637
賈思同 3205
賈逵 1439, 1894, 2247, 3131, 3132, 3133, 3804
賈蒙 2635, 2811
賈誼 3111
賈徽 3131
賈鑄 4401
雷光霆 2056, 4431
雷次宗 182, 1918, 2203, 2515
雷杭 856
雷思 749
雷思齊 862, 864
雷度 403, 1495
雷肅之 2585
虞氏 1465
虞世愷 4015
虞守愚 4460
虞知方 3463
虞剛簡 601
虞卿 3109, 4999
虞淳熙 2935, 4142, 4143
虞喜 1917, 2254, 3873, 3874, 4044
虞遐 3885
虞溥 3193
虞槃 3815
虞槃佑 4045
虞潭 2717
虞翻 147, 149, 3804, 3869, 4040, 4829
業遵 1920, 2586
路隋 4347
晏淵 4220
詹天錫 656
詹萊 4467
詹景鳳 1364, 2728, 4903
詹道傳 4549
詹鳳翔 1635, 2971
詹體仁 548
解季通 839
解蒙 838
解觀 4552
義太初 565
塗昭良 3512
寧欽 965
褚仲都 193, 3887
褚相 4130
褚效善 1757
褚暉 2590, 3041

十四畫

趙一元 2126

趙元輔 4415, 4492
趙友士 886
趙氏 867, 1587
趙以夫 592
趙令湑 383, 1955
趙台鼎 4607
趙匡 3229
趙共父 602
趙有桂 2704
趙仲鋭 661, 1956
趙汝楳 631, 632, 633
趙汝談 571, 1556, 2017, 2291, 2624, 2999
趙克孝 4080
趙克頫 383
趙杞 1624
趙岐 4174
趙佐 2692
趙汸 875, 3605, 3611, 3615, 3616, 3620
趙良震 848
趙若煥 2819
趙若燭 1579, 2020
趙英 4340
趙秉文 749, 1825, 2819, 3996, 4235, 4853, 5034
趙采 785
趙沺 1768
趙居信 4433
趙承慶 315
趙孟至 4416
趙孟何 3495
趙孟頫 1590, 1798, 2199
趙貞吉 4464
趙彦秬 3465
趙彦真 472
趙彦肅 498, 2549
趙恆 3683
趙宦光 2194, 4495
趙振芳 1236
趙起元 2166
趙宧光 2687
趙崇度 3466
趙涯 3479
趙琮 2144
趙惪 2050, 4536
趙景韶 4055
趙順孫 4523
趙敦臨 1512, 1983, 2999, 3436, 3943, 4211
趙善佐 546
趙善湘 608, 609, 1795, 2810, 2865, 3474, 3974, 4226
趙善譽 504
趙湘 4085
趙與權 3516
趙新 4578
趙溥 2398
趙曄 1894, 1895
趙鼂 4969
趙鳳翔 1209
趙賓 103
趙維寰 1699
趙璜 2906

趙撝謙 878
趙蕤 232
趙鼒 2102
趙遷 4573
趙震揆 3508
趙德 4417
趙魏史 2482
趙燮 3979
趙瞻 3310, 3311, 4994
趙鵬飛 3488
趙鶴 1648, 4450
綦毋邃 4180
綦師元 5048
慕容宗本 4350
慕容彦達 2615
蔡士喈 2929
蔡大寶 1458
蔡子高 4101
蔡元定 1314, 1794, 4888
蔡元偉 992
蔡元鼎 1796, 2959, 3980, 4228, 4523
蔡仁 4892
蔡公 69
蔡氏 1917, 2578
蔡卞 1494, 1960
蔡文郡 4830
蔡允恭 4990
蔡申 3906
蔡立身 1687
蔡幼學 3387
蔡汝楠 4463
蔡芳 2544, 3654
蔡系 3881
蔡沆 1285, 3459
蔡沈 1542, 4930
蔡季成 2888
蔡烈 2953, 4130
蔡邕 2744, 2746
蔡國熙 1012, 4007
蔡悉 4136
蔡清 900, 1350, 2901, 4586
蔡深 3601
蔡参 4201
蔡超 2427
蔡超宗 2516
蔡鼎 1206
蔡景默 4158
蔡復賞 4156
蔡淵 552, 555, 1336, 1337, 2806, 2961
蔡戡 561
蔡夢說 2040
蔡節 3986
蔡模 619, 2871, 3983, 4229, 4523
蔡廣成 250
蔡齊基 586
蔡毅中 2143, 4144, 4490
蔡潤宗 983
蔡謨 1916, 2512, 2583, 3883
蔡襄 1823,3301
蔣之奇 1301, 4196
蔣之驎 1762, 2174

蔣文質 2888
蔣以誠 974
蔣允汶 2828, 2892, 4576
蔣玄 2889, 4566
蔣至 4354
蔣宗簡 837, 2061, 3559
蔣信 2922
蔣悌生 4440
蔣琬 2506
蔣經 984
蔣騰蛟 1664
蔣繼周 2621
蔣夔 461
輔廣 1547, 2010, 2624, 3955, 4219, 4389
臧夢解 2326, 3558
臧嚴 5004
裴子野 2520, 4990
裴光庭 4972
裴光輔 3253
裴安時 3250
裴秀 157, 1733
裴松之 2513
裴茝 2527
裴通 251
裴瑜 4279
裴僑卿 4340
裴澄 4957
裴藻 169
暢惠明 3881
聞人宏 2274
聞人詮 2496
聞人德潤 2668
閭丘昕 460
管一德 4609
管大勳 4603
管志道 1280, 1282, 2844, 2928, 4010, 4241
管輅 131, 132
僧十朋 4352
廖紀 2913, 4589
廖剛 1962, 2858
廖偁 1786
廖道南 4459
廖暹 3676, 4596
廖德明 3458
端木賜 1873
齊唐 4360
齊夢龍 630
齊賢良 3299
齊德勝 1345
齊履謙 765, 1307, 1593, 2823, 2885, 3553, 3999, 4893
鄭小同 2580, 4318
鄭子厚 659
鄭氏 215, 3024, 5046
鄭文遹 550, 2535, 3459
鄭夬 335
鄭以仁 883
鄭玉 857, 3591
鄭世威 4461
鄭可學 3458
鄭玄 111, 1442, 1443, 1444, 1896, 1898, 1901, 2249, 2250,

2424，2425，2505，2576，2577，2984，3148，3149，3861，3862，4018，4031，4179，4315
鄭圭　1042，2735
鄭廷芬　397，666
鄭伉　964
鄭旭　2084
鄭汝諧　602，3975
鄭守道　985，1356，2918
鄭如幾　4980
鄭克　437
鄭佐　950，3665，4456，4592
鄭伯熊　1516，4373
鄭伯謙　2296
鄭沖　3866
鄭良弼　3714，3715
鄭君老　4413
鄭招慶　3325
鄭若曾　1704，2166，2487，4148
鄭松　4891
鄭杓　3568
鄭東卿　448，450，1517
鄭昇　303
鄭昂　3331
鄭宗顏　2328，2399
鄭厚　453
鄭畊老　455
鄭思　1043
鄭思忱　1563
鄭思孟　1794
鄭奕夫　2965，3986
鄭彦明　1623，2816
鄭耕老　1794，2796，3940，4211
鄭起　628，2494，2769
鄭剛中　444，447，3405，3934，4209，4950
鄭鼎新　3045
鄭景炎　2409
鄭衆　2246，3130，3131，3803，3860，4031
鄭善夫　927，1809
鄭翔　1622
鄭滁孫　769，1320
鄭犀　2039
鄭鄤　1760
鄭節　2653
鄭瑶　1751
鄭壽　3326
鄭僖　4950
鄭滿　2092
鄭綺　3421
鄭維岳　1146
鄭維嶽　4608
鄭敷教　1187
鄭儀孫　676，2965
鄭賡唐　1181
鄭樸翁　2634，4532
鄭樵　1510，1972，2493，3400，3401，4284
鄭霖　2811
鄭曉　1658，1754
鄭興　2246，3129
鄭諤　1980
鄭澣　4351

鄭禧 921
鄭鍔 2282
鄭濟 1634, 2893, 4578
鄭瓘 2777
鄭鑑 574
鄭觀 881
翟玄 154
熊子真 1574
熊以寧 2805, 2865
熊禾 699, 1587, 2050, 2884, 3001, 3506, 4539
熊安生 2591, 4057
熊良輔 825
熊明遇 4489
熊采 682
熊朋來 2723, 4422
熊宗立 1807
熊剛大 2038
熊釗 2971, 3631, 4441
熊執易 4341
熊過 988, 2202, 2760, 3679
熊楝 795
熊凱 767
熊復 3542
熊節 2804
熊熙 4590
熊慶胄 2962, 3000, 3492
鄧元錫 1009, 1678, 2118, 2731, 3020, 3719, 4473
鄧文原 805
鄧以誥 4141
鄧至 327
鄧光舒 4491
鄧廷曾 2686
鄧名世 3407
鄧伯羔 1066, 1067
鄧來鸞 3760
鄧埏 3508
鄧淳翁 3569
鄧粲 4984
鄧傳之 1302
鄧戣 1038
鄧錡 860
鄧鏃 3718
鄧驥 3360

十五畫

鞏叡 3327
穀梁赤 3105
樓幼瑜 2518, 2587, 3039
樓鑰 1820
樊氏 1271, 2529
樊光 4269
樊光遠 1521, 2621
樊志張 1162
樊良樞 1122, 1124, 1701, 2144, 2681, 4491, 4618, 4619
樊長卿 2849
樊英 108
樊直卿 1158
樊宗師 3243
樊問仁 4607
樊深 4057, 4333, 4334
樊煒 1074

劉本　3416
劉半千　662
劉永之　3627
劉永澄　2731
劉邦采　985
劉朴　1635
劉光祖　562，4383
劉同升　4503
劉因　1306，1345，4540
劉先之　2754，4958
劉向　1777，4299，4305，5007
劉兆　158，3178，3179
劉邠　131
劉夙　3444
劉交　1875
劉宇　1942
劉安　65
劉安世　1514，3933
劉迅　5068
劉孝恭　4957
劉孝孫　1919
劉芳　1926，2591
劉克　2030
劉克莊　3480
劉伯莊　5057
劉伯証　3465
劉伯諶　4517
劉邵　4040
劉表　119，2505
劉英　3513
劉杳　5057
劉叔嗣　1456，1457
劉昌宗　2256，2428，2585
劉易　3324
劉迪簡　2891
劉牧　277
劉季裴　455，4212
劉攽　3307
劉宗周　1118，1119，2480，2678，2939，2940，2942，4013
劉定之　889，4915
劉城　3772，3773，3816，3817
劉軌思　1928
劉昞　202
劉思敬　1248
劉泉　1956
劉禹偁　660
劉禹錫　248
劉垕　2021
劉弇　3356，3924
劉庭直　463
劉炳　4515
劉炫　1461，1462，1928，1929，2205，3212，3213，3890，4058，4335，5048
劉洪謨　2939
劉莊孫　809，1597，2057，2771，3550，3999
劉砥　3955，4221
劉烈　467
劉臬　1572
劉豈蟠　4003
劉峻　4978
劉朔　461

劉祥 3644
劉陶 1440, 3148
劉恕 2269
劉逵 2510
劉教 4007
劉基 3634
劉章 3814, 4235
劉清 2825, 2828, 2891, 2892
劉惟思 2820
劉琯 4857
劉彭壽 3557, 4548
劉軻 3244, 4185
劉敞 2492, 2503, 2720, 2738, 2763, 2982, 3302, 3304, 3306, 3843, 3844, 4361
劉晛 4340
劉閔 4141
劉雋 2591
劉欽 1569
劉翔 432, 2086
劉道拔 2516
劉焯 1460, 1928
劉温潤 5058
劉淵 792, 3541, 3828
劉寔 3176, 3177
劉絢 3370
劉絳 5033
劉楨 1905
劉甄 1571
劉睦 3127
劉筠 2535
劉節 3658
劉傳 807
劉誠 893, 4895
劉歆 4269
劉肅 758
劉槩 1301
劉瑶 3184
劉髦 887
劉熙 3331, 3332, 4180
劉模 1361
劉輔 3859,4307
劉聞 3570
劉銓 2091
劉養晦 4097
劉漢傳 1797
劉實 3644, 4125
劉熊 463
劉瑾 2061
劉駟 2827
劉遷 1279
劉醇 4580
劉德 3060
劉德明 2513
劉褒 2196
劉慶孫 2157
劉毅 1448
劉遵 273
劉緯 325
劉璠 1906
劉整 715
劉醜 1928
劉霖 1346, 4545
劉龍 1752,4589

徐縉等　1752
劉羲叟　1784，3294
劉澤　663
劉濂　963，3063
劉憲寵　2141
劉縉　1644
劉懋　2619，3947
劉黻　957，1342，2806，2953，2964，5016
劉謨　4927
劉應元　1160
劉應秋　1690
劉應登　2020
劉彌邵　607
劉績　911，2544，2655，2905，3013，3652
劉鎔　4351
劉彝　309，1786，1792，2269，2609，4362
劉藻　438
劉贊　662
劉穩　1010
劉獻之　2205，2986，3208
劉斆　1642
劉夔　3325
劉爚　549，2012，2450，2624，4515
劉瓛　1276，1277，1296，1920，2204，2519
諸葛泰　4520
諸葛循　4053
諸葛説　453，3964
諸葛駿　913
談綱　897，898
談縉　1355
慶普　2551
潘士達　5017
潘士遴　1707
潘士龍　1150
潘士藻　1092，1691
潘元懋　1239
潘好古　1986，2809，3467，3969，4223
潘迪　767，2966，3557，4425
潘岳　4944
潘府　4127，4588
潘柄　547，1547，4515
潘恩　980，2102
潘著　3578
潘淑度　3206
潘葵　965，1810，2777
潘植　663
潘游龍　4630
潘弼　834
潘夢旂　591
潘鳴時　1059
潘墀　3984
潘衡　1571
潘翼　4287
潘鯁　373
練未　680，3001
練明道　3315
練魯　2825
緱氏　2592

十六畫

駱問禮　2495
燕君　5044
薛三省　1119
薛大猷　4563
薛仁貴　229
薛正平　4160
薛甲　987, 4461, 4597
薛玄　761, 2823
薛延年　4547
薛收　5013
薛志學　2124
薛東海　1015, 4602
薛季宣　474, 1537, 1993, 2283, 2804, 2863, 3422, 3958, 3959
薛季宣　1539
薛治　4462
薛絨　571
薛敬之　2655, 4295
薛舜俞　656
薛温其　322
薛瑄　4125
薛虞畿　3707
薛漢　1891
薛肇朗　1495
薛蕙　2549, 4457
薛據　5025
薛衡　2289
薛應旂　1770, 2108, 4597
薛騰蛟　2108
薄叔玄　3196
薄洙　326
蕭山　613, 3985
蕭之美　3515
蕭子政　191, 1298
蕭子懋　3198
蕭子顯　4051
蕭元益　4545
蕭方等　4984
蕭志仁　4425
蕭岐　4441
蕭良有　3725
蕭孟景　1649
蕭彧　1539
蕭邕　3215
蕭偉　190
蕭欲仁　2856
蕭統　4050
蕭楚　3371, 4370
蕭漢中　828
蕭薡　3007
蕭鎰　4563
蕭歸　191
橋仁　2575
霍韜　1656, 2098, 3664, 3832
冀珍　659
冀震　323
盧一誠　4614
盧士宗　4362
盧氏　214, 1321, 3892
盧仝　3243
盧廷選　1697
盧行超　255

盧孝孫 2872, 4522
盧植 1445, 2577
盧景裕 203
盧碩 1792
盧璣 894, 1807
盧翰 994, 2756, 4908
盧穆 326
盧辨 2562
盧鴻 1810
盧辯 4952
盧觀 840, 2070
閻有章 2690
閻若璩 1721, 4258, 4650
閻繩芳 2669
穆元休 1780
穆文熙 3699, 3816
穆孔暉 925, 1648, 2914
穆相 4459
錢一本 1090, 1091, 1814, 2935
錢士鼰 1230
錢士升 1135
錢大復 1704, 4612
錢天祐 4110
錢天錫 2147
錢文子 2023, 2026, 2810, 3980, 4228
錢佃 595
錢述 430
錢受祺 1250
錢承志 4403
錢俣 456
錢時 615, 1562, 2017, 2486, 3477, 4398
錢時俊 3740
錢菜 1202
錢貴 918, 1279
錢義方 848
錢煌 1722
錢福 1647
錢鼰 2378, 2405, 2483, 2692, 2740, 2759, 2768, 2852, 3787, 4968
錢肅潤 1721
錢澂之 1217, 2170
錢龍珍 1257, 2175
錢應奎 3710
錢應揚 1663
錢繼登 1138
錢觀復 3927
鮑泉 4327
鮑恂 875
鮑極 316
鮑雲龍 808, 4959
鮑衡卿 4989
鮑麒 1645
鮑觀白 1144
鄺露 5066
龍仁夫 768
龍文光 1171, 4152
龍昌期 275, 3293, 4074
龍淼 3478

十七畫

環中 3406

環濟　2512
戴士鼇　2691
戴氏　2529
戴文光　3750
戴石玉　2540
戴仔　619，1564，2290，3814
戴圭　969
戴廷槐　1059
戴伯繩　1240
戴亨　1338，1730，2048
戴宏　3136
戴良　3626
戴良齊　2630，5016，5044
戴君恩　4244
戴表元　4000
戴侗　620，1564，4518
戴厚　4387
戴冠　2660，4453
戴栩　4405
戴逵　4325
戴培父　3517
戴崇　108
戴琥　1349
戴景魏　2963
戴聖　2565，2575
戴蒙　556，1550，1748
戴詵　3886
戴溪　566，1557，2016，2730，2763，3474，3969，4227
戴銓　3517
戴德　2504，2553
戴顒　2782
韓大寧　461
韓元吉　1301
韓世能　4139
韓台　3509
韓邦奇　932，933，934，935，1651，1753，2096，2656，4940
韓邦奇　2347
韓性　1621，2072，2647
韓宗琦　4629
韓挺　2534
韓信同　839，1614，3008，4572
韓益　3157
韓康伯　1293
韓惇　2021，2632
韓愈　2205，3843，3896
韓滉　3240，5286
韓綱　1678
韓璜　3406
韓嬰　70，1882
韓謹　2020，2632
檀道鸞　4984
韓固　1880
臨孝恭　211
魏了翁　579，1566，2023，2301，2408，2456，2626，3470，3974，4228，4396
魏天祐　2812，3980，4227，4528
魏文侯　4026
魏文翁　2961
魏克己　4068
魏伯陽　121
魏校　2344，2346，2347，2385，

2912,3600
魏時應 3737
魏高貴鄉公 3154
魏新之 677
魏德剛 3598
魏徵 222, 2598, 2712
魏禧 3780
魏謙吉 3684
魏濬 1121
儲泳 664
鍾化民 1088, 1690, 1814
鍾芳 936, 3662, 4901
鍾伯紀 3576
鍾宏 3982
鍾庚陽 1682
鍾律 2889
鍾晉 1247
鍾唐卿 2720
鍾淵映 2212
鍾會 132, 133
鍾鳴陛 1696
鍾韶 4012
鍾輿 3128
鍾繼元 1015
鮮于公 3160
鮮于侁 345, 1950
鮮于戣 2202
謝子房 3333
謝少南 2500
謝升孫 2022
謝升賢 613, 1339, 2962, 4400, 4520
謝氏 212, 1929, 2188
謝台卿 2137
謝廷讚 1699
謝仲直 812
謝沈 1451, 1913, 1914
謝良佐 3915
謝枋得 684, 2043, 2733, 4414
謝東山 2842
謝莊 3197
謝理 899, 3706
謝逸 3382
謝章 1801
謝萬 1292, 4043
謝景平 1481
謝湜 378, 3357, 3358
謝楨 2581
謝稚 4048
謝該 3152
謝嶠 2522, 4277
謝曇濟 1921
謝興甫 2961
謝翱 3504
謝諤 1539, 1985, 3437, 3944, 4874
謝憲 1033
謝徽 2524
謝鍔 1539
謝璧 3513
謝疇 3447
謝顯 970
謝鑰 3496
應廷育 2372, 2841

應劭　3147
應貞　169
應琛　3875
應翔孫　4410
應綗　4126
應璋　1649
應撝謙　1232
應鏞　1560，2626
麋信　3156，3157
齋博士　721
濮陽淶　2668，4598
蹇遵品　3278
翼奉　4029
縱康乂　283
繆主一　780，1577，2634
繆昌期　1131
繆炳　2582
繆烈　3482
繆播　3871

十八畫

聶氏　2258
聶豹　2918
聶崇義　2990
聶熊　3195
豐坊　982，983，1659，2103，2920，3671
瞿九思　1685，1813，2133，2847，2853，3065，4478
瞿世壽　3790
瞿汝説　2143
瞿汝稷　2957
瞿佑　2083，3638
瞿罕　4154，4155
瞿稷　2945
瞻思　4427，4566
曠宗舜　4917
簡文帝　2588，4051
邊昌　4574
歸有光　1673，1776，1812，4137
顔氏　214，215，1309
顔光敏　2952
顔安樂　3122
顔茂猷　1191，4502
顔直之　1821
顔炎武　3773
顔宗道　4415
顔素　1081
顔真卿　4341
顔師古　2712，4339
顔達　2069
顔棫　2623
顔鼎受　2176，2192，2194
顔復　1773
顔曄　2657，4591
顔鯨　1010，3696

十九畫

藺敏修　3942
蘇子材　1943
蘇天爵　2071
蘇伯材　375
蘇伯衡　4929
蘇林　4039

蘇洵 1784，4191，4842
蘇彬 4071
蘇過 4019
蘇望 5265
蘇竦 578
蘇軾 348，1325，1486，2785，3820，3837，3840，3842，3845，3907
蘇壽元 3572
蘇綽 4942
蘇鶚 257
蘇濂 4470，4603
蘇濬 1084，1085，4612
蘇總龜 2856，2981，3945
蘇轍 1792
蘇轍 349，1790，1951，3347，3907，4196
蘇權 3451
闞駰 202
關注 438，2794
關朗 204，4861
關康之 1925
嚴氏 2528
嚴用父 838
嚴訥 3686
嚴彭祖 3121
嚴植之 4052
嚴畯 4041
嚴敞 1601
嚴粲 2028
嚴福孫 1211，1212，1214
嚴肅 674
嚴養晦 801
嚴遵 104
嚴觀 1768
羅大紘 1096，2935
羅大經 611
羅之紀 591
羅日褧 4295
羅用俊 4005
羅汝芳 2925，4135，4468，4601
羅志沖 381
羅昕 3649
羅泌 476，1316，1729，1769，3821，3836，3839，3846
羅洪先 985，2353
羅倫 896，1645，2653，2832，4447，4448
羅從彦 1963，3376，4208
羅惟一 1528
羅棐恭 3374，3375
羅喻義 1131，1815，3744，4014，4910
羅無競 4372
羅復 2066
羅欽順 1726
羅敦仁 1680
羅輔 1816
羅適 318
羅維藩 1983，3971
羅璟 894
羅願 2487，4287
譚大經 665
譚世勣 394

譚世選　2019
譚吉璁　4295
譚貞良　2481
譚貞默　4254, 4633
譚惟寅　2796, 2858
譚綸　1666
譙仲午　4228
譙周　3864, 4321
譙定　379
龐招俊　1715
龐承穎　1210
龐景昭　2527
龐嵩　1034, 1356

廿　畫

藺廷瑞　473
贍思　822
釋一行　261, 1310, 1311
釋全瑩　4852
釋希覺　263
釋法通　1278
釋契嵩　1289, 2819
釋智略　3891
釋智騫　4279
釋慧始　4059
釋慧琳　4058
釋贊寧　3526, 3995
釋靈裕　4059
饒子儀　393
饒氏　4509
饒可久　1045
饒伸　1092
饒秉鑑　3645
饒宗魯　682
饒魯　653, 1340, 2967, 3492, 3988, 4231, 4406
饒彝　4609

廿一畫

權近　4511
權會　207
鐸椒　3108
顧文英　2039
顧允成　1094
顧夷　177
顧玘徵　2191
顧秉禮　2169
顧炎武　1226, 2172, 4504
顧胤　1210
顧起元　2142, 2849, 4243
顧起經　1036, 2708, 2735, 2945, 3706, 3707, 5011
顧彪　1464, 1465
顧野王　4277
顧啓期　3213
顧越　1922, 3889, 4056
顧棠　339
顧鼎臣　1809
顧曾唯　1008
顧夢麟　2170, 4640
顧蒙　1310
顧愷之　1734
顧樞　1166
顧諒　2469

顧憲成　2931, 2932
顧懋樊　1215, 1713, 2691, 3754
顧臨　1483
顧應祥　924
顧藺　4162
顧歡　185, 1296, 1453, 2203

廿二畫

龔持憲　1035, 3716
龔勉　1684
龔栗　4093
龔原　356, 2270, 3911, 4196
龔焕　715
龔霆松　4532
龔端禮　2542
龔鼎臣　306

廿三畫

欒肇　162, 3873

廿四畫

靈隱子　726

□玉霄　3254
□準　975
□德亮　1288
□鶚　5048